U0672434

索伦鄂温克历史文化
研究论集

SUOLUNEWENKE LISHI WENHUA
YANJIU LUNJI

阿拉腾奥其尔　　阿拉腾巴图

主编

社会科学文献出版社
SOCIAL SCIENCES ACADEMIC PRESS (CHINA)

序　言

2020 年 8 月 15～16 日，由中国社会科学院中国历史研究院中国边疆研究所北部边疆研究室、内蒙古自治区鄂温克族研究会主办，由内蒙古自治区呼伦贝尔市鄂温克族自治旗鄂温克族研究会承办的"清代索伦鄂温克戍边卫国历史文化学术研讨会"在内蒙古自治区呼伦贝尔市鄂温克族自治旗成功举办。约 50 位来自北京、黑龙江、山东、新疆以及内蒙古自治区呼和浩特市、呼伦贝尔市、鄂温克族自治旗的专家学者参加了本次会议，并就清代索伦鄂温克驻防呼伦贝尔历史文化，索伦鄂温克西迁和驻防新疆伊犁历史文化，清代和近代索伦鄂温克参加"保家卫国"战争以及索伦鄂温克传统生态文化、"生态戍边卫国"和经济社会发展等主题展开交流研讨。

鄂温克族是一个具有悠久历史和传统文化的森林狩猎民族，在漫长的历史发展过程中，鄂温克族形成自己独具特色的民族特点、生产特点、风俗习惯和文化遗产以及民间文学艺术。

习近平总书记指出，我们伟大的祖国，幅员辽阔，文明悠久。一部中国史，就是一部各民族交融汇聚成多元一体中华民族的历史，就是各民族共同缔造、发展、巩固统一的伟大祖国的历史。我们辽阔的疆域是各民族共同开拓的，我们悠久的历史是各民族共同书写的，我们灿烂的文化是各民族共同创造的，我们伟大的精神是各民族共同培育的。在这一伟大辉煌的历史篇章中，鄂温克族也占有一席之地。

我国鄂温克族现有人口 34617 人，主要分布在内蒙古自治区、黑龙江省以及新疆维吾尔自治区等地。就是这样一个只有 3 万多人口的民族，曾在清代国家统一进程中做出过巨大的牺牲和贡献。譬如在清朝统一台湾、西域的过程中，索伦（今索伦鄂温克族）勇士战功显赫，在西藏、云南反击廓尔喀和缅甸入侵的战争中，也有索伦（今索伦鄂温克族）勇士的身影。为维护国家统一，1732 年索伦（今鄂温克族）奉命从黑龙江、嫩江流域赴呼伦贝尔驻防，1763 年万里西迁，戍边新疆伊犁、塔城等地。他们的足迹遍布祖国各地，为维护祖国北部、西部边疆的稳定做出了巨大的民族牺牲，为国家的领土完整做出了不可磨灭的贡献。九一八事变后，日本帝国主义侵占中国东北地区，鄂温克族青年知识分子积极参加革命，用各种方式打击日本侵略者。与此同时，也涌现出像清代内大臣博尔本察、名将海兰察、福州将军穆图善、黑龙江将军塔尔岱等民族英雄。

"索伦"是鄂温克族诸多他称中的一种称呼，过去，鄂温克族人因居住环境和生产方式不同，被分别称为"索伦""雅库特""通古斯"。索伦部族由于精于骑射、骁勇善战而闻名天下，以至于黑龙江上游一带许多族群都"不问部族，亦雅喜以索伦自号"。至康熙二十二年（1683），冠名"索伦"之下的其他民族逐渐被辨识出来，"索伦"开始作为鄂温克族的专称，并沿用至 20 世纪 50 年代。新中国成立后，在党的民族政策光辉照耀下，1957 年，根据鄂温克族各分支意愿，中央政府批准统一鄂温克族称，并于1958 年在鄂温克族聚居的原"索伦旗"行政区域内成立鄂温克族自治旗，同时按照索伦族的意愿统一称为"鄂温克族"。

举办这次会议的初衷，是充分发挥历史的"知古鉴今、资政育人"作用，宣传和弘扬索伦鄂温克戍边卫国精神，挖掘和发扬鄂温克族传统文化，以期助力铸牢中华民族共同体意识。会议共收到 25 篇论文，本书所收 22 篇论文，即是这次会议论文的一个集萃。在编辑本论文集的过程中，我们惊喜地发现，鄂温克族本民族的作者占有相当的比例，更难能可贵的是，鄂温克族青年学者已经成长起来，成为这一研究领域的骨干力量，他们当中大多数拥有博士学位，或正在读博士学位。这标志着学界新人携手共进的一个新起点，同时也昭示着这一研究领域将拥有更为灿烂的前景和未来。

本论文集的出版，归功于社会科学文献出版社历史学分社社长郑庆寰和编辑赵晨先生的支持。同时感谢诸位作者在论文集编辑过程中的积极配合。另外，本论文集的出版还得到了中国社会科学院中国边疆研究所、内蒙古自治区呼伦贝尔市鄂温克族自治旗鄂温克族研究会的支持和经费资助，在此一并致以最诚挚的感谢！

主编识
2023 年 11 月

目　录

"有疆无界"到"有疆有界"[*]

——中国疆域话语体系建构

李大龙　铁颜颜[**]

现代边界是划分一国领土与他国领土或公海的界线，产生于近代，受国际法保护与制约。1648 年《威斯特伐利亚和约》的签订，标志着欧洲乃至世界近现代国家边界观念的初步确立。[①] 作为一个文明古国，在中国疆域形成和发展过程中，康熙二十八年（1689）中俄《尼布楚条约》的缔结，也使中国疆域产生了具有近代国际法意义的国家边界，可谓殊途同归。在此之前，整个东亚地区以"中国"为中心构建起来的"天下"[②] 体系，主导着这一地区的地缘政治关系，并不存在国际法意义上的边界。近代以来，来自域外的殖民者，将东亚视为殖民对象，其殖民体系的建立，开始瓦解东亚地区已有的"天下"体系，导致了东亚"天下"政治格局的巨

　* 本文为国家社科基金重大项目"中国古代北方游牧民族与中原农耕民族交融史研究"（17ZDA176）、中国社会科学院"长城学者"资助项目"政权建构与族群凝聚"阶段性成果。

** 李大龙，中国社会科学院中国边疆研究所编审；铁颜颜，中国社会科学院中国边疆研究所编辑。

① 中国民族学界一般将其视为"民族国家"观念出现的标志是不对的，该和约签订后出现的法国等国家是主权国家并非民族国家，民族国家的出现是后来的事情。参见李明倩《〈威斯特伐利亚和约〉与近代国际法》，商务印书馆，2018 年。

② "天下"有狭义与广义之分，狭义的"天下"是以秦统一后中原地区的郡县区域为核心，是皇帝政令直接实施的范围。广义的"天下"则是以"夏"的居住地为中心，包含了更广阔的"夷"的分布区。传统王朝疆界意识中"天下"即是广义的。参见李大龙《汉唐藩属体制研究》，中国社会科学出版社，2006 年。

大变化，中国疆域从传统王朝的"有疆无界"时代向近代"有疆有界"主权国家转变过程被中断。从这一视角审视中国疆域的形成与发展，大致经历了四个时期：（1）从先秦到康熙二十八年前"有疆无界"状态下中华大地上各政权疆域的碰撞和重组；（2）始于《尼布楚条约》的"画界分疆"时期，中国疆域开始有了明晰的边界；（3）始于 1840 年殖民者对中国疆域的侵吞蚕食时期，中国疆域严重内缩；（4）1949 年以来现代国家疆界的"底定"时期，当代中国的疆域基本稳固。①

　　鉴于目前已有的疆域史论著，尚未有从两种不同性质边界转变的角度对中国疆域的形成与发展做系统阐述，本文略作尝试，期望有助于中国疆域话语体系的建构。

一　"有疆无界"状态下传统王朝
时期各政权的边界

　　自先秦至清康熙二十八年，东亚地区的"天下"范围不仅包括二十五史所载传统王朝所辖疆域，还应包括西伯利亚、朝鲜半岛及东南亚、中亚部分地区。尽管中国疆界的形成及中华民族的凝聚过程，不是整个东亚地区所有政权演变与族群凝聚的结果，但在中国传统的疆域话语体系中，以中国中原地区为中心的"天下"，基本上覆盖了整个东亚地区，即《诗经·小雅·北山》中出现的"溥天之下，莫非王土；率土之滨，莫非王臣"。中国疆域的形成与发展，是生息繁衍在这一区域内众多族群及其所建政权共同缔造的。经过分裂统一，再分裂再统一的不断凝聚，直至清朝康熙时期，以"中国"为核心的"大一统"的"天下"，基本完成了疆

---

① 李大龙：《从"天下"到"中国"：多民族国家疆域理论解构》，人民出版社，2015 年，第 41~58 页。

域和人群的"自然凝聚",为中国疆域由"有疆无界"转变为"有疆有界"奠定了基础。因此,历史上某一时期的中国疆域,既包括了我们习惯所称历代王朝的疆域,也应包括同时存在的边疆族群建立的政权以及各族群活动地区或控制地区。

"有疆无界"时期,东亚"天下"体系内形成了独特的政权意识与疆域观念,在中华大地上出现的"大一统"王朝、中原统一王朝、草原游牧行国及实现局部统一的诸多边疆政权,各政权控制的疆域范围常常是变动的,呈现"有疆无界"的状态。与此同时,尽管对峙或并存的各政权之间,存在某种形式的边界,但其不是近代意义的国家边界(border),更不完全等同于西方前现代国家边界(frontier),① 因为这些王朝或政权之间的边界,连接与分割的两者(夏和夷)或多者(分属夏夷的多个群体)之间,在中国古人的意识中是共存于"天下"之中的一个整体,共同推动着多民族中国的形成与发展,并最终成为中国疆域、中华民族的组成部分,因此将这些边疆地区存在的政权疆域纳入中国疆域叙述范围,视为"自古以来"的组成部分,从逻辑上是说得通的。

(一)先秦至秦汉时期各政权的疆域与边界

先秦至秦汉时期,居住在中原地区的族群,先后建立了夏、商、周3个政权,最迟在西周时期实现了内部的凝聚,并有了以"中国(王畿)"为中心的"天下观"和"中国戎夷五方之民"的观念。关于先秦时期各政权的辖区,目前已有的考古资料与文献资料尚无法给出精确的判断,只能确认一个大致的范围。但是,最迟

---

① 西方所指边界具有历时性内涵,作为近现代国家边界,指一个政权国家与这个国家之外的领土的空间界限,是具有明确规定的"线状";而前现代国家边界使用 frontier,指不清楚一个政治国家终止于何处,另一个政治国家可能从何处开始,国家之间边界是"带状",对应中文语境中的"边疆""边境""边陲"。参见〔美〕阿伦·梅吉尔《边界与民族国家》,张旭鹏译,《山东社会科学》2009 年第 12 期。

在夏、商基础上出现的周朝开始有了明确的疆域范围记载。《春秋左氏传·昭公九年》记其疆域:"我自夏以后稷,魏、骀、芮、岐、毕,吾西土也。及武王克商,蒲姑、商奄,吾东土也。巴、濮、楚、邓,吾南土也。肃慎、燕、亳,吾北土也。"① 有学者按周所封诸侯国最远位置来定位周朝管辖范围,其东部疆界临海,南部的疆界应在今湖北北部,西部包括今甘肃东南部,北部疆界达到今河北北缘地区。② 不过需要关注的是,周朝的疆域并没有明确的边界,尽管周人有了"溥天之下,莫非王土"的"天下观",但其内部的统治也并非一体化,而是在"邦内甸服,邦外侯服,侯卫宾服,蛮夷要服,狄戎荒服"服事制思想指导下建立起来的由"王畿(中国)"和诸多诸侯构成的据点式的统治体系。③ 与此同时,与周朝并存于中华大地上的,还有东北、北部的肃慎、貉,西方的戎、狄、羌,南方及西南的越、濮以及巴、蜀等族群或政权。夏商周时期的"中国",尽管在"王畿"的基础上有了指称周朝疆域乃至中原地区的含义,周朝和同时并存的"夷狄"在分布范围上也并没有明确的界线,但这些族群或政权活动的范围,却是当今中国疆域形成的基础,因此可以认为,先秦时期的中国疆域并非仅仅是指夏商周三朝的控制范围,而是包括了三朝的疆域和三朝周边各族群生活或政权控制的区域。

秦汉时期,秦国完成了对六国的统一,实现了中原"一统"。《史记·秦始皇本纪》记其疆域:"地东至海暨朝鲜,西至临洮、羌中,南至北向户,北据河为塞,并阴山至辽东。"④ 汉朝在秦基础上有了进一步拓展,《汉书·地理志》载:"汉兴,因秦制度,崇恩德,行简易,以抚海内。至武帝攘却胡、越,开地斥境,南置

---

① 《春秋左传正义》卷四五《昭公九年》,北京大学出版社,1999年,第1265页。
② 林荣贵主编《中国古代疆域史》上卷,黑龙江教育出版社,2007年,第46~247页。
③ 李大龙:《汉唐藩属体制研究》,第3~22页。
④ 《史记》卷六《秦始皇本纪》,中华书局,1982年,第239页。

交阯，北置朔方之州，兼徐、梁、幽、并夏、周之制，改雍曰凉，改梁曰益，凡十三（郡）[部]，置刺史。"① 学界以往多将汉鼎盛时的辖区范围界定为：东、南至今日本海、渤海、黄海、东海和南海，东北由秦长城扩至盖马大山（今朝鲜半岛狼林山脉）以北，西北由河套向西扩至西域，到达巴尔喀什湖至克什米尔以西，西南至越南北部及其沿海地区。② 秦汉的疆域奠定了当今中国疆域的基础，后世史家一般将其认定为"大一统"中国的直接源头，而其凝聚起来的被称为"秦人""汉人"的族群，甚至有学者将其认定为"无形中造成的中华民族"。③ 但是，除秦汉王朝外，在当时的中华大地上，依然分布着其他众多的族群或政权，东北地区有朝鲜（箕氏朝鲜、卫氏朝鲜）、肃慎、夫余、东胡、乌桓、鲜卑等；北部草原及西域则有匈奴、丁灵、月氏、乌孙、西域城郭诸国；西南地区活动的是氐、羌和西南夷；南部则是百越的分布区域等。这些政权或族群之间是否存在明确的分布界线，多不见史书记载，唯有东胡"与匈奴中间有弃地莫居千余里，各居其边为瓯脱"，④ 但汉朝和一些势力较大的政权，如匈奴、南越、朝鲜等之间是存在明确界线的。如匈奴和西汉之间是以长城为界，即"先帝制，长城以北引弓之国受令单于，长城以内冠带之室朕亦制之"。⑤ 不过此界线也并不具备近代以来主权国家"国界"的性质，因为西汉皇帝和匈奴单于当时是以"兄弟"相称，且甘露二年（前52）随着呼韩邪单于接受汉朝册封，匈奴成为西汉的藩臣之国，而汉朝与南越、朝鲜的界线，也在汉武帝时期随着这些政权的灭亡而消失在郡

① 《汉书》卷二八上《地理志上》，中华书局，1962年，第1543页。
② 林荣贵主编《中国古代疆域史》上卷，第293页。
③ 顾颉刚：《中华民族是一个》，《益世报·边疆周刊》第9期，1939年2月13日。转引自马戎主编《"中华民族是一个"——围绕1939年这一议题的大讨论》，社会科学文献出版社，2016年，第38页。
④ 《汉书》卷九四上《匈奴传上》，第3750页。
⑤ 《汉书》卷九四上《匈奴传上》，第3762页。

县范围内。也就是说，仅仅从汉代的情况来看，分布在中华大地上的这些族群及其所建立的政权之间，即便是存在一定的界线，这一界线也和近代以来出现的"国界"具有不同的性质，且是动态的，并呈现多样化的态势。如元鼎六年（前111）西汉统一南越后，设置儋耳、珠崖、南海、苍梧、郁林、合浦、交趾、九真、日南九郡；元封二年（前109）灭亡朝鲜，设置乐浪、真番、临屯、玄菟四郡。北部草原地区则是匈奴在战国至秦汉之际崛起，在汉文帝时期实现了对草原地区的"一统"，但随着匈奴向汉朝称臣，匈奴及其附属的区域成为汉朝疆域的附属部分。但不管是哪种情况，生活在中华大地上的以上政权或族群的分布区域，都应该被视为秦汉时期中国疆域的构成部分，即秦汉时期的中国疆域，不仅包括秦汉王朝的疆域，也应该包括秦汉王朝疆域之外边疆族群及其所建政权的疆域。

（二）三国至隋唐时期各政权的疆域与边界

三国至隋唐时期，中华大地上的政权分布再次呈现从分裂到"大一统"发展的态势。东汉末年至南北朝时期，中原王朝陷入分立的混战格局中，各政权虽然有自己的疆域，但由于相互更替和兼并频繁，疆界也处于频繁的变动之中。三国时期，魏所辖区域以中原为主体，包含关陇及西域地区，南逾淮、汉、渭、洮诸水，与吴、蜀划界而分。蜀汉所辖区域大致东至巫峡与吴划界；西达今缅甸境内；北部在武都郡北散关与魏划界；南疆达今老挝境内。吴所辖范围大致东至东海；南至南海；西疆沿今川鄂、黔湘、滇桂之大致境界与蜀汉划界；北疆以江、汉两水为界与北魏分治。[①] 但是，这种鼎立并存的局面随着司马氏废魏立晋而结束，遗憾的是实现"一统"魏蜀吴三国的西晋，也并没有实现中华大

---

① 林荣贵主编《中国古代疆域史》中卷，黑龙江教育出版社，2007年，第187页。

地的"大一统",不仅夫余、沃沮、挹娄、羌、鲜卑、丁零、匈奴、乌孙等依然占据着辽阔的边疆地区,而且匈奴人刘渊建立的汉政权于316年灭亡了西晋,史称"永嘉之乱"。随后建立的东晋及其后演变的宋、齐、梁、陈偏安东南一隅,而中华大地的北部则是被称为"五胡"的匈奴、鲜卑、羯、氐、羌等族群所建立的十六国更替占领,最终拓跋鲜卑建立的北魏实现了长江以北地区的"一统"。二者虽然隔江而治,但被称为"南北朝",且都视自己为"中华正统"。各政权之间尽管也存在疆界,但同样不具有近现代国界的性质。

隋朝的出现结束了中华大地上南北朝之间的对峙,而代隋而立的唐朝则实现了更大范围的"大一统"。《新唐书·地理志》载:

> 然举唐之盛时,开元、天宝之际,东至安东,西至安西,南至日南,北至单于府,盖南北如汉之盛,东不及而西过之。开元二十八年户部帐,凡郡府三百二十有八,县千五百七十三,户八百四十一万二千八百七十一,口四千八百一十四万三千六百九,应受田一千四百四十万三千八百六十二顷。①

当今有学者认为,唐朝直接统辖范围大致为:

> 东南至海,即今鄂霍茨克海、日本海、渤海、黄海、南海及所属各岛屿。东北至外兴安岭以北。北部至西北到达贝加尔湖以北、安加拉河及叶尼塞河、鄂毕河、额尔齐斯河上游一带。西域至咸海以及阿姆河以西。西至青藏高原东边的长江上游以西。西南达今云南哀牢山以东及巂州南境与林邑(在今

---

① 《新唐书》卷三七《地理一》,中华书局,1975年,第960页。

　　越南中部沿海）接壤。①

不可否认的是，有更多疆域史著作将唐朝的疆域视为唐代中国的疆域，且把实现青藏高原局部统一的吐蕃的疆域排除在外，这种做法是否准确值得进一步商榷。

　　唐朝自称"中国"，因此上述认识也得到了当今持有历代王朝代表中国观点学者的普遍认同，不过值得说明的是，唐朝尽管在辽阔的边疆地区设置了以安北、单于、安东、安西、北庭、安南等六大都护府为主体的羁縻府州管理制度，②但也并没有实现中华大地的完全统一。尤其是吐蕃兴起于青藏高原，尽管唐朝通过和亲和其建立了舅甥关系，但在安史之乱后，唐朝国力衰弱，在与吐蕃的对抗中，不仅失去了对西域乃至河陇地区的有效控制，甚至其政治中心长安也一度落入吐蕃之手，并且从史书的记载看，唐朝和吐蕃在永泰元年（765）、大历二年（767）、建中四年（783）、长庆元年（821）等先后多次会盟定界。尤其是最后一次会盟定界，不仅见诸汉文史书，而且吐蕃更是将盟约用蕃汉两种文字铭刻于石碑之上，现其依然矗立在拉萨大昭寺门口，其上汉文铭文依然可见：

　　　　蕃汉二国所守见管本界，以东悉为大唐国境，已西尽是大蕃境土，彼此不为寇敌，不举兵革，不相侵谋封境。③

尽管唐朝自称"中国"或"中夏"，吐蕃自称"大蕃"，但双方通过会盟确定的界线，如唐境"泾州西至弹筝峡西口，陇州西至清水县，凤州西至同谷县，暨剑南西山大渡河东"，吐蕃境"蕃国守

---

①　林荣贵主编《中国古代疆域史》中卷，第776页。
②　参见李大龙《都护制度研究》，黑龙江教育出版社，2003年，第174～218页。
③　王尧编著《吐蕃金石录》，文物出版社，1982年，第3页。

镇在兰、渭、原、会，西至临洮，东至成州，抵剑南西界磨些诸蛮，大渡水西南"[①] 等，依然不具有近代以来主权国家"国界"的性质，根本性的原因是，不仅吐蕃曾经有效管辖的青藏高原等广大区域已经成为当今中国疆域的重要组成部分，而且因为吐蕃的长期存在而凝聚起来繁衍壮大的藏族也成为中华民族的一分子。基于此，三国至隋唐时期中国的疆域，不仅包括魏蜀吴三国、两晋南北朝、隋唐等历代王朝的疆域，也应该包括非历代王朝，诸如"五胡十六国"、突厥、薛延陀、回纥、吐蕃、南诏、渤海等边疆族群所建政权的疆域。

（三）五代到元时期各政权的疆域与边界

五代到元，中华大地又经历了一次由分裂到统一的过程。中原地区有史称"五代"的后梁、后唐、后晋、后汉、后周交替出现，在中原以外则有史称"十国"的地方政权，构成了五代十国时期中国历史的传统话语体系。其后，在后周基础上，赵匡胤建立的北宋实现了五代十国的统一，其疆域《宋史·地理志》载："天下既一，疆理几复汉、唐之旧，其未入职方氏者，唯燕、云十六州而已。"[②] 但实际上，北宋的疆域不仅和汉唐疆域相比差距很大，而且契丹人建立的辽、党项人建立的西夏、南诏延续而来的大理，以及青藏高原和西域存在的拉萨、唃厮啰、西州回鹘、喀喇汗等王朝或政权同时并存于中华大地。

这些政权之间有些存在明确的界线，如北宋和辽之间在经过多次北征与南伐之后，双方于景德元年订立"澶渊之盟"，实现了和

---

① 《旧唐书》卷一九六下《吐蕃下》，第 5247 页；《旧唐书》卷一二五《张镒传》，第 3548 页。

② 《宋史》卷八五《地理一》，中华书局，1985 年，第 2094 页。

平相处。① 盟约虽明确双方"沿边州军各守疆界,两地人户不得交侵,或有盗贼逋逃,彼此勿令停匿。至于陇由稼穑,南北勿纵骚扰。所有两朝城池,并各依旧存守,淘壕完葺,一切如常,即不得创筑城隍,开决河道",② 但所谓的"疆界"只是军事防御的界线,依然并不具有近现代国界的性质。最主要的原因是无论是北宋还是辽朝,都有着强烈的"中国"认同,且双方尽管存在"正统"之争,但都认为双方之间是"兄弟之邦",③ 并存于"天下"之中。进入金宋对峙时期,尽管依然存在着金与南宋、西夏的对峙以及大理等局部统一政权的存在,但"大一统"观念被这些王朝或政权继承和发扬,而这些政权之间的此疆彼界,则随着元朝的出现而消失在蒙古人建立的"大一统"王朝疆域中。

史称元代的中华大地,"自封建变为郡县,有天下者,汉、隋、唐、宋为盛,然幅员之广,咸不逮元⋯⋯故其地北逾阴山,西极流沙,东尽辽左,南越海表"。④ 元朝更加重视对边疆的治理,尤其是设立宣政院,对吐蕃进行特殊治理,西藏地区由此正式进入历代王朝话语中"天下"的疆域版图。吐蕃外围西北方隔山与旭烈兀所属印度"怯失迷儿"、阿富汗"巴达哈"相对,北侧隔昆仑山与"察合台汗国"相邻,南与"尼波罗"交界。⑤ 但是,与其他王朝一样,边疆地区与藩属国关系的变化,同样影响着元朝疆界的盈缩,而元朝的疆域也仅仅是构成了元代中国疆域的主体部分,并非元代中国疆域的全部。

---

① 关于"澶渊之盟"形成的原因,参见李大龙《也谈"澶渊之盟"形成的原因》,《中央民族学院学报》1991 年第 3 期。

② 《续资治通鉴长编》卷一三七,庆历二年九月乙丑,中华书局,2004 年,第 3293 页。

③ 《契丹国志》卷一二《天祚皇帝下》记载:天祚皇帝曰"大宋,兄弟之邦"(上海古籍出版社,1985 年,第 134 页)。《续资治通鉴》卷九四"宣和四年三月戊辰"条载,宋臣王黼曰:"中国与辽虽为兄弟之邦⋯⋯"(中华书局,1979 年,第 1122 页)

④ 《元史》卷五八《地理志一》,中华书局,1976 年,第 1345 页。

⑤ 参见谭其骧主编《中国历史地图集》第 7 册,中国地图出版社,1982 年。

（四）明清时期中国疆域的初步定型

> 东起朝鲜，西据吐番，南包安南，北距大碛，东西一万一千七百五十里，南北一万零九百四里。自成祖弃大宁，徙东胜，宣宗迁开平于独石，世宗时复弃哈密、河套，则东起辽海，西至嘉峪，南至琼、崖，北抵云、朔，东西万余里，南北万里。[1]

这是《明史》作者对明朝疆域的记述，但实际上，明朝只是对以中原地区为核心的农耕地区实现了"一统"，[2] 对长城以北的草原地区和嘉峪关以外的西域并没有有效管辖。因此明朝的疆域只是明代中国疆域的一部分，长城以北地区的瓦剌等蒙古人所建政权的区域，也同样属于明代中国的疆域。

1644 年，兴起于东北地区的满洲人建立的清朝兴兵入关，进而实现了中华大地前所未有的"大一统"。《清史稿·地理志》载其疆域："东极三姓所属库页岛，西极新疆疏勒至于葱岭，北极外兴安岭，南极广东琼州之崖山，莫不稽颡内向，诚系本朝。于皇铄哉！汉、唐以来未之有也。"[3] 按照雍正皇帝的说法，清朝之所以实现了中华大地的"大一统"，是因为统治者思想中没有"华夷中外"之分。而面对辽阔的疆域，清朝尽管实行了土司、盟旗、驻扎大臣等具有因俗而治特点的边疆管理制度，但也为消弭族群差异、实现内地与边疆的一体化而采取了改土归流、法制化管理等诸多政策和措施，希望实现对中华大地的"一体化"管理，构建"臣民"（国民）

---

① 《明史》卷四〇《地理志一》，中华书局，1974 年，第 822 页。
② 李大龙：《从"天下"到"中国"：多民族国家疆域理论解构》，第 135 页。
③ 《清史稿》卷五四《地理志一》，中华书局，1998 年，第 1891 页。

国家。① 因此，中国疆域由传统王朝时期的"有疆无界"向近代主权国家疆域的"有疆有界"转变，是清朝统治者主动推动的结果，这也是清朝对中国疆域形成与发展的最大贡献。

二 "有疆有界"：康雍乾三朝的"画界分疆"

清朝作为边疆族群建立的政权，既有边疆政权的特性，也有历代王朝的共性，并实现了中华大地前所未有的"大一统"。清朝改变了传统王朝对边疆地区的管理模式，原本含混不清的传统王朝边界开始清晰，是传统王朝边界向近代主权国家边界转型的开端。

（一）康熙朝边界划定

清康熙朝时，平定"三藩之乱""收复台湾"后，王朝疆域"大一统"局面初步确立。为解决北部边疆隐患，康熙朝进行了两次边界划定：其一是康熙二十八年与俄罗斯订立《尼布楚条约》，划定中俄东段边界；其二是康熙五十一年"穆克登勘界"，划定与藩属国朝鲜的"边界"。自康熙朝起，原本笼统模糊的王朝边界开始明晰，近代国家边界观念在中华大地萌芽并开始具体实践。

17 世纪中叶，沙俄向东扩张，与清朝在黑龙江地区发生碰撞，刺激了清朝边界意识的转变。条约的签订由清朝首先提议，签订过程则完全符合西方近代边界条约缔约标准，双方以拉丁文作为正式界约文本。清朝依据界约内容，于国境内设立满文汉文界碑，界定了中俄东段边界：以额尔古纳河、格尔必齐河为界，再由格尔必齐河源顺外兴安岭往东至海，岭南属中国，岭北属俄国；乌第河和外

---

① 笔者有专文对此进行讨论，参见李大龙《转型与"臣民"（国民）塑造：清朝多民族国家建构的努力》，《学习与探索》2014 年第 9 期。

兴安岭之间为待议地区。① 有学者指出，俄罗斯入侵和蒙古动乱，是促使清朝与俄国订约划界的重要因素；② 也有学者认为，西方地理知识与 1648 年《威斯特伐利亚和约》后形成的国家边界观念传入中国，是促成中俄签订《尼布楚条约》的另外一个原因。③ 但无论如何，《尼布楚条约》以"中国"指称清朝疆域，"中国"开始具有了近代主权国家含义，中华大地上的"天下"，在东北边疆开始有了明确的近现代意义上的边界来标识其范围。④

《尼布楚条约》签订后，清统治者对疆域、边界、属民的认识由此发生了转变。康熙五十一年，清朝礼部咨文朝鲜，告知派遣穆克登正式勘察边界"定界立石"，⑤ 碑文如下："大清乌喇总管穆克登奉旨查边至此，审视西为鸭绿，东为土门，故于分水岭上勒石为记。康熙五十一年五月十五日。笔帖式苏尔昌、通官二哥、朝鲜军官李义复、赵台相、差使官许樑、朴道常、通官金应德、金庆门。"⑥ 同年十一月朝鲜向清朝进《谢定界表》，将此事奉为"克证边疆之举"。⑦

康熙朝与俄罗斯及朝鲜的边界划定，是传统王朝疆域观念转变的开始。其后雍正、乾隆朝的接续努力，让清朝疆域边界更加清晰。

（二）雍正朝边界划定

雍正皇帝即位后，认为边界勘定"事关万年之是与非"，⑧ 因

---

① 王铁崖编《中外旧约章汇编》第 1 册，生活·读书·新知三联书店，1995 年，第 1～3 页。

② 蒋廷黻：《最近三百年东北外患史（上）——从顺治到咸丰》，《清华学报》第 8 卷第 1 期，1932 年。

③ 张建华：《清朝早期（1689～1869 年）的条约实践与条约观念》，《学术研究》2004 年第 10 期。

④ 李大龙：《从"天下"到"中国"：多民族国家疆域理论解构》，第 46 页。

⑤ 《朝鲜王朝实录》卷五一，《肃宗实录》，首尔：国史编纂委员会，2006 年，第 27 页。

⑥ 碑文拓本文字，参见筱田治策《白头山定界碑》，东京：乐浪书院，1938 年。

⑦ 参见《同文汇考原编》卷四八《疆界》，台北：珪庭出版社，1978 年。

⑧ 《清代中俄关系档案史料选编》第一编《喀尔喀副将军策凌奏与俄使会议边界情形折》中的朱批，中华书局，2000 年，第 516 页。

此加紧推进中俄边界划分，完成了中俄中段边界的勘定划分。在尼布楚谈判期间，清朝代表就曾提出划分中段边界的提议，但未被俄方代表接受。《尼布楚条约》虽然划定了中俄东段边界，但随着俄国入侵喀尔喀蒙古地区，中俄在该地区的边界划定变得十分迫切。雍正五年（1727）至雍正六年间，中俄双方签订了一系列关于划定中俄中段边界的界约，划定了双方边界。雍正五年，中俄双方代表在布连河畔签订《布连斯奇界约》，划定中俄在喀尔喀地区的边界。界约有满、蒙、俄、拉丁文4种文本，根据界约规定，北自恰克图河流之俄国卡伦房屋，南迄鄂尔怀图山山顶之中国卡伦鄂博，鄂博为中俄边界主要标志，其中间区域由两方均分；俄国领土与各蒙古标记及卡伦间空地双方均分。由沙毕纳依岭起至额尔古纳河为止，其间以北地区归属俄国，以南地区归属中国。① 同年双方在恰克图签订了有关政治、经济、宗教诸多方面的总条约草案《恰克图界约》及子约《阿巴哈依图界约》《色楞额界约》。

雍正朝签订的一系列界约，不仅明确了中俄两国中段边界，也在一定程度上遏制了俄国对蒙古地区的侵蚀。

（三）乾隆朝边界划定

乾隆三十三年（1768）《修改恰克图界约第十条》与乾隆五十七年《恰克图市约》，是对《恰克图界约》中的缺陷与不明之处进行的修订，进一步明确了双方边界及相关事宜。乾隆末年击退"廓尔喀"（尼泊尔）对西藏的侵扰后，相继与"廓尔喀"、"布咯克巴"（不丹）、"哲孟雄"（锡金）等划定了边界。

清朝与俄国签订的《修改恰克图界约》，又称《恰克图条约附款》，对《恰克图界约》进行修改，重申：

---

① 王铁崖编《中外旧约章汇编》第 1 册，第 5~6 页。

平和条约之十一条虽当保持之使永久不变，为欲开境界山顶上，以收回自布尔古特依山附近俄罗斯之拒马（喀什喀）、毕齐克图、胡什古及他之场处为必要……以平和条约之俄罗斯语及罗甸（拉丁）语之稿本中隐有误谬，又遗漏许多重要之点，以正误更正之为适当……有隐约不明之观，故全然废弃此契约之第二条，而制定当遵守之新法律以代之也。①

乾隆五十三年，"廓尔喀"入侵西藏。乾隆五十六年，清朝派福康安入藏，收复失地，"廓尔喀"国王乞降诚归，并纳入藩属体系。乾隆五十七年谕令，"查系藏内边地，一一设立鄂博，毋许越界。驻藏大臣，按季轮往稽查"。②此举进一步明确了西藏地区与"廓尔喀"的边界划分：

> 以热索桥迤西，如协布噜、雍鸦、东觉、堆补木、帕朗古等处，皆经大兵攻克，本应即以此为后藏边界。念尔悔罪投诚，仍行赏还。其热索桥以内济咙、聂拉木、宗喀等处，本属藏地，虽经汝侵占，现经大兵收复，非如上次讲和退还者可比。嗣后应以济咙、聂拉木以外为界，尔部落人等，不得尺寸擅越。③

乾隆五十九年，所有西藏与"廓尔喀""哲孟雄""布咯克巴"边界均已划定。《卫藏通志》记载：

> 又自拉孜通绒辖，至波底山顶，设立鄂博，此内为西藏境，此外为哲孟雄境。又自定结至萨热喀山顶、卧龙支达山

---

① 王铁崖编《中外旧约章汇编》第1册，第27~28页。
② 《清高宗实录》卷一四一一，乾隆五十七年八月癸巳条。
③ 《清高宗实录》卷一四一二，乾隆五十七年九月丙午条。

顶、羊玛山顶，设立鄂博，此内为西藏境，此外为哲孟雄境。又自干坝至洛纳山顶、丈结山顶、雅纳山顶，设立鄂博，此内为西藏境，此外为哲孟雄境。又自帕克哩至支木山顶、臧猛谷山顶、日纳宗官寨，设立鄂博，此内为西藏境，此外为哲孟雄、布噜克巴二部落境。又臧曲大河南，本系哲孟雄地界，被廓尔喀侵占已久，臧曲大河以外，俱系廓尔喀境。[①]

康熙、雍正、乾隆三朝与邻国及藩属国的分疆画界，是传统王朝疆域观念和治边政策的重大转变，清朝辽阔的疆域开始有了清晰的边界，中国疆域由传统王朝时期的"有疆无界"，转变为近现代主权国家的"有疆有界"。[②] 遗憾的是，这一明晰边界的努力，随着域外殖民势力的进入而中断了。

三　碰撞与被蚕食鲸吞：近代中国边界的内缩

如果说 1840 年前中国疆域还是在东亚"天下"下以中国历代王朝为主导的藩属体系中实现着"自然凝聚"，那么域外殖民势力进入东亚构建殖民体系，则导致了两种不同体系的激烈碰撞。碰撞的结果，不仅作为清朝藩属的越南、朝鲜、缅甸、琉球等沦为了殖民地，中国疆域的"自然凝聚"过程被终止，而且已经明晰的疆域也遭到了蚕食鲸吞。[③]

---

① 《西藏志》《卫藏通志》合刊，西藏人民出版社，1982 年，第 195 页。

② 尽管清朝的疆域并没有完成全部划界，但学界存在一种说法，认为乾隆二十五年清朝的疆域面积约为 1300 万平方公里。参见李治亭《清史三百年说》，《云南师范大学学报》2014 年第 5 期。

③ 有关中国近代边界的变迁情况，也可参见吕一燃主编《中国近代边界史》，四川人民出版社，2007 年。

（一）东北边界的变迁

1858 年，英法联军攻占大沽，北京告急，俄国利用调解之机趁火打劫，胁迫清朝签订不平等的《瑷珲条约》：

> 黑龙江、松花江左岸，由额尔古讷河至松花江海口，作为俄罗斯国所属之地；右岸顺江流至乌苏里河，作为大清国所属之地；由乌苏里河往彼至海所有之地，此地如同接连两国交界明定之间地方，作为两国共管之地。由黑龙江、松花江、乌苏里河，此后只准中国、俄国行船，各别外国船只不准由此江河行走。黑龙江左岸，由精奇里河以南至豁尔莫勒津屯，原住之满洲人等，照旧准其各在所住屯中永远居住，仍着满洲国大臣官员管理，俄罗斯人等和好，不得侵犯。[①]

《瑷珲条约》完全更改了《尼布楚条约》中俄划定的国界，中国失去了外兴安岭以南、黑龙江左岸 60 多万平方公里的领土，黑龙江由中国内河变为两国界河。

1860 年，俄国强迫清朝签订《北京条约》，规定：清朝承认《瑷珲条约》的有效性，并将原先规定为中俄"共管"的乌苏里江以东至海之地（包括库页岛以及不冻港海参崴在内）约 40 万平方公里划归俄国所有，清朝同时失去了东北地区对日本海的出海口。[②]

甲午海战清朝失败，1895 年，日本强迫清朝签订了《马关条约》，规定"中国认明朝鲜国确为完全无缺之独立自主……台湾全岛及所有附属各岛屿……澎湖列岛，即英国格林尼次东经百十九度

---

① 王铁崖编《中外旧约章汇编》第 1 册，第 85~86 页。
② 王铁崖编《中外旧约章汇编》第 1 册，第 149~154 页。

起至百二十度止，及北纬二十三度起至二十四度之间诸岛屿"割让日本，[1] 清朝不仅失去了藩属国朝鲜，也丢失了台湾等岛屿。

1912 年，俄国与外蒙古当局签订《俄蒙协议》及附约《商务专条》，其中有"俄国政府扶助蒙古保守现已成立之自治秩序及蒙古编练国民军"，[2] 以及俄国在蒙古享有各种特权的条款，尽管中国政府声明"无论贵国与蒙古订何种条款，中国政府拒不承认"，[3] 但实际上条约的签订标志着外蒙古已经沦为俄国殖民地。在苏俄的支持下，1924 年蒙古人民共和国成立。1945 年，在没有中方代表参与的情况下签订的《雅尔塔协定》，出现了维持外蒙古现状的条款。[4]

（二）西北边界的变化

1860 年，沙俄逼迫清朝签订的《北京条约》，内容也涉及西部领土："西疆尚在未定之交界，此后应顺山岭、大河之流，及现在中国常驻卡伦等处，及一千七百二十八年，即雍正六年，所立沙宾达巴哈之界牌末处起，往西直至斋桑淖尔湖，自此往西南，顺天山之特穆尔图淖尔，南至浩罕边界为界。"[5] 原本属于中国境内的斋桑泊、山岭、大河、卡伦被当作分界标志，清朝失去巴尔喀什湖以东、以南领土。1862 年至 1864 年，中俄双方在塔城进行三轮划界谈判，签订了《勘分西北界约记》，[6] 将原从"沙宾达巴哈"起至"浩罕"边界为止的中俄西段边界，向东南推移，北起阿穆哈山，南达葱岭，西自爱古斯河、巴尔喀什湖、塔拉斯河一线，东临伊利九城、塔尔巴哈台绥靖城，总面积约 44 万平方公里的中国西部领

---

① 王铁崖编《中外旧约章汇编》第 1 册，第 614～615 页。
② 陈崇祖：《外蒙古近世史》，商务印书馆，1922 年，第 31 页。
③ 陈崇祖：《外蒙古近世史》，第 44 页。
④ 参见刘存宽《雅尔塔协定与 1945 年中苏条约》，《史学集刊》1991 年第 1 期。
⑤ 王铁崖编《中外旧约章汇编》第 1 册，第 150 页。
⑥ 王铁崖编《中外旧约章汇编》第 1 册，第 215 页。

土划归俄国。① 条约重新划定的中俄西北疆域分界，违背了《北京条约》规定的中俄边界走向，清朝丢失了更多的领土。

1879 年，中俄双方签订《里瓦几亚条约》，后经修改称《改订条约》，规定"伊犁西边及帖克斯川一带地方归俄国管属，以便入俄国籍之民在彼安置"，② 同时对西部边界做出调整，清朝失去 4 块领土。由于条约规定不明确，在乌孜别里山口以南，留下 2 万多平方公里的帕米尔争议区，后被英俄私议分割。

通过以上一系列不平等条约，不仅中国西部边疆地区被俄国割占大片领土，边界内缩，原属于清朝藩属体系之内的中亚各属国也沦为俄国殖民地。

（三）南部边界的变迁

18 世纪末，法国意欲将越南变成自己的殖民地，作为扩大对中国侵略的前沿阵地。1884 年，中法签订《中法会议简明条款》，规定：

> 中国南界毗连北圻，法国约明，无论遇何机会并或有他人侵犯情事，均应保全助护……中国南界既经法国与以实在凭据，不虞有侵占滋扰之事，中国约明，将所驻北圻各防营即行调回边界，并于法、越所有已定与未定各条约，均置不理。③

援越的中法战争失败后，中法 1885 年签订《越南条约》，重申了《中法会议简明条款》的主要条款，另外的重要条款是，"自此次订约画押之后起，限六个月期内，应由中、法两国各派官

---

① 厉声：《近代中国边界变迁与边疆问题（一）》，《百年潮》2007 年第 9 期。
② 王铁崖编《中外旧约章汇编》第 1 册，第 360～361 页。
③ 王铁崖编《中外旧约章汇编》第 1 册，第 455 页。

员，亲赴中国与北圻交界处所，会同勘定界限"。① 旷日持久的中越勘界出此展开。从 1886 年全 1897 年，中越边界勘定长达 11 年，最终勘界立碑，划定了中越边界桂越段、粤越段、滇越段。中法签订的一系列关于越南的不平等条约，既标志着越南与中国历代王朝长期保持的藩属关系的中断，同时也标志着两国之间边界开始清晰，只不过是通过法国和清朝签订条约的形式实现的。

缅甸属清朝藩属国，其与清朝边界的划定，也是通过宗主国英国和清朝签订条约的形式实现的。1885 年，英国占领缅甸，1886 年，中英签署《缅甸条款》，规定"中国允英国在缅甸现时所秉一切政权，均听其便"，中、缅边界应由中英两国派员会同勘定。② 有学者认为，英国对待滇缅边界问题，是采取先军事占领后进行谈判的策略。③ 1894 年，中英两国在伦敦签署《续议滇缅界、商务条款》，条款涉及边界的内容有 7 条，把中缅边界分为 4 段进行划定。④ 中缅划界后，英国将缅甸的边界线向中国南部推进，原属于清朝境内的昔董、虎踞关、汉龙关等被划入到了缅甸境内。

通过上述内容不难看出，近代以来中国疆域形成与发展的特点是，传统王朝以"天下"观为核心构建的藩属体系，在列强殖民体系的冲击下不断瓦解，导致了三个明显的变化。一是作为传统藩属国的越南、缅甸、朝鲜等，纷纷沦为殖民势力的殖民地，其与清朝的关系，也发展成为近现代性质的国际关系。二是殖民势力作为代表和清朝划定边界，中国疆域尤其是南部地区的边界也逐渐明晰。三是殖民者或殖民者以邻国的名义开始了对中国边疆地区的蚕食鲸吞，中国疆域呈现急剧萎缩状态。

---

① 王铁崖编《中外旧约章汇编》第 1 册，第 467 页。
② 王铁崖编《中外旧约章汇编》第 1 册，第 485~486 页。
③ 吕一燃主编《中国近代边界史》，第 735 页。
④ 王铁崖编《中外旧约章汇编》第 1 册，第 575~580 页。

四　1949年以来当今中国疆域的底定

1949 年 10 月，中华人民共和国宣告成立，中国疆域的形成与发展进入了一个全新的时期。尽管还存在着尚未实现对台湾等地区的统一问题，但随着和诸陆地邻国通过谈判订立条约等形式划定了陆路边界，以及香港和澳门的回归，当今中国疆域的边界基本清晰。目前中国陆地边界总长 22000 多公里，是世界上陆地边界线最长和邻国最多的国家。

中国与邻国陆路边界的划定，大致经历了两个时期：（1）20世纪 60 年代，先后和缅甸、尼泊尔、蒙古国、巴基斯坦、阿富汗等国签订了边界条约或协定；（2）20 世纪 90 年代至今，与俄罗斯、老挝、越南、哈萨克斯坦、吉尔吉斯斯坦、塔吉克斯坦等国解决了边界问题。

（一）20世纪60年代确立的边界

1960 年 10 月 1 日，中国与缅甸签署边界条约，对双方边界线的具体走向做出了明确规定，明确了双方全长 2186 公里的边界线。①《中华人民共和国和缅甸联邦边界条约》是中华人民共和国成立后签署的第一个边界条约，对于当今中国疆域的底定起到了重要的示范作用。

1961 年 10 月 5 日，中国和尼泊尔签订《中华人民共和国和尼泊尔王国边界条约》，规定"缔约双方以传统习惯边界线为基础，联合进行了必要的实地调查和勘察并且根据平等互利、友好互让的原则作出某些调整以后，协议下列从西向东的全部边界线走向，线

---

① 《中华人民共和国和缅甸联邦边界条约》，中国人大网，http://www.npc.gov.cn/wxzl/wxzl/2000－12/25/content_ 748.htm，最后访问时间：2020 年 1 月 28 日。

北为中国领土，线南为尼泊尔领土"。① 明确后的中国与尼泊尔的边界线全长 1414 公里。

1962 年 12 月 26 日，中国和蒙古国签订了边界条约，1964 年 6 月 30 日再签订《关于两国边界的议定书》，明确了双方边界线的具体走向，明确后的边界线全长 4676.8 公里。②

1963 年 11 月 22 日，中国与阿富汗签订边界条约，规定"缔约双方同意，两国沿分水岭和达坂（山口）而行的边界，以分水岭山脊和达坂（山口）的分水线为边界线"。③ 明确后的双方边界线全长 92 公里。

1963 年 3 月 2 日，中国与巴基斯坦签订了《关于中国新疆和由巴基斯坦实际控制其防务的各个地区相接壤的边界的协定》，确定以传统习惯线为基础划定双方约 599 公里的边界线。④

此外，1962 年 10 月，中国与朝鲜也签订了有关中朝边界的条约，确定了双方总长 1420 公里的边界线，但因各种原因迄今并未公布。

（二）20世纪90年代以来确立的边界

1991 年 5 月 16 日，中国和苏联签订《中苏国界东段协定》，苏联解体后的俄罗斯继承了该协定。1994 年 9 月 3 日，中国和俄罗斯签订《中俄国界西段协定》。2004 年 10 月 14 日，中国和俄罗

---

① 《中华人民共和国和尼泊尔王国边界条约》，中华人民共和国外交部网站，https://www.fmprc.gov.cn/web/ziliao_674904/tytj_674911/tyfg_674913/t372309.shtml，最后访问时间：2020 年 1 月 10 日。

② 《关于中蒙边界制度和处理边境问题的条约》，中国人大网，http://www.npc.gov.cn/wxzl/gongbao/1989-09/04/content_1481187.htm，最后访问时间：2020 年 1 月 10 日。

③ 《中华人民共和国和阿富汗王国边界条约》，中华人民共和国外交部网站，https://www.fmprc.gov.cn/web/ziliao_674904/tytj_674911/tyfg_674913/t4900.shtml，最后访问时间：2020 年 1 月 10 日。

④ 《中华人民共和国政府和巴基斯坦政府关于中国新疆和由巴基斯坦实际控制其防务的各个地区相接壤的边界的协定》，外交部条约法规司编《中华人民共和国边界事务条约集（中阿·中巴卷）》，世界知识出版社，2004 年，第 23～24 页。

斯签署了《中俄国界东段补充协定》。^① 至此，中国和俄罗斯全长4300 多公里的边界线全部确定。

1991 年 10 月 24 日，中国与老挝签订边界条约，1993 年 12 月 3 日，双方签订《中华人民共和国政府和老挝人民民主共和国政府边界制度条约》，明确了双方边界线以中国境内的南腊河和老挝境内的南乌河诸支流的分水岭为界，^② 边界线全长约 505 公里。

1994 年 4 月 26 日至 2002 年 5 月 7 日，中国先后与哈萨克斯坦、吉尔吉斯斯坦、塔吉克斯坦等签订国界协定与补充协定，苏联时期遗留下来的 3300 公里边界线得到全面确定。^③

1999 年 12 月 30 日，中国与越南签订陆地边界条约，明确了双方陆路边界线自西向东的具体走向，^④ 确定的边界线全长1347 公里。

1998 年 12 月 8 日，中国和不丹签订《关于在中不边境地区保持和平与安宁的协定》，虽然未确定双方边界，但规定"在边界问题最终解决之前，保持边境地区的和平与安宁，维持一九五九年三月以前的边界现状，不采取任何单方面行动改变边界现状"。^⑤

目前，只有中国和印度之间全长约 2000 公里的边界线尚未确

① 《陆地边界条约及协定汇编》，中华人民共和国外交部网站，https：//www. fmprc. gov. cn/web/ziliao_ 674904/tytj_ 674911/tyfg_ 674913/t556660. shtml，最后访问时间：2020 年 1 月 10 日。

② 《中华人民共和国政府和老挝人民民主共和国政府边界制度条约》，中国人大网，http：//www. npc. gov. cn/wxzl/gongbao/2001 - 01/02/content_ 5003197. htm，最后访问时间：2020 年 1 月 10 日。

③ 《外交部条约法律司司长谈中国与邻国的划界工作》，中华人民共和国外交部网站，https：//www. fmprc. gov. cn/web/ziliao_ 674904/tytj_ 674911/tyfg _ 674913/t209314. shtml，最后访问时间：2020 年 1 月 20 日。

④ 《中华人民共和国和越南社会主义共和国陆地边界条约》，中国人大网，http：//www. npc. gov. cn/wxzl/gongbao/2000 - 12/17/content_ 5008962. htm，最后访问时间：2020 年 1 月 28 日。

⑤ 《中华人民共和国政府和不丹王国政府关于在中不边境地区保持和平与安宁的协定》，中华人民共和国外交部网站，https：//www. fmprc. gov. cn/web/ziliao_ 674904/tytj_ 674911/tyfg_ 674913/t5536. shtml，最后访问时间：2020 年 1 月 10 日。

定，但双方在 1993 年 9 月和 1996 年 11 月签订了《关于在中印边境实际控制线地区保持和平与安宁的协定》《关于在中印边境实际控制线地区军事领域建立信任措施的协定》，双方都有自己明确的实际控制地区。

值得注意的是，随着中华人民共和国成立，近代以来殖民势力对中国疆域的蚕食鲸吞得到了遏制，而通过自 20 世纪 60 年代开始和邻国订立的一系列条约，当今中国疆域的陆地边界得以基本明确，约 960 万平方公里的领土有了国际法的保护。当然，陆地疆域并非当今中国疆域的全部，1982 年《联合国海洋法公约》出台以来，海疆及海洋权益的维护成为世界各国关注的焦点问题，而《中华人民共和国领海及毗连区法》虽然于 1992 年 2 月 25 日由全国人民代表大会常务委员会通过并颁布实施，确立了约 300 万平方公里的海疆，但海疆权益包括其中岛屿主权的维护依然任重道远。

结　语

综上所述，如果从中华大地上出现第一个有文献记述的政权夏朝开始迄今，当代中国疆域的形成与发展经历了数千年的历程，大致可以分为 4 个时期，并呈现不同特点。其中历代王朝的延续存在所带来的中原核心地区的凝聚与巩固，固然为中国疆域的形成与发展提供了坚实的"内核"，但更多出现在边疆地区实现局部统一的政权，则为中国疆域的进一步发展创造了更为有利的条件。诸如吐蕃在实现了对青藏高原的统一后，尽管被自称为"中夏"（中国）的唐朝依然视为"大蕃"，但双方的"舅甥"关系却将二者紧密联系在一起。不仅其活动区域没有脱离中国疆域形成与发展的轨道，反而与唐朝之后的宋、元、明、清诸王朝继续保持直接或名义上的政治隶属关系，成为"自然凝聚"状态下中国疆域的重要组成部分。因此可以说，历代王朝的疆域是中国疆域的重要组成部分，历代王朝之外尤其是边疆地区存在的众多族群及其所建主权的疆域也是中国疆域的重要组成部分。康熙二十八年中俄《尼布楚条约》的签订，虽然标志着中国疆域开始从传统王朝国家"有疆无界"时期向近现代主权国家的"有疆有界"转变，但域外西方殖民势力东来并构建的殖民体系，与东亚以"中国"为中心的藩属体系发生了激烈碰撞，其结果不仅终止了中国疆域的"自然凝聚"过程，而且让中国已经明晰的疆域也遭到了蚕食鲸吞。当今中国约960万平方公里的领土，是1949年成立的中华人民共和国通过与邻国签订一系列的边界条约才得以最终确立的。

试说索伦部的历史贡献

安　娜[*]

　　自清雍正十年（1732），索伦部驻防呼伦贝尔，至今已走过了近3个世纪的漫长历程。这200余年，在历史的长河中不算太长，而从一个民族、一个部落的发展上看，却是一段很长很长的岁月。当年，索伦部的鄂温克、达斡尔、鄂伦春、巴尔虎蒙古族，为了保卫祖国的北大门，千里迢迢、跋山涉水来到荒无人烟的呼伦贝尔大草原。呼伦贝尔草原张开热情的怀抱，接纳了这些来自布特哈的森林之子。这些兄弟民族，团结一致，在极其艰难的条件下，驻牧戍边，开发和建设呼伦贝尔，使这片神奇的土地焕发了新的生命，得到新生。

　　去新疆戍边的索伦部的鄂温克、达斡尔人，则于乾隆二十八年（1763）分两批出发。他们经历了千难万险，第二年才到达目的地。索伦兵丁被安置在伊犁霍尔果斯以西的萨玛尔、齐齐罕、图尔根等地。这里是一片荒原，夏无避雨、冬无挡风雪之处，在这样艰苦的条件下，索伦兵丁克服重重困难，发扬自力更生的精神，驻扎下来，扎根西北边疆，建设新的家园。

　　本文试图通过讨论索伦部驻防呼伦贝尔和新疆伊犁的丰功伟绩，让索伦部的后人记住先辈们的历史功绩，发扬他们的爱国主义

---

　　* 安娜，内蒙古自治区鄂温克族研究会原副会长。

精神，发扬他们勤劳勇敢的作风，继承他们不畏艰难、冲锋陷阵的干劲，继续建设祖国北部边疆和西北边疆的大业，使自己家乡的这片热土更加富饶美丽。

一

索伦部驻防呼伦贝尔，戍边北疆，是民族历史上的一次大革命，也是草原获得新生的一次大变革。近 300 年来，索伦部为固守边防，保卫祖国领土完整，做出了重大的牺牲，为开发呼伦贝尔这块处女地，付出了极大的心血。

（一）守卫北部边疆，开辟了中俄呼伦贝尔边防线

康熙二十八年（1689），面对沙俄的骚扰和侵略，为了巩固中央集权下的统一国家利益，清政府对沙俄做了巨大让步，签订了《尼布楚条约》，规定额尔古纳河为中俄界河，河北归属沙俄，河南属中国，本来属于内陆地区的呼伦贝尔就成了北部边疆的前沿。

由于在呼伦贝尔草原北部游牧的蒙古科尔沁部阿鲁科尔沁、茂明安、乌拉特、四子等部南迁之后，到 17 世纪末叶，呼伦贝尔就成了人烟稀少的荒原，一度无人畜活动。《尼布楚条约》签订以后，除由齐齐哈尔派兵每年 6 月来巡边，没有设卡伦（边防哨所）派兵丁来驻守，这时候的呼伦贝尔基本上处于无边无防的状态，这对安定边疆是极其不利的。

为防止沙俄越界骚扰，清政府于雍正七年在额尔古纳河南岸设立卡伦 12 处。但由于呼伦贝尔地域辽阔，边境线长，仅派兵轮换驻守不是长久之计。为此，清朝决定"驻兵永戍"，从布特哈地区索伦部挑选了鄂温克、达斡尔、鄂伦春、巴尔虎兵丁 3000 人，其中鄂温克兵丁 1636 人，达斡尔 730 人，鄂伦春 359 人，巴尔虎 275 人，驻防呼伦贝尔。另有眷属 796 人，主要以鄂温克人居多。

索伦部来到呼伦贝尔以后，被编为呼伦贝尔索伦八旗，共计50个佐，其中左翼四旗计25个佐，游牧在防堵沙俄进犯道路边疆一带，任命左翼总管达巴哈（达斡尔族）管辖；右翼四旗计25个佐，任命博尔本察（鄂温克族）为总管，游牧于喀尔喀河边缘沿哈拉哈河一带。左翼总管设在南屯，右翼总管设在西屯。

索伦部驻防呼伦贝尔以后，黑龙江将军负责设置了自齐齐哈尔到呼伦贝尔之间的驿站，雍正年间共设10处。每个驿站派驻官员1名，兵丁10人。在接近呼伦贝尔的地段，由呼伦贝尔八旗派鄂温克、达斡尔官兵驻守，任务是传递机要公文，保卫交通要冲。这种防守关卡和巡视边境制度，延续至清朝末期。这条驿路当时也是来往行人的重要交通线路，而且也成了一条商路。直到民国初期，索伦兵丁在呼伦贝尔地区仍旧起着安内御外的作用。如1917年，以色布精额、巴布扎布为首的匪徒侵入呼伦贝尔城，占据了呼伦贝尔副都统署和西屯、南屯。这时由旗署额鲁特总管凌升、蒙员武魁等率领索伦兵丁200余人，竟战胜了四五千悍匪，获得了胜利。

（二）发展养殖业，畜牧业经济得到飞速发展

呼伦贝尔地区水草丰美，资源丰富，但是气候寒冷，不适宜种植农作物。为了让戍边官兵安家立业，除了俸禄外，清政府还调拨了大批牲畜，按职级分配给牛、马、羊，如总管给马10匹、牛10头、羊80只，副总管、佐领、骁骑校、笔帖式、兵丁等，依次分配。以资饲养繁殖立业，发展畜牧业经济。

索伦部军民，散落在呼伦贝尔草原上，头顶蓝天，脚踏绿草地，爬冰卧雪，艰苦奋斗，克服种种困难，以清政府调拨的牲畜作为生存和发展经济的基础。他们成为呼伦贝尔草原的主人，畜牧业成为主要产业，而且迅速发展起来。畜牧业经济的蓬勃发展，使呼伦贝尔草原充满了一派生机勃勃的繁荣景象。

（三）建城池村屯，引来内地商行，发展了商品经济

索伦部驻防呼伦贝尔后，于雍正十二年筑呼伦贝尔城（今海拉尔正阳街一带）。随之，引来北京、山西、河北等地的八家商行经商，进行购销活动。这为戍边的草原新居民提供了生产和生活物资，方便其把牲畜和相关产品销往内地市场，为呼伦贝尔的商品经济发展做出了贡献。同时，在呼伦贝尔城方圆百里内，出现了索伦八旗官兵及眷属居住的村屯，即西屯、南屯、七间房、那拉苏图屯、木兰木克顿屯、扎罗木得屯以及莫和尔图屯。

（四）涌现出许许多多的杰出人物

200 余年的历史征程中，索伦部中涌现出很多的杰出人物，如鄂温克总管博尔本察、鄂温克历史名将海兰察、达斡尔族诗人敖拉·昌兴、达斡尔民族英雄凌升、达斡尔族教育家郭道甫等。2017年，鄂温克族自治旗文联主编的《索伦长歌》一书出版，书中收录了现当代 16 位为内蒙古鄂温克族自治旗的发展做出卓越贡献的代表性人物，也是索伦部的后裔传承和发扬先辈优良传统，为国家、为家乡努力奋斗精神的写照。

（五）注重文化，兴办教育，学校从无到有

索伦部驻防呼伦贝尔地区以后，开始了以家庭为主的教育。蒙古族教授蒙文，鄂温克、达斡尔族学满文。

光绪三年（1877），达斡尔族在南屯办私塾，从齐齐哈尔聘请教师，当时学生有 10 多人，教授汉、满文。光绪八年，呼伦贝尔副都统衙门创办了八旗满蒙学堂，次年改为官立初高级两级小学。在校生 71人，大多数来自南屯、莫和尔图的达斡尔族和鄂温克族。

乾隆四十九年甘珠尔庙兴建后有了喇嘛教育，主要教授蒙文。宣统元年（1909），陈巴尔虎一个佐领创办了私塾，附近 20 余名

儿童每天骑马来学习满文和蒙文。宣统二年，鄂温克族笔帖式贵福在家乡莫和尔图牟头，从人出资，修建了"绰岁柱"学校，也叫石头房小学。1918年，郭道甫（达斡尔族）和福明泰（达斡尔族）创办了呼伦贝尔蒙旗私立小学。1919年，郭道甫在家乡创办了莫和尔图学校，副总管达门达（鄂温克族）大力支持，动员民众修建校舍，这是一所男女兼收的新型学校。讲授汉文、蒙文、俄文和数学、自然科学等课程。1920年，蒙旗小学改为蒙旗学校。设小学部和中学部，在校生达200余人。

（六）兄弟民族团结一心，发扬了高度的爱国主义精神

在漫长的历史岁月里，索伦部的鄂温克、达斡尔、蒙古等兄弟民族之间紧密团结、生死与共，从未发生过互相仇视、分裂割据的局面。在艰难困苦的条件下，它们共同携手，面对敌人和各种自然灾害，从来不屈服不低头，表现了各民族之间团结友爱、互帮互助的美德。为了祖国大业，他们历经千辛万苦，克服了各种困难，保卫了边境的安宁。

二

索伦部戍边新疆，已经近3个世纪。鄂温克、达斡尔、锡伯等民族为了守卫西北边防安宁，维护祖国领土完整，背井离乡，做出了很大的牺牲，为开拓和建设新疆伊犁地区，克服了千难万苦，做出了贡献。

（一）保卫祖国的领土完整

清朝经过数年在新疆天山南北两路的征战，平息了当地的割据势力，为了加强对新疆的行政管理和军事防守，于乾隆二十七年在新疆伊犁惠远城设置了将军衙门即"伊犁将军"，统辖新疆南北

两路。索伦部诸民族骁勇善战，枪箭敏捷、惯走山林，故乾隆皇帝派索伦部到新疆驻防。

伊犁将军明瑞把迁来的索伦兵丁及其眷属安置于伊犁河北霍尔果斯河两岸的齐齐罕、萨玛尔、图尔根等地牧耕驻防，并组成索伦营，与锡伯营、厄鲁特营、察哈尔营，通称"外八旗"，以区别于内八旗，索伦营分左右两翼，其中右翼四旗为达斡尔人，在霍尔果斯河以东驻防。左翼四旗为鄂温克人，有兵丁1018人，在霍尔果斯河以西驻防。

伊犁河北的边界地域辽阔，边境线长，大小卡伦有70余处，地逾数千里。每卡驻守10～30人，各卡间相距数十里乃至百余里，各营每月由总管、副总管、佐领带领30名兵丁巡查，在各营交界处会哨。索伦、锡伯两个营，除守卫本防区卡伦外，还承担了换防喀什噶尔（今喀什市）和塔尔巴哈台的任务。

索伦部远涉西北地区，为守卫边疆、维持边防的安定做出了贡献。

（二）从事农耕和养殖业，发展农牧业经济

霍尔果斯河两岸皆荒原，夏无避雨、冬无挡风雪之处，索伦部来到这里以后，生活非常艰苦。清政府为了使索伦兵民放牧生息，除把他们在旅途中所带马驼留存作产业外，另每户给羊25只，每两三户给牛1头，并调拨一年的口粮和开垦的种子。

勤劳勇敢的达斡尔、鄂温克、锡伯等民族，在这样艰苦的条件下，发扬自力更生精神，克服各种困难，辛勤劳动，开拓新区，为建设祖国西部地区，扎根在了西北边疆，成为这里的居民。他们挖渠开荒，在塔城的东北部开掘了一条10公里长的阿布都拉大渠，并修复了卡浪古尔、西北图等水渠。通过兴修水利，引水到荒无人烟的地方，开荒造田，植树造林，发展农业生产，为塔城地区的农业生产奠定了基础。

（三）坚持回归祖国，发扬高度的爱国主义精神

19 世纪中叶，咸丰十年（1860）中俄签订了《北京条约》，同治三年（1864）又签订了《勘分西北界约记》，沙俄割占了中国西部巴尔喀什湖以东以南约 44 万平方公里的领土。伊犁霍尔果斯河以西索伦营牧耕之地大部分被割占，沙俄威胁利诱索伦营兵民"归顺"俄国，具有高度爱国之心的索伦人民根本不予理睬，相反强烈要求归还牧耕之地。沙俄步步紧逼，在走投无路忍无可忍的情况下，索伦、锡伯、察哈尔蒙古等民族的人民决意要回东北故乡，分三批出走，结果被沙俄骗引至俄国境内。在异国被视作奴仆，强迫耕种放牧，收获被勒索，生活难以维系，他们强烈要求回国，但是都遭到沙俄当局的拒绝。在当时清政府的多次交涉下，这些在异国受尽凌辱的索伦、锡伯和察哈尔蒙古人终于回到了祖国的怀抱。

索伦、锡伯、察哈尔蒙古人民不甘为奴，强烈要求回归祖国的坚强意志，使他们能够紧密团结一致，共同对付沙俄，为了生存，不畏艰险的爱国主义精神，粉碎了沙俄占了领土又要裹挟中国人的企图。

（四）组建塔尔巴哈台至伊犁的卡伦，繁荣了塔尔巴哈台地区的政治、经济和文化，开辟和疏通了从塔尔巴哈台到乌鲁木齐地区的边防交通要冲，活跃了与周边地区的经济贸易往来

为了加强塔尔巴哈台地区的边防管理，巩固西北边防，光绪二十一年，塔尔巴哈台索伦部所选尖锐营官兵，改编为驻防满营，即新满营。当时所设的塔尔巴哈台至伊犁的卡伦又称科布多卡伦道路，是乾隆时期承担通讯任务的主要卡伦道路。除此卡伦道路外，从塔尔巴哈台到奎屯军台的卡伦道路再向西，又可到达伊犁，向东南还可到达乌鲁木齐。塔尔巴哈台卡伦道路的设置，使塔尔巴哈台成为地区政治、经济、文化中心，也是当时新疆的主要卡伦和

城市。

居住在这里的达斡尔、鄂温克、锡伯族的军民和游牧民辛勤劳动，保卫祖国西部边陲，同时以塔尔巴哈台城作为伊犁、蒙古等地商人经济贸易的中心，促进了各民族之间的了解和往来。

（五）索伦营驻防新疆伊犁地区，各民族之间以团结为要义，与兄弟民族结成了血肉相连、不可分割的民族关系

索伦（这里主要指鄂温克人）兵民移居伊犁后，虽然兵役负担沉重，生活艰苦，但人口有所发展。可是在嘉庆元年（1796），流行瘟疫（天花），死了很多人，出现了鄂温克兵员不足的情况，因而在嘉庆三年从锡伯营补充160户，计659人。

嘉庆二十五年至道光八年（1820～1828）张格尔之乱和道光十年（1830）玉素甫之乱中，清政府曾几次选派数百名索伦营官兵前往戡乱，这些鄂温克官兵不畏艰险，英勇顽强，为维护祖国边疆的安全，前后有数百名官兵献出了生命。鄂温克人口又一次锐减，于是从锡伯营挑选100户621人补充了索伦营，以便挑取马甲，索伦营鄂温克人中增加了锡伯人口，出现了"锡伯索伦"之称。

综上所述，驻防呼伦贝尔的索伦部，戍边新疆的索伦营，在驻守和建设北部和西北边疆的漫长岁月中，达斡尔、鄂温克、蒙古、锡伯等兄弟民族之间血肉相连，紧密团结，表现了各民族之间团结友爱、互相帮助的美德。他们为了北部和西部边陲的安宁和祖国领土的完整，历经千辛万苦，克服了各种困难，牧耕戍边，为保卫和建设祖国北部和西部边疆，做出了历史性的贡献。

索伦部戍边的光荣历史和历史贡献将永远载入史册！

索伦八旗述略

杜·道尔基[*]

1644 年，游牧在呼伦贝尔的蒙古科尔沁部阿鲁科尔沁、茂明安、乌拉特、四子等部先后从呼伦贝尔南部南迁到昭乌达和乌兰察布地区，但卜洛特王爷所辖的科尔沁左翼 6 个鄂托克仍留在了斡难河流域，后被蒙古车臣汗部所融合。至此，人畜兴旺的伊敏河流域成为人烟稀少的地区。当时，只有少数鄂温克族索伦部散民，为躲避沙俄侵扰，由黑龙江上游迁到这里居住。

康熙二十八年（1689），中俄签订了《尼布楚条约》，规定以额尔古纳河为界，使几乎无人烟的呼伦贝尔大草原成为需要驻守的边防重地。雍正五年（1727），中俄又签订《恰克图界约》，重申并确定由恰克图往东至额尔古纳河，往西至沙毕纳依岭（即沙宾达巴哈）为两国边界，南面属中国，北面属俄国。

清廷为防沙俄入侵，从雍正五年就开始沿国界设立"敖包"，以轮换方式派 500 人的巡边部队驻扎格丹（今海拉尔）。

一　雍正十二年前索伦八旗防区

为更进一步加强中俄边境呼伦贝尔段的防务，"驻兵永戍"，

清廷应黑龙江将军卓尔海的奏请，决定从布特哈地区索伦部选调3000名兵丁（其中鄂温克兵丁1636名，达斡尔兵丁730名，鄂伦春兵丁359名，巴尔虎蒙古兵丁275名），驻防"地域辽阔、水草甚佳、树木茂盛"的呼伦贝尔，还准许向来惯于游牧的索伦、巴尔虎可携家眷前往，因达斡尔人向来习于住房耕地生活，迁居之地仅限壮丁前往，俟盖房耕种立业后，将彼等妻子家属移住。鄂温克族索伦部落官兵体格健壮、行动敏捷、善骑善射、骁勇善战，打围时由他们先放箭，打仗时由他们为尖兵，打先锋。所以，原居住于黑龙江流域的其他民族部落，也"喜于索伦自号说者，谓索伦骁勇闻天下，故借其名自豪也"。

故进驻呼伦贝尔戍边的官兵以"索伦"为称，编为左右翼四旗，简称"索伦"八旗，共50个佐。左翼四旗，25个佐，其中镶黄旗7个佐，正白、镶白、正蓝3旗各6个佐，在额尔古纳河通往俄国道路边界一带设防，分别驻牧于伊敏河东、锡尼河北，大兴安岭以西、北至额尔古纳河；右翼四旗，25个佐，其中正黄旗7个佐、正红、镶红、镶蓝3旗各6个佐，在哈拉哈河喀尔喀蒙古边界一带防守，分别驻牧于哈拉哈河东岸，伊敏河西至呼伦湖一带。左右翼各设总管1员，笔帖式1员。左翼总管为达巴哈（巴尔虎人），右翼总管为博尔本察（鄂温克人，敖拉基尔氏），索伦八旗总管印由博尔本察掌管。左右翼八旗各设副总管1员带领兵丁。各设佐领1员，骁骑校1员。

蒙古族厄鲁特部官兵及家属是分两批进驻呼伦贝尔的。雍正九年，额驸郡王斯卜腾旺布向雍正皇帝请求牧地。1732年雍正皇帝明确指令："东部海拉尔河一带地域广、水草佳、树林密、兽鱼多，适合伊等住牧。"经与索伦八旗总管协商，斯卜腾旺布带领100名兵丁及其家属进驻呼伦贝尔，其牧地北由锡尼河、南至维特很河流域，东由呼和朝鲁山、西至伊敏河。厄鲁特部自成左翼镶黄旗，由清廷派统领一员统辖。先来的这部人被称为陈厄鲁特。

乾隆二十二年（1757），乌里雅苏台副将军请求将杜尔伯特等部落中的厄鲁特蒙古近 150 户留驻呼伦贝尔。1790 年，经黑龙江将军再次请求，将这些人分摊给陈厄鲁特蒙古两个苏木，并称他们为新厄鲁特。

1910 年，厄鲁特牧地区域发生鼠疫，死了很多人，为逃避鼠疫，厄鲁特人迁到其牧地南侧或索伦右翼正红旗北部、东部，即现在伊敏苏木所在地周围，同鄂温克人杂居。原居住地成了一片荒地。

雍正十二年，在伊敏河西岸筑呼伦贝尔城（即海拉尔城），清廷派统领驻该城，统率该地八旗。

换言之，索伦八旗驻守呼伦贝尔初年，也就是雍正十二年前，索伦八旗防区有现在的鄂温克旗、陈巴尔虎旗、海拉尔区、牙克石市岭西部分以及新巴尔虎左右二旗等地。

二 雍正十二年后索伦八旗防区

雍正十二年以前，呼伦贝尔全境为索伦八旗驻防区。蒙古族巴尔虎部移居呼伦贝尔和达斡尔族兵丁被遣回原籍后，索伦八旗防区缩小，索伦八旗兵员编制也被重新调整。

（一）新巴尔虎部进驻呼伦贝尔

居住于喀尔喀蒙古地区的巴尔虎人与喀尔喀蒙古统治者不合，为了逃避苛捐杂税，巴尔虎部请求加入清八旗并获得批准。雍正十二年，巴尔虎部共有 2984 名兵丁携家属迁往呼伦贝尔乌尔逊河两岸游牧，并按八旗制，将其中 2400 人组成 40 个佐，分左右两翼八旗，人们称其为新巴尔虎。由此，索伦八旗防区退缩到现在的鄂温克族自治旗、陈巴尔虎旗和牙克石兴安岭分水岭以西地区。

巴尔虎部进驻呼伦贝尔，对解决巴尔虎部牧地问题，减轻索伦八旗过重负担，加强国家边防事业均起到了积极的作用。索伦八旗各族人民与巴尔虎部人民，友好往来、和平共处近 3 个世纪，没有民族歧视，更没有民族冲突。

（二）达斡尔兵丁被遣回原籍

达斡尔族学者额尔登泰先生在《巴彦托海苏木达斡尔族情况》（1958）调查报告中写道："据传说，当时达呼尔人不愿意骨肉分离，移居他乡。他们把清廷拨给的试种种子事先炒熟后播种，等秋后上报，草地严寒，庄稼颗粒无收。"乾隆七年，清廷将达斡尔兵丁遣回原籍。只有郭布勒·满那·奎苏、敖拉·登特科·范恰布二笔帖式，因职务原因未能返回。达斡尔族兵丁返回原籍之后，留守的官兵需要重新编队，因此索伦左右两翼被编成 24 个佐，仍维持八旗制。现在有些人看到索伦八旗根据当时的政治、军事、经济新形势重新编成 24 个佐的材料说，达斡尔兵丁遣回原籍 26 个佐，这是有误的，只有 700 多人的达斡尔族，不可能单独形成 26 个佐。

（三）索伦八旗各旗防区

关于新巴尔虎部迁居呼伦贝尔，特别是达斡尔兵丁返回原籍之后的索伦八旗游牧地，《鄂温克族自治旗志》中正确提出：左翼镶黄、正白两旗在东由扎敦河至伊敏河，南由锡尼河东北岸至海拉尔河流域之间游牧，两旗共计 250 户人家；镶白、正蓝两旗驻牧地东由库都尔河，西至西林布尔都泡，南至辉河，北至孟和西里和额尔德尼托海二卡之间，两旗共计 830 户人家；右翼镶红、镶蓝两旗西由奎腾河起，东至维纳河为界，南由伊敏河源，北至红花尔基山，两旗共计 216 户人家；正黄、正红两旗在东由伊敏河，西至辉河，南由红花尔基山起，北至西博山之间游牧，两旗共计 629 户人家。

三 索伦旗边界

1911 年，孙中山领导的辛亥革命推翻了清王朝，八旗制赖以生存的根基被摧毁，解体已成不可避免的历史潮流。但由于民族资产阶级的软弱性、妥协性，加之呼伦贝尔地区偏远落后，八旗制在此地解体的进程十分缓慢。

（一）巴尔虎人独立建旗

在蒙古国独立等事件的影响下，陈巴尔虎人开始了脱离索伦八旗独立建旗活动。

清末民初，陈巴尔虎部上层人物德格金布等人，经长时间酝酿，多次向上级提出脱离索伦八旗独立成立陈巴尔虎旗的要求，但始终无结果。后来恰逢老副都统胜福因病在海拉尔逝世，巴尔虎部上层，以帮助巴尔虎部建旗为条件，答应给想当副都统的贵福提供活动经费千两银子。1919 年，经中华民国总统批准，在原索伦左翼正蓝旗一、二、三佐，镶白旗二、三佐行政区域设立了陈巴尔虎旗，又将这 5 个佐新编为 12 个佐。

（二）布里亚特部迁入索伦八旗

1918 年初，蒙古族布里亚特部一部分牧民，带着家眷赶着畜群，从俄国迁入呼伦贝尔新巴尔虎和陈巴尔虎地区。头人那木德格等请求呼伦贝尔副都统衙门给予他们居住地。呼伦贝尔副都统衙门将布里亚特部安置在锡尼河一带，即 1910 年鼠疫发生前的厄鲁特部牧地北部和东部，北由锡尼河，南至维特很河，东由呼和朝鲁山，西至伊敏河东岸的地区。到 1922 年，已有 160 户。他们自建布里亚特旗，下设 4 个苏木。但因当时的中央政府始终未批准，其仍然在索伦八旗行政区划之内，所以从未有效行使过旗级行政职权。

新中国成立后，1957 年合作化时期，根据中苏会谈精神，内蒙古自治区有关部门下文，宣布蒙古族布里亚特部为中国公民，不按苏侨对待。

（三）索伦旗

辛亥革命推翻了清王朝，清廷八旗制的解体势所必然。而日本帝国主义侵占呼伦贝尔，加速了八旗制解体的进程。

1. 旧索伦旗

日本帝国主义侵占呼伦贝尔以后，于 1932 年 6 月 1 日撤销了呼伦贝尔副都统衙门，设立了伪兴安北分省公署。6 月 7 日，废除了索伦八旗，将索伦左翼镶黄、正白二旗和镶白旗第一佐改设索伦左翼旗；索伦右翼正黄、镶红、正红、镶蓝四旗改设索伦右翼旗，保留厄鲁特旗和布里亚特旗。这 4 个旗建置统辖于伪兴安北分省。索伦左右翼二旗分布是：索伦右翼旗有辉、伊敏、红花尔基、温考日艾里（西屯）；索伦左翼旗有扎格达木丹、莫日格勒、莫和尔图、特尼河、额莫讷艾里（南屯）。

1933 年 7 月 12 日，索伦左翼、索伦右翼、厄鲁特、布里亚特 4 个旗合并为索伦旗，人们称其为旧索伦旗。旗公署设在海拉尔，次年迁至南屯（今巴彦托海镇）。旗下设了 4 个区：西区有辉、红花尔基、西屯；南区有维特很、毕鲁图；东区有锡尼河；北区有莫和尔图、扎格达木丹、特尼河。将原旗长们任命为区长和副区长，但不在旗衙门上班，只是管各自的区。

1943 年撤销区机构，建立苏木如下：东辉、西辉、维特很、阿贵图、毕鲁图、锡尼河、哈日嘎那、胡吉日托海、莫和尔图、特尼河，共 10 个苏木。1944 年又改为 6 个大苏木。在索伦右翼正黄、镶红二旗范围内设辉苏木；在索伦右翼正红、镶蓝二旗和厄鲁特左翼镶黄旗南侧范围内设伊敏苏木；在左翼镶黄、正白二旗范围内设莫和尔图苏木；在索伦左翼镶黄旗北部和镶白旗第一佐范围内设特尼河苏木；在索伦右翼正黄旗北段，索伦左翼镶黄、正白二旗西部设胡吉日托海苏木；在厄鲁特左翼镶黄旗北，东段设锡尼河苏木。

2. 索伦旗

日本帝国主义无条件投降后，呼伦贝尔地方自治政府成立。1945 年冬，索伦旗公署成立并隶属呼伦贝尔地方自治政府，由达特·孟格－达特·内勒布（鄂温克族）任索伦旗旗长。

1948 年 1 月，呼伦贝尔地方自治政府被取消，改称呼伦贝尔盟，与内蒙古实现统一自治。索伦旗隶属呼伦贝尔盟，旗所在地仍设在巴彦托海。同年 5 月 20 日，为开辟牧区工作，中共呼纳盟工委派中共党员孟和那苏（达斡尔族）任索伦旗旗长。

索伦旗下设巴彦托海苏木（原胡吉日托海苏木）、巴彦嵯岗苏木（原莫和尔图苏木）、锡尼河苏木、伊敏苏木、辉苏木五大苏木。

3. 鄂温克族自治旗

1958 年 4 月 11 日，内蒙古自治区人民委员会向国务院提交关于"撤销内蒙古自治区索伦旗，成立鄂温克族自治旗"的报告。5 月 29 日，经国务院全体会议第 77 次会议通过，撤销了索伦旗，在原索伦旗行政区划内成立了鄂温克族自治旗。

1958 年 8 月 1 日，鄂温克族自治旗宣告成立，乌尼满都任旗长，旗人民委员会驻地为巴彦托海，辖于呼伦贝尔盟行政公署。仍下设辉、伊敏、巴彦嵯岗、巴彦托海、锡尼河五大苏木。

索伦部驻防呼伦贝尔 200 余年来，在开发呼伦贝尔草原，建设边疆，尤其为畜牧业经济的发展，做出了巨大的贡献。他们的伟绩，将永远刻在历史的丰碑上。

清代国家统一进程中索伦八旗的战事活动

阿 力*

在清代 200 多年间，鄂温克、达斡尔、鄂伦春等民族因"人甚健壮，枪箭敏捷，惯走山林，颇耐劳苦"而屡屡被派往边疆地域驻守边卡，巡防边境，一旦发生战乱，又以"索伦达呼尔甚属得力，马上步下皆精""且盛京之兵，亦不如索伦达呼尔"而经常作为首选兵力，被派往天南海北，长年征战四方，其足迹遍布清朝版图的众多角落。道光时期，由于常年征战，索伦、达斡尔兵源出现严重的危机。在清朝政府直接点名征调索伦、达斡尔的压力下，黑龙江将军所属五城（齐齐哈尔、墨尔根、布特哈、呼伦贝尔、呼兰）无奈以 14 岁、15 岁或 45 岁以上的索伦、达斡尔人员来充数。由于黑龙江将军多次反映索伦、达斡尔兵源确实存在吃紧的真实情况，这种直接点名征调索伦、达斡尔的情况相对减少了一些，但频频从黑龙江五城征调马队的情况则一直持续到清末。

清廷征调呼伦贝尔兵出征，有着严格的组织要求和行军路线，如果违反会受到惩处。呼伦贝尔兵出征主要有两条路线。一条是沿东南方向走齐齐哈尔驿站，这条驿路为辽金古道，是为索伦八旗军开辟于雍正十年（1732）的驿道。到达齐齐哈尔后经伯都讷（今吉林省扶余市）至奉天，出法库门（今辽宁省法库县）至山海关

---

* 阿力，鄂温克族自治旗达斡尔学会副理事长。

到北京。另一条是向西南经草地进古北口、张家口后进京。由于这两条路均经草地，故称为草原路。从呼伦贝尔八旗兵历次行军路线来看，大多走的是经齐齐哈尔至奉天，出法库门至山海关到达北京的这条路线，然后分编各部分赴战场。返回时大多也是走这条路。

一　出兵准噶尔

雍正七年二月，雍正帝以准噶尔噶尔丹策零"并不输诚向化……特欲仿效伊父之故辙耳"为由，发布了征讨准噶尔的命令，由北路（阿尔泰方面）、西路（巴里坤方面）两军发起了攻势。雍正九年，傅尔丹率北路清军进攻准噶尔，与准噶尔首领噶尔丹策零在和通淖尔（今新疆阿勒泰北与蒙古国边界地区）展开大战，结果清军伤亡惨重，两万多士兵逃回科布多的只剩下两千多人。雍正十年，准噶尔噶尔丹策零亲自率军乘胜追击，清军节节败退，被迫丢弃正在建筑中的科布多城向察罕叟尔①退却。然而，战争总是以失败、胜利而循环往复。同年十月，清军在与噶尔丹策零在鄂尔坤河之额尔德尼昭的战役中取得胜利后，及时展开反攻。雍正十一年四月，大学士鄂尔泰等奏称：查当此大军挺进之时，急需精锐之师，深入前方设卡侦察，袭击敌营，骚扰敌军后方。在这种场合下，自以索伦兵为宜。……现在，从屯驻呼伦贝尔地方之三千索伦兵内，留一千照顾其家属，动员其余两千兵及与此相当之官员、头领，以备大军挺进之时调遣使用。这一建议很快被雍正帝所采纳，于是当年六月七日谕旨："将驻扎呼伦贝尔地方，索伦巴尔虎兵三千名内，调拨二千名前往察罕叟尔军营。其军营现在所有残疾兵丁，应行减退等语。着照鄂尔泰等所请，于呼伦贝尔兵内，挑选二千名，着黑

---

① 察罕叟尔为蒙语"白尾"之意。该城为清朝加强边防而建筑的边城之一。康熙五十八年正月，清廷鉴于察罕叟尔地"水草甚佳，木料易购"，"卫护喀尔喀甚为有益"，决定在此建筑一城，是年城内盖房达两千间，均以木筑成，此后又于雍正十一年再次扩建。

龙江将军卓尔海带领前往军营。"① 按照这一指令，时任黑龙江将军
卓尔海与时任呼伦贝尔索伦右翼总管博尔本察带领索伦左翼正白旗
达斡尔副总管拓勒德尔、索伦左翼镶黄旗副总管里布齐勒图、索伦
右翼镶红旗巴尔虎副总管阿必西克等于当年"七月二十一日启
程……率领呼伦贝尔二千名官兵，驼二百七十八只、马七千七百四
十三匹"，于当年"十二月二十四日抵达"指定地点。这是呼伦贝
尔索伦八旗兵首次出征。由于当这批军队到达察罕叟尔军营之时，
战事已经趋于缓和，这次应征，呼伦贝尔索伦八旗兵未能参战，却
投入雍正十一年开始在乌里雅苏台建筑城垣的工程以及将察罕叟尔
城所贮钱粮、米面、军装、火药等陆续运至乌里雅苏台的军役。他
们在乌里雅苏台城的建设中做出了贡献，受到了一、二、三等不同
等级的奖赏。②

　　乾隆元年（1736），清廷依据果亲王对西北两路"奉天兵二
千、吉林兵一千、呼伦贝尔兵二千，总计五千人以三年为期进行更
代换防。如此往代更迭，则新旧相间劳逸既均而防戍兵亦皆精练"
的奏疏，将呼伦贝尔 2000 名兵丁直接调往鄂尔昆（今蒙古国境
内）军营换防驻扎，同时派出副都统衔总管翟三以及拓勒德尔二
人同辖。③ 此 2000 名呼伦贝尔索伦八旗兵于 1735 年撤回 17 名，
1736 年撤回 44 名，1737 年撤回 920 名，1738 年撤回 1000 名。④

二　赴北路军营换防

　　当上述出征准噶尔并驻扎鄂尔昆军营的 2000 名兵丁撤回呼伦贝尔

---

① 《清世宗实录》卷一三○，雍正十一年四月丙子条。
② 《清高宗实录》卷一三，乾隆元年十二月丙寅条。
③ 《清高宗实录》卷一三，乾隆元年正月甲寅条。
④ 中国第一历史档案馆藏乾隆六年八月二十五日户部尚书陈德华题本，档号：02 - 01 - 04 -
13381 - 015；乾隆七年四月十七日协理户部事务讷亲题本，档号：02 - 01 - 04 - 13480 - 004。

后，乾隆五年春，清廷又下令从呼伦贝尔索伦八旗3000名兵丁内，抽调未曾出征的1000名索伦兵派往北路博尔德（今讷河地区）处换防。"乾隆四年十二月内，大学士伯鄂尔泰等奏称，北路军营所有博尔德处索伦兵一千名系乾隆二年六七月内换班前往，明年三年已满，应将呼伦贝尔三千名索伦达呼尔兵丁内除军营回来兵丁外将存留家中未鲁行走之兵丁一千名前往更换。"① 由此，由黑龙江将军府派出1名副都统率领呼伦贝尔副都统委署2员、佐领12员、骁骑校12员、兵丁1000名、官兵之跟役600名，赶往北路军营博尔德处换防，这一去又是3年。

三 第二次出征准噶尔

乾隆十七年，准噶尔达瓦齐在阿睦尔撒纳的支持下袭杀台吉喇嘛达尔扎，夺取了准噶尔部统治权后不久，达瓦齐与阿睦尔撒纳两人之间又发生火并。乾隆十九年阿睦尔撒纳被达瓦齐击败，无奈只得率其部属两万余人投奔清朝，请求清朝出兵攻打达瓦齐。乾隆帝认为准噶尔内乱是一个千载难逢的好机会，准噶尔部族内同室操戈，今阿睦尔撒纳又率众来降，机不可失，随即以西、北两路共5万军马向准噶尔首领达瓦齐出兵。其中，北路兵从布特哈和呼伦贝尔二地征调了5000名索伦、达斡尔、巴尔虎兵。这当中，呼伦贝尔索伦、达斡尔兵1000名，② 由呼伦贝尔副都统瑚尔起带领前往。到达黑龙江将军府后，又"着派清保、鄂尔衮察、温布带领"，后又"添派呼伦贝尔总管毕里浑"带往。由此，这批呼伦贝尔八旗兵参加了清廷出征准噶尔达瓦齐的战斗。

---

① 中国第一历史档案馆藏乾隆五年十月初三日议政大臣协理户事务讷亲、户部尚书陈德华题为"遵旨察核黑龙江将军博第等乾隆五年派往北路官兵跟役支过俸赏盐菜等项银米请旨事"，档号：02 - 01 - 04 - 13301 - 003。

② 中国第一历史档案馆藏军机处满文录副奏折，乾隆二十年四月二十二日署黑龙江将军绰尔多"奏闻出征西北二路情形折"，档号：1515 - 001。

四 第三次出征准噶尔

在清廷出征准噶尔达瓦齐的战役取得胜利后，先前归附清廷的阿睦尔撒纳及青衮杂卜等复而叛乱，准噶尔反清势力再次升温。无奈，乾隆帝再次召集兵力，并以"至进兵时，索伦兵最为得力"而命军机大臣："或照前旨调呼伦贝尔兵丁五百名，听其酌量。""又谕内大臣博勒奔察赴乌里雅苏台，拣选索伦兵丁前往西路进兵。着先派兵五百名交与侍卫顺德讷即速驰赴巴里坤，听候调遣。"①

在清廷平定准噶尔部阿睦尔撒纳及青衮杂卜等地方势力之后，紧接着在天山南路又爆发了大小和卓的叛乱。呼伦贝尔兵转而参加了平定大小和卓的战役。此次出兵长达 5 年，于乾隆二十五年返回。黑龙江将军绰勒多（又作绰尔多）于乾隆二十五年奏称：呼伦贝尔、拨尔德二处旧有军营撤回索伦、达斡尔兵计 2395 名。② 清廷于 1754 年底征调布特哈、呼伦贝尔二处索伦、达斡尔、鄂伦春、巴尔虎兵计 5536 名，此时返回的只有 2395 名，由此可知 3141 名战死。

五 出征首次金川战役

从乾隆四年起，大小金川土司之间不断发生战乱，使大小金川 3 万多户藏族居民的生活处于动荡之中。清廷为确保边疆的安定，消除土司割据势力，维持对当地的统治，于乾隆十二年开始进兵大小金川平乱。清军将领之间不和，导致连连失败。为此，乾隆帝开始调整将领，一面革职惩办前线将领，一面改授大学士傅恒为经

---

① 《清高宗实录》卷五二九，乾隆二十一年十二月己卯条；乾隆二十一年十二月壬午条。
② 《清高宗实录》卷六一〇，乾隆二十五年四月丙子条。

略，组织兵力再进金川。乾隆十三年底，乾隆帝下旨："盛京之兵亦不如索伦达呼尔，其盛京兵一十名来京之处，着即停止……着即行文黑龙江将军傅森，将游牧索伦内之阿尔拉阿巴、图克敦阿巴、雅拉阿巴、济亲阿巴、托新阿巴，呼伦贝尔地方之索伦并达呼尔内之善于步履，汉仗可观，年力精壮者挑选一千名，余丁内如有汉仗好者，一并挑选，派贤能协领一员，照料办理，即令来京，务于十二月二十前必到……到京之后，即交与哲库诺带往金川。"① 随后又下旨，将此 1000 名索伦达斡尔兵，交由总管鄂博什带往金川，并恩赏每名官兵银两。

第一次金川战役清廷先后从黑龙江调去参战的索伦官兵共2000 名，跟役 1000 余名。大学士兼管户部事务傅恒的奏文称，"城守尉博罗那，协领胡尔起、八哈大，总管那木丘、必里浑等呈称，博罗那、胡尔起带领头起前往，副总管佐领、骑都尉、云骑尉六员，六品荫生骁骑校六员，兵五百名，跟役二百七十二名，于乾隆十三年十一月初十日由齐齐哈尔起程，于十二月初一日到京"；"协领八哈大带领二起前往，佐领防御六员，骁骑校六员，兵五百名，跟役二百七十名，于乾隆十三年十一月十一日由齐齐哈尔起程，于十二月初七日到京"；"总管那木丘带领三起前往，副总管佐领六员，骁骑校六员，兵五百名，跟役二百七十名，于乾隆十三年十一月二十日由齐齐哈尔起程，于十二月十六日到京"；"总管必里浑带领四起前往，副总管佐领六员，骁骑校六员，兵五百名，跟役二百七十名，于乾隆十三年十一月二十一日由齐齐哈尔起程，于十二月十九日到京"，其中"呼伦贝尔官兵共八百九十一员，散丁七十二名"。②

---

① 《清高宗实录》卷三二七，乾隆十三年十月壬寅条。
② 中国第一历史档案馆藏乾隆十五年四月二十四日大学士兼管户部事务傅恒题为"遵旨察核黑龙江所属乾隆十三年派往金川守尉等员及兵丁给办整装盐菜银两奏销事"，档号：02 - 01 - 04 - 14466 - 005。

六　再次赴北路军营换防

乾隆十七年，准噶尔新任台吉喇嘛达尔扎发现密谋篡位的策妄达什以及拥戴者达瓦齐、阿睦尔撒纳等的颠覆活动后，发兵征讨，处死了策妄达什，达瓦齐和阿睦尔撒纳则逃往哈萨克，投靠了哈萨克中玉兹的统治者阿布赉苏丹。喇嘛达尔扎不肯罢休，派兵 3 万进军哈萨克，同时在清朝边境布兵，并遣使要求清政府扩大贸易数额，乾隆帝未准。于是，为防备准噶尔扰边，乾隆帝命令新上任的齐齐哈尔副都统："达色现已调补齐齐哈尔副都统，着传谕速赴新任。即密告将军傅尔丹，今准噶尔台吉喇嘛达尔扎以达瓦齐逃走派兵驻我边外，又本年来使奏请诸事，朕俱未准行。恐不无借端生事，扰乱喀尔喀游牧。朕特派大臣往北路军营稽查卡伦，此时虽并无形迹，万一有事，朕欲调发黑龙江之兵二三千名，傅尔丹宜密筹预备，令五日内即可起身方妥。然此特为万一有事，是以先期备办妥，并非立即用兵也，切不可声张，转致扰惑众心。寻奏齐齐哈尔、黑龙江、墨尔根、呼伦贝尔等处，本有额设兵七千余名，可挑选二千，再打牲索伦达呼尔等处，丁壮七千余名，亦可挑选一千。"① 由此，乾隆十七年，齐齐哈尔、黑龙江、墨尔根以及呼伦贝尔索伦八旗的部分官兵计 2000 人，再次赴北路军营稽查换防。

七　赴乌里雅苏台军营换防

乾隆二十五年正月，奉乾隆帝谕旨，乌里雅苏台军营需兵防守，遂选派呼伦贝尔之索伦、达斡尔兵 500 名，与黑龙江、墨尔

---

① 《清高宗实录》卷四〇七，乾隆十七年正月己丑条。

根、齐齐哈尔三处之索伦兵 500 名，总计 1000 名前往乌里雅苏台军营换防。①

八　出征云南，反击缅甸侵略

从乾隆二十年起，缅甸军队不断侵扰清朝耿马、孟连等土司，缅甸"贵家"头目宫里雁侵入云南杀死孟连土司刀派春，并开始对中缅边境中国境内 13 个土司征税，遭到拒绝后，便开始抢掠烧杀。乾隆三十年，缅军甚至进犯云南九龙江橄榄坝，所至之处纵兵焚掠，继而入据车里城（云南景洪东北），挑起边境冲突。

为了保护边疆安宁，清廷从乾隆三十年开始反击缅甸对云南的入侵，但均遭失败，于是开始大规模征调军力。乾隆三十三年正月十九日，乾隆谕令黑龙江将军富僧阿"今将军大臣等率兵进剿缅匪，业经深入，倘一时不能速行剿灭，天气炎热后，自须暂行撤兵，俟秋冬整兵另进。索伦、达呼尔人甚悍勇，打仗得力，着寄信富僧阿，令于索伦、达呼尔内挑选悍勇、经历战事、年壮熟身兵丁一千名，即行来京遣赴云南，即令噶布舒带领前来"。② 乾隆三十四年乾隆帝谕军机大臣："绿营兵甚属无用，除前调索伦兵二千名外，再调索伦、吉林兵各一千名遣往。"又谕旨："陆续派往二千官兵。俱由打牲、呼伦贝尔二处拣派。"③ 时任黑龙江都统瑚尔起分别从布特哈、呼伦贝尔抽调 3000 名索伦、达斡尔兵（其中呼伦贝尔兵 1000 名），由瑚尔起、莽喀察、噶布舒、诺尔本、富兴、成衮等六员带往，出征云南。④ 乾隆征缅战役通计 5 年。军机大臣阿

---

① 《清高宗实录》卷六〇五，乾隆二十五年正月丙寅条。
② 中国第一历史档案馆藏军机处满文录副奏折，档号：03 - 132 - 3 - 023、03 - 132 - 3 - 034。
③ 《清高宗实录》卷八二六，乾隆三十四年正月庚寅条。
④ 《清高宗实录》卷八二六，乾隆三十四年正月己酉条。

桂于乾隆三十四年十二月二十五日在统计征缅第一批伤亡官兵时奏称，此次征调在京索伦、布特哈索伦及鄂伦春之兵"三千三百零八名，共亡故官兵二千一百四十二名……"① 这只是对第一批阵亡索伦官兵的统计，其后，在归途中受伤的索伦兵不断死亡。例如，管带第一队撤回之索伦头等侍卫，率领索伦官兵自 1769 年 12 月 22 日从永昌启程后，至次年 2 月 7 日，一个半月之内，先后两次"报出征云南索伦官兵在撤回途中病故数目事呈军机处文"② 中受有枪伤的 29 人因伤病故。这次战役布特哈、呼伦贝尔索伦、达斡尔兵受到巨大伤亡，出征的将士"仅仅返回三百余名"。③

九　再次出征大小金川

第一次金川战役之后，大小金川土司之间仍然内乱不断。乾隆三十七年，清廷再次遣兵进行平乱。乾隆三十八年七月初六日，参赞大臣海兰察奏请增派黑龙江布特哈索伦、达斡尔官兵出征金川，他在呈送给乾隆皇帝的奏文中称："黑龙江呼伦贝尔八旗，尚有壮丁、闲散、西丹，相应请从中调派一千名，布特哈索伦、达斡尔内调派一千名，统共多派二千名，则愈加有裨。倘蒙皇上恩准奴才所请，则从官员内拣选呼伦贝尔佐领奎苏、德德依，骁骑校博硕恩，布特哈佐领八十三、索木品等，而从兵丁内拣选类此图勒敦车等人。是否妥当，仰祈圣主睿鉴。为此谨奏。"乾隆三十八年八月十一日，乾隆帝谕军机大臣"令进剿金川之兵，绿旗兵不甚得力，黑龙江应

---

① 中国第一历史档案馆藏军机处满文录副奏折，乾隆三十四年十二月二十五日，档号：2393 - 011。

② 中国第一历史档案馆藏军机处满文录副奏折，乾隆三十五年正月初五日，档号：2394 - 023；乾隆三十五年二月初七日，档号：2364 - 042。

③ 内蒙古东北少数民族社会历史调查组编《有关达呼尔鄂伦春与索伦族历史资料》第 2 辑，1985，第 53 页。

派兵内，派索伦兵五百，本城兵五百，速行备办"；并谕旨军机大臣"请将黑龙江八旗兵内，挑选一二十人派往，着照所请，传谕将军傅玉，再挑一千名派往听用"。① 由此，呼伦贝尔再次派出 1000 名索伦、达斡尔兵参加了这次的金川战役，出征 4 年后返回。

十　渡海征战台湾

乾隆五十一年，台湾知府孙景燧下令清剿天地会员，到处搜抄家园，焚烧村庄，进行镇压，引发天地会首领林爽文率众起义。参加起事者达到 20 余万人，起义军气势如虹，各城不攻自破。

乾隆五十二年清廷先后令福建水师提督黄仕简、陆路提督任承恩、海坛总兵郝壮猷等领兵万余人进抵台湾平叛，但均遭失败。清廷又命新任湖广总督常青为将军统辖全军，福州将军恒瑞、福建陆路提督蓝元枚为水师提督，柴大纪为陆路提督，并增调援兵赴台镇压起义，但仍然失败。

清廷的几次调将派兵均是损兵折将，久久不能成功镇压，于是乾隆帝派协办大学士、陕甘总督福康安前往台湾督办军务，又命海兰察为参赞大臣率兵渡海参战。

台湾林爽文和庄大田的起义自乾隆五十一年至五十三年最后一役止，历时 1 年零 4 个月，而福康安、海兰察平定林爽文之战，前后用了不到半年时间。持续一年之余的天地会起事最终被镇压。

十一　出征西藏，反击廓尔喀入侵

乾隆五十三年，廓尔喀受英国殖民者的唆使，与西藏农奴主勾结，图谋西藏，致使藏、廓贸易纠纷升级。于是，廓尔喀趁机以

---

① 《清高宗实录》卷九三九，乾隆三十八年七月癸酉条。

"藏盐掺土，妄增课税"为由，悍然派兵侵入后藏聂拉木、济咙宗（今西藏吉隆东南）、宗喀宗（今吉隆）等地，大肆掠夺财物，并继续向协噶尔（今西藏定日）方向侵扰。为反击廓尔喀的武装侵略，清廷于乾隆五十六年组织兵力入藏反击。其中，挑选呼伦贝尔兵 600 名、布特哈兵 400 名参加了这次战斗。

在这次战斗中，呼伦贝尔索伦、达斡尔兵由于战功，获得诸多奖赏。乾隆帝谕旨："此次进剿廓尔喀之官员兵丁于擦木、玛噶尔、辖尔甲及济咙官寨，攻克要隘奋勇杀贼，甚属可嘉……呼伦贝尔副管领巴金达尔，赏给锡济尔浑巴图鲁呼伦贝尔佐领拜萨勒图，赏给塞勒巴图鲁……照例赏银一百两。呼伦贝尔佐领讷色勒图、呼伦贝尔协领兼佐领多尔济、呼伦贝尔云骑尉扎丹保……俱着赏戴孔雀翎。呼伦贝尔马甲达鼐、呼伦贝尔领催得勒格尔、马甲富明阿俱着赏戴蓝翎。呼伦贝尔领催定博讷、呼伦贝尔马甲济勒噶察、克什克、毕萨鼐，作为额外骁骑校，其济咙打仗兵丁，着各赏一月钱粮，以示鼓励。"又谕："此次攻克热索桥等处，巴图鲁侍卫冒雨涉险，越山梁夺取碉卡，实为奋勇可嘉……呼伦贝尔佐领委参领讷色勒图，着赏给楚鲁巴图鲁；呼伦贝尔领催明昌败敌博尔东拉山，赏蓝领。"

十二　出征湖北

嘉庆元年（1796）至九年，以白莲教为组织形式的反抗封建压迫的农民起义遍及湖北、四川、陕西、河南等省。嘉庆二年清廷派呼伦贝尔兵出征四川等地；嘉庆四年九月，清廷调盛京兵 2000 名，吉林、黑龙江兵各 1000 名，赴湖北镇压白莲教起义军，这次出兵经 8 年才返回。呼伦贝尔索伦镶黄旗双宝佐出身、时任骁骑校明昌等呼伦贝尔兵参加了这次战役。由于战功卓著，明昌于嘉庆八年升任为佐领。清政府为镇压白莲教起义，先后调集了全国 16 个省的兵力，耗费白银 2 亿两，历时 9 年才将遍及 5 省的白莲教农民起义镇压下去。清政府在镇压起义中，损失一、二品高级将领 20 多人，副将、参将以下的军官 400 多人，清政府拥有的武装力量因而受到极大的削弱。

十三　赴直隶河南山东交界清剿天理教

嘉庆十八年九、十月间，在直、鲁、豫三省和京畿爆发了分别以李文成为首的直、鲁、豫三省天理教大起义和以林清为首的天理教攻打紫禁城事件，史学界将其统称为天理教起义。为清剿天理教，清廷抽调陕甘总督那彦成统领直、鲁、豫三省军务，同时增拨吉林、黑龙江、齐齐哈尔、墨尔根、布特哈、呼伦贝尔等处索伦、达斡尔马队官兵 2000 名（其中齐齐哈尔兵 200 名、黑龙江城 100 名、墨尔根城 100 名、呼伦贝尔 100 名、布特哈 500 名）进剿天理教。由吉林副都统德宁阿、色尔浑带兵 1000 名，黑龙江副都统苏清阿、达斯胡勒岱带兵 1000 名，由茂兴站取道法库边门进大凌河更换马匹入山海关分赴河南、山东军营。① 不到 10 个月的时间，这次起义便被清军镇压。嘉庆帝在总结时指出："此次调赴军营之吉林黑龙江官兵等，于途次即出力奋勉，将司寨地方贼匪歼除，并将贼首李文成剿毙。及至滑县攻城杀贼，实属奋勉可嘉。"②

十四　赴新疆平定张格尔之乱

自乾隆年间清政府平定南疆大小和卓之乱后，波罗尼敦之子萨木萨克逃居浩罕（时称安集延），其第二子张格尔潜回新疆为恢复

---

① 中国第一历史档案馆藏朱批奏折，嘉庆十八年十月初七日黑龙江将军富俊、齐齐哈尔副都统苏清阿"奏为遵旨调拨官兵前赴河南山东军营事"，档号：04-01-03-0078-002。
② 《清仁宗实录》卷二八二，嘉庆十九年正月甲戌条。

其祖先和卓时代的统治，从嘉庆二十五年到道光八年（1828），在浩罕封建统治者与英国殖民者怂恿支持下，纠集安集延、布鲁特兵三次潜入南疆发动叛乱。攻占了喀什噶尔（今喀什）、英吉沙尔、叶尔羌（今莎车）、和阗四城，企图复辟和卓家族统治。由此，清军在新疆地区展开了歼灭张格尔的战争。

清政府命伊犁将军长龄调集吉林、黑龙江、陕西、甘肃、四川清军3万余人，会师于阿克苏。命扬威将军长龄、陕甘总督杨遇春、山东巡抚武阿隆、甘肃提督杨芳为统帅入疆，组织全面进攻。在这次组织兵力中，道光六年八月，清廷命吉林将军富俊、黑龙江将军禄成，各挑备1000名马队听候调遣。当年八月二十四日，命各派副都统1员，率本处马队，分批前往哈密军营。九月初一日清廷命富俊、禄成于本地各再挑精兵500名调往新疆。道光六年，时任呼伦贝尔总管明昌，率领呼伦贝尔兵，随从领队大臣阿勒罕保出征调往新疆，参加了征剿张格尔的战争。由于接连立功，翌年明昌擢副都统衔，道光九年又升任西安左翼副都统。道光二十八年初，张格尔逃至喀尔铁盖山被清军擒获，押解至北京处死，战乱平定。

十五　抗英防守锦州

道光二十年鸦片战争爆发。是年八月，英军的舰队从浙江沿海北上经过山东海面深入。清廷命沿海各省严整兵备，严密防范，并令各省"如兵力不敷，可酌量调拨"。由是，黑龙江预备兵员1000名，其中齐齐哈尔兵250名、黑龙江兵100名、墨尔根兵100名、布特哈兵400名、呼伦贝尔兵100名、呼兰兵50名及带兵协领、佐领、骁骑校等官25员恭候出发。道光二十一年八月十二日，道光帝谕旨"盛京为根本重地，亦应预筹防守。着棍楚克策楞（黑龙江将军）迅即选拔黑龙江兵一千名，拣派曾经出师之副都统一员管带分起前往盛京，交耆英（盛京将军）分派防堵"。于是，棍楚克策楞将上述 1000 名预备兵派赴沈阳。当年九月初八日，应盛京将军耆英指令，调往沈阳的黑龙江 1000 名官兵，被分拨锦州防堵。[①]

十六 抗击英法，驰赴热河护驾

咸丰六年（1856），英法联军发动第二次鸦片战争，攻占广州。咸丰八年，英法舰队攻陷大沽炮台，进迫天津。咸丰九年，在英国蓄意挑起的大沽口冲突中，英法侵略军被击败，是为自第一次鸦片战争以来清军在抗击外来侵略中取得的第一次大胜仗，也是第二次鸦片战争中唯一的一次胜仗。咸丰十年，英法两国再次组成侵华联军，大举进攻北塘。咸丰帝在清军与英法联军激战之时，竟下令清军统帅离营撤退，七月初，大沽再次沦陷。英法联军攻占天津，随即向北京进犯。于是，咸丰帝在流露出离开京城的意愿而遭到不少大臣的反对后，于八月谕旨："京师自应亟筹，捍卫所有通州一带，已由僧格林沁等严密布置。此外仍须厚订兵力，以资攻剿。命特普钦（黑龙江将军）拣调马队余丁一千名，精壮猎户一千名，配齐装械，派员管带，星夜赶赴通州，听候僧格林沁等调遣。"于是，"特普钦遵于齐齐哈尔、墨尔根、布特哈、呼伦贝尔、呼兰等五城选择年力精壮二千名作为马队，并于总管佐领等官内拣派一百二十八员"迅速前往。但是此时，清军在通州城西八里桥迎战英法联军战败。咸丰帝当听到八里桥兵败的消息之后，再也顾不得先前的"预行宣示"，决定逃往热河避难。又传旨："所调黑龙江马队毋庸前赴通州……着即飞催折直赴热河，毋庸进关。资护卫特普钦即飞咨统兵之珠尔格纳（达斡尔族，呼伦贝尔副都统衔

---

① 《清宣宗实录》卷三五四，道光二十一年八月戊申条。中国第一历史档案馆藏道光二十一年九月初八日黑龙江将军棍楚克策楞、齐齐哈尔副都统英隆"奏为遵旨咨令调往沈阳黑龙江官兵赴锦州分拨防堵事"，档号：03-2998-059。

总管）等遵照巡行，不得迂回延误。"这次被征调通州防卫的兵丁，被改调往热河护驾。

十七　出征热河朝阳

第二次鸦片战争时，英法联军进犯北京，咸丰帝逃至热河"行宫"，并从吉林、黑龙江等省调集大批兵力"护驾"。咸丰十一年初，热河所属朝阳地区李凤奎、刘珠等人率领农民起义，陆续攻占朝阳城、赤峰县等地。清廷急忙调遣官兵进行镇压。咸丰十一年初，咸丰帝谕黑龙江将军特普钦、齐齐哈尔副都统那敷德等"省内挑派精兵一千名赴朝阳"。接旨后，黑龙江将军特普钦立即从"齐齐哈尔、墨尔根、布特哈、呼伦贝尔等处挑齐一千名，统带军火、抢箭、马匹分作四起，每起兵二百五十名……六月十一日全数由省起程"。①咸丰帝后又谕令："前因克兴阿奏朝阳尚须留兵镇守，谕令将黑龙江马队分拨数百名或全数移往。本日据胜保奏，畿南军务吃紧，请调马队助剿等语。山东教匪窜陷曲周，势颇猖獗，亟应添兵助剿。朝阳业已肃清，自无须多兵镇守。着克兴阿即于所带黑龙江马队一千名内，挑选五百名，务择其年力精壮，技艺娴熟者，派委得力之员统带，克日启程，取道京师，前赴胜保军营听候调遣，无许迟误。其余黑龙江马队五百名，即着留札朝阳，以资弹压。将此由六百里谕令知之。"②由于朝阳起义军与清军实力悬殊，起义最终失败。

十八　赴新疆剿办

同治三年（1864），喀什噶尔封建主金相印为攻取汉城，竟

---

① 中国第一历史档案馆藏录副奏折，咸丰十一年六月十五日黑龙江将军特普钦、齐齐哈尔副都统那敷德"奏为遵派官兵全数起程出境事"，档号：03-4255-041。
② 《清文宗实录》卷三四三，咸丰十一年四月甲子。

里通外国，向浩罕乞师。同治四年正月，中亚浩罕国封建主帕夏（意为总司令）阿古柏随张格尔之子布素鲁和卓率兵入侵南疆，侵入喀什噶尔，并相继占领新疆南路八城。于是，清廷谕旨黑龙江将军宝善选调黑龙江官兵513名迅速前赴新疆弹压。此次，分别从黑龙江、墨尔根、呼伦贝尔、布特哈等四城各征125名，总计500名兵丁。

十九　赴山东训练防剿

同治六年六月，捻军进入山东，冲破清军河防东进，直迫省城。时任山东巡抚丁宝桢、布政使潘鼎新分别带兵间道奔回省城防守。捻军经城圩外千佛山、泺口等处，东进章丘驻扎，时刻威胁着省城。由此请求清廷增派部队，以助防守省城，镇压捻军。黑龙江将军特普钦接旨后，立即"认真拣选择其言貌拙眩，年力精壮者，由齐齐哈尔城选得壮丁三百二十五名，黑龙江城二百七十五名，墨尔根城二百二十名，呼伦贝尔三百三十名，布特哈五百名，共挑选壮丁一千六百五十名。内有挑备预补余丁一百五十名，并邻选曾历戎行之副都统衔协领绰勇巴图鲁莫尔根额、记名副都统副管额尔奇穆巴图鲁花尚阿、副都统衔佐领苏苏克巴图鲁萨英阿等三员，委为领队正员。又由佐领骁骑校内拣派曾历胡行营伍得力者六员，委为管带营员。并由军功顶翎得力兵内委为哨长三十员名，委办文案章京一员，委笔帖式十一员暨随营差遣甲兵三十一名，统计挑选官兵壮丁一千七百三十二员名，分为三队，每队分为两起，统交山东委员李宗岱等督率，该官兵壮下均系乘骑本马前进"。①

---

① 中国第一历史档案馆藏录副奏折，同治六年七月十三日将军特普钦"奏前奉谕旨招募遣赴山东壮丁听候丁宝桢委员前来管带赴东训练"，档号：03－4764－050。

二十　赴京城南苑操练听候调遣

同治六年八月十九日，同治帝谕旨黑龙江将军："现在捻股窜扰山东，贼骑飘忽，势焰益张……认真拣选年壮力强、曾经战阵官兵一千五百名，挑齐即行起程，毋庸再候。"时任黑龙江将军特普钦接旨即刻飞饬黑龙江、墨尔根、呼伦贝尔、布特哈等处，恪遵谕旨，认真拣选出年壮力强、曾经战阵官兵 1500 名。同时挑选作为统领带队得力之员 6 人，委为营总；由职官派出 30 员委为参领；又由军功顶翎兵内委为防御骁骑校各 30 员；笔帖式 18 员。发给军械，自备带鞍肥壮马匹，责成头品顶戴记名副都统副管图桑阿巴图鲁和善、记名副都统佐领讷恩登额巴图鲁绰勒洪阿、记名副都统世管佐领胡尔察巴图鲁富庆阿等分期分批，驰赴南苑听候调遣。①

二十一　赴京城神机营操练听候调遣

同治八年，京师神机营咨文黑龙江将军德英称：同治六年黑龙江留驻南苑操练马队官兵 500 名业已期满，现必须预为调换。调换操练官兵事关紧要，当按所属各城存兵多寡，地方差防缓急均匀酌派。应由齐齐哈尔、布特哈二城各拣派职官 4 员、甲兵 150 名，黑龙江城职官 2 员、甲兵 70 名，墨尔根城甲兵 30 名，呼伦贝尔职官 2 员、甲兵 100 名。总计甲兵 500 名，带队官 12 员，赴京师神机营操练，随时听候调遣。

---

① 中国第一历史档案馆藏朱批奏折，同治六年十月初一日黑龙江将军特普钦、墨尔根副都统克蒙额"奏为遵旨饬调挑备官兵酌拟分起起程日期事"，档号：04-01-01-0896-011；另见"奏为遵旨遣赴南苑驻扎听候调遣事"，档号：04-01-01-0896-016。

二十二　赴宁夏军营听候调遣

同治八年，陕甘回乱的大队人马主要集结在宁夏的黄河西岸地区，北起石嘴山，南到中卫地区，伺机袭击清军后方粮饷军火。时任署理宁夏将军金顺为弹压叛军，向清廷提出征调马队的要求。于是，黑龙江将军德英遵照谕旨"由齐齐哈尔挑选精兵五十名，并咨饬黑龙江、墨尔根、布特哈、呼伦贝尔等四处，认真挑选精兵各五十名，配齐军械，各带膘壮马匹，不得以老幼疲弱充数，共挑派兵二百五十名，由齐齐哈尔省城拣派协领衔即补佐领达桑阿巴图鲁衣克吉善委为营总，并由各该处邻派职官五员为参领，由领催前锋军功顶翎兵内挑委防御骁骑校各五员，前赴宁夏军营听候金顺调遣"。

二十三　赴甘肃助剿

同治八年三月，陕甘总督穆图善向朝廷奏文："现在甘省河州巨寇未平，陕西回匪窜入秦州等处，日见鸱张。该省各营马队无多，难资征剿。甘省军务吃紧，请调吉林、黑龙江马队一千名，赴甘助剿。"清廷遂谕旨黑龙江将军德英筹办调兵。但由于"黑龙江省额设兵一万零三百名，除派赴各路军营并驻京操练官兵四千二百余名，又甘省现调官兵二百五十名及神机营奏调换班官兵五百名外，各城实仅存兵五千三百余名。又本省地面辽阔，系属极边重地。西南与蒙古、吉林连界，东北与俄国接壤。防范巡查在在均关紧要。附近山林弹压，稽查差使尤为繁重。就各城现有珍数而论已觉过单，若再挑派官兵一千名，则各城存兵更少。遇有紧要差遣，实属不敷分派"。因此，黑龙江将军"不敢不统筹兼顾，以重边防"，"由齐齐哈尔挑派精兵一百五十名，黑龙江、墨尔根两处各挑五十名，呼伦贝尔挑派一百三十名，布特哈挑派一百二十名，共派兵五百名，各骑本身马匹……出师各官内拣选十二员，派委营总参领。严饬各该处认真挑选，务须精壮，不得以老弱充数，分别协限来省听候管带起程，赴甘以资剿贼"。①

二十四　赴昌平州驻扎

同治九年十二月，黑龙江将军德英遵照清廷指令，命令同治八年赴甘肃省助剿后正在返回途中的呼伦贝尔官兵，折回赶往昌平州地方驻扎，听候副都统都嘎尔统带，驰赴乌里雅苏台援剿。此时，正在返回途中的呼伦贝尔领兵副总管达密兰由于"希图就近，由草地旋回，不顾严冬寒冷，以致所带兵丁沿途被冻病故（20 余名），患病落后不齐，实属咎有，交部议处，以为带兵不齐者戒……并仍由达密兰带领该起兵丁，速赴昌平州驻扎，归队效力，以赎前愆"。并详查病故患病兵丁数目，以补齐原数（130 名），由达密兰带队，自茂兴站出境，进法库边门，取道入山海关，驰赴昌平。②

二十五　赴甘肃肃州

同治四年春，陕甘各地的叛乱此起彼伏，渭南、金积堡、河州、西宁等地被清军击溃退却下来的陕甘回乱余部集中在肃州一带。为摧毁这一基地，钦差大臣、乌鲁木齐提督成禄奏文朝廷调兵以资镇压。于是，同治十一年二月初六日，上谕吉林、黑龙江：

---

① 中国第一历史档案馆藏朱批奏折，同治八年四月初八日署理黑龙江将军德英"奏为遵旨酌派赴甘助剿官兵预拟起程日期事"，档号：04 - 01 - 01 - 0905 - 020。
② 中国第一历史档案馆藏朱批奏折，黑龙江将军德英"奏为遵旨遣令呼伦贝尔径由草路撤回官兵仍由法库大路取道前赴昌平驻扎事"，档号：04 - 01 - 01 - 0909 - 058。

"调吉林黑龙江马队官兵各五百名，赴甘肃肃州军营，听候乌鲁木齐提督成禄调遣"。黑龙江将军德英遵谕"现由齐齐哈尔挑派精兵一百二十五名，黑龙江挑派七十五名，墨尔根挑派五十名，呼伦贝尔布特哈二处各挑派一百二十五名，共挑精兵五百名。其统带管押兵丁官员，仍由前派酌挑职官一员统带，以资弹压。并由职官内拣派十二员，委为营总参领虚衔，弁兵内拣委防御骁骑校笔帖式共计官兵五百一十三员名，分为两起，赴甘肃肃州军营"。

二十六　前赴乌鲁木齐助剿

同治十一年，清廷接到奏报"现在回逆与安集延互相攻击"。于是谕旨乌鲁木齐都统景廉："乌鲁木齐回逆。现与安集延彼此攻击。景廉当乘此机会。随时确切侦探。设法进取。趁俄人未经东犯。将丑类悉数埽除。饬黑龙江马队全数赴营。收复疆宇。"同时于同年九月谕旨黑龙江将军德英："现在秦晋疆防较松，由吉林、黑龙江两省将应行换班官兵择其年力精壮者各派五百名，配齐马匹器械，并拣得力之员统带前往归景廉（乌鲁木齐都统）调遣"。于是，黑龙江将军德英，于齐齐哈尔挑派精兵 125 名，黑龙江 71 名，墨尔根 50 名，呼伦贝尔、布特哈二处各 125 名。并由职官内拣派12 员，委为营总参领、骁骑校、笔帖式，分为两起，前赴乌鲁木齐助剿。①

二十七　赴辽宁沈阳听候调遣

同治十二年，盛京将军都兴阿奏请清廷添调防军。同年十月谕

① 中国第一历史档案馆藏朱批奏折，同治十一年十月十七日，黑龙江将军德英、齐齐哈尔副都统托克湍"奏报遵咨挑派换班官兵前赴乌鲁木齐助剿酌拟起程日期事"，档号：04－01－01－0915－021。

旨黑龙江将军德英办理。于是"挑选齐齐哈尔省城精兵三十名，一面飞饬呼伦贝尔布特哈二处总管等，着由呼伦贝尔挑选精兵二十名，布特哈挑选精兵五十名，并派得力职官二员委为参领、骁骑校各二员，共挑选官兵一百零二员名前赴奉天听候调遣"。①

二十八　再赴辽宁沈阳听候调遣

同治十三年七月，盛京将军都兴阿奏请清廷："奉省地方匪徒未靖弹压。巡防均关紧要。各队兵力未厚且有伤病疲乏。自应添兵更换。随时剿缉股匪并请调马队。"同年九月，署理黑龙江将军依克唐阿遵照谕旨"由齐齐哈尔挑选精兵五十名，一面飞饬各城。由黑龙江挑选精兵三十名，墨尔根挑选精兵二十名，呼伦贝尔布特哈二处各挑选精兵五十名，勒限来省。并派四员委为参领，又骁骑校各四员，额设委笔帖式一员，统计官兵二百零五员。责成穆特布管带，拟于九月初九日由省起程，迅赴奉天归都兴阿调遣"。

二十九　赴吉林军营补缺

光绪元年（1875）十二月，吉林将军穆图善由于所部黑龙江马队兵丁缺额，上奏申请调黑龙江属布特哈、呼伦贝尔二处各50名西丹，带回吉林以补缺额。黑龙江将军丰绅接到谕旨，即刻遵照办理。此项100名马队骑兵，于当年"十二月二十二日到营，经详加点验，新到一百名均属精壮"。

---

① 中国第一历史档案馆藏朱批奏折，同治十二年十月十六日黑龙江将军德英"奏报遵旨挑派马队官兵赴奉听遣豫拟起程日期事"，档号：04-01-01-0918-068。

三十　赴宗畿通州驻扎防卫

光绪十年七月，神机营马步队都统善庆奏调黑龙江马队正兵500名获准。随谕旨黑龙江将军文绪妥为筹办。即由"齐齐哈尔省城挑选精壮正兵一百五十名，黑龙江正兵五十名，墨尔根、呼伦贝尔、布特哈正兵各一百名，共计挑选正兵五百名。所有管带统领营总等官即照该都统所调各员，委派管带以下委参领、防御骁骑校共三十员。即由职官及有翎顶弁兵内委充。计共官兵五百一十七员名，分为二起，由省发给腰刀五十把、梅针箭二万四千五百枝、鸟枪二百杆、十三响洋枪等赴通州驻扎"。①

三十一　甲午抗日赴辽阳

光绪二十年，日本发动甲午战争，时任珲春副都统的依克唐阿"请率军自效"，率黑龙江镇边军三千人马，奔赴辽东与提督宋庆所部构成鸭绿江防线，抵御日军。十月，防线被日军攻破，依克唐阿退往宽甸。此后，依克唐阿率黑龙江镇边军在赛马集一线迎击日军第五师团，抗击日军企图打通摩天岭，由东路入侵奉天的图谋。十二月清军在凤凰城遇袭失败，清廷下诏将依克唐阿革职留营，以图后效。同年底，依克唐阿奉旨督军前往辽阳、海城会同吉林将军长顺严防，以杜日军北犯。十二月，依克唐阿与长顺决定在辽阳举行会议，协商反攻海城，保卫辽阳作战事宜。由此依克唐阿上书朝廷，请求从黑龙江再调马队抗击日军。增祺接旨后，立即"由齐齐哈尔、墨尔根、呼兰、呼伦贝尔、布特哈各调五十名，统计二百五十名，

---

① 中国第一历史档案馆藏朱批奏折，黑龙江将军文绪、齐齐哈尔副都统禄彭"奏为遵议备挑神机营官兵听候调遣事"，档号：04–01–01–0951–041。

各队管带各一员，限于十二月二十五日一律到省，再由草路取道法库门驰赴依克唐阿行营"。① 正当清军集中数万大军反攻海城时，日本第一军第五师团由凤凰城西下进犯辽阳、鞍山。次年三月，清廷电令依克唐阿、长顺即日统带全军，迅速赴援辽阳。于是，依克唐阿、长顺两军先后由海城北撤，驰援辽阳。

乾隆七年以后，虽然留居呼伦贝尔的达斡尔人为数不多，但清廷从未放弃男丁从 16 岁开始直到 60 岁服终生兵役的律条，无情地征丁。被选定的八旗官兵每次出征短则一两年，长则十余年，正如《黑龙江志稿》兵志篇所述："其庆生还者十不一二也，不死于锋镝战争之场，即死于溽暑厉疫烟瘴之地。即或有事，远戍更替，非皓首归来，即勤劳至饥。"《黑龙江省志·民族志》中记载："被征调频繁的达斡尔族官兵，'三人内两人阵亡'。例如，乾隆三十四年被调远征云南的达斡尔、鄂温克士兵 1700 人，生还家乡的只剩 300 余人。"又如，从乾隆二十年重新用兵准噶尔开始，至乾隆二十四年最终统一新疆天山南北为止，在这短短的五年时间里，先后从黑龙江选调索伦兵丁共 6950 名出征，② 其中不少兵丁就抽调自呼伦贝尔。留居于呼伦贝尔的达斡尔人同鄂温克、鄂伦春、巴尔虎等民族一起应征参战，几乎参加了所有的战争。这些战争，有的是反击外来侵略者、保卫疆土的战争，有的是征讨叛乱分裂、维护国家统一的战争，还有的是镇压农民起义的非正义的战争。在这些战争中，从呼伦贝尔应征参战的达斡尔、鄂温克等官兵中，涌现出诸如一等超勇公海兰察（鄂温克族杜拉尔氏）、西安左翼副都统明昌（达斡尔族郭博勒氏）、京城护军统领霍尔查巴图鲁恒龄（达斡尔族郭博勒氏）等著名将领。

---

① 中国第一历史档案馆藏朱批奏折，光绪二十年十二月十三日齐齐哈尔副都统增祺"奏为遵旨挑选马队派员管带分起驰赴军营事"，档号：04 - 01 - 01 - 0998 - 067。
② 沈斌华等：《鄂温克族人口概况》，内蒙古大学出版社，1991 年，第 27 页。

表1　清朝时期呼伦贝尔八旗兵部分出征情况

单位：人

时间	队伍种类	事件	兵数	备注
雍正十一年（1733）	呼伦贝尔索伦达斡尔兵	出兵准噶尔	2000	1736 年返回
乾隆五年（1740）	呼伦贝尔索伦达斡尔兵	赴北路军营换防	1000	1742 年返回
乾隆十三年（1748）	呼伦贝尔索伦达斡尔兵	出征首次金川战役	兵 891，散丁 72	1749 年返回
乾隆十七年（1752）	呼伦贝尔索伦达斡尔兵	出兵准噶尔伐达瓦齐后，转战阿睦尔撒纳、大小和卓	1000	1760 年返回
乾隆十七年（1752）	黑龙江五城索伦达斡尔兵	赴北路军营换防	2000	三年期满返回
乾隆二十一年（1756）	呼伦贝尔索伦达斡尔兵	出兵准噶尔伐阿睦尔撒纳、大小和卓	500	1760 年返回
乾隆二十五年（1760）	呼伦贝尔索伦达斡尔兵	赴乌里雅苏台军营换防	500	三年期满返回
乾隆三十四年（1769）	呼伦贝尔索伦达斡尔兵	出兵云南，反击缅甸入侵	1000	1772 年返回
乾隆三十八年（1773）	呼伦贝尔索伦达斡尔兵	第二次出征大小金川	1000	1776 年返回
乾隆五十三年（1788）	呼伦贝尔索伦达斡尔兵	渡海征战台湾		第二年返回
乾隆五十六年（1791）	呼伦贝尔索伦达斡尔兵	进兵西藏，反击廓尔喀入侵	600	1793 年返回
嘉庆十八年（1813）	呼伦贝尔索伦达斡尔兵	进剿天理教	100	

时间	队伍种类	事件	兵数	备注
道光二十一年(1841)	呼伦贝尔八旗兵	抗英防守锦州	100	
咸丰元年(1851)	敖拉·昌兴	巡查中俄边界	10	
咸丰二年(1852)	呼伦贝尔八旗兵	与捻军战于河南	200	
咸丰三年(1853)	呼伦贝尔八旗兵	与捻军战于淮徐一带	350	
咸丰九年(1859)	呼伦贝尔八旗兵	从山海关分赴黄河北岸海防	200	
咸丰十年(1860)	呼伦贝尔八旗兵	赴山海关换防	122	
咸丰十年(1860)	黑龙江五城	抗击英法,驰赴热河护驾	2000	齐齐哈尔、墨尔根、布特哈、呼伦贝尔、呼兰五城
咸丰十一年(1861)	黑龙江五城	出征热河朝阳	1000	
同治元年(1862)	呼伦贝尔	赴京师听候调遣防剿	100	
同治元年(1862)	黑龙江五城	出征江苏扬州	250	
同治元年(1862)	黑龙江、呼伦贝尔二城	赴湖北军营助剿	125	
同治元年(1862)	黑龙江五城	赴河北、山东一带防剿	100	
同治三年(1864)	呼伦贝尔八旗兵	赴楚助剿	75	

续表

时间	队伍种类	事件	兵数	备注
同治四年（1865）	呼伦贝尔八旗兵	伐中亚浩罕国阿古柏	125	
同治五年（1866）	呼伦贝尔八旗兵	赴新疆进剿	200	
同治六年（1867）	呼伦贝尔八旗兵	赴陕甘防剿	50	
同治六年（1867）	呼伦贝尔八旗兵	赴山东训练防剿	330	
同治六年（1867）	黑龙江、墨尔根、呼伦贝尔、布特哈四城	赴南苑操练，与捻军战于山东	兵 1500	500 名留驻南苑，1000 名出征山东，第二年返回
同治八年（1869）	呼伦贝尔八旗兵	赴神机营操练，与留南苑操练兵调换	100	
同治八年（1869）	呼伦贝尔八旗兵	赴宁夏军营听候调遣	50	
同治八年（1869）	呼伦贝尔八旗兵	赴甘肃助剿	130	
同治九年（1870）	呼伦贝尔八旗兵	赴昌平州驻扎，后赴乌里雅苏台援剿	130	将上年赴甘肃兵返途中折回调往
同治十一年（1872）	呼伦贝尔八旗兵	赴甘肃肃州	125	
同治十一年（1872）	呼伦贝尔八旗兵	赴乌鲁木齐助剿	125	
同治十二年（1873）	呼伦贝尔八旗兵	赴奉天听候调遣	20	
同治十三年（1874）	呼伦贝尔八旗兵	赴奉天听候调遣	50	
光绪元年（1875）	呼伦贝尔八旗兵	赴吉林军营补缺	50	

时间	队伍种类	事件	兵数	备注
光绪十年 （1884）	呼伦贝尔八旗兵	赴京畿通州驻扎防卫	100	
光绪二十年 （1894）	呼伦贝尔八旗兵	甲午抗日赴辽阳	50	

索伦鄂温克人与达斡尔族的分布格局[*]

唐 戈　乌日乌特[**]

导　论

（一）从一次田野经历谈起

2015 年暑假我们在大兴安岭东麓进行民族学田野调查。7 月 20 日上午我们到达内蒙古扎兰屯市达斡尔民族乡。该乡位于扎兰屯市东北部，隔音河与阿荣旗的音河达斡尔鄂温克民族乡相望。据我们在当地的了解，该乡原有 33 个村落，其中 12 个达斡尔族村落。1961 年之前还有一个海利提猎民队，由索伦鄂温克人[①]组成。1961 年该猎民队解散，一部分人分流到鄂伦春民族乡，一部分人分流到阿荣旗的维古奇猎民村。

吃过午饭后，我们跨过音河，到达阿荣旗音河达斡尔鄂温克民族乡政府所在地旧三站。根据我们以往的田野经历，该乡的索伦鄂

---

[*] 本文为国家社科基金冷门"绝学"与国别史等研究专项项目"'一带一路'中俄蒙相邻地区近代跨国移民与文化传播"（2018VJX100）阶段性成果。

[**] 唐戈，黑龙江大学政府管理学院社会学系教授；乌日乌特，国家民族事务委员会民族文化宫助理研究员。

[①] 鄂温克族包括三个分支，即索伦、通古斯和驯鹿鄂温克，其中主体是索伦。1953 年第一次全国人口普查时这三个分支是以"索伦"、"通古斯"和"雅库特"这三个族称分别进行统计的。1958 年这三个分支统一为法定的鄂温克族，现在一般称索伦鄂温克人、通古斯鄂温克人和驯鹿鄂温克人（或鄂温克族使鹿部）。

温克人和达斡尔族，特别是索伦鄂温克人就应该居住在旧三站，而且索伦鄂温克人还单独拥有一个位于旧三站边缘的猎民村（行政上是一个独立的村，实则与旧三站是一个自然村）。可是当我们问起这个猎民村时，当地人告诉我们，旧三站并没有鄂温克族，鄂温克族居住在离这儿 70 公里的维古奇猎民村。当地人又告诉我们，下午三四点钟有一班经过旧三站开往维古奇的班车。我们又询问有关当地达斡尔族的情况，原来旧三站有 10 余户达斡尔族，音河乡另有两个达斡尔族聚居的村落——长发和音河，距离旧三站不远，位于通往维古奇的公路附近。我们决定先去长发，调查当地的达斡尔族，下午再乘班车前往维古奇。

到长发后我们了解到，该村有 100 余户，其中达斡尔族占一半以上。我们又了解到，音河乡共有 3 个达斡尔族聚居的村落，除了长发村，另两个分别是乡政府所在地旧三站和位于长发村以北的音河村。

在完成对长发村达斡尔族的调查后，下午 4 时许，我们乘班车前往维古奇。该班车沿音河的东岸自南向北"溯流"而上，在经过几个汉族村落后，于下午 5 时许抵达终点站维古奇。

维古奇猎民村是音河沿岸的最后一个村子，共由两部分组成：一部分是维古奇鄂温克猎民村，位于公路的东侧，共有 300 余人，其中索伦鄂温克人有 250 人左右；另一部分是音河林场，位于公路的西侧，共有 100 余户，汉族和少数民族各占一半。

维古奇猎民村的索伦鄂温克人来自雅鲁河流域，称"雅鲁千"，其中一小部分是 1961 年从扎兰屯达斡尔民族乡的海利提猎民队分流过来的。索伦鄂温克人的传统生计方式主要有 3 种，即游牧、狩猎和农耕。维古奇位于大兴安岭东麓，当地索伦鄂温克人的传统生计方式是狩猎。直到 2000 年他们狩猎还是合法的。1996 年政府为他们开垦了耕地，2000 年实行禁猎，2003 年他们手中的猎枪被收缴上去。

这次田野经历给我们的启发是：作为两个紧密相连的族群，达斡尔族和索伦鄂温克人有各自的分布空间，其中达斡尔族分布在河的中下游地区从事农业，索伦鄂温克人分布在河的上游地区从事狩猎。

（二）民族学的区域研究法

民族学的研究方法是有一个演化过程的。早期的民族学是在全球范围内进行文化比较研究，其中进化学派是在时间上进行全球范围内的文化比较研究，传播学派是在空间上进行全球范围内的文化比较研究。历史学派出现以后，民族学开始以一个单一的族群为单位进行研究，称"族群研究法"。功能学派出现以后，民族学更将研究单位局限在一个相对独立的社区内，称"社区研究法"。

中国的民族学最初采取的是族群研究法，重点调查和研究国内的少数民族，其中以"中央研究院"为核心的南派为代表。其后，以燕京大学为核心的北派采用社区研究法，重点研究汉人社会，尤其是汉人乡村社会。1949 年"中央研究院"迁台。1952 年北派的"文化人类学"学科被取消，苏联的民族学传统被引进。[①] 伴随着民族识别工作的进行和完成，新中国的民族学普遍采取了"民族研究法"，即以识别后的 56 个民族，确切地说是以 55 个少数民族为研究对象，以其中的某一民族作为一个研究单位。

20 世纪 70 年代以后，继社区研究法之后，国内外民族学界开始普遍采用区域研究法。其实早在传播学派和历史学派流行之时，区域研究法即已被部分采用，其中传播学派使用的概念是文化圈，历史学派使用的概念是文化区。

20 世纪上半叶民族学的区域研究法有所发展，其中苏联的苏维埃学派创立了"历史文化区"（"历史民族区"）的研究方法，[②] 拉铁摩尔在多族群分布的区域内，采取内外结合的方法，一方面从

---

① 胡鸿保主编《中国人类学史》，中国人民大学出版社，2006 年，第 119～130 页。
② 杨堃：《民族学概论》，中国社会科学出版社，1984 年，第 139 页。

一个族群的内部进行研究，另一方面从各个族群的外部研究它们之间的相互关系。20 世纪 40 年代，利奇在缅北地区做克钦人的研究，除了克钦人本身，他还关注同一区域内克钦人与其他族群，特别是与掸族的关系。50 年代施坚雅在一个单一族群的区域内，从集市入手，创立了区系研究法。

20 世纪 80 年代，费孝通提出了民族走廊的概念，在多民族分布的走廊地带，研究各民族之间的相互关系。1996 年斯科特出版《逃避统治的艺术——东南亚高地的无政府主义历史》一书，将研究区域从利奇的缅北地区扩展到整个东南亚高地，研究分布在这一区域内的各个族群，尤其是低地族群与高地族群的关系。

综上所述，民族学的区域研究法可以区分为两种亚区域研究法：其中一种方法是在单一族群的区域内进行研究，或可称之为"单一族群区域研究法"；另一种方法是在多族群区域内，从各个族群的外部研究它们之间的相互关系，可称之为"多族群区域研究法"。其中在多族群区域内进行研究常常把这两种亚方法结合起来，一方面从一个或几个族群的内部进行研究，另一方面从各个族群的外部研究它们之间的相互关系。

本文采用区域研究法，具体地说是多族群区域研究法，以分布的相对格局为主题探讨索伦鄂温克人与达斡尔族的关系。

一　索伦鄂温克人与达斡尔族的关系

索伦鄂温克人与达斡尔族似乎是两个永远被捆绑在一起的族群，这可以从两个方面去理解：其一，在清前期，在长达 100 多年频繁的被迁徙的历史里，索伦鄂温克人与达斡尔族始终是被捆绑在一起迁徙的；其二，无论在哪里，无论迁徙到哪里，索伦鄂温克人与达斡尔族始终居住在同一区域内。

"索伦"是清代满族人对索伦鄂温克人的称呼，狭义的索伦仅指索伦鄂温克人。广义的索伦，即"索伦部"，则不仅包括索伦鄂温克人，还包括达斡尔族和鄂伦春族。但与鄂伦春族相比，达斡尔族跟索伦鄂温克人的关系更为密切。

史禄国在谈到索伦鄂温克人与达斡尔族的关系时说过这样一段话：

> ……他们（指索伦鄂温克人——引者注）总是同达斡尔人联系在一起，似乎至少从上两三个世纪以来就是达斡尔人的随从。从体质上看，他们同达斡尔人有些相象，当然，这也没有什么奇怪的，因为他们与达斡尔人通婚，并且同他们的保护者——达斡尔人相比总是处于少数。他们酷似达斡尔人，以至满、汉和通古斯人经常把他们当作达斡尔人的一部分并称他们为达斡尔人，或反过来称达斡尔人为索伦人。将索伦人同达斡尔人混同起来，可能由来已久，因为在明朝的满族民间传说中就没有把他们分开。据推测中国史籍中的生女真就是对他们的首次记载。考虑到他们与达斡尔人的密切关系，可以推测在大辽朝代，即公元九到十一世纪期间，他们曾被卷入达斡尔的政治事件中。[①]

早在黑龙江北岸时，索伦鄂温克人和达斡尔族就生活在一起。清前期，他们与一部分鄂伦春族一同迁到嫩江流域。康熙三十年（1691），黑龙江城建成后，从布特哈地区抽调索伦鄂温克和达斡尔族兵丁共计8个佐500人，令其举家移驻瑷珲地区。[②]

雍正十年（1732），清政府又将布特哈地区的一部分索伦鄂温克人和达斡尔族一同迁到呼伦贝尔地区驻防。

---

① 〔俄〕史禄国：《北方通古斯的社会组织》，吴有刚等译，内蒙古人民出版社，1985年，第94页。

② 何秋涛：《朔方备乘》卷四五。

　　乾隆二十八年（1763）四月初十日，被编为第一队的 500 名索伦鄂温克兵丁和 1421 名家眷从布特哈地区启程，于乾隆二十九年正月十九日抵达新疆伊犁地区，被安置在霍尔果斯河迤西地区。就在索伦鄂温克人启程后的第 24 天，被编为第二队的 500 名达斡尔族兵丁和 1417 名家眷亦从嫩江流域启程，于乾隆二十九年七月二十六日抵达新疆伊犁地区，被安置在霍尔果斯河迤东地区。接着，清政府将这 1000 名兵丁编为 6 个牛录，其中索伦鄂温克人和达斡尔族各 3 个牛录，分左、右两翼，统称"索伦营"。[①]

　　总之，在清前期，在长达 100 多年频繁的被迁徙的历史里，索伦鄂温克人与达斡尔族始终是被捆绑在一起迁徙的，而无论迁徙到哪里，索伦鄂温克人与达斡尔族又始终居住在同一区域内。

二　早在黑龙江北岸时索伦鄂温克人与达斡尔族的分布格局

　　17 世纪四五十年代（顺治年间）以前，索伦鄂温克人与达斡尔族生活在黑龙江上中游北岸、外兴安岭以南地区。其中索伦鄂温克人生活在石勒喀河至精奇里江之间。[②]

　　精奇里江沿岸是索伦鄂温克人和达斡尔族的重要居住地，其中索伦鄂温克人生活在精奇里江上游地区，达斡尔族生活在精奇里江中游地区。精奇里江上游地区森林茂密，有各种大型野生动物和黑貂等小型细毛动物，这里生活着杜拉尔、敖勒、墨尔迪勒、布拉穆、涂克冬、那哈他等几个索伦鄂温克人的大氏族，他们主要从事狩猎，同时兼营少量的畜牧业，饲养牛和马。而精奇里江中游地区由于汇集了来自西、北两个方向的两条支流，从而形成一个开阔的

---

　　① 吴元丰：《索伦与达斡尔西迁新疆述论》，《民族史研究》第 3 辑，民族出版社，2002 年。
　　② 《鄂温克族简史》编写组：《鄂温克族简史》，内蒙古人民出版社，1983 年，第 19 页。

河谷，地势平坦，土地肥沃，达斡尔族在这里定居并从事农业。①
另有一小部分索伦鄂温克人沿黑龙江中游北岸，与达斡尔族杂居，
从事农业。②

清代将生活在石勒喀河至精奇里江之间的各民族统称为"索
伦部"。③除了索伦鄂温克人和达斡尔族，索伦部还包括鄂伦春族
和一部分驯鹿鄂温克人。④乌云达赉反对"索伦部"的提法，而认
为存在一个"索伦汗国"，该汗国在明末达到鼎盛。⑤

与索伦鄂温克人相比，达斡尔族的分布要广一些，其分布的地
域最西可达贝加尔湖，东可抵牛满江（布列亚河）。⑥俄罗斯人到
来后以达斡尔族命名这一地区，称"达斡利亚"。狭义的达斡利亚
指后贝加尔地区，特别是石勒喀河和额尔古纳河上游地区，广义的
达斡利亚向东可一直延伸到布列亚河和一部分松花江和乌苏里江流
域。⑦至今俄罗斯后贝加尔地区位于西伯利亚铁路沿线、靠近中国
边界的一座城镇仍称"达斡利亚"。

黑龙江上中游北岸和精奇里江中下游沿岸是达斡尔族的主要居
住地，其中居住在黑龙江上中游北岸及其支流的主要有莫日登、鄂
嫩、沃热等氏族，居住在精奇里江中下游沿岸及其支流的主要有敖
拉、郭布勒、陶木、德都勒等氏族，居住在牛满江上游地区的有苏
都日氏族。⑧

皇太极在位期间曾发动三次征讨索伦部的战争。战争之后，达

---

① 吕光天、古清尧编著《贝加尔湖地区和黑龙江流域各族与中原的关系史》，黑龙江教育出
版社，1991 年，第 210～211 页。
② 《鄂温克族简史》编写组：《鄂温克族简史》，第 19 页。
③ 《鄂温克族简史》编写组：《鄂温克族简史》，第 24 页。
④ 吕光天、古清尧编著《贝加尔湖地区和黑龙江流域各族与中原的关系史》，第 209 页。
⑤ 乌云达赉：《鄂温克族的起源》，内蒙古大学出版社，1998 年，第 12～14 页。
⑥ 《达斡尔族简史》编写组、《达斡尔族简史》修订本编写组：《达斡尔族简史》，民族出版
社，2008 年，第 10 页。
⑦ 《苏联大百科全书》第 13 卷。
⑧ 《达斡尔族简史》编写组、《达斡尔族简史》修订本编写组：《达斡尔族简史》，第 17～
18 页。

斡尔族的分布地区发生了很大变化，其中分布在黑龙江北岸的主要有拉布凯、达萨乌勒、贵古达尔、班布莱、托勒嘎等部落，分布在精奇里江沿岸的主要有道布图勒、博堪、索勒根、郭布勒、巴尔达齐等部落。[①]

总之，在17世纪四五十年代以前，索伦鄂温克人和达斡尔族主要分布在黑龙江上中游北岸和精奇里江沿岸地区，其中除一小部分索伦鄂温克人在黑龙江中游北岸与达斡尔族杂居外，从整体上看，索伦鄂温克人和达斡尔族各有各的分布区域，其中索伦鄂温克人主要分布在精奇里江上游地区，达斡尔族主要分布在黑龙江上中游北岸和精奇里江中下游地区。索伦鄂温克人和达斡尔族这种分布格局在他们迁到嫩江流域和呼伦贝尔地区以后仍得以保持。

三　迁居嫩江流域后索伦鄂温克人与达斡尔族的分布格局

17世纪四五十年代，清政府将生活在黑龙江北岸的索伦鄂温克人、达斡尔族和一部分鄂伦春族陆续迁到嫩江流域。嫩江流域包括几个相互连接的地区，其中一个是齐齐哈尔地区，由达斡尔族居住，另一个是布特哈地区，由索伦鄂温克人、达斡尔族和鄂伦春族共同居住。

布特哈地区的范围包括嫩江西岸的今内蒙古扎兰屯市、阿荣旗、莫力达瓦达斡尔族自治旗、鄂伦春自治旗的一部分、科尔沁右翼前旗的一部分和嫩江东岸的今黑龙江讷河市、五大连池市、克山县、克东县、甘南县的一部分。[②]　"布特哈"一词是满语，意为"打牲"。生活在这一地区的索伦鄂温克人、达斡尔族和鄂伦春族

---

① 《达斡尔族简史》编写组、《达斡尔族简史》修订本编写组：《达斡尔族简史》，第29页。
② 内蒙古自治区编辑组：《达斡尔族社会历史调查》，内蒙古人民出版社，1985年，第20页。

被称为"布特哈部",译为"打牲部",布特哈作为一个地区的名称由此而来。

在布特哈地区,清政府为生活在这里的索伦鄂温克人和达斡尔族建立了5个阿巴和3个扎兰,其中5个阿巴由索伦鄂温克人构成。这5个阿巴分别位于大兴安岭东麓嫩江西岸的6条支流,其中位于诺敏河的称"阿尔拉阿巴",位于阿伦河的称"涂克冬阿巴",位于雅鲁河和音河的称"雅鲁阿巴",位于济心河(济沁河)的称"济心阿巴",位于绰尔河和托信河(托欣河)的称"托信阿巴"。①

阿巴的意思是"围猎场",可知生活在这一带的索伦鄂温克人是以狩猎为生的。但与典型的游猎有所不同,生活在这里的索伦鄂温克人已建立房屋和村庄,但房屋通常比较简单,而村庄通常也比较小,一般只有几户人家。这几户人家要么属于同一个毛哄,要么分属两个不同的毛哄。② 毛哄③是索伦鄂温克人的次级氏族组织,由哈拉分化而来,前文提到的精奇里江上游地区索伦鄂温克人的各个氏族是一级氏族,即哈拉。通常索伦鄂温克人只有冬季才生活在这样的村庄里,夏季他们则搬到夏营地,住斜仁柱④。

3个扎兰主要由达斡尔族构成,但包含一定数量的索伦鄂温克人。这3个扎兰分别是都博浅⑤扎兰、莫日登扎兰和讷谟尔扎兰。扎兰的意思是"连""队",⑥ 根据词义我们无法判断这部分达斡尔族和索伦鄂温克人的生计方式是农耕还是狩猎,我们只能转而求诸

---

① 《鄂温克族简史》编写组:《鄂温克族简史》,第46页。
② 吕光天主编《阿荣旗查巴奇乡鄂温克族调查报告》,内蒙古自治区编辑组:《鄂温克族社会历史调查》,内蒙古人民出版社,1986年,第32~35页。
③ 毛哄,满语作"莫昆"(一译"穆坤""木昆")。"毛哄"和"莫昆"是一个词的不同汉译。
④ 一种圆柱形帐篷。
⑤ 又译"千",同蒙古语的"沁"和维吾尔语的"奇(其)",是"……的人们"的意思。见唐戈《浅析"千"在北方通古斯族群—社会组织分类中的意义》,《满语研究》2003年第1期。
⑥ 《达斡尔族简史》编写组、《达斡尔族简史》修订本编写组:《达斡尔族简史》,第38页。

他们所处的自然地理环境，并参照他们在当代的生计方式。

讷谟尔扎兰根据名字判断应该在今黑龙江讷河市境内，讷谟尔是嫩江东岸一条河的名字，自东向西流经讷河市境。讷谟尔河汉语简称"讷河"，讷河（市）的名字由此而来。讷河（市）位于嫩江东岸松嫩平原的西部，根据当地的自然地理环境，同时参照其在当代的生计方式，我们初步判断生活在这一带的达斡尔族和索伦鄂温克人定居和从事农业，至少是以农业为主。

都博浅扎兰和莫日登扎兰的位置不详，我们无法判断当地达斡尔族和索伦鄂温克人的生计方式，但既然叫扎兰而不叫阿巴，想必也同讷谟尔扎兰的达斡尔族和索伦鄂温克人一样定居与从事农业，至少是以农业为主。

雍正九年，清政府在 5 个阿巴和 3 个扎兰的基础上组建了布特哈八旗，其中阿尔拉阿巴为正红旗，涂克冬阿巴为镶白旗，雅鲁阿巴为镶红旗，济心阿巴为正蓝旗，托信阿巴为镶蓝旗，都博浅扎兰为镶黄旗，莫日登扎兰为正黄旗，讷谟尔扎兰为正白旗。①

自从迁到嫩江流域后，生活在布特哈地区的索伦鄂温克人和达斡尔族多有流动，到现在，生活在该地区的索伦鄂温克人一共有 18 个村庄，其中 10 个村庄分别位于大兴安岭东麓嫩江西岸的 6 条支流附近，分别是位于济沁河的萨马街村、位于雅鲁河的南木镇（鄂伦春民族乡所在地）、位于音河的维古奇村、位于阿伦河的查巴奇村、位于格尼河的得力其尔村和马河村、位于诺敏河的杜克塔尔村和后沃尔奇村、查哈阳村、前沃尔奇村。与 17 世纪四五十年代的 5 个阿巴相对照，少了绰尔河的托信阿巴，多了格尼河的得力其尔村和马河村，总的分布格局没有太大的变化。并且直到 21 世纪初，这 10 个村庄的索伦鄂温克人一直主要以狩猎为生。

---

① 《达斡尔族简史》编写组、《达斡尔族简史》修订本编写组：《达斡尔族简史》，第 39 页。

表1 当代嫩江流域索伦鄂温克人的村庄

所属省份	所属市、县(旗)	所属民族乡	村名	原阿巴(扎兰)	八旗	传统生计方式	备注
内蒙古自治区	扎兰屯市	萨马街鄂温克民族乡	萨马街	济心阿巴	正蓝旗		猎民村
		鄂伦春民族乡	南木	雅鲁阿巴		狩猎(游猎)	猎民村
	阿荣旗	音河达斡尔鄂温克民族乡	维古奇		镶红旗	狩猎(半游猎)	猎民村
		查巴奇鄂温克民族乡	查巴奇	涂克冬阿巴	镶白旗	狩猎(半游猎)	部分为猎民村
		得力其尔鄂温克民族乡	马河			狩猎(半游猎)	猎民村
			得力其尔			狩猎(半游猎)	
	莫力达瓦达斡尔族自治旗	杜拉尔鄂温克民族乡	杜克塔尔	阿尔拉阿巴	正红旗	狩猎(半游猎)	
			后沃尔奇			半农半猎	
			查哈阳			半农半猎	与达斡尔族混居
			前沃尔奇			半农半猎	与达斡尔族混居
		巴彦鄂温克民族乡	萨马街			半农半猎	
			巴彦街			半农半猎	
			葛根台			半农半猎	与达斡尔族混居
			奇如木台			半农半猎	与达斡尔族混居
		汉古尔河镇	汉古尔河			农耕	
			鄂尔根浅			农耕	
黑龙江省	讷河市	兴旺鄂温克民族乡	百路	讷谟尔扎兰	正白旗	农耕	
			索伦			农耕	

　　剩下的 8 个村庄，有 6 个位于内蒙古莫力达瓦达斡尔族自治旗境内，其中包括巴彦鄂温克民族乡的萨马街村、巴彦街村、葛根台村和奇如木台村，汉古尔河镇的汉古尔河村和鄂尔根浅村，另两个是百路村和索伦村，均位于黑龙江讷河市西南部，其中索伦村就在嫩江的东岸。黑龙江讷河市境内的索伦鄂温克人很有可能就是清代讷谟尔扎兰的索伦鄂温克人。这 8 个村庄均位于达斡尔族聚居的地区，并且有的还与达斡尔族混居，其居民主要从事农业。

　　回过头来看前面那 10 个村庄，它们均位于所在河流的中上游地区，有的甚至是该河最后一个村庄，如本文一开始提到的维古奇村。而在这些村庄的中下游地区一般分布有达斡尔族的村庄，如维古奇村所在的音河中游地区内蒙古境内至少有 15 个达斡尔族聚居的村庄。按这一带的达斡尔族系在东北沦陷时期由齐齐哈尔地区迁来。[①] 再如位于诺敏河西岸的杜克塔尔村、后沃尔奇村、查哈阳村和前沃尔奇村，现在均属内蒙古莫力达瓦达斡尔族自治旗杜拉尔鄂温克民族乡，其中查哈阳村还是乡政府所在地。而位于其下游不远处诺敏河东岸的阿尔拉镇则是达斡尔族分布最为集中的乡镇。

　　总之，自 17 世纪四五十年代，索伦鄂温克人和达斡尔族从黑龙江北岸迁居嫩江流域到现在，这两个族群保持了他们原有的分布格局，一直没有太大的变化，其中大部分索伦鄂温克人居住在大兴安岭东麓嫩江西岸各支流的上中游地区，从事狩猎，达斡尔族和一小部分索伦鄂温克人居住在嫩江两岸和大兴安岭东麓嫩江西岸各支流的中下游地区，从事农业。并且很有可能的是，居住在大兴安岭东麓嫩江西岸各支流上中游地区的索伦鄂温克人就是原居住在精奇里江上游地区的那部分索伦鄂温克人，生活在布特哈地区 3 个扎兰的达斡尔族和索伦鄂温克人就是原来沿黑龙江中游北岸混居在一起的那部分达斡尔族和索伦鄂温克人。

---

　　① 据 2015 年 7 月 20 日在内蒙古扎兰屯市达斡尔民族乡对额尔登的访谈。

四　移民呼伦贝尔地区[①]后索伦鄂温克人
与达斡尔族的分布格局

雍正十年四月，清政府将布特哈地区的索伦鄂温克人 1636 人、达斡尔族 730 人、鄂伦春族 359 人迁移到呼伦贝尔（今海拉尔）附近的济拉嘛泰河口处驻防，被编为呼伦贝尔八旗。[②] 由于这一地区气候严寒，不适于农耕，乾隆七年清政府又将达斡尔族全部迁回布特哈地区。但由于奎苏和范恰布二人有公务在身，遂与家属留在了当地。乾隆年间，呼伦贝尔八旗厄鲁特总管达斡尔人珠善期满后，清政府让其留在了呼伦贝尔，珠善遂从布特哈地区接来家属和一个弟弟。后来又有 7 户达斡尔族迁来呼伦贝尔。[③]

生活在呼伦贝尔地区的索伦鄂温克人和达斡尔族都住在今海拉尔及其以南鄂温克族自治旗境内，但达斡尔族居住在海拉尔及其以南不远的地方，而索伦鄂温克人则居住在达斡尔族驻地以南呼伦贝尔草原的深处。虽然这两个族群都为适应当地的自然地理环境放弃了狩猎和农业，转而从事畜牧业，但索伦鄂温克人是游牧，而达斡尔族是定居放牧。尽管都转为了畜牧业，但他们各自保持了在黑龙江北岸和嫩江流域时的生活方式，一个仍然是游动，一个仍然是定居。

到 1932 年，呼伦贝尔地区的达斡尔族共计 92 户，其中南屯 47 户、西屯 21 户、莫和尔图屯 16 户、海拉尔 8 户。1938 年西屯的

---

① 呼伦贝尔地区有广义狭义之分，广义的呼伦贝尔地区包括今内蒙古呼伦贝尔市全境，狭义的呼伦贝尔地区仅指大兴安岭以西，即岭西地区，包括呼伦贝尔草原、大兴安岭西坡和西北坡，不包括大兴安岭以东的岭东地区。本文采用其狭义用法。

② 《鄂温克族简史》编写组：《鄂温克族简史》，第 83 页

③ 《达斡尔族简史》编写组、《达斡尔族简史》修订本编写组：《达斡尔族简史》，第 41～42 页。

21 户并入南屯。[①] 南屯，鄂温克语称"巴彦托海"，位于海拉尔以南不远处，原来是一座村庄，因位于海拉尔以南而得名。如今南屯已发展为一座包括汉族在内的多民族居住的现代化的城镇，是鄂温克族自治旗政府所在地，但生活在这里的仍以达斡尔族居多，达斡尔语仍是这里的主要交际语言。

20 世纪 50 年代以来，生活在齐齐哈尔地区的达斡尔族不断迁居鄂温克族自治旗，到 1956 年底，全旗共有达斡尔族 1641 人，占全旗总人口的 20.7%。[②]

在巴彦托海苏木、巴彦嵯岗苏木、伊敏苏木、锡尼河苏木、辉苏木这 5 个苏木中，巴彦托海苏木靠近呼伦贝尔市海拉尔区，达斡尔族人口共计 1250 人，占全旗达斡尔族总人口的 76.2%。另据 1957 年 6 月的统计，巴彦托海苏木共有人口 2332 人，其中达斡尔族 1386 人，占全苏木总人口的 59.4%。[③]

同一时期，据 1958 年[④]的统计，鄂温克族自治旗共有鄂温克族 2547 人，占全旗总人口的 27%。这 2547 名鄂温克族绝大多数是索伦鄂温克人，只有极少数是通古斯鄂温克人。这 2547 名鄂温克族的具体分布如表 2 所示。[⑤]

辉苏木位于鄂温克族自治旗西南部呼伦贝尔草原的最深处，是全旗鄂温克族人口最多和最为集中的苏木，共有鄂温克族 1345 人，占全苏木总人口的 83.6%，占全旗鄂温克族总人口的 52.8%。[⑥] 同

---

① 内蒙古自治区编辑组：《达斡尔族社会历史调查》，第 6 页。

② 内蒙古自治区编辑组：《达斡尔族社会历史调查》，第 6 页。

③ 内蒙古自治区编辑组：《达斡尔族社会历史调查》，第 6 页。

④ 本文的人口统计数字截止到 1958 年。1958 年之后索伦鄂温克人与达斡尔族的分布格局基本没有变化。

⑤ 吕光天主编《鄂温克族自治旗辉索木调查报告》，内蒙古自治区编辑组：《鄂温克族社会历史调查》，第 354 页。

⑥ 吕光天主编《鄂温克族自治旗辉索木调查报告》，内蒙古自治区编辑组：《鄂温克族社会历史调查》，第 354 页。

表2　1958 年鄂温克族自治旗鄂温克族的具体分布情况

单位：人

苏木	人数	备注
辉苏木	1345	其中除锡尼河东苏木主要是通古斯鄂温克人，其他5 个苏木都是索伦鄂温克人
伊敏苏木	553	
巴彦嵯岗苏木	259	
锡尼河东苏木	217	
巴彦托海苏木	162	
锡尼河西苏木	11	

一年辉苏木达斡尔族共计 26 人，占全苏木总人口的 1.6%。而在达斡尔族占多数的巴彦托海苏木（占 59.4%），1958 年鄂温克族共计 162 人（估计绝大多数是索伦鄂温克人），占全苏木总人口的 7%。①

表3　巴彦托海苏木和辉苏木鄂温克族（索伦鄂温克人）
与达斡尔族人口比较

单位：人，%

苏木	鄂温克族		达斡尔族	
	人口总数	占全苏木总人口的比例	人口总数	占全苏木总人口的比例
辉苏木	1345（1958 年）	83.6	26（1958 年）	1.6
巴彦托海苏木	162（1958 年）	7	1386（1957 年 6 月）	59.4

在上述各苏木中，巴彦嵯岗苏木鄂温克族和达斡尔族的人口比例最为接近，据统计全苏木 1958 年共有鄂温克族 259 人，1956 年

① 系用 1958 年鄂温克族总人口 162 人除以 1957 年 6 月全苏木总人口 2332 人所得，因此不够准确。

底共有达斡尔族229人。但这229名达斡尔族集中居住在苏木政府所在地莫和尔图村，该村位于巴彦嵯岗苏木和鄂温克族自治旗的东北部，靠近滨洲铁路，位于海拉尔和牙克石之间，而鄂温克族则主要居住在巴彦嵯岗苏木的南部。

总之，在索伦鄂温克人和达斡尔族聚居的鄂温克族自治旗，这两个族群拥有各自的分布空间，其中索伦鄂温克人主要居住在远离呼伦贝尔市海拉尔区和滨州铁路线的南部呼伦贝尔草原的深处，特别是西南部的辉苏木，以游牧为生；达斡尔族则居住在靠近呼伦贝尔市海拉尔区和滨州铁路线的北部地区，以定居放牧为生。

五　比较和讨论

（一）小结：远处与近处

现在让我们把索伦鄂温克人和达斡尔族在以上三个地区的分布格局做一个总结。

索伦鄂温克人和达斡尔族在黑龙江北岸和嫩江流域的分布格局极为相似，达斡尔族和一小部分索伦鄂温克人居住在大河及其较大支流的中下游地区，从事农业；而大部分索伦鄂温克人则居住在这些较大支流的上游地区，包括其各个支流，从事狩猎，其中前者是黑龙江及其上中游北岸各大支流，如精奇里江，后者是嫩江及其西岸各大支流。

大河及其较大支流的中下游都能通航，是古代人们通行的交通要道，此外这里河谷开阔、土地肥沃、积温和日照充足，适合发展农业。而这些较大支流的上游地区，包括其各个支流通常河道狭窄，不适合通航，河流两岸森林密布，有大量的野生动物分布其间，积温和日照不足，因而适合狩猎，尤其是游猎。

与前两个地区相比，呼伦贝尔地区为亚欧大陆草原的一部分，系亚欧大陆草原的最东缘，其各地的自然地理条件没有太大的差别，但是就鄂温克族自治旗而言，其北部靠近呼伦贝尔市海拉尔区和作为东北亚交通大动脉的滨洲铁路，而其南部则是远离中心城市和铁路的呼伦贝尔草原的腹地。同样是交通要道，前者是具有宽阔水面能通航的大江大河，后者则是现代化的铁路。民国年间，沿嫩江东岸，从齐齐哈尔到嫩江县城，修建了一条现代化的铁路——齐北—富嫩铁路①，成为新的交通动脉。

总之，无论在哪里，达斡尔族都会选择靠近城市和交通要道的地区，建立村庄，过定居生活，或从事农业，或定居放牧，而索伦鄂温克人则选择远离城市和交通要道的地区，或山林，或草原，过着居无定所的游动生活，或游猎，或游牧。简单地说，达斡尔族住在"近处"，索伦鄂温克人住在"远处"。

（二）比较：东南亚高地

在东南亚高地也有类似的现象，比如在中缅交界地区，中国的德宏傣族景颇族自治州和缅北地区，分布着两个重要的族群傣 - 掸人和景颇 - 克钦人。这两个族群具有十分密切的关系，但他们又有各自相对的分布空间，其中傣 - 掸人生活在低地——坝子，种植水稻，景颇 - 克钦人则生活在半山之上，远离低地，远离城市和交通要道，种植旱地作物。②

在中国云南省西南部孟连和澜沧地区，傣族和拉祜族具有同样的分布格局，傣族生活在低地——坝子，种植水稻，拉祜族生活在半山之上，种植旱地作物。③

---

① 包括齐北铁路和富嫩铁路，其中齐北铁路从齐齐哈尔到北安，1928 年修建，富嫩铁路从富裕到嫩江，1930 年修建。

② 参见〔美〕詹姆士·斯科特《逃避统治的艺术——东南亚高地的无政府主义历史》，生活·读书·新知三联书店，2016 年；〔英〕埃德蒙·R. 利奇《缅甸高地诸政治体系——对克钦社会结构的一项研究》，商务印书馆，2010 年。

③ 据笔者 2009 年 7 ~ 8 月对这一地区拉祜族和傣族的调查。

很明显，东南亚高地各族群这种相对的分布格局具有垂直分布的特点，其中傣－掸人生活在低处，景颇－克钦人和拉祜人生活在高处。某种意义上索伦鄂温克人和达斡尔族的分布格局也具有垂直分布的特点，只不过与东南亚高地的那些大山相比，无论是黑龙江北岸的外兴安岭还是嫩江西岸的大兴安岭，其相对高度都不是很高。而呼伦贝尔草原，尤其是在鄂温克族自治旗境内，地势十分平坦，因此谈不上垂直分布。但如果我们换一个角度，即从自然地理的角度转向文化和心理的角度，则会发现索伦鄂温克人和达斡尔族的分布格局也具有垂直分布的特点，其中远处即高处，近处即低处。而在黑龙江北岸和嫩江流域，索伦鄂温克人是既高又远，达斡尔族是既低又近。

（三）延伸：诺敏河个案

索伦鄂温克人和达斡尔族的分布格局从总体上看刚好暗合了中国各民族"大杂居，小聚居"的分布格局：一方面，在任何一个地区，都是多个不同的民族杂居在一起；另一方面，在任何一个多民族杂居的地区，不同的民族都有各自相对独立的分布空间。

当然，在索伦鄂温克人和达斡尔族居住的地区，不可能只有这两个族群的分布，至少还有汉族的分布，中国各民族"大杂居，小聚居"的分布特点之一就是在所有的民族地区都有汉族的分布。除了汉族，在索伦鄂温克人和达斡尔族居住的地区，一般还有鄂伦春族的分布。

这在嫩江西岸支流诺敏河流域表现得特别明显。前文已述，诺敏河西岸有索伦鄂温克人聚居的杜拉尔鄂温克民族乡，而位于其下游不远处诺敏河东岸的阿尔拉镇则是达斡尔族分布最集中的乡镇。现在让我们沿着诺敏河上、下游延伸。向上延伸则进入中国鄂伦春族唯一的自治地方——鄂伦春自治旗，沿诺敏河自下而上，共有 3 个鄂伦春族聚居的村镇——诺敏镇、木奎村和希日特奇村。诺敏镇，原名小二沟，是一个鄂伦春族聚居的城镇，1951年鄂伦春自治旗建立之初，旗政府就设在这里。而木奎村和希日特奇村则是两个鄂伦春族在 1957 年定居时建立的村落。[①] 向下延伸到黑龙江省甘南县，这里的主体民族是汉族。

从诺敏河这个个案可以看出，与索伦鄂温克人和达斡尔族相比，汉族比达斡尔族更靠近城市和交通要道，鄂伦春族则比索伦鄂温克人更加远离城市和交通要道，即便迁到嫩江流域后，仍没有建立村庄，像索伦鄂温克人，过着半游猎的生活，而始终保持了居无定所的典型的游猎生活。

诺敏河是从游猎到农耕逐级过渡的典型个案，从上游鄂伦春族的游猎，过渡到中游索伦鄂温克人的半游猎，再过渡到中游达斡尔族较粗放的农业，最后过渡到下游汉族较精细的农业。其中中游地带是从游猎到农耕的过渡地区，在诺敏河西岸杜拉尔鄂温克民族乡的 4 个索伦鄂温克族村中，杜克塔尔村和后沃尔奇村是索伦鄂温克族村，查哈阳村和前沃尔奇村是索伦鄂温克人和达斡尔族的混居村，这其中只有杜克塔尔村的索伦鄂温人以狩猎为生，而在另外 3 个村庄，无论是索伦鄂温克人还是达斡尔族都是半农半猎。

根据距离嫩江（诺敏河最后注入嫩江）和齐北—富嫩铁路的距离和海拔高度，可以将整个诺敏河划分为 4 段，即 4 个相对的阶梯。其中鄂伦春族住在最上边，即第一个阶梯，也是最高处——大兴安岭的顶部，即岭顶，远离作为交通要道的嫩江和齐北—富嫩铁路。索伦鄂温克人住在鄂伦春族的下边，大兴安岭的东坡，即第二个阶梯，已靠近嫩江和齐北—富嫩铁路。达斡尔族住在索伦鄂温克

---

① 《鄂伦春族简史》编写组、《鄂伦春族简史》修订本编写组：《鄂伦春族简史》，民族出版社，2008 年，第 177 页。

人的下边，大兴安岭和松嫩平原的接合部，即第三个阶梯，更靠近嫩江和齐北—富嫩铁路。汉族住在达斡尔族的下边，整个诺敏河流域最低处，松嫩平原的西部，即第四个阶梯，最靠近嫩江和齐北—富嫩铁路。

从根特木尔事件看清前期的边界观念[*]

孙　喆　　陈雅瑶^{**}

根特木尔事件是引发清初中俄两国边界交涉的重大事件，它不仅对《尼布楚条约》的签订起了重要的推动作用，而且真实体现了清朝统治者当时的边界观念。这一事件的解决方式也成为此后清朝处理其他边界问题的重要借鉴。

一　清初两种边界观念的交汇

长期以来，中国传统国家"有疆无界"的观点在学术界一直占主流地位。如果从现代边界的概念内涵出发，这一观点毫无疑义。但事实上，古代中国对"界"有着自己的理解和划定方式，至少于清朝而言，与藩属、外国之间的疆域并不是开放性的，而是有比较明确的"界"。当然，这个"界"并不完全与现代意义上的国家之间的"边界线"对等，一般是以山水自然分界，或以已定居较长时间的部落人口归属为划分依据，或以一定时期内形成的实际控制线为分界依据等。例如，俄国、朝鲜作为文化内涵层面的"天下之国"，与"中国"之间很早就有"界"的划分。在

---

* 本文为中国人民大学研究品牌计划基础研究项目"从西域到新疆——清代新疆疆域与政治格局的形成与演变"（2018030036）阶段性成果。

** 孙喆，中国人民大学清史研究所教授；陈雅瑶，中国人民大学清史研究所博士研究生。

《尼布楚条约》签订前，史料中多次出现诸如"鄂罗斯所属罗刹时肆掠黑龙江边境"①"鄂罗斯入我边塞"② 等语，这说明清朝在东北地区已形成习惯疆界。康熙三十年（1691）发生朝鲜进贡使臣违禁私买《一统志》一案。清廷认为，《一统志》载天下山川舆地、钱粮数目等，所关甚重。因此，要求朝鲜方面将违禁私买该书之内通官张灿革职，发朝鲜边界充军；正使李沉、副使徐文重等革职，朝鲜国王李焞暂且免议。由此可见，清朝对涉及王朝疆域、土地、人口等方面的事件高度警觉，有严格的"内外之别"。康熙五十一年以前，清与朝鲜在相邻地区已有习惯疆界，如康熙帝派穆克登前往长白山地区查边时所言："混同江自长白山后流出，由船厂打牲乌喇向东北流，会于黑龙江入海，此皆系中国地方。鸭绿江自长白山东南流出，向西南而往，由凤凰城、朝鲜国义州两间流入于海。鸭绿江之西北系中国地方，江之东南系朝鲜地方，以江为界。土门江自长白山东边流出，向东南流入于海。土门江西南系朝鲜地方，江之东北系中国地方，亦以江为界，此处俱已明白。但鸭绿江、土门江二江之间地方，知之不明。"③ 穆克登一行需要明确的，仅是鸭绿江和图们江两江之间的边界而已。可见，在清朝统治者看来，尽管自己是"天下共主"，但这个"天下"是分层级的，其直接统辖的"中国"与朝贡藩属国之间在地域上是有"界"的。那么这条界的主要功能是什么？清前期统治者以哪一个因素作为其划清与近邻国家疆界的首要出发点？发生于康熙朝的鄂温克部根特木尔事件或许可以对此问题提供一个研究的个案。

17 世纪以前，欧亚大陆各个国家的统治者们对他们所统治的地域并没有明确的边界概念。而在 17 世纪，由于相互联系的结果，

---

① 《清圣祖实录》卷一〇四，康熙二十一年八月庚寅条。
② 《清圣祖实录》卷一二一，康熙二十四年六月癸卯条。
③ 《清圣祖实录》卷二四六，康熙五十年五月癸巳条。

欧亚大陆上的主要国家都通过谈判划定了明确的、线状的边界。1639 年，奥斯曼帝国与波斯萨非王朝（Safavids）订立条约，划分了两国长期相互争夺的边境地区的土地。1683 年和 1699 年，奥斯曼帝国在围攻维也纳失败后，与哈布斯堡王朝签订和约，明确了两国的边界。自 17 世纪中叶至 18 世纪初，沙皇俄国相继与土耳其、准噶尔汗国及其他位于其南部的国家或民族政治实体签订了边界条约，沿边界构筑了许多堡垒，并以堡垒线作为其进展的标志。随着 1689 年中俄《尼布楚条约》和 1727 年中俄《恰克图界约》的签订，中俄之间的边界被确定下来。

中俄之间的接触是俄国向西伯利亚扩张的结果。15 世纪末 16 世纪初，经过伊凡三世（Ivan Ⅲ）及其子瓦西里三世（Vassilieff Ⅲ）的苦心经营，莫斯科大公国摆脱了蒙古钦察汗国的控制，建立了统一的俄罗斯国家。从 16 世纪下半叶开始，沙皇俄国开始急剧向东扩张，先后征服了喀山汗国、阿斯特拉罕汗国和西伯利亚汗国。在俄国进入西伯利亚之前，这里居住着众多的部落，象诺盖人、哈萨克人、塔吉克人、乌兹别克人等，在这些部落的南部，是蒙古各部的驻地，即漠北喀尔喀蒙古和西北卫拉特蒙古两大部。从阿尔泰山以西直到巴尔喀什湖一带为卫拉特蒙古驻地；从阿尔泰山以东，包括贝加尔湖周围直到黑龙江流域，属于喀尔喀蒙古人的驻地。再往东，从勒拿河到黑龙江流域，依次居住着雅库特人、达斡尔人、鄂温克人、费雅喀人等的部落。17 世纪中叶，俄国势力进入勒拿河，1632 年在勒拿河中游建立雅库茨克城，成为以后沙俄侵略黑龙江流域的据点。当俄国向黑龙江流域扩张势力的时候，刚刚建立起来的清王朝，已经在黑龙江流域各部族之间建立起牢固的统治，于是中俄势力开始在这里相遇。①

---

① 参考张维华、孙西《清前期中俄关系》，山东教育出版社，1997 年。

　　清初，沙俄进入黑龙江流域，主要有两条路线：一条自雅库茨克出发，越外兴安岭，向南进入黑龙江地区；一条自叶尼塞斯克出发，向东南进军，越过贝加尔湖进入黑龙江地区。顺治十五年（1658），叶尼塞斯克指挥官帕什科夫率军在石勒喀河流域的尼布楚河口修筑了涅尔琴斯克堡，即尼布楚城。随后，他又在东面的雅克萨筑城，与尼布楚城遥相呼应。顺治年间，为阻止沙俄东进，清廷数次对俄用兵，迫使俄军放弃上述两城逃遁，但都未能彻底将其从黑龙江流域驱逐出去。康熙四年，俄籍波兰人切尔尼果夫斯基带领一伙亡命之徒占领雅克萨，重新筑建堡寨。康熙八年，俄国人又重建尼布楚城。随后，俄国向雅克萨城附近大量移民，建屯垦地，并向黑龙江下游地区逼近。

　　康熙初年，由于中原地区尚未稳定，所以清廷无暇北顾。俄国在这段时期内也因与波兰战事正紧等而无力东顾。因此，康熙二十一年以前，中俄双方的关系总体上以和为主，俄国为打通同中国的贸易关系，曾三次派遣使团来到北京。康熙九年米洛瓦诺夫出使中国前后所发生的事情是促使康熙帝决心划定中俄东段边界的直接动因。

二　根特木尔事件与中俄划界

　　米洛瓦诺夫的出使，主要是由根特木尔叛逃事件引起的。根特木尔原是鄂温克部的一个首领，驻牧在尼布楚附近，当俄国人进入贝加尔湖和额尔古纳河上游地区时，根特木尔不堪俄国人的侵掠，遂率族人于顺治十年越过额尔古纳河向南，进入清廷控制下的地区居住。清廷对根特木尔非常重视，据记载："根特木尔原是博格达皇帝的四品官，是一位执政王公，在中国每年领取薪俸一千二百两白银和六盒黄金。根特木尔统率着军队，博格达皇帝曾委任他为一特种团队的'红统领'，随皇上的兄长一同去攻打呼玛尔堡的俄国人。"[1] 但在康熙六年，根特木尔突然率领子女及部众共 300 余人叛逃到俄境，在阿穆尔河畔居住下来。清廷为此同俄国展开了近 20 年的交涉。

　　根特木尔为何离开清廷的管辖范围而来到俄国的控制区域？是因为"见到俄国人生活方式较好，内心颇为羡慕，遂回避同俄国人交战，有意为沙皇陛下效劳"[2] 呢？还是仅仅想重归故里？这并不是我们要关注的重点，我们着重要探讨的是根特木尔事件对中俄两国关系，尤其是划定两国第一个边界条约所产生的影响。

　　康熙九年，康熙帝向俄沙皇致国书，要求引渡根特木尔回国审判，但遭沙皇拒绝。同年四月下旬，沙皇特使米洛瓦诺夫携带沙皇训令和国书出使北京，训令明示了俄国人的谈判底线，首先拒绝引渡根特木尔回国，并为其行为辩护；同时，迫不及待地要求中国开启通商大门。国书最后还威胁说，清朝若不归顺沙皇，将被一举消灭。米洛瓦诺夫的出访，非但没能改善两国关系，反而使其更为恶化。此后，清朝一直未放弃对根特木尔的引渡努力。康熙二十五年，康熙帝在致沙皇伊凡和彼得的信中说：

　　　　有关根特木尔一事，据达尼尔（即阿尔申斯基，涅尔琴斯克俄国官员）称已奏报察罕汗，一旦指令下达，彼当立即交出，决不延误；至于盘踞雅克萨城之尼基福尔等人伤害我方库楚鲁达呼尔居民问题，据该统领称，已逮捕十名罪犯押送京城，其罪行亦已书面呈奏察罕汗，现正待命处理。朕自获悉上述种种后，方始了解我国边陲地区与俄国毗连……但迄未见尔对朕之谕旨作出答复，亦未将我逃人根特木尔归还我方或不再

---

① 〔英〕约·弗·巴德利：《俄国·蒙古·中国》下卷第 2 册，吴持哲等译，商务印书馆，1981 年，第 1602 页。

② 〔英〕约·弗·巴德利：《俄国·蒙古·中国》下卷第 2 册，第 1602 页。

予以庇护，尔方人员仍一如既往肆意侵扰我国边民。……我方军民当即攻克雅克萨城……尔国使节米起佛尔魏牛高（即尼基福尔·维纽科夫）抵此间，报知尔之钦差正兼程前来，业已离此不远，并带有书信，乞朕准予双方举行和谈，以划定边界；朕获悉后，当即遣使传旨，令我官兵解雅克萨之围，并停止一切攻战，以期于尔国大臣抵达后，议定疆界，树立界标，借以确保两国彼此和好。[1]

在国书里，康熙帝明确提出希望双方以定界的方式杜绝逃人问题。康熙帝为何如此重视根特木尔这个小小的首领？甚至不惜将其与中俄之间的和战联系起来？根特木尔最初归附清廷时，他所属的部众被编制为 3 个佐领，清廷以自己的方式对该部人口进行了监控。从史料中我们可以知道，逃人问题在清初中俄外交关系中占有相当重要的地位。中俄两国在订立边界条约以前，对毗邻土地的控制权往往是通过对当地部族的控制取得的，即如果一个部族归附于一个政权，这个政权也就等于拥有了这个部族所居住的土地。在黑龙江流域生活的一些部族，像索伦、赫哲、费雅喀等很早就已归附清廷，成为清廷北方疆域的一道自然屏障。在中俄两大势力对峙的时候，处于二者之间的各个部族已失去了自由迁徙的可能性，它们只能选择一方。所以，根特木尔迁离清廷所控制的区域，不管他的目的是什么，他等于选择了投奔俄国这条道路。而根特木尔逃亡俄国，并不是一个人的问题，他的出逃，意味着他下辖的 3 个佐领的人众会追随他而去；尤为重要的是，这将为周围各部族树立一个叛逃的"榜样"，使人心动摇，当不满意于清廷时，它们会转而投奔俄国，寻求庇护，从而使清朝的实际控制地域会不断出现变动。故清廷对此事件极为重视，而俄国拒不遣回根特

---

① 〔英〕约·弗·巴德利：《俄国·蒙古·中国》下卷第 2 册，第 1598～1601 页。

木尔，并格外优待这个小人物，用意自然也在于此。根特木尔事件也使康熙帝意识到俄国东进步伐的迅猛，以及从根本上遏制这一态势的必要性。

正因为逃人问题在中俄关系中的重要地位，《尼布楚条约》除划定中俄东段边界，还对逃人、越界等问题做出严格规定，"两国猎户人等，不论因何事故，不得擅越已定边界"，"此约订定以前所有一切事情，永作罢论。自两国永好已定之日起，嗣后有逃亡者，各不收纳，并应械系遣还"。[①]

可见，限制人口流动，是清朝划"界"的一个主要出发点。从古至今，世界各国对人口的自由流动均保持高度的警惕。人口自由流动所包含的隐患，如赋税的流失、兵源的不稳定、对犯罪行为治理不力等，对每一个政权都具有危害性。尤其在以农业为主体的封建社会里，稳定的人口更是国家赖以存在的基础。中国各个朝代为了维持政权的长治久安，都采取了严格措施抑制人口自由流动。自西周开始并日益严密的户籍制度即说明这一点。清朝对基层的治理，沿袭了以往的保甲制度，加强对中原人口的管控。早在顺治五年清廷就规定：三年一次编审天下户口。十三年覆准，五年编审一次。雍正四年（1726），清廷颁布《保甲法》："保甲之法，十户立一牌头，十牌立一甲长，十甲立一保正。其村落畸零及熟苗熟僮，亦一体编排。地方官不实力奉行者，专管、兼辖、统辖各官分别议处。再立民间劝惩之法，以示鼓励。有据实首告者，按名数奖赏；隐匿者，加以杖责。"[②] 乾隆二十二年（1757），更定保甲法，使之更全面、更严格。

在对人口的管理上，入关前，满洲设立了军事和行政一体化的组织——八旗，来管理满洲人和降附的东北各部族、蒙古人及汉

---

① 王铁崖编《中外旧约章汇编》第1册，生活·读书·新知三联书店，1957年，第2页。
② 《清世宗实录》卷四六，雍正四年七月乙卯条。

人，分别把他们编为满洲八旗、蒙古八旗和汉军八旗。八旗有自己
的管理体制，包括详细的人口记录，很好地控制了人口的自由
流动。

作为自古以来就是农业文明最大威胁的游牧民族，其传统上无
定所，"逐水草而居"，人口具有很大的流动性。草原各部落有时
为了共同的利益会结成联盟，推举一个人作为联盟首领，但这种联
盟无一例外都不会坚持太长时间，因为草原上的各部落在任何联盟
内部均保持着相当程度的自主。它们对联盟首领或汗的主要义务即
是在军事远征中提供人员和马匹。如果不愿意待在联盟内部，随时
能以迁走的方式率领自己的部众离开。

17 世纪以来，蒙古各部的这种流动性逐渐从根本上得到了改
变。从天命九年（1624）至乾隆三十六年，清廷逐渐完成了对蒙
古社会组织的改制，使盟旗制成为蒙古地区的基本制度。在整个清
前期，清廷对蒙古地区始终实行着严厉的封禁政策。此项政策涉及
范围极广，包括农业、牧业、商业贸易、文化、风俗、宗教信仰
等。归纳起来有三个方面：（1）人口的封禁；（2）地域的封禁；
（3）资源的封禁。蒙古民族传统上的自由迁徙受到了严格限制，
清廷规定"凡疆理，各识其山河之名而表以图，以定其游牧，无
山河则树之鄂博，禁其越境者"①。"外藩蒙古越境游牧者，王罚马
十匹；札萨克、贝勒、贝子、公七匹；台吉五匹；庶人罚牛一
头。"进而又定："越自己所分地界肆行游牧者，王罚马百匹；札
萨克、贝勒、贝子、公七十匹；台吉五十匹；庶人犯者，本身及家
产皆罚取，赏给见证人。"康熙元年又定："各部蒙古不得越旗畋
猎。"② 对于蒙古各部人口，清廷也进行了严格的编审，规定：蒙
古壮丁，年六十岁以下，十八岁以上者，皆编入丁册，有病者除

---

① 光绪朝《大清会典》卷六四《理藩院·旗籍清吏司》。
② 光绪朝《大清会典事例》卷九七九《理藩院·耕牧》。

之。三年一次编审，有隐匿者，将所隐之丁入官，隐至十户者，管旗王、贝勒等按罚一户。禁止蒙古王公从中原内地买卖汉人出边，已入册籍的蒙古人也不许擅自买卖。在漠南蒙古，未入册籍的田庄内的汉族人，只许在本旗内买卖，不准卖给其他旗及内地。从外地逃来的人一经发现，要在两天内解送有关机构，否则，要受重罚。限制内地农民进入蒙古垦种，经商贸易。康熙二十二年规定："凡内地民人出口，于蒙古地方贸易耕种，不得娶蒙古妇女为妻，倘私相嫁娶，查出将所嫁之妇离异，还给母家，私娶之民照内地例治罪，知情主婚及说合之蒙古人等，各罚牲畜一九。"① 乾隆十四年又规定，蒙古札萨克"若再图利，容留民人开垦地亩，及将地亩典与民人者，照隐匿逃人例，罚俸一年；管旗章京、副章京罚三九；佐领、骁骑校皆革职，罚三九；领催、什长等鞭一百；其容留居住开垦地亩典地之人亦鞭一百，罚三九"。②

　　在边疆地区，人口流动可能会导致更为严重的后果——疆域的变动。而近代以前，两个政权对毗邻土地的控制权，往往是通过对当地部族的控制间接达到的。因此，土地和人口在中国传统社会向来处于并重的地位，尤其在清代前期的边界谈判中，人口的意义甚至超过土地。逃人问题在相当长一段时间内都是中俄外交交涉的主要议题，清廷之所以对根特木尔锲而不舍追讨了近 20 年的时间，也就不难理解了。

三　根特木尔事件对清朝处理其他边界问题的借鉴意义

　　为避免以后再出现类似根特木尔这样的事件，中俄双方在

---

① 乾隆朝《大清会典则例》卷一四〇《理藩院·旗籍清吏司》。
② 光绪朝《大清会典事例》卷九七九《理藩院·耕牧》。

《尼布楚条约》中对逃人问题做了明确规定，确立了法律依据；条约对边界的清晰划定，也使两国之间的疆界固定化，不再具有伸缩性，大大减弱了人口的流动性，这些都使清朝统治者充分意识到划界对于管理和统治人口的积极意义，并为以后处理人口犯越问题提供了借鉴。

康熙年间，穆克登对中朝边境的查边，是清代东北地区继中俄东段边界确定以来的第二次定边活动。穆克登查边的主要目的是要查清图们江上源地方，从而划定中朝长白山段的边界。关于康熙年间长白山定界原因，由于史料记载很少，学术界的观点不尽相同。在不排除其他可能性的同时，本文认为，杜绝边民越境应该是其中一个非常重要的因素。自清入关以来，中朝之间的越境事件层出不穷，尤以朝鲜边民私自越境进入中国居多。据统计，从顺治朝至康熙四十三年，共发生 17 起朝民越境事件。① 如何来解决这一问题？对于清朝统治者而言，按照中俄交涉的经验，采取明晰边界的方式来控制人口流动，应该是当时所能采取的最佳方式。从这个意义来说，康熙四十九年十一月，朝鲜平安道渭源人李万枝等越境杀人事件是促使清朝最终下决心解决非法越境问题的触发器，而《尼布楚条约》则为其在处理方式上提供了一个样板，即通过主动划界解决人口流动问题。定界后，朝鲜国王在向康熙帝致的《谢定界表》中也表达了这层意思，内称："特轸疆事之修明，严两地之禁防，指水为限，表一山之南北，立石以镌，省陋邦供顿之烦，曲垂睿念；绝奸氓犯越之患，用作永图。"②

中俄中段边界的订立过程也借鉴了根特木尔事件的处理方式。俄国对喀尔喀蒙古领土觊觎已久，对这一地区的渗透其实早于黑龙江流域。17 世纪初，俄国便鼓动札萨克图汗下属和托辉特部首领

---

① 刁书仁：《康熙年间穆克登查边定界考辨》，《中国边疆史地研究》2003 年第 3 期。
② 郭廷以等主编《清季中日韩关系史料》（四），台北："中研院"近代史研究所，1972 年，第 2022 ~ 2023 页。

硕垒乌巴什（"阿勒坦汗"）接受沙皇"最高统治"，遭到拒绝。17 世纪 40 年代起，俄国军队不断武装侵入喀尔喀蒙古所属贝加尔湖以东地区，对车臣汗等进行煽动并诱迫其臣服。① 为遏制俄之蚕食，清廷在《尼布楚条约》签订前也曾试图划定两国中段边界。康熙二十四年，康熙帝派遣多名被俘俄人取道四路（即雅库茨克、经卡尔梅克地区取道托博尔斯克、阿尔巴津、经蒙古地方由呼图克图驻地附近取道色楞格斯克堡）前往莫斯科递送国书。国书以汉、蒙、俄三种文字书写，写明边界应以勒拿河和叶尼塞斯克为界。尼布楚谈判期间，索额图又向俄方提及喀尔喀划界问题，即"由恩吉德河直至楚克河、色楞格河，彼岸属俄罗斯，此岸属喀尔喀"，但被俄使戈洛文以"未（受沙皇）谕令议定喀尔喀地方"② 为由拒绝。同时，尼布楚谈判行将举行之际，卫拉特蒙古准噶尔部首领噶尔丹突然大举进攻漠北蒙古，致使喀尔喀王公举部内迁，漠北草原实际已为噶尔丹所控。戈洛文趁机声称"所谓喀尔喀者，并无定居之处，愿暂行免议"。于此不利局面，清廷只好申明喀尔喀事暂行存放，嗣后再议。

康熙二十九年，清廷在乌兰布通大败噶尔丹，并于次年召集喀尔喀蒙古诸部举行"多伦会盟"。同时，随着喀尔喀王公纷纷返回旧地，中俄双方就中段边界的逃人问题再次展开激烈交涉。康熙二十八年之后出现的大量逃人事件，主要是从俄国逃往中国。有学者根据史料统计，自康熙二十九年至康熙五十六年（这一年，清廷停止中俄通商以敦促解决边界问题）不到 30 年间，中俄之间共发生了 70 起越界逃人事件，其中大约有 50 起（约占 70%）是与喀尔喀蒙古有关，其余 20 起发生在额尔古纳河以东的黑龙江地区；

---

① 参见中国科学院近代史研究所编《沙俄侵华史》第 1 卷，人民出版社，1976 年，第 1213 页。

② 中国第一历史档案馆编《清代中俄关系档案史料选编》第 1 编上册，中华书局，1981 年，第 143 页。

而在这 50 起逃人事件中，单纯的逃亡事件为 34 起，其中从俄国逃往中国的就有 24 起。① 康熙二十九年，俄国提出"居我周围地方向我纳税之蒙古人与布鲁特人，于本年均由尼布楚地方逃出，住于库仑河附近之达赖湖地方"②，要求清廷遣还逃人。清廷认为，正是由于喀尔喀定界一事因俄方原因未在尼布楚谈判中予以解决，才造成这种后果；而且"喀尔喀世世代代为我圣主进贡行走，今又回归我圣主属下。现只因喀尔喀、厄鲁特互相反目无定，故彼等游牧居住之处我圣主尚未指明。待向喀尔喀等指明游牧居住之处以后，再派人前往尔处相告"。③ 多伦会盟后，清廷即向俄使明确提出，解决逃人问题的关键，在于喀尔喀地方边界问题，俄方"究拟于何时并于何地与本大臣等会议，着尔明白转告，并希复文前来"④，正式声明欲与俄国就中段边界进行会谈。

康熙三十二年，清廷又就俄索还蒙古塔布囊策连、台吉舒楞额等八百逃人再次提出"欲再议喀尔喀地方"。⑤ 次年，清廷敦促俄国来华使臣伊利萨尔·伊兹勃兰特："就会议喀尔喀分界事宜，请尔转告尔君主，并迅速作复。"在这次咨文中，清廷明确将逃人和划界这两个问题联系起来，指出"一经议定喀尔喀边界，则可无庸争议此等捕逃之事矣"；⑥ 划定边界，"既能阻止俄罗斯帝国臣民进入我清帝国边境，又能阻止我清帝国臣民进入俄罗斯帝国边境，两无不便"。⑦ 于此压力下，俄国放弃遣返先前"叛离"喀尔喀王公的要求，仅希望归还所掠牲畜，等于事实上承认了清朝对喀尔喀

①　转引自〔日〕柳泽明《通往恰克图条约之路》，完泽译，《东北地方史研究》1990 年第 3 期。

②　中国第一历史档案馆编《清代中俄关系档案史料选编》第 1 编上册，第 133 页。

③　中国第一历史档案馆编《清代中俄关系档案史料选编》第 1 编上册，第 131 页。

④　中国第一历史档案馆编《清代中俄关系档案史料选编》第 1 编上册，第 141 页。

⑤　中国第一历史档案馆编《清代中俄关系档案史料选编》第 1 编上册，第 145 页。

⑥　中国第一历史档案馆编《清代中俄关系档案史料选编》第 1 编上册，第 153 页。

⑦　〔法〕葛斯顿·加恩：《早期中俄关系史（1689～1730）》，江载华译，商务印书馆，1961 年，第 170 页。

蒙古的主权。

康熙三十四年，巴尔虎部鄂勒巴图尔宰桑率所属牛录之人逃往俄罗斯。此后，随着喀尔喀蒙古诸部陆续返回旧有牧场，此类小规模逃亡事件时有发生，清廷为此屡次向俄方提出引渡要求。康熙五十九年，车臣汗部格勒克巴木丕尔公旗下的巴尔虎人班丹宰桑率700 余人逃亡俄国，使这一事态发展到顶峰。在清朝长期坚持下，雍正二年六月十六日清廷代表鄂伦岱、特古忒抵达楚库柏兴，"欲按尼布楚之例，勘定喀尔喀边界并议决逃人、盗案诸事"，[①] 中俄两国终于开始就中段边界问题进行谈判。雍正五年七月十五日，两国签订边界条约，即《布连斯奇条约》。议定了东起额尔古纳河，中经恰克图附近的楚库河（赤奎河），西至唐努乌梁海地区西北角沙毕纳依岭（沙宾达巴哈）的边界走向，中间树立界碑，以南属于中国，以北属于俄罗斯。策凌在给雍正帝的奏折中也提到"今自额尔古纳河岸以至阿鲁哈当苏、阿鲁奇都勒、齐克大、奇林，俱系我处斥堠，应以相对之楚库河为界；自此往西，沿布尔古特山等处，以博木、沙毕霜岭为界。定界之后，不得混杂居住，及容留逃盗人等，犯者互相查拿"。[②] 雍正帝命按策凌等所议立石定界，并晓谕喀尔喀汗、王、各札萨克，黑龙江将军等约束属人，不得越界生事，违者从重治罪。

总之，根特木尔事件在清朝与俄国之间的和战关系、谈判和订立边界条约内容方面都产生了重要的影响，从清朝统治者对待这一事件的态度也可以看出，推动其定边的主导因素是对人口的管控，这一原则在清前期处理边界问题时一直得以延续和运用。一般都认为，在清代，中国传统的"天下"观念有了很大的变化，在朝贡体系之外，又出现了新的条约关系，而与俄国的接触是造成这种变

---

① 中国第一历史档案馆编《清代中俄关系档案史料选编》第 1 编下册，第 421 页。
② 《清世宗实录》卷六〇，雍正五年八月乙巳条。

化的首要原因。但对于清朝统治者而言，不管是现代边界还是传统边界，只要能起到它的作用就行，这种边界意识在根特木尔事件中就已得到了充分的体现，从更深层的原因来说，则与中国传统的版图观念、大一统观念有着密切的关系。

清代伊犁索伦营述要

吴元丰[*]

清乾隆年间统一天山南北后，为了加强西北防务和巩固统一大业，在天山北部地区设置驻防八旗，先后设立察哈尔营、索伦营、厄鲁特营、锡伯营、惠远城满营、惠宁城满营、乌鲁木齐满营、巴里坤满营、古城满营、吐鲁番满营，建立起完备的防务体系。索伦营作为新疆驻防八旗的组成部分之一，与其他各营一样，是军政合一的组织，具有军事、行政和生产三项职能，为保卫和建设西北边疆发挥了应有的作用。现据中国第一历史档案馆所藏满文档案，并参考相关汉文文献，就索伦营的设置背景、兵丁来源、建制沿革、生计维系、驻防任务五个方面作一论述，以供参考。

一 伊犁索伦营设置背景

清初，在伊犁驻牧的准噶尔部控制天山南北，与清廷抗衡，经过康熙、雍正、乾隆三朝的不懈努力，于乾隆二十四年（1759）最终统一了新疆天山南北。因常年战争，天山北部的人口锐减、土地荒芜、生产废弃、防务空虚。在这种严峻的形势下，为了巩固统

* 吴元丰，中国第一历史档案馆研究馆员。

一局面，加强西北边疆防务，清廷决定派兵驻守。起初，从出征的八旗和绿营官兵内，抽调派驻天山南北各重镇要地，其中派驻"伊犁马兵一千五百名、绿营兵二千名"，① 马兵负责驻防，绿营兵则负责屯田和筑城。这些派驻伊犁的官兵，并不携带家眷，是非永久性驻兵，按规定每三年换班一次，从内地各省调遣派驻，既耗费时间，又靡费钱粮，绝非长久之计。

从新疆的长治久安考虑，清廷经过深思熟虑，决定选调携眷八旗官兵移驻，由换防兵改为永久性的驻防兵，而且对新疆实施军府制的治理政策，在伊犁设置总统伊犁等处将军，简称伊犁将军，统辖新疆天山南北军政事务。乾隆二十七年十月十六日，乾隆帝发布上谕："伊犁初定新疆之地，现在建城驻兵，此缺应作为将军，颁给印信，镇守地方。今明瑞在彼总办事务，即以明瑞作为总统伊犁等处将军，着该部照例给与印信敕书。"② 这道上谕的发布，标志伊犁将军的正式设立，明瑞为首任伊犁将军。接着于当年十月二十三日，军机大臣傅恒等遵旨议奏："伊犁本系厄鲁特地方，现在彼处设置将军，自伊犁至乌鲁木齐、巴里坤，凡寻常事务，仍照旧例，由各该地方大臣办理。此外，若有兵丁调遣之事，则听将军调遣。回子各城虽有所不同，但与伊犁相距不远，理合以彼此相通为计办理，自喀什噶尔、叶尔羌至哈密所有回子各城，亦照巴里坤等处之例，驻各城官兵，皆听将军调遣，凡寻常事务，皆照旧例办理。又喀什噶尔、叶尔羌等处，皆地处边陲，回子各城地方，若有应急事件，需要调遣伊犁兵丁，亦准各处办事大臣咨商将军，就近调用伊犁之兵。如此是否妥当，恭候训示，钦遵施行。"③ 奉旨允准。这样就明确了伊犁将军的职责权限，其是新疆的最高军事统帅，同时也是新疆的最高行政长官，代表清中央政府负责处理新疆

---

① 军机处满文议复档860－1。

② 军机处满文上谕档31－2。

③ 军机处满文议复档864－2。

的军政事务。

伊犁地处新疆天山北部的西端，战略地位十分重要，与哈萨克、布鲁特等接壤，是通往中亚地区的交通要道，同时地理条件也极其优越，水草丰美，宜耕宜牧，曾经是准噶尔汗帐所在地。伊犁将军驻节伊犁河北岸的惠远城，该城因此成为西北边陲的军事重镇，在当时是名副其实的"新疆都会"。① 伊犁地区的军事、政治和经济地位，居于全新疆之首，需要重兵驻守。为了解决伊犁地区所需驻防兵力，清廷对全国驻防八旗进行调整，除抽调一部分八旗满洲、蒙古、锡伯兵携眷移驻伊犁外，还裁撤了一部分内地驻防八旗汉军，并入绿营兵额缺，其空出的八旗兵缺，拨给察哈尔、索伦、达斡尔人丁，而后携眷移驻伊犁。为了顺利实现这一重大军事部署，乾隆帝特降谕旨："先前派满洲兵驻防凉州、庄浪地方，尚在平定准噶尔之前，因彼处为西陲要冲，故从西安满洲、蒙古、汉军兵内，抽调马步兵四五千名，设置将军、副都统及协领、佐领等员管带，分驻凉州、庄浪二处。今准噶尔、回子诸地均已平定，巴里坤以西皆成内地，不可仍以凉州、庄浪为边徼，而该处并无行围习艺之所，以致兵丁怠惰偷安，俱归无用，何必以众多满洲兵闲驻无用之地。现在伊犁建设城堡，开垦屯田，设置将军总统管理，与其三年一次遣派换防兵更番戍守，不如将凉州、庄浪兵丁就近携眷移驻伊犁为好。至京口、杭州等处，亦不必多驻兵丁。先前曾有汉军人等皆准出旗充作绿营兵，裁其所出之缺，此份额拨给索伦、察哈尔人等，拣选其丁，派往伊犁驻防，于地方有利，且伊等得以操演技艺，可为国家之劲旅。着军机大臣等，将凉州、庄浪、满洲兵丁作何携眷移驻伊犁，京口、杭州等地汉军人等作何调补绿营兵，其缺拣选索伦、察哈尔丁派往伊犁之处，详密定议具奏。"② 乾隆

---

① 《清高宗实录》卷六七三，乾隆二十七年十月乙巳条。
② 军机处满文议复档 860 - 1。

二十八年正月初六日，军机大臣傅恒遵旨议奏："现驻凉州、庄浪（之）满洲、蒙古兵并无用处，久闲安逸，必致庸懦，应遵圣训将伊等皆携眷移驻伊犁，以杭州、京口汉军调补绿营兵，其份额拣选索伦、察哈尔兵丁移驻伊犁，便省新疆换防之烦，伊等亦可操演技艺，实属大有裨益之事。臣等酌情议得，现已往伊犁派八百户察哈尔兵，若再派四五千名满洲、蒙古、索伦、察哈尔驻防，则无需换防兵丁，即可防守地方。是故，将凉州、庄浪三千二百名满洲、蒙古兵，应遵旨尽数携眷迁往伊犁永久驻防。……京口驻防汉军三千三百余名，虽系水师营缺，不可裁撤，然今太平无事，无需众兵驻守，而去岁皇上南巡时，检阅其操演，技艺甚劣，徒有虚名，并无实效。江南现有驻防满洲、蒙古兵近六千名，数额极多，若从中拣选熟谙水师营事宜者千余名驻守京口，将京口汉军兵缺概行裁汰，其缺给与索伦、察哈尔兵丁，派驻伊犁，则于海疆、新疆地方均得劲旅，而索伦、察哈尔等获食钱粮，于其生计亦大有裨益。请饬令该将军、总督等，将酌选江宁兵丁驻守京口、京口汉军作何拨归绿营之处，惟从速定议，空出其缺，一面奏闻，一面即行办理。其缺额理应选取索伦、察哈尔丁，故饬令黑龙江将军、察哈尔都统等，从索伦、察哈尔丁内，选其情愿携眷迁往伊犁者，索伦一千名、察哈尔一千名，均作为披甲，照先前移驻察哈尔、厄鲁特之例，将内地应得钱粮及出差应得盐菜银俱行支给，连同凉州、庄浪三千二百名满洲、蒙古兵，共计兵丁五千二百名，俱携眷移驻伊犁。"[1] 通过这次对全国驻防八旗的调整，腾出一部分八旗披甲缺额，拨给察哈尔、索伦余丁，而后作为披甲携眷移驻伊犁。

这次移驻伊犁的八旗兵丁都是永久性驻扎兵丁，与以往的换防兵丁相比，不仅因携带家眷而人口众多，而且来自不同的地区和民

① 军机处满文议复档 860－1。

族，移驻行程远近不一，生活习俗存在差异，需要办理的事项极其繁杂艰巨，需要全面统筹规划，分期分批有序合理推进。伊犁驻防八旗兵丁的移驻，始于乾隆二十七年，止于乾隆三十六年，共用10年时间，先后分批移驻的有张家口外察哈尔、黑龙江鄂温克和达斡尔、辽宁锡伯，以及甘肃凉州、庄浪，陕西西安和直隶热河满洲、蒙古等兵丁。其中首批移驻的是察哈尔兵丁，其次是鄂温克和达斡尔兵丁，最末一批是西安的满洲和蒙古兵丁。同时，从移驻兵丁的来源来看，伊犁驻防八旗的构成是多元的，有满洲、蒙古、鄂温克、达斡尔、锡伯等民族，而且蒙古族又分八旗蒙古、察哈尔、厄鲁特等，其中八旗满洲、蒙古、锡伯早已成为正规的军人，八旗察哈尔、鄂温克、达斡尔则是移驻伊犁后才成为正规的军人，而厄鲁特属新编入的八旗兵。

二　伊犁索伦营兵丁来源

索伦，在清代文献中有两种含义，广义上指黑龙江鄂温克、达斡尔、鄂伦春等民族，狭义上指黑龙江鄂温克族。早先，索伦居住在黑龙江中下游地方，后来逐渐南迁至嫩江流域。康熙初年，先设布特哈八旗，后改设布特哈总管衙门，专门管理嫩江流域的鄂温克、达斡尔、鄂伦春等民族。布特哈是满语，其意为"打牲"。布特哈总管衙门管辖下的成丁，称为"打牲丁"，平常猎貂进贡，遇有战事也奉调出征。雍正十年（1732），为了加强呼伦贝尔防务，抽调一部分布特哈鄂温克、达斡尔兵丁移驻，编设八旗，设置总管统领，至光绪年间改为副都统。这部分鄂温克、达斡尔人丁的身份发生变化，由打牲丁变成八旗兵，驻卡巡边，守卫疆土，而留在布特哈的鄂温克和达斡尔等人丁，仍保持其打牲丁的身份，每年照例捕貂纳贡。

乾隆二十二年初，当平定准噶尔战争进入尾声时，有人提议派索伦兵丁移驻伊犁等处地方，乾隆帝没有采纳，并明确指出："至所议索伦兵丁前往新疆管辖厄鲁特事宜，毋论远道迁移，事属未便，且索伦素属骁勇，若与厄鲁特聚处，势必染其余习，将来渐不可用，甚属无益。"① 然而，到乾隆二十三年初平定准噶尔战争结束时，由于经过两次战争，当地厄鲁特蒙古人口锐减，彻底消除了乾隆帝顾忌的统治隐患，所以他改变初衷，欲派索伦兵丁携眷移驻新疆，特降谕旨："索伦兵效力军前，屡年未获休息，今贼众渐次剿灭，大功将竣，自可不日撤回。现议在乌噜（即鲁——引者注）木齐、鲁克察克等处屯田，令绿旗兵驻扎，虽娴于耕作，而镇守巡防之用不及索伦，若令索伦兵同驻，似为有益，伊等每年进纳貂皮，今移往驻防，既免其纳赋，又有钱粮养赡，射猎资生，自当更觉饶裕。可传谕绰勒多等，于索伦兵丁内，拣选一千名，明白晓示，以驻防之外，并无别项差遣，且于伊等生计有益。或今年先遣兵丁前往，来年再将伊等眷属移去，料伊等自必情愿。至拣选兵丁时，若户口多者，恐其亲属相离，毋庸派往，惟小户单丁为善。其作何选派及携眷驻防，果否与伊等有益，着绰勒多等定议具奏。"② 在此道谕旨发出后的第二天，乾隆帝又补充颁降谕旨："昨谕绰勒多等，拣选索伦兵一千名，驻防乌噜木齐等处，并将携眷前往之处议奏。特虑伊等两地瞻顾，务使得所之意。今思人情安土重迁，或携眷亦非所愿，且驻防兵丁，亦不妨更番戍守。着传谕绰勒多，体察情形，如不愿携眷，即定以年限，派兵更代，酌量赏赐。"③ 这道补发的谕旨说明，此次派遣索伦兵丁携眷移驻新疆并非指令性的，而是要看索伦兵丁的意愿，若不愿意携眷移驻，则作为换防兵派遣，限期更换。经黑龙江将军绰勒多询问获悉，索伦兵丁都不愿意携眷移驻，因而改成换防

① 《清高宗实录》卷五三〇，乾隆二十二年正月庚子条。
② 《清高宗实录》卷五五八，乾隆二十三年三月己亥条。
③ 军机处满文议复档 860－1。

兵派驻。

索伦本为渔猎民族，善于骑射，骁勇强悍，编入八旗后，成为清朝军队中的劲旅之一。每遇战事，索伦兵都被抽调出征，而且表现勇敢，屡建奇功，久负盛名。伊犁地处西北边陲，且又作为新疆首府所在之地，务必要派驻八旗之劲旅，加强防务力量。在筹划伊犁驻兵事宜时，清统治者必然会想到英勇善战的索伦兵丁，所以"令黑龙江将军、察哈尔都统等，从索伦、察哈尔丁内，选其情愿携眷迁往伊犁者，索伦一千名、察哈尔一千名，均作为披甲，照先前移驻察哈尔、厄鲁特之例，将内地应得钱粮及出差应得盐菜银俱行支给，连同凉州、庄浪三千二百名满洲、蒙古兵，共计兵丁五千二百名，俱携眷移驻伊犁"。①

乾隆二十八年正月二十三日，黑龙江将军国多欢接到挑选布特哈兵丁携眷移驻伊犁的旨令后，从鄂温克、达斡尔内各挑选兵丁 500 名，共计 1000 名，"每百人内，拣选二人为头目，令其管理"，② 又选派布特哈总管 1 员、副总管 1 员、佐领 10 员、骁骑校 10 员管带前去。这些挑选的官兵分两队迁移，乾隆二十八年四月初十日，第一队的 500 名鄂温克兵，携带家眷 1421 人，从嫩江流域启程西行，途经漠北蒙古车臣汗部、土谢图汗部地方，八月中旬抵达赛音诺颜部乌里雅苏台地方，经短暂休整补给后，八月底启程继续西行。在进入新疆后，伊犁将军明瑞派遣官兵携带米面至额敏河、博罗塔拉等处接济，于乾隆二十九年正月十九日，第一队鄂温克官兵顺利抵达伊犁。③ 乾隆二十八年五月初三日，第二队的 500 名达斡尔兵，携带家眷 1417 人，从嫩江流域启程西行，经过漠北蒙古车臣汗部、土谢图汗部地方，九月下旬抵达赛音诺颜部乌里雅苏台，在其附近扎巴坎地方扎营过冬。乾隆

---

① 军机处满文议复档 860 - 1。
② 黑龙江将军衙门满文档案 1763 - 1。
③ 军机处满文月折档 142 - 2。

二十九年三月中旬，经补给口粮和牲畜后启程继续西行，取道巴里坤、乌鲁木齐等地，于七月二十六日，第二队达斡尔官兵也顺利抵达伊犁。① 这 1000 名鄂温克、达斡尔兵丁到达后，经伊犁将军明瑞奏准，安置在惠远城西北霍尔果斯河东西两岸一带地方，合编为一营，称为"索伦营"。

鄂温克、达斡尔兵移驻伊犁后，由于诸多原因，不仅人口繁衍缓慢，而且男丁不断减少，至嘉庆二年（1797）已经没有壮丁补充兵缺，出现了严重的兵源危机。时任伊犁将军的保宁发现，"伊犁索伦营人口增长向来不佳，竟有绝嗣之户，以往挑选披甲，已难得强壮闲散之丁。不料去年传染出痘，该营闲散丁亏损约四百名，现余闲散丁无多，亦俱年幼。是故，今挑选披甲，竟不得年力精壮者"。因此，他不得不向嘉庆帝提出建议称："索伦营兵系一支劲旅，若不稍加调整办理，而以幼丁为兵充数，或致兵数减少，均不成事体。奴才留心细查，近数年来，锡伯营人口甚旺，现堪以披甲之闲散丁颇多。索伦、锡伯俱系东三省之人，风气相近，若锡伯营闲散丁移补索伦营，现即可得强壮之兵，而自幼与索伦合居一处，日久练习，自然俱成壮健之兵。"② 嘉庆帝采纳此建议，批准施行，"于锡伯营十八岁以上、三十五岁以下强壮闲散丁内，选出即可挑甲者一百六十户，移至索伦营，按各该牛录闲散丁之多寡，分补挑甲"。③ 后因道光年间索伦营官兵数次奉调赴天山南部参加平叛战争，遭受一定的伤亡，道光十三年（1833）索伦营再度出现了兵源危机。索伦营领队大臣奇成额呈文伊犁将军特依顺保称：索伦"营人口增长向来较差，道光六年、十年喀什噶尔出征官兵内，阵亡者二百三十余名，其所遗之缺，皆选身材较高之闲散，补充兵缺

---

① 军机处满文录副奏折 2106 – 021。

② 吴元丰、郭旭光主编《清宫珍藏达斡尔族满汉文档案汇编》，辽宁民族出版社，2018 年，第 465 页。

③ 吴元丰、郭旭光主编《清宫珍藏达斡尔族满汉文档案汇编》，第 465 页。

当差。现有闲散丁，皆年幼尚未长成。故八旗披甲缺，委实不能选补，可否仍照前例，由锡伯营再拣选闲散丁一百名，连同家眷一并移入索伦营，以备拣选披甲"。① 遂经伊犁将军特依顺保转奏，"照前办之例，由锡伯营拣选闲散丁一百名，连同家眷一并移入索伦营，均匀分至各该牛录"。② 先后两次共选锡伯闲散丁 260 户移入索伦营，从而彻底解决了兵源危机。

伊犁索伦营兵源相对复杂，由鄂温克、达斡尔、锡伯三个民族共同构成，这在清代伊犁驻防八旗各营中极其罕见，具有鲜明的特点。

三　伊犁索伦营建制沿革

八旗是清朝立国安邦的根本制度之一，分为京师八旗和驻防八旗。清入关后，在全国范围内开始建立八旗驻防体系，选择全国各重镇要地派驻八旗兵丁，设置将军统率，至乾隆年间伊犁将军设置时，全国有盛京、吉林、黑龙江、绥远城、西安、江宁、杭州、福州、广东、荆州、成都、宁夏、乌里雅苏台和伊犁 14 处驻防将军。从各处驻防将军的具体职掌来看，除盛京、吉林、黑龙江、伊犁 4 处将军外，其他 10 处将军都是纯军事驻防性质的，只管理本驻扎城池或地区的八旗事务，并不干预绿营兵和行政方面事务。而盛京、吉林、黑龙江和伊犁将军则不然，他们全权负责管理当地的军政事务，但因各地事务有所不同，彼此间仍存在一些差异。特别是在编制方面，比较而言唯有伊犁驻防八旗极为特殊，不像其他地方驻防八旗一样编设旗分佐领后，在将军之下设置副都统、协领、佐领、防御、骁骑校等员管带，而是以相对单一来源的兵丁为单元，

---

① 吴元丰、赵志强编译《锡伯族档案史料》，辽宁民族出版社，1989 年，第 615 页。
② 吴元丰、赵志强编译《锡伯族档案史料》，第 615 页。

按八旗出征兵之例，分别设置察哈尔、索伦、锡伯、厄鲁特、惠远城满洲和惠宁城满洲6个营，因惠远城满营与将军同在一城而不设领队大臣，只设协领、佐领、防御、骁骑校管理，其余各营均设领队大臣、总管、副总管、佐领、防御、骁骑校管理，而各营领队大臣都与将军同驻一城，由总管和副总管负责处理各该营的日常事务。

在索伦、达斡尔兵丁移驻伊犁之前，已开始在伊犁河北岸修筑将军所驻城池，并派驻满洲和绿营换防兵，移驻一部分携眷察哈尔蒙古兵，收编留居伊犁的厄鲁特蒙古披甲当差。当决定移驻鄂温克、达斡尔携眷兵后，伊犁将军明瑞考虑到当地的驻防布局和携眷兵丁的生计，重新划定厄鲁特、察哈尔、鄂温克、达斡尔等携眷兵丁的驻牧和种田地方。乾隆二十八年八月十五日，将军明瑞奏称："伊犁驻牧之厄鲁特及携眷索伦、察哈尔逐渐增多，其每年种田、夏牧及过冬之地，皆应指定，按季游牧，始于四项牲畜有益。查得，博罗塔拉系厄鲁特地域内有名之地，种田过冬皆宜，且附近山里亦可夏季放牧。惟于塔尔巴哈台驻兵前，暂不必驻牧。此外，若驻在远处山里，不仅难以管束，而且往返当差极为劳累。故经奴才等共同商定，察哈尔兵夏季驻牧于阿勒班西伯里哈善地方，种田在托霍斯塔里，过冬在沙喇博霍沁。其地辽阔，续迁之察哈尔兵也可合驻。厄鲁特夏季驻牧于霍诺霍依、科多尔海等处地方，种田在崆吉斯察肯、古尔班济尔噶朗，过冬在崆吉斯、阿布喇勒。在此等地方驻牧后，通往特穆尔图诺尔大小道路之卡伦，理合密集设置，届时奴才等自沙图阿曼、特克斯等驿站延伸所设卡伦外，酌选地方设置卡伦。索伦驻于奴才等驻地（即惠远城——引者注）附近有利，相应令其夏季驻牧于赛里木诺尔，种田在察罕乌苏，过冬在霍尔果斯。如此则索伦、察哈尔、厄鲁特等种田放牧时，各得肥沃土地和丰美草场，有利于生计，且地方辽阔，将无相互争夺牧场之事，甚有裨益。"① 因此，第一队鄂温克兵丁抵达后，就被安置在霍尔果斯河迤西萨玛尔、齐齐罕、图尔根、撤橘等地；第二队达斡尔兵丁抵达后，就被安置在霍尔果斯河迤东克阿里木图、霍尔果斯、富斯克等地。同时，所有1000名鄂温克、达斡尔兵丁，不按八旗之颜色，均匀编为6个牛录，其中鄂温克3个牛录、达斡尔3个牛录，分为左右两翼，统称索伦营，设置领队大臣1员、总管1员、副总管1员、佐领6员、骁骑校6员，负责管理营务。

　　乾隆三十二年，由于伊犁索伦、锡伯、察哈尔、厄鲁特各营生齿日繁，官差增多，原有官员已不敷当差管理。于是，伊犁将军阿桂奏称："移驻伊犁之索伦、锡伯、察哈尔兵，按厄鲁特例，编设牛录，故不论旗分，曾以二百户为一牛录，每爱曼（即营——引者注）各设六牛录。今生齿日繁，一切差使等项烦冗，如仍旧责成六牛录官员管理，实属不足。再，两翼厄鲁特中，右翼人众，且陆续来归之厄鲁特较前又多，只责成六牛录官员管束，亦显不足。明瑞陛见时，曾奏厄鲁特足够编两牛录，奉旨准行。除照办外，其锡伯、索伦、察哈尔等三爱曼，亦请仿照厄鲁特爱曼，增设两牛录，俱为八牛录，以为八旗。""又锡伯、索伦、察哈尔、厄鲁特牛录，即已各为八旗，其旗纛颜色，应按旗授之。""原有左右翼（即厄鲁特——引者注）总管关防，锡伯、索伦、察哈尔总管关防及锡伯、索伦、察哈尔、厄鲁特佐领图记所铸字样均已不合，应照现在整饬之例，重新改铸颁发，以标旗色。"② 奉旨准行。此次整编未增加兵数，将原有的1000名兵丁，分编八旗，每旗各设1牛录，除原有总管1员、副总管1员、佐领6员、骁骑校6员外，增设佐领2员、骁骑校2员，并从披甲内选取领催8名，连同原有领催24名，共计32名，每牛录各为领催4名、披甲121名。在此基

① 军机处满文录副奏折 2049 - 013。
② 军机处满文录副奏折 2232 - 043。

础上，颁发了新的总管关防和佐领图记，以及正黄、镶黄、正白、镶白、正红、镶红、正蓝、镶蓝八种颜色式样的旗。不久，因管理卡伦事务的需要，"于伊犁索伦、达斡尔内，视其效力奋勉、知晓卡伦事宜者，陆续拣选九名，给戴六品空蓝翎，轮驻卡伦"。[①] 至此，伊犁索伦营的建制基本确立。

此后，索伦营建制并没有发生根本性的变化，只是在保持原有 8 个牛录及每牛录各为一旗的前提下，进行了一些必要的变动。乾隆五十六年，添设养育兵 200 名、前锋 40 名，从前锋内选设前锋校 4 名。[②] 乾隆五十七年，每旗各设委官 2 员、空金顶 8 名。道光八年平定张格尔之乱后，办理善后事宜，为了进一步加强新疆地区的防务力量，经钦差大臣那彦成建议，由军机大臣长龄奏准，索伦营增添披甲 100 名，并于左右两翼各设防御 1 员，专管前锋。[③] 由此索伦营的建制更加完善，兵力进一步加强，并最终确立下来，营下分设八旗，每旗各设 1 牛录，设有领队大臣 1 员、总管 1 员、副总管 1 员、佐领 8 员、防御 2 员、骁骑校 8 员、委官 8 员、空金顶 8 员、空蓝翎 9 员、委笔帖式 2 员、前锋校 4 员、前锋 36 名、领催 32 名、披甲 1038 名。

同治年间，伊犁地区发生动乱，沙皇俄国趁机入侵伊犁，割占霍尔果斯河迤西索伦营兵丁驻牧的地区，一部分索伦营兵丁被迫携眷迁到塔尔巴哈台。光绪八年（1882）收复伊犁后，在塔尔巴哈台的索伦营兵丁有部分回到伊犁，被编入刚刚恢复的索伦营，留在塔尔巴哈台的索伦营兵丁则被编入当地的新满营。1911 年辛亥革命爆发，清朝灭亡，但索伦营制仍然保留，1938 年才被废除。今新疆伊犁霍城和塔城地区的鄂温克族、达斡尔族、锡伯族就是清代伊犁索伦营兵丁的后裔。

---

① 军机处满文录副奏折 2481 – 030。
② 军机处满文录副奏折 3337 – 015。
③ 军机处满文月折档 5227 – 3。

四　伊犁索伦营生计维系

伊犁索伦营的鄂温克、达斡尔兵丁，原在黑龙江时，虽然编入布特哈八旗管理，但并非正规的八旗兵，属于"打牲丁"，日常从事贡貂差使。起初毫不领取钱粮，后来因其生计困难，特发给两千份钱粮，然每份都不是全额钱粮，而是半额钱粮。当移驻伊犁后，他们的身份就发生了变化，成为永久性驻防八旗兵，承担守卫疆土的任务，因而由官方筹划安排其生计。

早在启程移驻时，黑龙江将军国多欢就遵旨向他们承诺："现若移驻伊犁，则可获全额钱粮、盐菜银，又赏给立业牲畜及治装等项。"[1] 同时，又按照军机处奏定的办法，酌量发给移驻所需的银两、牲畜和物件，保证顺利到达目的地。"管带携眷移驻伊犁一千名索伦兵迁往之总管一员、以副总管作为委营总一员、佐领十员、骁骑校十员，应支给伊等之整装等项银两、口粮，遵照军机处议奏之例，统共二十二名官员，按其各自职衔，支给一年俸禄，共计一千八百八十五两；一千户兵丁，按每户各赏银三十两计，共支给银三万两；因兵丁不携带跟役，按每人各赏置办兵器银十两计，共支给银一万两；总管、以副总管作为委营总，每人各给马十匹，佐领每人各给马十匹，骁骑校每人各给马六匹，一千户兵丁大小人口共二千八百三十八名，每口各给马一匹，共二千九百九十八匹，按每马折给价银八两计，共支给银二万三千九百八十四两；一千户兵丁，每户各给驼一只，共给驼一千只，按每驼折给价银十八两计，共支给银一万八千两；每户各给帐房一顶、锅一口，共计应给帐房一千顶、锅一千口，按每帐房价银四两、每口锅价银二两计，共支给银六千两；总管、以副总管作为委营总每月各支给盐菜银六两、

---

① 黑龙江将军衙门满文档案 1763 – 1。

各拨给跟役六名，佐领每月各支给盐菜银四两、各拨给跟役四名，骁骑校每月各支给盐菜银二两、各拨给跟役二名，兵丁每月各支给盐菜银一两五钱，官员之跟役每月每名各支给盐菜银五钱，共支给盐菜银三千二百十六两；官员之跟役七十二名，按每名各赏银二两计，共支给银一百四十四两。以上共支给官员、兵丁、跟役银九万三千二百二十九两。一千户兵丁之大口二千四百零五名、小口四百三十三名，连同管带前往之官员及其跟役七十二名，共计大小人口二千四百九十九名。按大口每月各支二石四升九合、小口减半支给计，应支两月口粮共一千三百五十二石三斗一升九合。所有应支银两、口粮，均由库存备用银两、仓存粮石内支拨。"①

为了妥善安排索伦营兵丁的生活，经伊犁将军明瑞奏请，军机大臣傅恒遵旨议奏："携眷移驻伊犁之二千名索伦、察哈尔兵初到伊犁，尚不习惯，若仅给钱粮而不给盐菜银，于其生计不利。伊等与去年移驻伊犁之八百名察哈尔兵相同，理合与伊等一体办理。自该二千名索伦、察哈尔兵抵达伊犁之日始，一年内支给盐菜银，期满一年后，即行停发，只给钱粮，并种地所需籽种尽量赏给。收获前所需口粮，分别大小人口，大口每日支给口粮八合三勺、小口减半支给口粮，期满一年后，一并停发口粮。"② 由此可见，在鄂温克、达斡尔兵丁移驻之初，为防止其生活发生困难，采取了适当的优惠措施，除支给额定的俸饷银外，按照出征行军和当差外出之例，还发给盐菜银和口粮，而且口粮的发放包括所有人口。经过 25 年后，索伦营人口繁衍增加，原有俸饷银已不敷供养，需要酌情办理，以便维持其生计。乾隆五十六年，乾隆帝特颁谕旨："伊犁索伦、达斡尔营兵丁移驻以来，一切差使均极奋勉，且于喀什噶尔、塔尔巴哈台换防差务，皆甚得力。惟近几年生齿日繁，每月所食一

---

① 军机处满文录副奏折 2049 – 002。

② 吴元丰、阿拉腾奥其尔等主编《清代西迁新疆察哈尔蒙古满文档案全译》，新疆人民出版社，2004 年，第 43 页。

两饷银，难免不敷供养。着加恩伊犁索伦、达斡尔兵丁，每月各赏食二两饷银，并添设养育兵三百名，每月给食饷银一两。"[1] 后经将军保宁奏请变通办理，除领催、披甲每月原食饷银 1 两外，各增加饷银 1 两，共计 2 两；所拨 300 份养育兵钱粮，添设养育兵 200 名，每月给食饷银 1 两，其余 100 名养育兵之额，添设前锋 40 名，每月给食饷银 2 两 5 钱。[2] 至此，每年应发俸饷银相对固定下来，即"索伦营官兵估需俸饷银二万六千零七十一两"，[3] 其中总管俸银 130 两、副总管俸银 105 两、佐领俸银 105 两、骁骑校俸银 60 两、轮驻卡伦空蓝翎盐菜银 10 两、笔帖式盐菜银 36 两、领催钱粮银 36 两、前锋钱粮银 30 两、披甲钱粮银 24 两、养育兵钱粮银 12 两。[4]

特设滋生银收取利息，除供养鳏寡孤独者外，还借给官兵应急之用。在移驻之初，官方支拨的一年盐菜银，并未全部发给兵丁，酌量扣留库存，以备应急之用。后来又作为本金贷给商人滋生，所获息银专门供养鳏寡孤独者。乾隆五十三年，伊犁将军保宁将所有 4000 两本银，"补行具奏官办，饬交本地同知庄肇奎，亦每月每两收取息银九厘，赡养索伦营鳏寡孤独者"。[5] 从乾隆五十六年增加兵丁饷银和添设养育兵后，索伦营兵丁生计逐渐得以改善，需要供养和接济者减少，每年收取的息银都有所剩余，至乾隆六十年已累积 1900 两。时任伊犁将军的保宁具奏："索伦营红白事及所有承应官差、派往换防等处官兵，于置办衣物等项整装时，惟因无接济之项，当遇到差使后，不免为难。是故，经与索伦营领队大臣霍硕额商议，由此一千九百两银内，计其足敷使用，永久留给该营九百

---

① 军机处满文录副奏折 3337－015。
② 军机处满文录副奏折 3337－015。
③ 徐松撰，松筠修《钦定新疆识略》卷八，第 7 页。
④ 《钦定新疆识略》卷八，第 16 页。
⑤ 军机处满文录副奏折 3212－038。

两，酌定数额，凡遇此等事时借给，不收取利息，勒限一年，陆续坐扣其饷银填补原项，仍继续借给伊等。其余银一千两，亦饬交抚民同知，仍照前例交给商人滋生，每月每两收取息银九厘。俟此项息银又累积达一千两后，亦照此办理，仍令每年借支及坐扣银两年终详细禀报，由卑职饬交粮饷处核查。请将此作为定例，永久遵行。"① 奉旨允准，索伦营滋生银的管理和使用从而更加完善规范，确保了鳏寡孤独者的供养和兵丁的应急借用。

索伦营官兵的俸饷银是额定而有限的，要想增加受到各种因素的制约，难以按实际需求随时增加，从未来人口发展和生活需求出发，索伦营必须要谋划长久之策。伊犁地区山川纵横，水草充足，适宜放牧，加之鄂温克人习惯于游牧兼渔猎的生活方式，而达斡尔人则习惯于农耕兼渔猎的生活方式，原计划一次性发给立业牲畜，牧放繁殖，补给生活。后因所需牲畜数量巨大无法解决，只好酌情变通办理，将官牧厂的孳生牲畜拨给牧放，按一定比例分配，以利于其生计。起初，鄂温克兵丁牧放的马有 1000 匹、牛 274 头、羊12975 只，达斡尔兵丁牧放的牛 276 头、羊 13025 只。这些数目并非常数，历年都有所变化。按孳生牲畜管理办法规定，孳生马"三年一均齐，每三年本马三匹取孳一匹"；孳生牛"四年一均齐，每四年本牛十只取孳八只"；孳生羊"一年一均齐，每一年本羊十只取孳三只"。② 乾隆三十一年三月，伊犁将军明瑞查看发现，"索伦等经常游牧，接近蒙古之生活习惯，仍可放牧。达斡尔等原先务农屯居，尚会牧放马牛，竟不会牧放羊只孳生"，③ 致使孳生羊倒毙。经奏准将其所剩 7232 只羊皆交索伦兵牧放。乾隆三十三年六月，新任伊犁将军阿桂又发现，索伦等"耕种私田，牧放孳生及私有牲畜，官差不少，其驻牧之地，又系贸易哈萨克来往大道所

---

① 军机处满文录副奏折 3494 - 022。

② 《钦定新疆识略》卷一〇，第 3—5 页。

③ 军机处满文录副奏折 2181 - 054。

在，较其他营多需看护之人，且索伦等在原籍时，养羊者少，不甚
会牧放孳生"。① 遂经奏准，将其牧放的 10632 只羊都移交厄鲁特
营牧放。乾隆三十八年闰三月，索伦营领队大臣都尔嘉呈文将军
曰："索伦等原牧放孳生马一千匹，陆续孳生马驹二百九十六匹，
亦添给牧放孳生，又牧放私有牲畜，地方狭小，草场不佳，且去冬
雪大，气候寒冷，牲畜倒毙甚众。本年应交孳生儿骒马驹数目不
足，经各自尽力办理照数交纳。此项孳生马匹，若仍留给伊等牧放
孳生，庶乎与其生计及官牧厂孳生均无益处。"② 故经伊犁将军舒
赫德奏准，将索伦营牧放的 1296 匹马分别移交给察哈尔和厄鲁特
营牧放。乾隆五十四年，因索伦营兵丁官差繁多，再无暇牧放仅剩
下的 1600 余头牛，经将军保宁奏准，全部抽出分交察哈尔营、厄
鲁特营和屯田"回子"等牧放。③ 索伦营兵丁虽然不牧放官牧厂孳
生牲畜，但仍有私人牲畜牧放繁殖，成为其生计的途径之一。

　　伊犁满洲二营既有饷银，又有口粮，而"锡伯、索伦、察哈
尔、厄鲁特四营，除照例支给饷银外，所有口粮俱系自耕自食"。④
乾隆二十九年初，伊犁将军明瑞奏称："查得，索伦等移驻伊犁，
其生计多半依靠种田及狩猎。今伊等抵达时，正值种田之际，令其
妥善垦种，可及早得利，以便供给。故奴才等留有其承应官差、出
行狩猎、牧放孳生官畜之时间，并计其耕作能力及足够食用，每户
各拨给耕地八亩。又按其食用之喜好，由仓存粮石内，动支小麦五
十石、青稞五十石、黍子一百五十石，作为籽种，按原先所奏赏
给。"⑤ 这就说明，第一队鄂温克兵抵达伊犁的第一年，就开始开
垦种田。第二队达斡尔兵于农历七月底到达伊犁，已过播种季节，

---

① 军机处满文录副奏折 2272－011。
② 军机处满文录副奏折 2519－009。
③ 军机处满文录副奏折 3230－048。
④ 《钦定新疆识略》卷八，第 3 页。
⑤ 军机处满文录副奏折 2049－002。

从第二年起，照第一队索伦兵之例开垦种田。按每户耕种 8 亩计，索伦营兵丁一年共种 8000 亩地。另外，还允许索伦营兵丁按其所能多种地。乾隆三十一年二月，锡伯营和索伦营领队大臣给将军呈文称："今锡伯、索伦兵习耕此处地亩，若只种官给五百石籽种，尚未熟悉此处地亩情形，间或不能丰收，其食粮即致绝断。除官给额定籽种外，再尽力稍加多种，收成幸佳，其食不完者，于冬日饲养消瘦之马、卖而购置应补之畜皆有裨益。即使收成平常，因所更有余，无论如何不碍食粮，请由官借给锡伯兵青稞四百石，索伦兵麦子、青稞、黍合五百石。所借之粮，俟秋收后，照从前回子等所借之例，每石利息一斗，本息一并交纳。"① 遂经将军明瑞等奏准，"借给锡伯兵青稞四百石，索伦兵麦子三百、青稞一百石、黍合一百石"，② 并令各该领队大臣、总管等官员督促兵丁按时开垦播种，妥加管理，以期丰收。索伦营耕种所获的粮石都不交公，全部归本营支配食用。

索伦营兵丁平常除乘闲狩猎补给生活外，在遭灾歉收时还打猎自救，而且得到官方的支持和鼓励。乾隆三十一年，因遭受蝗灾，粮食歉收，由官方组织打猎救济。时任伊犁将军明瑞奏称："本年锡伯、索伦兵所种之田受蝗灾较重，若趁秋季兽肥，多派能手行猎，则于接济口粮稍有裨益。惟伊犁地方野兽之性，凡山兽多在大山深处险峻之地，戈壁之兽行于旷野。除撒大围捕杀外，少数人难以用弓箭捕杀，务由鸟枪手搜捕袭杀，方可有所收获。锡伯兵原先前来时，虽未带官枪，但所带私枪尚足以彼等行猎。索伦兵既无官枪，私带枪者亦寥寥无几。是以，现由在库旧存前由阿克苏、库车等处所送之枪内，借给索伦昂吉（即指营——引者注）一百支。惟现在此处火药一项颇难私得，若误过打猎之季，实为可惜。"③

---

① 吴元丰、赵志强编译《锡伯族档案史料》，第 605 页。
② 吴元丰、赵志强编译《锡伯族档案史料》，第 605 页。
③ 吴元丰、赵志强编译《锡伯族档案史料》，第 605 页。

所以，未经奏准立即通融办理，"由官存火药内，得给锡伯鸟枪手共五十斤，索伦等一百斤"。同时，奏请"一千名索伦兵既九枪支，可否将现在借给之枪一百支，即留给该昂吉之兵以备应急，平时持之行猎，以利于彼等行粮"。乾隆帝在明瑞的满文奏折上用朱笔批示："sain。saha。"汉译"好。知道了。"① 这表明明瑞的奏请得到批准，从此索伦营兵丁就有了鸟枪，除应急备用外，平时还可以持枪狩猎，保障打猎的收获和生计的补给。

五　伊犁索伦营驻防任务

伊犁驻防八旗设置的根本目的是加强本地区乃至整个新疆的防务力量，因此务必要布防合理，确保防务安全。伊犁地处西北边陲，"至于境外，自北而西有哈萨克，自西而南有布鲁特，壤界毗连"，② 驻防任务极为艰巨繁重。伊犁的驻防八旗，由惠远城满营、惠宁城满营、锡伯营、索伦营、察哈尔营、厄鲁特营组成，而惠远城满营和惠宁城满营处于核心地位。惠远城和惠宁城都修筑在伊犁河北岸，一西一东，相距70里，伊犁将军驻惠远城。以惠远城为中心，"东北则有察哈尔，西北则有索伦，西南则有锡伯，自西南至东南则有厄鲁特，四营环处，各有分地"。③ 除锡伯营筑城而驻外，索伦营、察哈尔营、厄鲁特营都游牧而驻，但都有规定的防区和任务。

（1）驻守卡伦。卡伦是满语音译，其意为哨卡、哨所。卡伦之设，对外防范侵扰，对内查禁偷盗、稽查逃犯、看护屯所和牧场。卡伦有常设、移设、添撤之分，"历年不移而设有定地者，是谓常设之卡伦"；"驻卡官兵有时在此处安设，有时移向彼处，或

---

① 吴元丰、赵志强编译《锡伯族档案史料》，第605页。
② 《钦定新疆识略》卷一一，第1页。
③ 《钦定新疆识略》卷一一，第1页。

春秋两季递移，或春冬两季递移，或春夏秋三季递移者，是谓移设之卡伦"；"其地虽有卡伦，而有时安设，过时则撤者，是谓添撤之卡伦"。① 索伦营驻牧之地，毗连哈萨克游牧地界，设有常设卡伦和添撤卡伦，共有 10 座，没有移设卡伦。其中常设卡伦 6 座，分别为霍尔果斯，卡伦侍卫 1 员、索伦营官 1 员、兵 20 名，厄鲁特营兵 5 名，共驻 27 人；齐齐罕，卡伦侍卫 1 员、索伦营官 1 员、兵 15 名，厄鲁特营兵 5 名，共驻 22 人；奎屯，卡伦侍卫 1 员、索伦营官 1 员、兵 15 名，厄鲁特营兵 5 名，共驻 22 人；博罗呼济尔，卡伦侍卫 1 员、索伦营官 1 员、兵 20 名，厄鲁特营兵 10 名、夏秋添惠远城满营官 1 员、前锋 5 名、索伦营兵 10 名，共驻 48 人；崆郭罗鄂伦，卡伦侍卫 1 员、索伦营官 1 员、兵 25 名，厄鲁特营兵 10 名，共驻 37 人；辉发，卡伦侍卫 1 员、索伦营官 1 员、兵 20 名，厄鲁特营兵 5 名，共驻 27 人。添撤卡伦有 4 座，分别为旧霍尔果斯安达拉，春季添冬季撤，索伦营官 2 员、兵 30 名，共驻 32 人；齐齐罕安达拉，春季添冬季撤，索伦营官 2 员、兵 15 名，共驻 17 人；河岸，冬季添夏季撤，伊犁河结冰后，与南岸锡伯营所辖沙喇托罗海卡伦合走开齐，索伦营官 1 员、兵 20 名，共驻 21 人；奎屯色沁，冬季添夏季撤，索伦营官 1 员、兵 20 名，共驻 21 人。② 在以上 10 座卡伦中，索伦营独立驻守的卡伦 3 座、与惠远城满营合驻的卡伦 1 座、与厄鲁特营合驻的卡伦 6 座，与锡伯营卡伦"合走开齐"一处，每年派驻卡伦官兵共计 274 人。按规定领队大臣每年春秋二季各巡查所属卡伦一次，每两座相间的卡伦定期派兵巡逻会哨，谓之"开齐"，相互通报情况，若有情况，或当即处置，或逐级禀报。

　　（2）巡查哈萨克、布鲁特边界。与伊犁接壤的"哈萨克游牧，

---

① 《钦定新疆识略》卷一一，第 2 页。
② 《钦定新疆识略》卷一一，第 11 页。

自西而北，过塔尔巴哈台，直接科布多交界"。① 每年秋季伊犁将
军派遣领队大臣 1 员，率领各营所派官兵 300 名，其中索伦营官兵
50 余名，巡查哈萨克边界一次。从伊犁启程后，"于沿途有兽之
处，率官兵练习打猎，妥善指教一切出外之道，严加约束官兵，毋
于哈萨克游牧内招致事端，巡查库库乌苏、哈拉塔勒等处，至勒布
什后，会塔尔巴哈所派征收官赋之官兵，各自分地照例征收官
赋"，② 而后由原路返回，需要月余时间。在巡边过程中所征的
"官赋"，是指允准进入卡伦内越冬哈萨克交纳的"租马"，或称
"马税""马租"。"布鲁特边界远在西南哈尔齐喇卡伦以外，越善
塔斯太、毕勒哈图等山，行数百里，始见其游牧之人，至特穆尔图
淖尔两岸，间有布鲁特所种田地。"③ 每两年春季伊犁将军派遣领
队大臣 1 员，率领各营所派官兵 300 名，其中索伦营官兵也有 50
余名，巡查布鲁特边界一次。从伊犁启程后，沿途一边巡查边界，
一边狩猎演练，行至特穆尔图淖尔后，由原路返回，需要近两个月
时间。布鲁特即今吉尔吉斯斯坦，伊犁巡边官兵每当接近其游牧地
界时，临近布鲁特部落首领率人前来迎见，进献"伯勒克马"，而
后领队大臣设宴款待，酬赏绸缎等物。④ 在双方会见结束后，布鲁
特部落首领派专人陪同充当向导，查看布鲁特人是否擅自越界放牧
和开垦种田，若发现违禁者，则立即驱逐。

（3）塔尔巴哈台换防。塔尔巴哈台地处新疆天山北部，西南
与伊犁接壤，是通达阿尔泰、科布多等地的要冲，具有重要的战略
地位。乾隆二十九年，在塔尔巴哈台地方修城，设参赞大臣 1 员，
选派京城八旗和黑龙江索伦等官兵驻守。自乾隆三十一年开始，改
由伊犁满洲、锡伯、索伦、察哈尔、厄鲁特等营选派 1300 名兵换

---

① 《钦定新疆识略》卷七，第 3 页。
② 吴元丰、赵志强编译《锡伯族档案史料》，第 570 页。
③ 《钦定新疆识略》卷七，第 3 页。
④ 吴元丰、赵志强编译《锡伯族档案史料》，第 571 页。

防，其中"满洲兵五百五十名、锡伯兵一百五十名、索伦兵一百名、察哈尔兵二百名、厄鲁特兵三百名"，[1] 酌派官员管带。在这些换防官兵内，"满洲、锡伯官兵皆驻二年，每年按新旧之班，于青草长出时更换一半；索伦、察哈尔、厄鲁特官兵俱牧放孳生牲畜，且自力务农为生，故期满一年即行更换"。[2] 嘉庆十二年，经伊犁将军松筠具奏调整后，各营派出的官兵数目如下：惠远城满营协领1员、佐领2员、防御2员、骁骑校4员、兵415名，惠宁城满营佐领2员、防御1员、骁骑校3员、兵305名，锡伯营佐领1员、骁骑校1员、兵130名，索伦营骁骑校1员、兵130名，察哈尔营佐领1员、骁骑校1员、兵160名，厄鲁特营佐领1员、骁骑校1员、兵160名，共计官22员、兵1300名。[3] 此数并非一成不变，随着驻防形势的变化，还是有所调整的，但变化不大。各营赴塔尔巴哈台换防的官兵，按规定重新编制后，才启程前往。"每一百兵为一甲喇；满洲、锡伯兵每甲喇派佐领以下实职官二员，索伦、察哈尔营每甲喇派实职官一员，左翼厄鲁特营每甲喇派实职官二员；每一甲喇由实职官员内委任参领一员，俾其统兵；有一名实职官员之甲喇，由领催内委任骁骑校一员，协助带兵；由协领以下、佐领以上官员内二三员委任营长，总统诸事。"[4] 由伊犁派往塔尔巴哈台换防的官兵，除驻守城池外，还分驻该地所设29座卡伦，巡查边境，以及承应其他临时性官差。

（4）喀什噶尔换防。喀什噶尔是新疆天山南部重镇，是中西交通要道，地理位置十分重要。乾隆二十五年，设置参赞大臣1员，总理天山南部军政事务，并派西安、京城八旗官兵驻守。自乾隆三十六年始，改由伊犁满洲、锡伯、索伦、察哈尔等营选派官兵

① 军机处满文录副奏折 2230-041。
② 军机处满文月折档 155-1。
③ 《钦定新疆识略》卷五，第28页。
④ 军机处满文议复档 877-1。

换防。喀什噶尔的换防官兵，两年换班一次，每年换防一半。各营换防官兵的数额，随着天山南部地区形势的变化不时发生变化。起初曾有一段时间，停止选派索伦营和察哈尔营官兵，只选派满洲营和锡伯营官兵。至嘉庆年间，又开始选派索伦营官兵。此时各营派出的官兵数目如下：惠远城满营佐领1员、前锋校2员、委笔帖式1员、小旗4名、前锋24名、领催4名、兵35名，惠宁城满营防御1员、前锋校1员、小旗1名、前锋8名、领催2名、兵18名，锡伯营佐领1员、骁骑校1员、领催4名、兵96名，索伦营佐领1员、骁骑校1员、领催4名、兵96名，共计官10员、兵296名。①这些各营赴喀什噶尔换防的官兵，按规定重新编制后，才启程前往。"每一百兵为一甲喇；每满洲甲喇，由佐领、防御内委任参领一员统领，又派骁骑校一员协助；索伦、锡伯、察哈尔派实职官一员，委任参领，并由领催内拣选干练者一名，委任骁骑校，协助统兵；统兵所需营长，酌量兵数，于协领、总管以下、佐领以上官员内，拣选善于管束者一员，委任营长，总统诸事。"②由伊犁派往喀什噶尔换防的官兵，除驻守城池外，还分驻该地所设18座卡伦，巡查边境，以及承应其他临时性官差。

索伦营官兵除承担驻守卡伦、巡查边界和换防城池等日常防务外，凡遇有战事都奉调出征，与其他各营官兵一起，共同抵御外侵和平息内乱。如：道光六年，逃亡浩罕的大和卓次孙张格尔率兵侵占喀什噶尔、叶尔羌等4城，索伦营副总管哈丹保奉命率兵出征，建立赫赫战功，赏赐达哈逊巴图鲁名号，画像入紫光阁。道光十年，逃亡在浩罕的大和卓长孙玉素普入侵喀什噶尔等城，伊犁索伦、满洲、锡伯、察哈尔、厄鲁特各营共派官30员、兵2000名，远赴天山南部征战，将其击退。同治四年，浩罕军官阿古柏率兵入

---

① 《钦定新疆识略》卷五，第30页。
② 《钦定新疆识略》卷五，第31页。

侵天山南部，伊犁索伦、满洲、锡伯、察哈尔、厄鲁特各营又共同派兵抵御。光绪二年，左宗棠督军收复新疆时，索伦、锡伯、察哈尔、厄鲁特等营军民积极响应，纷纷赴前线作战。

总之，伊犁索伦营的构成是多元的，由鄂温克族、达斡尔族、锡伯族兵丁共同组成，在军政合一的八旗组织下，和睦相处，共同生活，担负着戍边屯垦的使命，为巩固新疆的统一，维持当地社会的稳定，加强西北边界的防务力量，抵御外来入侵，促进当地农牧业生产的发展，发挥了积极作用，做出了不可磨灭的贡献。

铭记历史

——清代新疆索伦营及索伦鄂温克族戍边史梳理

柳　华[*]

　　鄂温克，是鄂温克族的自称，译为"住在大山林中的人们"，是中国北方少数民族之一，在漫长的岁月里，创造了灿烂且独具特色的森林、狩猎、农耕文化，形成了具有悠久历史和多元的民族文化。"索伦"是清代对索伦鄂温克族的称呼。过去，鄂温克族人因居住环境和生产方式不同，分为"索伦""通古斯""雅库特"三个分支。1957 年，根据鄂温克族各分支意愿，中央政府批准统一鄂温克族称，按照党的民族政策，内蒙古自治区人民政府于 1958 年 3 月 5 日取消"索伦""通古斯""雅库特"称谓，恢复并统一了"鄂温克"族称，这三个分支分别称为索伦鄂温克、通古斯鄂温克、使鹿鄂温克。民族族称统一后，经 1958 年 5 月 29 日国务院全体会议第 77 次会议通过，决定撤销索伦旗，并在鄂温克族聚居的原"索伦旗"行政区域内成立鄂温克族自治旗。于 1958 年 8 月 1 日成立了鄂温克族自治旗人民政府。根据第七次全国人口普查数据，鄂温克族人口为 34617 人，其中新疆有 26 人。新疆维吾尔自治区有 13 个世居民族，在这 13 个世居民族中不包括当年戍边新疆的索伦鄂温克族，主要原因：一是笔者从获取的资料"根据新疆

＊ 柳华，内蒙古自治区鄂温克族研究会副会长。

省警务处三十三年统计，新疆省各县市局宗教人口统计表"中看到有汉族、维吾尔族、锡伯族、索伦族等 14 个民族，而在统计表中索伦族人口为 2508 人，没有达呼尔族（即达斡尔族，下同）和达呼尔族人口数。因此，说明当时达呼尔族没有使用达呼尔族族称，而是融入索伦族中，与索伦族一起共用索伦族族称（当时达呼尔族为什么改用索伦族族称有待进一步研究）。二是 1954 年 3 月 1 日，新疆发布公告：根据"索伦族"人民群众的要求，恢复达斡尔族自称。这一公告也直接导致真正的索伦族（今索伦鄂温克族）及自称是索伦族的达斡尔族全部被确定为达斡尔族，使戍边新疆地区的索伦族（今索伦鄂温克族）失去了自己的族称，与此同时，也失去了世居民族的资格。另外，从清代开始，戍边新疆的索伦族（今索伦鄂温克族）人口增长一直比较缓慢，这是因为索伦族（今索伦鄂温克族）在清代是第一批抵达新疆伊犁戍边的官兵和家眷，由于战争牺牲的青壮年官兵较多，加之天花、瘟疫等多种因素，导致人口锐减。再有，1954 年 3 月发布公告：索伦族恢复达斡尔族自称，使得真正的索伦族（今索伦鄂温克族）融入其他民族当中，也造成索伦族人口的严重流失。

目前，生活在我国的鄂温克族主要分布在内蒙古自治区呼伦贝尔市鄂温克族自治旗、莫力达瓦达斡尔族自治旗、鄂伦春自治旗、扎兰屯市、阿荣旗、根河市敖鲁古雅、陈巴尔虎旗鄂温克民族苏木，黑龙江省讷河市和新疆伊犁、塔城等地。

一 索伦鄂温克南迁及布特哈八旗的建立

17 世纪中叶，满洲军事集团与明朝的战火四起，为了稳定满洲后方，获取更多的兵源，后金统治者发动三次战争征服了黑龙江至贝加尔湖地区的索伦部。与此同时，沙皇俄国也向西伯利亚地区扩张，所派遣的远征军从崇德八年（1643）下半年起从雅库茨克出发入侵黑龙江流域地区。由于战争，一部分索伦（鄂温克）同达呼尔族和鄂伦春族一道，在清朝政府的安排下，从顺治十年（1653）起背井离乡，陆续迁移到大兴安岭、嫩江流域中上游各支流浅山区居住。清朝对由黑龙江上游南迁过来的索伦（今鄂温克）、达呼尔、鄂伦春人，统称为"布特哈打牲部"，为适应统治布特哈打牲部的需要，把他们纳入"八旗制"轨道，并实行"佐领制"，平时猎貂纳贡，战争时出征为兵，至雍正朝完整的布特哈八旗建立，并且在鄂温克族聚居区依照其射猎为务的生活特点，在雅鲁河、济沁河、托欣河、阿伦河、诺敏河建立了五个猎场，史称五阿巴。

二　戍边呼伦贝尔建立索伦八旗

雍正十年（1732）春末夏初，为了加强中俄呼伦贝尔段的防务，清政府从布特哈地区挑选索伦部3000兵丁驻防呼伦贝尔，其中索伦（鄂温克）1636名、达呼尔730名、鄂伦春359名、巴尔虎蒙古275名，连同家属不能分离而未经测丁的男子及闲散老弱796名遣往呼伦贝尔，开始了他们筑疆卫国的戍边之路。

驻防官兵进驻第一站扎拉木台（今鄂温克族自治旗巴彦嵯岗阿拉坦敖希特嘎查）。编为索伦左右两翼八旗，共五十佐。左翼四旗，镶黄旗七佐，正白、镶白、正蓝三旗各六佐，计二十五佐，驻牧锡尼河北、伊敏河东、兴安岭以西，额尔古纳河流域，防守中俄边境，左翼总管达巴哈，总管衙门设在胡吉日托海（今内蒙古呼伦贝尔鄂温克族自治旗巴彦托海镇）。右翼四旗，正黄旗七佐，镶蓝、正红、镶红三旗各六佐，计二十五佐，驻牧哈拉哈河喀尔喀蒙古边界一带，伊敏河至呼伦湖地区，右翼总管博尔本察，总管衙门设在西屯。

雍正十二年建呼伦贝尔城。索伦族（今索伦鄂温克族）士兵们，除一小部分从事定居狩猎外，大部分人为适应自然环境而弃猎从牧，该部分驻防呼伦贝尔的索伦族（今索伦鄂温克族）士兵的后代即现在生活在呼伦贝尔地区鄂温克族自治旗的游牧索伦鄂温克族人，生活在莫力达瓦、阿荣旗、扎兰屯、阿里河地区的农耕索伦鄂温克人，过去这部分人也有过狩猎生活。在近300年的时光里，他们创造了丰富灿烂且独具鄂温克族特色的游牧文化、农耕文化和狩猎文化。

至此，清政府把布特哈、呼伦贝尔两地纳入"八旗制"轨道，将其作为靖边、戍边的兵源基地，在频繁的战争中，特别是在康熙、雍正、乾隆年间，频繁征调索伦族（今索伦鄂温克族）、达呼尔族兵丁出征。他们踏上西征南战的征途，参加许多次反击外国入侵和平息民族分裂活动的战争。

在清代数次战争中，索伦劲旅在保卫国家领土主权完整和维护国家统一的战争中，哪里有硬仗就被派往哪里，成为清军的中坚力量，远涉西北、西南边疆地区及东南沿海直至台湾，转战22省，涌现了很多战功赫赫的英雄人物。据不完全统计，因战功而担任骁骑校、佐领、副总管以上的索伦族（今索伦鄂温克族）官员达106人，其中担任总管以上的官员36人，总管16人，副都统16人，因战功卓著而职务较高的都统、将军、大臣4人。代表人物有：内大臣博尔本察、乾隆朝第一武将海兰察、福州将军穆图善、黑龙江将军塔尔岱、杭州将军明兴等。

三 戍边新疆建立索伦营

清政府在新疆天山南、北两路经过几年的征战，平息分裂势力之后，为了加强对新疆的行政管理和军事防守，乾隆二十七年（1762）在伊犁惠远城设置将军衙门，称"伊犁将军"，统辖新疆南、北两路，下设四个领队大臣分管，并调整了新疆的军事部署。

一方面对参加靖边之索伦（鄂温克）、达呼尔、蒙古、满洲兵丁换班、换防，重点设防；另一方面调兵在新疆伊犁屯田戍边，作为马甲，守卫边疆，调兵两万人进驻新疆伊犁地区。

（一）索伦部进驻新疆

第一批：索伦（鄂温克）兵丁 500 人，总管、佐领、骁骑校 11 名，官员跟役 36 人，携带家眷 1421 人，兵民共计 1968 人，在总管努门察（车）率领下，于乾隆二十八年四月初十日，从东北嫩江流域地区启程，经过漠北蒙古车臣汗部、土谢图汗部地方，八月中旬抵达赛音诺颜部乌里雅苏台地方（今蒙古国境内），休整后继续西行，经博罗塔拉地方，于乾隆二十九年正月十九日，历时 9 个月，抵达新疆伊犁。

第二批：达斡尔兵丁 500 人，副总管、佐领、骁骑校 11 名，官员跟役 36 人，携带家眷 1417 人，兵民共计 1964 人，在副总管色尔默勒图率领下，于乾隆二十八年五月初三日，从东北嫩江流域地区启程，于乾隆二十九年七月二十六日，顺利抵达新疆伊犁。

伊犁将军明瑞，把迁徙来的索伦（鄂温克）兵丁及其眷属安置在霍尔果斯河以西的萨玛尔、齐齐罕、图尔根、撒橘等地；达斡尔兵丁及其眷属安置在霍尔果斯河以东克阿里木图、霍尔果斯、富斯克等地驻防。并以"索伦"之称组成索伦营（包括索伦、达斡尔人），分左右两翼八旗，其中右翼四旗为索伦（鄂温克）人，左翼四旗为达斡尔人。

索伦（鄂温克）兵民远涉西北，主要任务是守卫边疆，与锡伯、厄鲁特、察哈尔营一样，承担了维持内部安定和守卫边境的任务。主要守卫伊犁河北边界，巡查布鲁特等游牧区边界。伊犁河北边界，地域辽阔，边境线长，大小卡伦有 70 余座，每卡驻守 10 ~ 30 人，各卡间相距数十里至百余里，各营每月由总管、副总管、佐领带领 30 名兵丁巡查，在各营交界处会哨。

（二）锡伯索伦营始末

索伦、锡伯两个营，除守卫本防区卡伦之外，还承担了换防喀什噶尔（今喀什市）和塔尔巴哈台（今塔城市）的任务，索伦（鄂温克）、锡伯往喀什噶尔各派 96 人换防，乾隆五十一年，从索伦营增派索伦（鄂温克）兵 200 人作为换防兵丁，嘉庆三年（1798）增加到 300 人，索伦（鄂温克）、锡伯各出一半人更换。

索伦（鄂温克）兵民移居伊犁后的 30 多年中，虽然兵役负担沉重，生活艰苦，但人口有所发展，不过嘉庆元年流行瘟疫（天花），索伦人口锐减，出现了兵员不足的情况，因此，嘉庆三年从锡伯营给索伦营补充 160 户 658 人。算上道光十三年（1833）又从锡伯营挑选 100 户 621 人，总共两次补充索伦营，从此，索伦营增加了锡伯人口，因此，出现了"锡伯索伦"的称谓。

19 世纪中叶，英法联军入侵北京，沙俄以"调停""说和"有功为由提出割占领土要求，清政府被迫签订了中俄《北京条约》。根据条约的第二款规定，中俄双方会商勘分西部边界，在谈判中，沙俄一方面出动军队对塔尔巴哈台、科布多、伊犁所属各卡伦不断进行武装挑衅；另一方面在谈判中公开胁迫清政府接受俄方所提的划界方案，否则俄国"即行带兵强占"。

同治三年（1864）签订的《勘分西北界约记》，使沙俄割占了中国伊犁河北霍尔果斯河以西索伦营牧耕之地的绝大部分土地，还要求索伦营兵民"归顺"俄国，具有爱国精神的索伦兵民强烈反抗，坚决要求回国。同治五年沙俄步步紧逼，在这样艰苦的情况下，索伦（鄂温克）、锡伯、察哈尔蒙古人决意要回东北故乡，出走 3400 余人，通过阿勒坦额摩岭，行至库库乌苏附近，被沙俄军官引诱到库库乌苏、喀拉塔拉、喀帕尔三处安插。当年又有 370 多人出走，又被沙俄军官引至阿拉木图。接着，副总管傅清阿带领 230 人前往俄营附近驻扎。三批共出走 4000 余人。他们强烈要求回归祖国，但都遭到沙俄当局拒绝。经过两国政府多次交涉，他们于同治七年终于回到了祖国怀抱。后陆续迁入塔尔巴哈台地区，清政府暂将他们安置在塔尔巴哈台以西 20 公里的苇塘子。从此，这部分索伦（鄂温克）人又一次开始了远离故乡继续驻边卫国和建设西北边疆的任务，用生命和鲜血谱写了赤心报国的壮歌。

同治十年，沙俄以"代收"为名出兵侵占伊犁。光绪元年（1875），索伦营兵民自苇塘子移驻塔尔巴哈台城。清政府为了加强塔尔巴哈台地区的防务，将锡伯营和索伦营官兵组建为索伦部尖锐营，他们一方面耕种土地，另一方面巡查边界，监督游牧等工作。光绪七年，中俄签订《伊犁条约》，清政府收复了伊犁，索伦营官兵本应返回伊犁河以北地区，但塔尔巴哈台紧靠俄边界，兵力单薄以及发生兵变等原因，光绪十四年决定"留索伦营官兵驻防塔城，以资训练而固边防"，还准其闲散兵丁也留塔尔巴哈台。

光绪二十一年，将塔尔巴哈台索伦部尖锐营官兵，改编为新满营，把索伦、达斡尔、锡伯编为左右两翼八旗。此时，在新满营中达斡尔人占多数，其次是锡伯人，索伦（鄂温克）人处于少数，左翼四旗为达斡尔族，右翼四旗为锡伯、索伦（鄂温克）人。担负了驻防台站、防守卡伦、监督游牧以及远到阿尔泰、乌鲁木河、禾斯勒托海、布林、乌伦古尔、额尔齐斯河、巴拉巴善等卡伦和驿站换防的工作。

（三）裁撤八旗，索伦解甲归田

1911 年辛亥革命后，在塔尔巴哈台仍沿袭清朝的八旗制，新满营八旗还保持原来的建制，除军事外，其他事务仍由原来的总管、协领、佐领等官员管理，一直延续到新疆解放塔尔巴哈台建立塔城县。塔城县人民政府将八旗改为乡，由农官署管理八旗农业生产。新满营解甲归农后，左翼四旗达斡尔居住在新疆塔城阿西尔、阿不都拉、也门勒乡等地，右翼四旗锡伯族、索伦族（今索伦鄂温克族）居住在塔城的喀拉哈巴克乡，后来有几户索伦鄂温克人迁居在阿西尔乡。

1985年，索伦营索伦族（今索伦鄂温克族）人的后裔，生活在新疆塔城市的布克图老人千里迢迢来到内蒙古自治区呼伦贝尔鄂温克族自治旗、莫力达瓦达斡尔族自治旗、阿荣旗等地，看望了阔别200多年后故乡的鄂温克族同胞。1988年8月，布克图老人和塔城市阿西尔达斡尔民族乡上满孜巴克村的索伦鄂温克老人亚西克及女儿柳华（笔者）应邀来到鄂温克族自治旗参加了"鄂温克族自治旗成立30周年"庆祝大会，并探望了故乡的鄂温克族同胞。1990年，亚西克老人将女儿柳华送回故乡，到内蒙古自治区鄂温克族自治旗，她成为第一个回到故乡生活和工作的戍边新疆索伦营索伦鄂温克人的后裔。

四　铭记新疆索伦族（今索伦鄂温克族）的英雄历史，加强戍边文化研究

索伦营的后裔永远不会忘记先辈们远涉新疆，建设西北边疆的伟大功绩，伊犁河、霍尔果斯河、塔尔巴哈台山脉见证了索伦营兵民当年为保家卫国和建设西北边疆付出的牺牲和代价，我们应当铭记先辈们的历史功绩，为他们当年的爱国主义精神感到骄傲和自豪。习近平总书记说过："一个有希望的民族不能没有英雄，一个有前途的国家不能没有先锋。包括抗战英雄在内的一切民族英雄，都是中华民族的脊梁，他们的事迹和精神都是激励我们前行的强大力量。"生活在新疆的索伦鄂温克人戍边新疆近300年，为了祖国的统一、边疆的稳定，索伦族（今索伦鄂温克族）官兵抛家弃子，做出了巨大的牺牲。因此，建议研究民族学的专家、学者应尽快抢救、整理、记录戍边新疆索伦族（今索伦鄂温克族）家族口述史，从社会层面要尊重索伦鄂温克人的英雄功绩，从整体上重塑历史，

在学术和文化层面加强研究，尤其是戍边卫国的爱国主义精神的弘扬与传承需要全社会的参与。今天，中国正在发生日新月异的变化，我们比历史上任何时期都更加接近实现中华民族伟大复兴的目标。实现我们的目标，需要英雄，需要英雄精神。要铭记索伦鄂温克人戍边卫国、维护边疆稳定的光荣历史，不能让英雄流血又流泪，这是时代赋予我们的历史责任。

伊犁索伦营卡伦建置与形制

伊犁索伦营是清乾隆年间平定准噶尔后实行军府制度的产物，为当时伊犁驻防四营之一，与其他三营（即伊犁河南岸的锡伯营、驻牧于特克斯河流域与巩乃斯河流域的厄鲁特营以及博尔塔拉地区的察哈尔营）共同构建起新疆西部边防的外围前哨。索伦营存在近170年之久，为保卫边疆、建设边疆、抵御外侮、维护内部安定作出了历史性贡献。它是集军事、行政、生产三项功能于一身的特殊组织，有严格的内部结构和管理、训练制度，以及经济保障系统。在清季民国时期，索伦营的主要职能是驻守卡伦、巡查边境、戍守喀什噶尔和塔尔巴哈台，承担对内弹压分裂势力，对外防御沙俄入侵的国防任务。索伦营驻守的卡伦在伊犁四营中数量不多，但其驻屯区却在四营内处于抗俄第一线，卡外有事首当其冲。在不同的历史时期，索伦营驻守的卡伦有不同的变化，笔者以历史时期为分界，依次梳理索伦营卡伦的建置与形制。

一 索伦营的建置

乾隆二十四年（1759）清廷平定大小和卓叛乱后，如何治理

纳森巴雅尔，又名赵铁生，新疆伊犁州瑟公锡满文化传播中心。

新疆便被提上议事日程，乾隆帝在他亲撰的《平定准噶尔勒铭格登山碑文》中回顾历史"汉置都护，唐拜将军"，大有以汉唐之制治理新疆之念。乾隆二十五年，陕甘总督杨应琚与参赞大臣舒赫德、阿里衮奉旨议奏："请于伊犁、阿克苏、叶尔羌各设总兵一员，兵备道一员。其同知、通判、都司、游击及佐杂、千把等员弁，均按南、北两路情形添设。"① 但此后清廷考虑到"伊犁、回部各处俱有办事大臣，已足控制远近，若添设镇道以下各官，既与口外体制不符，而一切建造衙署，添设俸工，俱从内地经理，更滋烦费。且回众不相浃洽，易起猜疑，殊未妥协，亦毋庸议。总之，新疆非巴里坤、哈密可比，当因地制宜，在回城固不宜久驻官兵，即伊犁一带，亦仍当以满洲将军大员驻守"，② 明确否定了在新疆全境实行州县制治理的可能，决定以满洲将军大员统辖其地。不久，乾隆皇帝再次降谕阐述这一问题："新辟疆土，如伊犁一带，距内地穷远，一切事宜难以遥制。将来屯田驻兵，当令满洲将军等前往驻扎，专任其事，固非镇道绿营所能弹压，亦非总督管辖所能办理。杨应琚如未经到彼，即可不必前往，既已亲履其地，略悉情形，即可回任。总之，该督统辖所及，至乌鲁木齐而止。自此以外，现有舒赫德等在彼经理，该督自应仍回内地，俟将来有应行接应之处，妥为料理，是其专责，此时正毋庸久驻口外筹办一切，反致遗误内地要务也。"③ 这里明确限定了陕甘总督在新疆的管辖范围和职责，排除了以陕甘总督治理新疆的可能性。其后，乾隆二十五年清廷以参赞大臣阿桂为办事大臣总理伊犁事务，筹办屯田筑城，为设置将军作前期准备。一切筹备妥当后。次年，乾隆帝令明瑞赴伊犁代替阿桂办事，并于乾隆二十七年正式颁降设置将军的谕旨："伊犁为新疆都会，现在驻兵屯田，自应设立将军，总管事

---

① 傅恒等编《平定准噶尔方略》续编卷一，乾隆二十五年三月甲子。
② 傅恒等编《平定准噶尔方略》续编卷一，乾隆二十五年三月甲子。
③ 《清高宗实录》卷六一二，乾隆二十五年五月丙子。

务，昨以简用明瑞，往膺其任，着授为总管伊犁等处将军，所有敕印旗牌，该部照例颁给。"① 明瑞被授为首任伊犁将军。伊犁将军的设置，标志着清朝政府对新疆正式行使管辖权的开始，也标志着天山南北地区数百年由地方割据势力控制和战乱不断局面的终结；又对后来新疆多民族分布格局的形成和发展，中国西北疆域的形成和中华民族多元一体格局的形成有重大影响。

伊犁将军设立后，驻军问题首先被提上议事日程。经军机处与伊犁将军等数次讨论廷议，考虑到伊犁地区宜农宜牧、地域广阔的自然条件，以及处西北战略要地和"形胜之地"的地位，决定以战斗力较强的满洲、索伦、锡伯、蒙古等官兵携眷驻防伊犁。自乾隆二十七年至乾隆三十六年，先后有察哈尔、索伦、厄鲁特、满洲、锡伯等 1 万余名官兵携眷进驻伊犁各地，组建了察哈尔营、索伦营、锡伯营、惠宁城满营、惠远城满营、厄鲁特营，共同承担安内守边的国防任务。

"索伦"是明末清初出现的名称，系黑龙江地区的本土民族。据史料记载，明末清初便已出现所谓"索伦部"之称，包括鄂温克、达斡尔和鄂伦春族；清代，上述三个民族总是以"索伦部"的名称出现于史籍。当索伦部归属清朝被编入八旗之后，"索伦部"的概念起了变化。清廷在调遣携眷锡伯、察哈尔和厄鲁特蒙古、满洲官兵的同时，又拟定由黑龙江抽调一部分索伦官兵携眷迁驻伊犁。经过几次廷议，最后自布特哈索伦和布特哈达斡尔中拣选强壮兵丁 1000 名携眷迁往伊犁。1000 名官兵分六个旗，其中三个旗 500 兵丁，均为布特哈索伦，另三个旗 500 兵丁，均为布特哈达斡尔；按三个旗为一队，分两队依次启程，每队各携眷属一同出发。乾隆二十八年四月初十日，由布特哈索伦组成的三旗 500 名兵

---

① 《乾隆上谕档》卷六七三，乾隆二十七年十月乙巳（十六日，1762 年 12 月 1 日），第五一九页。

丁及 1421 名眷属为第一队，在总管、佐领和骁骑校等 11 名官员的带领下启程，于乾隆二十九年正月十九日抵达伊犁。乾隆二十八年五月初三日，由布特哈达斡尔组成的三旗 500 名兵丁及眷属 1417人为第二队，在副总管、佐领、骁骑校等 11 名官员的带领下启程，于乾隆二十九年七月二十六日抵达伊犁。索伦官兵抵达伊犁后，伊犁将军根据他们的谋生方式，将其安置于霍尔果斯河两岸周围从事游牧，亦有部分人进行耕种，从事农业；并组建了索伦营，成为伊犁四营之一。

索伦营初设六旗，乾隆三十二年增设二旗，完善八旗建制。营分左右两翼，左翼四旗为索伦（鄂温克族），在霍尔果斯河以西之奎屯、萨玛尔、齐齐罕、博罗呼济尔等地游牧，故又称西四旗；右翼四旗为达斡尔族，在霍尔果斯河东部之霍尔果斯、富斯克等地或游牧或耕种，故又称东四旗。营设领队大臣 1 员，驻惠远城，总管和副总管各 1 员、佐领 8 员、骁骑校 8 员、防御 2 员、委官 8 员、空金顶 8 员、世袭云骑尉 1 员、空蓝翎 9 员、委笔帖式 2 员、前锋校 4 员、前锋 36 员、领催 32 员、披甲 1038 名。武器装备有：弓1158 张、撒袋 1058 副、战箭 44450 支、腰刀 1058 把、战马 1100多匹。

索伦营与伊犁其他三营一样肩负着驻守卡伦台站、换防塔尔巴哈台和喀什噶尔、巡查哈萨克和布鲁特（今吉尔吉斯斯坦）边界的重要军事使命，并且随时听候伊犁将军的调遣，完成平内御外的各项战事任务。

二 乾隆—同治时期的索伦营卡伦

索伦营作为军事组织，其首要任务是驻守卡伦，巡查边防。卡伦满语写为"karun"，汉语亦作喀伦、卡路、喀龙，为"台"或"站"的满语音译。卡伦由于任务、作用、设置地点和条件不同，有多种形式。如战时"营前卡伦"，负责警卫和探察敌情；皇帝专用猎场的"围场卡伦"，专门负责围场警卫；在禁区、山场、矿山设置的卡伦，负责查禁私人采伐捕猎；设置于山川要隘处的卡伦，负责维持秩序、保证交通安全、稽查逃人、解送马匹、护送贡物、传递文书等；在一些游牧部落设置的卡伦，则各有地段，防止牧民越境放牧，避免发生纠纷；在边境地区设置的卡伦，则是为了保卫边疆，巡查国境。卡伦的驻地和驻守时间也不相同，有些卡伦常年设置，驻地不变；有些卡伦虽然常年设置，但驻地随季节变更。还有一些卡伦虽然驻地固定不变，但设置的时间则按季节确定。有的季节设立在固定地点，而在其他季节则撤回。这些不同的卡伦称谓也有不同，有常设、移设和添撤之别。清代卡伦有完整的巡查会哨制度，各种卡伦根据各自的任务，有的在固定地点守望，有的在一定范围内巡逻。卡伦官兵驻防某地执行任务，称为"坐卡"。相邻两卡伦之间，每天要按规定路线巡查，并在适中之地立记（或插杆，或堆石）会哨，互换木质戳记信牌为凭，称为"递筹"。两卡伦递筹巡查之路，名曰"开齐"，即卡伦路。通过递筹巡查之路，把一处处单个的卡伦联系起来，形成一条条维持治安的巡查路线，这种卡伦路线，遍布天山南北各行政地区。

雍正五年（1727），清廷在与准噶尔汗国交战过程中，开始在西北地区设置卡伦。乾隆二十年以后，清廷在北疆伊犁、塔尔巴哈台等地区大量设置卡伦，接着在南疆陆续设置了一系列卡伦，在新疆共设立 250 多座卡伦，分南北两路。北路卡伦分布在斋桑湖北、额尔齐斯河西岸的辉迈拉虎卡伦以南，天山以北，巴里坤以西，伊犁所属特穆尔图淖尔以东等地区。南路卡伦分布在天山南脉以南，和阗河两岸，哈密以西的喀什噶尔、乌什、英吉沙尔、叶尔羌、和阗、阿克苏、喀喇沙尔、吐鲁番等地区。彼时，卡伦贯穿新疆东西，遍及天山南北，作为治安工具设立于各行政区域的山川隘口、重要通道上，这些卡伦与边界无涉。乾隆三十七年时"伊犁周围道路关隘，每年自二月至九月，此八个月，于二十七处设置卡伦；自十月至正月，此四个月，降雪封路，裁撤卡伦十座，其余十七处，仍设卡伦"。① 各驻防旗营的分布情况是"东北则有察哈尔，西北则有索伦，西南则有锡伯，自西南至东南则有厄鲁特，四营环处，各有分地"。② 各营卡伦年年都在固定的地点、固定的时间、固定的卡房驻守，在卡伦驻兵问题上，按规定，虽为本营所属卡伦，但不准许只派本营官兵驻守，而是各营相互派兵共守，即每个卡伦，最少有两个不同旗营官兵同驻，其卡伦侍卫必须是非本营弁员。其目的是避免官兵攻守同盟、营私舞弊、放弃职责等行为的发生。驻卡官兵，必须有侍卫1员，委官或空蓝翎1员，兵十名至数十名不等。"伊犁沿边大小卡伦七十余座，周围地逾数千里，各卡相离数十里至百余里之遥。每卡仅设弁兵十余名及三十余名不等。惟按月周巡，可期声势联络。其索伦、锡伯、察哈尔、额鲁特四营，每月派总管、副总管、佐领等官一员，各带本营兵丁三十名，于该管卡伦挨次行查，至各营交界会哨。"③

索伦营起初驻守的卡伦，据成书于乾隆四十一年的《伊江汇览》记载，"西路安设卡伦六处（见图1）：霍尔果斯卡伦东至伊犁城一百三十里，西北至齐齐罕卡伦六十里；齐齐罕卡伦东南至霍尔果斯卡伦六十里，西至奎屯卡伦六十里；奎屯卡伦东至齐齐罕卡伦六十里，西北至波罗胡济尔卡伦六十里，西至空果尔鄂伦卡伦九十里，南至惠番卡伦六十里；波罗胡济尔卡伦东南至奎屯卡伦六十里；空果尔鄂伦卡伦东至奎屯卡伦九十里；惠番卡伦北至奎屯卡伦六十里"。④ 其后，随着边疆局势的稳定和历任伊犁将军不断调整，

① 《伊犁将军舒赫德等奏由锡伯察哈尔厄鲁特营选人管理伊犁卡伦折》（乾隆三十七年十一月十四日），《清代新疆满文档案汇编》第110册，广西师范大学出版社，2012年，第1页。
② 徐松纂，松筠修《钦定新疆识略》卷一一《边卫》。
③ 《录副奏折·军务·防务》，道光十四年。
④ 格琫额纂《伊江汇览》台卡，吴丰培整理，《中国边疆史地资料丛刊·新疆卷》之《清代新疆稀见史料汇辑》，全国图书馆文献缩微复制中心，1990年，第80~81页。

至嘉庆中叶索伦营有大小卡伦10处（见图2），据《新疆识略》记载，"索伦营领队大臣所辖：旧霍尔果斯安达拉卡伦（在惠远城西北一百二十里，西北至齐齐罕安达拉卡伦六十里）；齐齐罕安达拉卡伦（西北至霍尔果斯卡伦九十里）；霍尔果斯卡伦（北至齐齐罕卡伦二十里）；齐齐罕卡伦（北至奎屯卡伦三十里）；奎屯卡伦（西北至博罗呼济尔卡伦三十里）；博罗呼济尔卡伦（西南至崆郭罗鄂伦卡伦一百二十里）；崆郭罗鄂伦卡伦（东南至辉发卡伦七十里）；辉发卡伦（东北至霍尔果斯卡伦七十里，南至河岸卡伦五十里）；河岸卡伦（此小卡伦，在伊犁河北岸）；奎屯色沁卡伦（此小

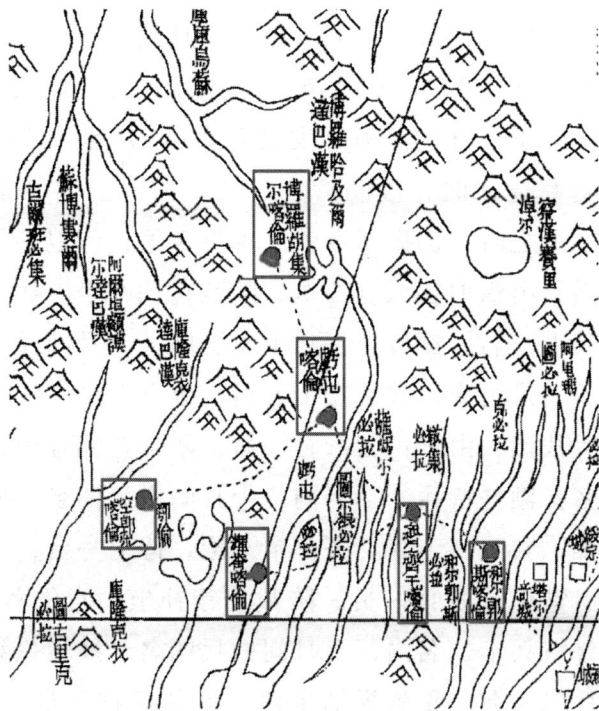

图 1　《清廷三大实测全图集》局部

（图中加方框者为索伦营卡伦）

卡伦，西北至博罗呼济尔卡伦二十里)"。[1] 19 世纪 20 年代，沙俄加快了吞并中亚的步伐，不断向哈萨克草原扩张，清朝同沙俄之间的边界问题由此产生，伊犁地区卡伦的设置也发生了一些变化。据《伊犁文档汇钞》载，道光中叶，索伦营领队大臣管辖卡伦有："空鄂罗鄂伦卡伦，侍卫一员，于道光八年奉旨裁撤，由锡伯营派出官员，陪戴花翎补坐，兵二名。索伦委官一员，兵十名，额鲁特营兵十八名内，十月间撤兵五名，换索伦兵五名，三月间仍换，共计兵三十名。此卡官兵，冬季移挪伊犁河岸，春季仍回本卡时，移齐齐罕安达拉兵五名。博罗呼吉尔卡伦，侍卫一员，于道光八年奉旨裁撤，由满营派官一员，陪戴花翎补坐，兵二名。索伦委官一员，兵十一名，额鲁特营兵十七名内，十月撤兵五名，换索伦兵五名，三月仍换，共兵三十名。每年冬季冻冰之时，将此卡索伦营兵内，派拨十名，于奎屯色沁地方安设布克申[2]，冰消之时，仍回本卡。每年春哈萨克来时，添满营官一员，前锋五名，索伦营官一员，哈萨克不来之时，仍撤回本营。惠番卡伦，侍卫一员，于道光八年奉旨裁撤，由锡伯营派官一员，陪戴花翎补坐，兵二名。索伦委官一员，兵十一名。额鲁特营兵十一名内，十月间撤兵四名，换索伦兵四名，三月仍换，共兵二十五名。奎屯卡伦，侍卫一员，于道光八年奉旨裁撤，由索伦营派官一员，陪戴花翎补坐，索伦委官一员，兵八名。额鲁特兵十二名内，十月间撤兵四名，换索伦兵四名，三月仍换，共兵二十名。齐齐罕卡伦，侍卫一员，于道光八年奉旨裁撤，由索伦营派官一员，陪戴花翎补坐，索伦营委官一员，兵八名。额鲁特兵十二名内，十月间撤兵四名，换索伦兵四名，三月仍换，共兵二十名。霍尔果斯卡伦，索伦营官一员、委官一员，兵二十三名。额鲁特兵十二名内，十月撤兵四名，换索伦兵四名，

---

① 徐松纂，松筠修《钦定新疆识略》卷一一《边卫》。
② 徐松纂，松筠修《钦定新疆识略》卷一一《边卫》释：小卡伦分置瞭望之处，名曰布克申，而统名之则曰卡伦。

三月仍换，共兵三十五名内，每年九月间冻冰之时，由此卡派拨兵十名，于伊犁河岸地方安设布克申，三月间冰消之时，仍回本卡当差。奎屯色沁布克申，索伦营官一员，兵二十名，每年冬季，由博罗呼吉尔卡伦移来兵十名，三月间仍回本卡。伊犁河岸布克申，索伦营官一员，兵十名，霍尔果斯卡伦移来兵三名，添额鲁特营七名内，十月间撤兵四名，换索伦兵四名，三月间仍换。此布克申于九年十月间移挪黄果河安设。齐齐罕安达拉，索伦营官一员，霍尔果斯卡伦等处移来兵十五名。霍尔果斯安达拉，索伦营官二员，领催兵三十名，安设此二处，四月添九月撤时，霍尔果斯安达拉仍留领催兵十名坐台，下剩官兵各回营卡。"[①] 可见道光时，索伦营卡伦数目、名称与乾隆时期和嘉庆时期并无多少出入，索伦营自始至终坚守其原卡伦。

图 2　《新疆识略》内绘制的索伦营卡伦布局

同治三年（1864），一直对我国西部领土怀有侵略野心的沙俄，加快了蚕食伊犁地区的步伐。"一八六三年六月十二、十三

① 佚名：《伊犁文档汇钞》，《清代边疆史料抄稿本汇编》第 23 册，线装书局，2003 年，第 349～355 页。

日，俄军步兵一个连、哥萨克马炮兵一个排和哥萨克二十五人非法侵入我博罗胡吉尔卡伦，施放大炮、火箭、炸炮，我守卡索伦官兵在敌强我弱的情况下，先用强弩射击，然后分兵于山梁西翼施放抬炮，打死安东诺夫中尉一人，打伤七人，敌人被迫退至科斯莫銮。六月三十日，我索伦官兵正在卡伦附近巡逻时，俄军又排成四队向我施放火炮、火箭，清军英勇迎击，打退近千敌人进攻。七月五日，这股多次被我打败的敌军变本加厉，纠集哈萨克穷凶极恶地向我营地猛扑，我军与之激战达四小时，杀敌百名，终于击退来犯之敌。七月二十四日，守卡军民再次出动骑兵、步兵、车炮、抬炮、鸟枪，将来犯之敌引入山沟，激战四个多小时，杀敌四五十名，再次将敌人赶至尤根塔什山口。"[①] 索伦官兵取得了反抗沙俄侵略的胜利，暂时遏制了沙俄夺占我国领土的态势。

三 清末至民国时期的索伦营卡伦

同治三年随着新疆天山南路的库车等地爆发农民起义，伊犁地区的维吾尔族、回族、哈萨克族等也群起响应。同治五年一月底，起义军攻陷惠远城，伊犁将军明绪自尽，已革前伊犁将军常清被俘，清政府在伊犁的统治暂时被推翻，起义者成立以艾拉汗为苏丹的"苏丹汗国"。同治十年，沙俄以"代收代守"为名，出兵消灭"苏丹汗国"占领伊犁，开始了对伊犁的十年殖民统治。光绪四年（1878）清军胜利收复天山南路地区后，开始与沙俄就交收伊犁问题进行谈判。光绪七年中俄《伊犁界约》划定自伊犁西南天山之阴那林哈勒嘎山中起至伊犁东北喀拉达板一段边界，共立界牌鄂博

---

① 新疆社会科学院民族研究所编著《新疆简史》，新疆人民出版社，1980年，第2册，第88~89页。

33 处。光绪八年清政府从沙俄手里交收伊犁，伊犁将军金顺率军进驻伊犁，接着进行招民垦荒、修复城池等善后工作，伊犁地区原先的驻防旗营也先后被恢复。此时，索伦营兵燹之余，其划界前的驻牧地基本丧失，退缩至霍尔果斯河以东新划界内游牧，曾经驻守的卡伦除霍尔果斯卡伦外，其余全部归入俄境。划分新界后属于索伦营驻守的卡伦有 6 处："一河源卡，距头湖卡五十里。一登元卡，距河源卡五十里。一察罕鄂博卡，距登元卡五十里。一尼堪卡（即索伦营划界前驻守的霍尔果斯卡伦——引者注），距察罕鄂博卡三十里。一红山咀卡，距尼堪卡三十里。一哈尔素胡尔卡，距红山咀卡七十里。"① 《新疆四道志》内载索伦营新设卡伦亦为 6 处："河源卡，在城西南二百二十里；登元卡，在城西南一百七十里；察罕鄂博卡，在城西南一百四十里；尼堪卡，在城西一百四十里；红山口卡，在城西一百七十里；哈尔素胡尔卡，在城西北二百四十里。"②

1911 年辛亥革命后清帝逊位，民国建立，伊犁地区的卡伦随着改朝换代也经历了一番变更，在伊犁西部与沙皇俄国交界沿边共设有卡伦 42 处。其中"索伦营所属边卡：一伊里奇肯（即伊犁河沿），一登元，一察罕鄂博，以上三处初归索伦营驻卡，光绪十八年改归伊犁镇标派守。一尼堪卡，一头工，一红山，一察罕额尔格，一柯依根果勒，一哈尔硕布古尔，一布尔噶斯太布拉克，一柯依根达坂，一堵木达察干乌苏，以上九处自伊里奇肯起，至堵木达察干乌苏止，南北绵长三百余里"。③ 时任伊犁镇守使的牛时所撰《伊犁兵要地理》一书，也记有民国时期伊犁卡伦数目，"索伦营九处，曰尼堪卡，曰头工卡，曰红山卡，曰察罕额尔格卡，曰哈尔希约布固尔卡，曰布尔噶苏台布拉克卡，曰克依根达坂卡，曰克依

---

① 光绪三十四年修，许国桢纂《伊犁府乡土志·地理类·卡伦》。
② 光绪十二年佚名修撰《新疆四道志》卷二《伊塔道·绥定县图说·卡伦》。
③ 佚名撰《创修新疆绥定县志》（抄稿本）"国界"。

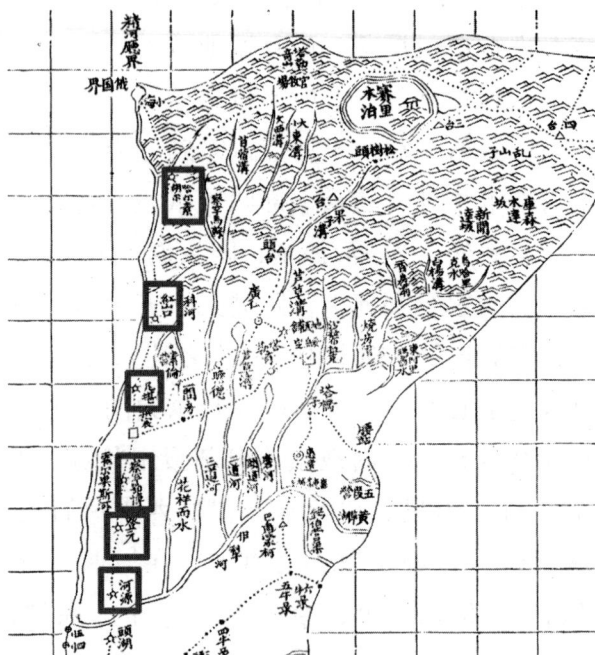

图 3　光绪三十二年铅印本《旧刊新疆舆图》内标注的索伦营新设卡伦示意
（图中加方框者为卡伦）

根郭勒卡，曰苏木丹察罕乌苏卡"。[①] 并指出"尼堪卡为中俄通衢，距霍尔果斯县城十里，地势平衍，无险可凭。中虽以霍尔果斯河为界，然水量不大，深厉浅揭，车马可涉，不足以限戎马防守之要。宜在绥定县城驻大队，广仁、瞻德、霍尔果斯三城驻支、分队，并于霍尔果斯河滨之红山口配置炮队，遥为声援，又于二、三道河地方分遣小部队驻守，以防俄人窥我惠〔远〕城。如此配备，足资防御"。[②]

---

① 牛时撰，陈剑平整理《伊犁兵要地理》第 11 章 "卡伦即〔暨〕牌博"。
② 牛时撰，陈剑平整理《伊犁兵要地理》第 12 章 "边要地域"。

四 索伦营卡伦形制

关于索伦营卡伦的形制，经现场田野调查，有些卡伦虽然墙垣倒塌保存较差，但内部基址保留较为清晰，仍可管窥内部形制，具有比较典型的清代卡伦特征，比对伊犁地区现存各营所属卡伦墙垣的走向、构造、附属设施，其在形制上均体现出较强的统一性，具体表现在卡伦的平面形状、墙垣的构造、附属的角台、城门等。首先，伊犁地区目前发现的卡伦形状均为方形，以长方形为多。墙垣的规格也以边长在 30 米左右的居多，仅察汗鄂博卡伦墙垣的边长超过了 60 米。方向多为坐北朝南，但很少有正北朝南向，多是向东或者向西偏移，但其总体方向仍是朝北。其次，伊犁地区现存卡伦残存墙体的高度、厚度不等，残存墙体最高的可达 3.6 米多（梧桐孜卡伦），最厚的可达 3.5 米（登元卡伦），比较厚实高大，现存的各卡伦墙体均为夯筑，经测纳旦木卡伦夯层厚 7～8 厘米，洪纳海卡伦夯层厚 20 厘米，并且在夯层之间夹杂石子、草木等。

在卡伦墙垣的附属设施方面，索伦营遗存各卡伦大多有角台，均设一门，且位于南墙中间。从现存情况来看，卡伦城门设施较为简单，应该仅设有门道。门道的宽度实测多为 3 米，个别卡伦（头湖卡伦、洪纳海卡伦）城门宽度可达 4 米以上。表 1 为根据 1989 年第二次全国文物普查档案绘制的伊犁地区现存各卡伦数据对比一览表。

表 1 伊犁地区现存各卡伦情况

单位：米

序号	卡伦名称	规格	墙厚	墙高	门道宽	方向	有无角台
1	阿尔索胡尔卡伦	28×27.4	0.8～1.5	2.7		现遗址无存	有
2	契格尔干卡伦	25×23	1.5	3	3	门朝南开	有

续表

序号	卡伦名称	规格	墙厚	墙高	门道宽	方向	有无角台
3	富尔干卡伦	35×33	1.2~1.5	2.2		偏西,门朝南开	有
4	沙彦卡伦	35.3×32.8	顶宽0.8	3~3.5	3	偏东,坐北朝南	有
5	察汗鄂博卡伦	60×52	3	2.4		偏西,门朝南开	有
6	登元卡伦	35×37	3.5	2~3		偏西,门朝南开	有
7	河源卡伦	28×25	1.5	3.2		门朝南开	有
8	头湖卡伦	26.2×25	1.7	2.6	4.5	偏东,门向南	有
9	梧桐孜卡伦	28×28.5	1.5	3.6	3.8	偏西,坐北朝南	有
10	纳旦木卡伦	34.4×45.3	2	2.5	3.5	偏东,门朝南开	有
11	阿布散特尔卡伦	34.4×31.6	0.6~1.3	4	2.9	正北,门向南,有门廊	有
12	多兰图卡伦	31.5×27	1.3	2.7	3.5	偏东,门朝南开	有
13	吐库尔浑卡伦	36.4×33.8	底宽1.5	1	3	偏东,坐北朝南	有
14	洪纳海卡伦	35×30.4	1.2	3.6	4.2	偏西,门朝南开	有

对索伦营驻守的卡伦内部构造的叙述,最著名的莫过于清代咸丰年间满文散文"辉番卡伦来信"①,该信内辉番卡伦院内"正中

① "辉番卡伦来信"系清咸丰初年伊犁锡伯营侍卫何叶尔·文克津去辉番卡伦换防时所写,该书信后被本地锡伯族人传抄流传至今,成为清末新疆锡伯营官兵巡边的历史见证。该书信系书信体散文,用满文创作,译成汉文2500字。反映了锡伯族官兵戍边卫疆的历史活动,其历史价值高于文学价值,而且艺术上也很成功,在锡伯族文学史上占有重要的位置。作者用优美顺畅的文学语言,细致描写了自锡伯营至辉番卡伦沿途自然景致、地理风貌、村落人情,每到一处,对所见所闻又发表议论,畅抒自己的见解;以及面对卡伦官兵的恋乡心态和日益松弛的卡伦现状,出于保家卫国的高度责任心,郑重阐述了面对虎视眈眈的外夷加强防守卡伦的重要性,并记述了其本人以身作则整顿辉番卡伦秩序的情况。

有平房三间，谓之嘎赍达（翼长）住室，房屋虽低矮窄小，亦甚
坚固。两旁有索伦官兵住房二间，东西两翼盖有马厩，大门内两
侧，各有一间平房"，与现存卡伦遗址内部构造十分接近，这也说
明清代伊犁地区各营所设卡伦，有严格的规制，要按统一标准建
造，而且不论是乾隆时期修建的卡伦，还是清末光绪乃至民国时期
修建的卡伦，其形制上有传承，内部设施也在不断完善。笔者查到
一份道光十四年十二月二十六日军机处字寄时任伊犁将军特依顺保
的上谕，内容如下：

> 奉上谕：前据特依顺保奏酌拟沿边巡查会哨章程，当降旨
> 着苏清阿于到伊犁后会同体察情形，悉心妥议。兹据特依顺保
> 等会议覆奏：意见相同，请按照原奏章程办理。并据称：各边
> 卡伦相去窎远，中间旧设瞭墩间有坍损，不足以资守望。各卡
> 马匹向系散牧荒滩，难以固守，请饬令各卡修理马圈，朝放暮
> 收，加意堤防。将各卡兵丁轮流坐守，不许刻离，见有贼迹立
> 即禀报，如各卡官兵稍有疏懈，立予严惩……将此谕令知之，
> 钦此。遵旨寄信前来。①

由该段上谕可知，道光十四年以前，各卡伦之间都设有瞭望墩
台，"辉番卡伦来信"也述及"卡伦以西，有瞭望台一座，名曰
'鄂博'，巍然屹立"。道光时这些墩台因年久已有坍损，而且卡伦
官兵骑乘的马匹一向都是散牧荒滩，各卡伦没有修盖马圈。谕令从
当年（即道光十四年）要各卡修理马圈，朝放暮收，加意堤防。
说明卡伦的附属设施并非一次性完备，而是经过长期使用不断完
善，最终形成目前所看到的这种形制。

---

① 中国第一历史档案馆编纂《嘉庆道光两朝上谕档》，广西师范大学出版社，2000 年，《道光
朝上谕档》第 39 册，第 498～499 页。

结　语

　　笔者以不同历史时期为分界，依次梳理索伦营卡伦的建置及形制，不同的历史时期，索伦营驻守的卡伦发生着不同的变化，其所驻守的大小卡伦，由乾隆中期初设时的 6 处，到嘉庆时期的 10 处，道光时期又有所增改，再到光绪朝划定新界后的 6 处，其后又添设 3 处，至民国时期始终保持在 9 处。索伦营驻守的卡伦由乾隆时的与国界无涉，有常设、添撤、移设之分，演变为同治光绪年间的沿边常川驻守的国境哨所。卡伦驻守卡兵也由前期的各营搭配，到后期的专营专守，其变化既是 18 ~ 19 世纪中国西部边疆形势走向的见证，也是清王朝国力由盛到衰的体现。在形制上索伦营的卡伦与伊犁地区现存的锡伯营、厄鲁特营所属卡伦，在墙垣的走向构造、平面形状、附属的角台、门道上，具有较强的统一性和传承性，也是索伦营维护国家领土完整，在精神文化上始终与内地血脉相连的体现。

驰驿征程

——乾隆朝初次平准之索伦官兵赴疆参战满文档案简介

赵令志[*]

乾隆十九年（1754），得知达瓦齐篡得准噶尔汗国台吉之位，并戕害噶尔丹策零子孙后，乾隆帝一面安排召见杜尔伯特部三车凌，并接待达瓦齐所遣使臣敦多克一行，一面力排众议，把握战机，准备出兵准噶尔。经大学士傅恒与萨喇尔等商定，"核议北路派两万兵、西路派一万六千兵"，于来年二月大举进攻伊犁。自各地抽调参战官兵中，从黑龙江抽调五千，其中两千满洲兵前往北路，三千索伦、巴尔虎兵前往西路。

不远万里从黑龙江抽调大量兵力前往新疆参战，乃因雍正十年（1732）清军于光显寺（额尔德尼昭）之战大败准噶尔军队时，准噶尔人见识了索伦部人的精湛骑射和英勇善战，索伦部一战扬威，此后便有"准噶尔人畏惧索伦"之说，故乾隆初次平准之战，便抽调近半数索伦披甲前去参战。

前往西路军之索伦、巴尔虎官兵，分三队前往巴里坤。为了确保索伦官兵等尽快到达前线，清廷在马匹、给养、住宿等方面安排周详，使得索伦出征官兵能够从黑龙江、盛京、北京、直隶、河南、山西、甘肃迅速到达前线，并参加了攻打准噶尔汗国中心——

---

* 赵令志，中央民族大学历史文化学院教授。

伊犁的战斗。

兹从《清代新疆满文档案汇编》中，选出十余篇索伦官兵自黑龙江前往新疆的档案，借以窥得清朝如何安排调兵远征及索伦官兵不远万里迅速驰驿征程之情形。

1. 陕甘总督永常等奏闻进剿准噶尔之西路官兵分别启程前往哈密日期折

臣永常、刘统勋谨奏：为奏闻事。

查得廷议从西路进剿准噶尔，点派满洲、蒙古、绿营、回子兵共一万八千四百名。察哈尔、阿拉善、新厄鲁特等官兵均走口外，到哈密军营。惟索伦、巴尔虎、哲理木等官兵既从直隶、河南，经过陕西、甘肃到哈密，应预备者皆令准备。西安、凉州、庄浪满洲兵，固原、甘肃、安西、宁夏绿营官兵，如与索伦、巴尔虎、哲理木等官兵同行，路上宿营地难免拥塞，故此臣等商议，索伦、巴尔虎、哲理木头队兵，明年正月十五日自京启程，二月初十日既到西安之省份，交付西安将军，预先探听索伦、巴尔虎、哲理木兵丁到西安日期，令西安满洲兵十日前即启程。令固原绿营兵二月二十日由各处启程。凉州、庄浪、甘州、肃州等处距离哈密很近。此等地方满洲、绿营兵三月初到十五依次启程。西宁官兵走口外东科尔、洮来河等处，经过赤金抵军营。安西官兵、瓜州回子兵既皆在哈密附近，酌情启程。各路官兵大概四月内尽可到军前。如此则路上宿处不致拥塞，众兵丁亦得以从容行走而不耽搁。将此咨文带兵行进各将军、提督、总兵等遵行外，臣等将商议各官兵启程日期，恭谨缮折奏闻，伏乞圣主睿鉴。

为此谨具奏闻。

乾隆十九年十月十六日奉朱批：着军机大臣议奏。钦此。

乾隆十九年十月初六日

2. 署黑龙江将军达勒当阿奏谢令其率领索伦达斡尔巴尔虎兵出征达瓦齐及承袭公爵之恩折

奴才达勒当阿谨奏：为叩谢天恩事。

奴才达勒当阿乃早已死亡之人，圣主施以再生之恩，每日蒙恩近二十年，未报万一。今圣主施恩，将五千索伦、达斡尔、巴尔虎壮丁兵交奴才，给与效力之路。奴才正日思夜想，如何让此五千兵皆像奴才自身一样，同心笃切，报于万一。圣主念奴才祖辈稍微效力，令奴才达勒当阿承袭公爵。奴才惟有感激圣主恩上加恩，断不玷辱辜负，图报万一。

为此恭谨奏闻叩谢天恩之处。

乾隆十九年十月三十日奉朱批：知道了。今大获乌梁海等，准噶尔二宰桑玛木特均拿获。运气很好，晓谕众兵丁，皆大欢喜。钦此。

3. 军机大臣傅恒等奏赏给赴西北两路之黑龙江哲理木官兵猪羊荷包等物折

大学士、领侍卫内大臣、忠勇公、臣傅恒等谨奏：查得，此次由京城启程去西路之索伦、巴尔虎三千兵，哲理木一千兵；去北路之黑龙江二千兵，皆五百人为一队，陆续启程。如亦照赏派往金川之兵恩赐饭食，臣等想此次六千兵，分为十二队，正月初三日开始，到二月十八日悉数启程。其启程之日紧迫，当时又正值圣主驻跸圆明园之时，可停止派臣等监看丰泽园赏赐饭食。交付膳房，按一队五百兵之数，各队来兵皆领活猪羊，在其驻地赏给，似不繁杂，而一样得蒙恩泽。应否如此办理之处，请旨。

乾隆十九年十二月二十八日奏入，奉旨：照所奏交膳房赏猪羊。官兵仍照前赏大小荷包。所赏荷包着交看护大臣赏给。钦此。

（将此交侍卫处，转行所派总监护大臣，各队抵达兵、何品级官几个、兵共有多少之数，到日即明白缮单，咨送我军机处。备赏

其荷包，即携带赏赐，断不可耽搁。亦交膳房办理）

4. 山海关副都统常升奏闻核实黑龙江将军派往西路军营之官兵跟役人数折

管辖山海关等处副都统、奴才常升谨奏：为奏闻事。

今年十二月二十三日至二十九日，黑龙江将军陆续咨文奴才内称，本处遵旨副都统三格等带赴西路军前官员共七十九人、兵三千人、跟役一千九百零四人，陆续分六队派遣。令抵达后查验通过，等因咨行。奴才赴关查验各队到来官兵跟役，准许进入，计官员七十九人，兵二千九百九十二人，跟役七百六十五人。对此副都统三格告称，三千兵内，路上陆续出缺六个，迷路兵两个。再因索伦、巴尔虎等跟役不可多得，现实际仅带来七百六十五人。等语。故此将六队到来官兵跟役，经奴才常升查验皆准入外，为此谨具奏闻。

乾隆二十年正月初四日奉朱批：知道了。钦此。

乾隆十九年十二月三十日

5. 军机大臣傅恒等奏请派员率领京城满洲兵及黑龙江索伦巴尔虎兵前往西北两路军营片

大学士、领侍卫内大臣、忠勇公、（臣傅恒等谨）奏：查得，派往西北两路之京城二千满洲兵现分四队行进，既有副都统莽阿纳、普庆、翼长永德、存保四人，各带一队行进，毋庸另行派人。派往西路之索伦、巴尔虎之六队三千兵；派往北路之黑龙江四队二千兵，钦派副都统额勒登额、达色、三格，总管毕里衮、总管鄂尔衮察，各率一队行进外，其余五队或即从率其兵前来之章京内拣选，带队而行；或亦照金川兵，派御前、乾清门侍卫一同带队而行，送到口外之处，请旨。再带领派往西路之哲理木二队一千兵行进，仅有额驸拉里达，看管行走内地不能周详。请上再派二人，一同带队照管行进。

为此一并具奏请旨。

［乾隆十九年］

6. 甘肃巡抚吴达善奏报率索伦官兵等至安阳日期并查验巡抚蒋炳所备车马情形折

奴才吴达善谨奏：为奏闻事。

奴才今年正月初一日回良乡县，初三日看索伦、巴尔虎头队兵驻扎后，奴才即前行，沿途详尽查看预备车马帐房驻地，严饬地方官员务必令各队皆照此办理，断不可丝毫懈怠。本月初十日抵河南安阳县，头队兵十二日驻安阳县，沿途行走甚为宁谧，并无事端。因遇丰年，地方一切物价均低廉。奴才于安阳县会见巡抚蒋炳，详尽查看现备车马帐房外，奴才拟十二日即前往查看。

为此谨具奏闻。

乾隆二十年正月十六日奉朱批：知道了。钦此。

乾隆二十年正月十二日

7. 甘肃巡抚吴达善奏闻率领索伦兵抵河南孟县渡黄河后更换车马启程折

奴才吴达善谨奏：为奏闻事。

奴才正月十二日从河南安阳县启程，十五日到孟县，详细查看黄河备船。十六日头队兵驻孟县。十七日晨奴才会同蒋炳监视井然办理，刹时间兵丁悉数渡过黄河，更换河对岸所备车马即刻启程。奴才严饬地方官，令各队兵渡过时，皆照此妥善办理外，奴才即前往查看。

为此谨具奏闻。

乾隆二十年正月二十一日奉朱批：知道了。钦此。

乾隆二十年正月二十一日

8. 甘肃巡抚吴达善奏报首队索伦兵抵甘肃泾州日期及该处为官兵准备马匹情况折

奴才吴达善谨奏：为奏闻事。

奴才正月二十四日自西安府启程，逐驿查看，二十八日抵甘肃泾州。头队兵二十九日驻扎泾州，沿途皆守法，并无事端。因值丰年，一应物价很低廉。再署督刘统勋奏明因甘肃省兵丁行进所备马匹消瘦，另雇车马之处，等因曾咨文奴才。奴才抵泾州查看所备马匹，虽尚可骑，但不如其他省。奴才即当面明白交付按察使蒋嘉年、道员庄年等，马匹关系甚为重要，虽行取雇用马匹，务必留意加紧饲养，丝毫不误各队兵骑用。如有几队骑疲乏者，即令换骑备用马匹。卑职现在前往行查驿站，监视头队兵出嘉峪关，巡查返回后，兵丁行进如稍有阻碍之处，必定从严纠参，等因交付外，奴才拟即刻前往查看。

为此谨具奏闻。

乾隆二十年二月初八日奉朱批：好。知道了。钦此。

正月二十九日

9. 都统齐通阿奏闻黑龙江兵丁带到京城之马匹车辆数目及前往两路官兵陆续启程折（附议复片1件）

管理都统事务兼管领侍卫内大臣事务和硕简亲王臣齐通阿等谨奏：为奏闻事。

臣等遵旨照管派往西北两路兵丁，照军机处奏定日期，正月初三日开始，到二月初八日，六千兵陆续全部启程。黑龙江五千兵原骑来五千五百零八匹马内，除沿途倒毙八百一十九匹马，剩余马匹照兵部原奏，选出交直隶饲养之骟马二千零七十五匹，交两翼税务衙门变价之残疾骟马三百四十一匹、儿骒马二千二百三十六匹、疲乏马交换骒一匹、驴六头、牛二头。到营倒毙变价马二十八匹。原带来车二千五百八十辆。除沿途损毁一千五百一十七辆，交工部变价之一千零六十三辆车，各处办理另行具奏外，为此谨具奏闻。

乾隆二十年二月初九日

管理都统事务、兼管领侍卫内大臣事务、和硕简亲王、臣齐通阿

都统、署吏部尚书事务左侍郎、革职留任、臣鄂弥达

署理都统事务、兵部尚书、臣李元良

都统、兼管理藩院左侍郎事务、臣玉保

护军统领、降五级留任、臣庆泰

御前侍卫、暂署刑部尚书事务、户部侍郎、内务府总管、步军统领、副都统、两次革职留任、臣阿里衮

附：议复片

大学士、领侍卫内大臣、忠勇公、臣傅恒等谨奏：据简亲王等奏称，黑龙江五千兵原骑来五千五百零八匹马内，除沿途倒毙八百一十九匹马，拣选交付直隶喂养之骟马二千零七十五匹，交税务衙门变价残疾儿骒马共二千五百七十七匹、骒一匹、驴六头、牛二头。到营倒毙马二十八匹。原带车二千五百八十辆。除沿途损毁车一千五百一十七辆，交工部变价车一千零六十三辆。等因。查得原议，选派黑龙江二千兵，索伦、巴尔虎三千兵，该将军等办给马匹或车辆来京。抵达后将马匹好者交直隶入官马。残疾、老迈、儿骒马交税务处变价。将车辆交工部变价。等因咨行在案。今五千兵原骑来马匹内，仅到四千六百八十九匹马。沿途倒毙八百一十九匹马。车损毁一千五百一十七辆。此项马匹车辆皆官方办给者，并非其自立者。如致倒毙损毁，不查明分别办理，现在交付车马人等既无区别之项，咨行该将军等记档，俟伊等功成返回后，该管大臣官员明白查问，如因官物不好生饲养、不爱惜使用而倒毙损毁，如何赔补之处定议具奏。倒毙损毁如情有可原，可陈情请旨具奏。其带来车辆皆纯木制作者，并无用铁之处。今无非可当柴用，即便留

下，亦不可用，仍令交该部变价。等因。

乾隆二十年二月十一日奏入，奉旨：知道了。钦此。

（将此交兵部，咨文应咨行之处。亦交付工部。勿发抄）

10. 甘肃巡抚吴达善奏报首队索伦兵抵兰州沙井驿日期及所备马匹情形折

奴才吴达善谨奏：为奏闻事。

奴才二月初六日自甘肃渭源县启程，逐驿行查，十一日抵第十四驿之兰州府沙井驿。初六日因兰州府之黄河冰融化，初八日用船搭好桥。头队兵十二日经过兰州府驻扎沙井驿。第五队兵亦入甘肃省。沿途并无事端，地方官亦各自勤奋饲养马匹，多备马匹换用，兵丁行进并无耽搁。奴才又严饬布政使史奕昂，各队兵行进时，马匹等项皆令照此办理，断不可丝毫懈怠外，奴才监视头队兵驻扎后，即欲前往查看。

为此谨具奏闻。

乾隆二十年二月二十一日奉朱批：知道了。钦此。

乾隆二十年二月十二日

11. 甘肃巡抚吴达善奏报各队索伦兵均入甘肃境内及该处降雪情形折

奴才吴达善谨奏：为奏闻事。

奴才二月十二日自兰州府沙井驿启程，逐驿行查，二十日抵第二十四驿之甘州府。头队兵抵第二十二驿之甘州府硖口驿。第七队兵亦进入甘肃省。沿途皆守法，并无事故。再因兰州府这边道路平坦，所备车辆多，亦同直隶等省一样，大臣官员等骑马外，兵丁皆乘车而行。奴才又严饬地方官，腰站多备车马，有疲乏者即更换，令歇息马力，断不可丝毫耽搁等语。本月十八日甘州府等处降二三寸雪。利于屯田而行走无泥土。因年景好，一切食物价钱很便宜。

为此谨具奏闻。

乾隆二十年二月二十八日奉朱批：知道了。钦此。

二月二十日

12. 署西安将军博第奏闻副都统额勒登额等所率索伦官兵陆续抵西安折

奴才博第等谨奏：为奏闻事。

乾隆二十年正月二十四日始，至二月二十二日，副都统额勒登额等带来索伦、巴尔虎兵、健锐营兵、哲理木盟兵陆续抵西安，全部妥善启程前去。奴才等看得官兵感念圣主隆恩，皆各个奋勇，欣然顺利经过。官兵顺利经过之处，理应具奏。

为此谨具奏闻。

乾隆二十年三月初二日奉朱批：知道了。格木德依在彼处会见副都统乎。点头哈腰，不合大臣之任。着将军、副都统将此秉公具奏。钦此。

乾隆二十年二月二十四日

奴才博第

乌玉齐

格木德依

沈志仁

胡世祥

13. 定西将军永常等奏由哈密库取出茶砖三千封赏给官兵折

臣永常、额琳沁多尔济谨奏：为奏闻事。

臣前会同署督刘统勋、巡抚鄂昌具奏，从兰州库存及肃州现有茶叶内动拨三万封，赏给西路官兵。等因奏入，奉旨准行在案。臣等到来查得，此项茶叶未送到军营。茶叶乃官兵每日所用重要物品，军营无售卖者，哨探队兵既轻装疾驰，臣等动拨哈密库存陈茶三千封，算参赞大臣鄂容安奏从哈密带来之一千封茶叶，共四千封内，足量赏哨探队官兵三千三百封，派官兵解送副将军等。其余部分成功返回时再补发。仍剩余七百封茶叶，赏现在军营官兵。俟从肃州解来茶叶后，补足从哈密取来四千封之数。凉州、宁夏满洲兵，甘州、肃州绿营兵既俱抵军营，应给这些人茶叶，可从续解茶叶内取出赏给外，自京城来满洲、索伦、巴尔虎、哲里木盟官兵，西安满洲兵既皆未经过肃州，臣等咨文刘统勋，此等官兵抵肃州后，可就近赏给等语。如此则官兵即得以承蒙主恩，且可得节省运力之便。

臣等将赏给官兵茶叶办理之处，谨具奏闻。

乾隆二十年三月十二日奉朱批：知道了。钦此。

二月二十九日

14. 定西将军永常等奏由哈密至乌鲁木齐设台站运送军粮折（附清单1件）

臣永常、额琳沁多尔济谨奏：为核计接济粮食，奏请睿鉴事。

查得，顷臣等阅看为接济副将军萨喇尔等粮饷事来文，从绿营军粮内借支解送十日的，又遵旨办理口食牲畜。并咨行办理粮务官员，先速办理哨探兵一个月口粮，俟西安满洲兵来时，乘便到臣营，赶送副将军处。等语咨行之处，业已奏闻。兹伏思吾主深谋圣鉴，前即预定前锋营办理四月口粮，大队三月口粮，后因哨探兵进入时，臣等惟念迅捷进入，底定准噶尔叛逆人等，将所得牲畜食物可作口粮等，仅裹带二个月的进入。今从进入准噶尔之扎哈沁游牧地，到噶尔丹多尔济等额林哈毕尔噶地方，各部台吉宰桑等皆感戴主缉拿达瓦齐治罪，使各部人等安居之仁恩，倾心向化，诚意恭敬，络绎不绝来降，臣等广主之仁，其微小物品皆严禁私自动用，接济我深入之兵口粮，不详尽筹办，若致断粮，关系很大。查得，自哈密至指定臣声援驻扎之乌鲁木齐地方，一千七百余里。从乌鲁木齐至博罗塔拉，副将军萨喇尔等来文称，挨站计需行走二十日等语，大概估计共有三千余里，运粮之事应详细核议办理。臣等议得，前为西路运粮采买六千余驼只，此间并未使用。现在交付运来办给哨探兵一月口粮，需用驼只外，剩余者尚多。今前锋营兵四个月口粮内未发之一个月口粮，及大队兵三月口粮内未发之一个月口粮，既应补给。臣等愚念，从哈密至乌鲁木齐，设六处运粮台站，咨行协办总督刘统勋，从剩余驼只内，拣选三千峰好者，派员解来哈密。每台设五百峰驼只外，运粮所需兵丁另行办理，与其徒然糜费口粮，军营现有二千绿营兵内，可派一千名，每台各二百兵，以千总或把总各一名，外委把总各一名驻扎。咨行协办总督、巡抚，自哈密现有粮食等项内，按需要数目办理，从哈密起运，由新设台依次转解乌鲁木齐。从乌鲁木齐运至博罗塔拉，所需兵丁驼只轮派现军营剩余一千余绿营兵使用外，哈密办理先解来哨探兵一月口粮之驼只，现正值热时，如直接解至博罗塔拉，不能不疲敝，俟抵乌鲁木齐军营后，与留军营现有驼只混合，惟视可用拣选，分三队轮班解送。往来巡查运粮事务，不可无照看总管大臣官员，可特派总兵马得胜总管。查得，臣等遵旨从安西孳生牲畜内办理，解送哨探兵之作为口粮之一千儿骒马，仅够十几日口粮。此解运粮食间，接济不上虽未可料，惟续到索伦、巴尔虎兵陆续即到。其口粮皆方才裹带进入者，如暂匀给哨探兵，足可等到先运之一个月粮食接续。惟查得，西北两路兵会师博罗塔拉，成功、进入办事、及事毕返回，既需此粮食接济，似应办理运粮之事。此事理应与副将军等商议具奏。但若咨文与萨喇尔等商议，往来需好几日，且回来咨文刘统勋取驼只、将驼只解到哈密、将粮食运到乌鲁木齐、解送乌鲁木齐副将军等军营，粗略估算，六月初十日方能抵达。估计哨探兵可至口粮至五月末、六月初即将断粮，需要接济。若从现在办理，尚怕来不及。兹仰赖圣主天威，副将军萨喇尔等抵博罗塔拉，会师后，达瓦齐必归附，否则必被其属下擒献。纵然揆度成功之日不久，惟军粮关系紧要，臣等一面咨行总督刘统勋，预先备粮，速将

驼只赶来哈密等语。一面将奏底咨送副将军等商酌，萨喇尔等如咨
文称不需接济，臣等即行文停止备办，足以赶趱。如来文令续解粮
食，臣等即照所奏办理。此所设台兵驼，大兵成功如无用处，就近
即撤。臣等念军粮关系紧要，如此尽心预先办理具奏。

为此将所设六台名称、间隔里数、及每驼驮载斤数、一次运者
够多少兵干粮数目，另缮清单，一并谨具奏闻。

乾隆二十年四月十七日奉朱批：太不成体统。钦此。

[四月初四日]

附：清单

自哈密第一台，至巴里坤第二台，三百六十里。

自巴里坤第二台，至鄂笼吉第三台，三百五十里。

自鄂笼吉第三台，至木垒第四台，三百六十里。

自木垒第四台，至阿察郭勒第五台，三百八十里。

自阿察郭勒第五台，至乌鲁木齐军营第六台，三百一十里。

一峰驼驮载二百四十斤。

一人每月给口粮等项二十八斤。

以五百峰驼一次驮载十二万斤计，够四千二百八十五人一月
口粮。

15. 定西将军永常奏报西路各队官兵俱抵乌鲁木齐军营折

奴才永常谨奏：为调度兵丁抵达军营事。

西路原派出兵一万六千，其中前锋哨探六千。奴才我坐镇乌鲁
木齐，统领剩余兵二千。此外，三队三千索伦兵，以副都统额勒登
额第一队，参赞大臣额琳沁多尔济与总管毕里衮一同带领第二队，
副都统三格率领三队，四月初九日启程，至当月二十八日，陆续派
往前锋，与北路遥为声势。副都统莽安率领健锐营一千兵，公拉理
达等率哲理木盟一千兵，将军杜赖、三等侍卫公丰安带西安一千二

百五十满洲兵，于五月初三日至初五日陆续抵达乌鲁木齐军营。剩余西安一千二百五十满洲兵，不日即可抵达。查得，署副将军萨喇尔等来文内开，今前锋部队进入伊犁边界，抵达登努尔特依等地，与北路兵马汇合，共同于四月三十日由两路进军。除将索伦兵后续遣往之外，剩余兵马，可由将军率领坐镇乌鲁木齐等形胜之地，前后俱可接续呼应，于事有益。倘若观此，前锋蒙圣主鸿恩，即可永久平定准噶尔，大功即在眼前，奴才我整军遥为声势，等候报功喜讯，从容办理撤兵。兹将各处兵丁陆续抵达，谋划于乌鲁木齐附近扎营摇为声势之处，具谨奏闻。

乾隆二十年五月二十二日奉朱批：知道了。钦此。

五月初九日

16. 定边右副将军萨喇尔等奏报副都统额勒登额率索伦兵已过伊犁河等情形折

奴才萨喇尔、扎拉丰阿、鄂容安、车凌、车凌乌巴什、车凌孟克谨奏：为奏闻事。

顷奴才与北路将军班第、阿睦尔撒纳等会面，共商共同进兵之事，商定两路分别渡伊犁河往追达瓦齐，于四月三十日途中业已奏闻。奴才率兵五月初三日抵达伊犁河边，试探河水深浅，看得水深流急，不可蹚行。除有十六小舟外，没有大船，故栓连两小船，队伍挨次渡河。期间副都统额勒登额率领索伦兵，于五月初五日抵达。至初七日渡河完毕。我两路俱彼此打探消息，共同进兵。兵威愈大，达瓦齐或畏惧归附，或有被抓获喜讯。（略）

乾隆中期索伦兵出使和招服布鲁特考述

陈　柱*

引　言

　　索伦原居于贝加尔湖以东、外兴安岭以南、黑龙江中上游以北的广阔区域，是中国北部边疆重要的古代部族群体之一，广义上包括鄂温克、达斡尔、鄂伦春、巴尔虎等，狭义上单指鄂温克。崇德、顺治年间，清廷陆续将索伦部众迁居嫩江流域，于康熙初年形成布特哈打牲部落。起初，索伦先后归理藩院、宁古塔将军管辖，康熙三十年（1691）划归黑龙江将军。① 康熙二十三年至三十年间，清廷先后从索伦部众中挑选壮丁，编设 39 牛录，派驻黑龙江（今黑龙江省黑河市爱辉区）、墨尔根（今黑龙江省嫩江市）、齐齐哈尔三城，构成黑龙江将军辖下驻防八旗的中坚力量。② 雍正八年（1730），将布特哈打牲部落编为布特哈八旗。雍正十年，又从布特哈八旗将 50 佐领、3000 壮丁移驻呼伦贝尔，编为呼伦贝尔八旗。③

---

* 陈柱，中国社会科学院中国边疆研究所北部边疆研究室助理研究员。

① 韩狄：《清代八旗索伦部研究——以东北地区为中心》，中国社会科学出版社，2011 年，第 76～77 页。

② 金鑫：《康熙朝黑龙江驻防八旗"穷索伦"、站丁牛录考》，《民族研究》2014 年第 5 期。

③ 韩狄：《清代八旗索伦部研究——以东北地区为中心》，第 105～108、136～137 页。

　　索伦是狩猎部族，兼营渔牧和农业，崇尚勇武，擅长骑射，素以骁勇善战闻名于世，号称八旗劲旅，是清朝维护统治的重要军事力量。为了保持索伦兵的军事优势，清朝利用八旗制度的组织形式，通过贡貂之役、春秋会操、旗学教育、行围校猎等多种方式，对八旗索伦进行全面系统的骑射教育。其中，马步骑射、鸟枪操放、马队训练、战阵操演等科目是骑射教育的核心内容。经过康熙、雍正两朝的长期训练和精心培养，索伦兵成为训练有素、娴熟"国语骑射"、能征善战的八旗精锐。① 时人西清称赞："今日索伦、达呼尔马甲，较满洲技艺有过之无不及。"② 乾隆帝也对其颇为称道，"打牲索伦等处兵丁，人甚壮健，枪箭敏捷，惯走山林，颇耐劳苦……若能服其心，临战甚属得力"；③ "况索伦等皆猎兽之人，自应精于弓箭，故向来于精锐兵丁内尤称手快"。④

　　有清一代，索伦一方面驻防黑龙江和新疆，戍守东北和西北边疆；另一方面多次参加维护国家统一和边疆安全稳定的战争，如历次清准战争、大小金川战争、平定新疆和卓之乱、廓尔喀战争、清缅战争等，"各处有事，征调频仍，前后共计六七十次，转战几达二十二省"，⑤ 对清代统一多民族国家的形成、巩固和发展，对清代边疆地区的开拓治理和安全稳定作出了突出贡献。以乾隆中期平定准噶尔和大小和卓之乱、统一新疆为例，索伦在其中发挥了巨大作用，清朝统治者对此赞赏有加。初次平定准噶尔时，乾隆帝即称赞："我兵自前次平定伊犁以来，未尝不屡有剿杀……至所用之

---

　　① 麻秀荣、那晓波：《清代八旗索伦的骑射教育》，《中国边疆史地研究》2003 年第 2 期。

　　② 西清：《黑龙江外记》卷三，《续修四库全书》第 731 册，上海古籍出版社，2002 年，第 732 页。此处"索伦"是狭义用法，"达呼尔"即达斡尔。

　　③ 《清高宗实录》卷三二八，乾隆十三年十一月甲子。

　　④ 《清高宗实录》卷三七四，乾隆十五年十月丁丑。

　　⑤ 《黑龙江志稿》卷二六《武备志》。

兵，皆我八旗索伦子弟之众，并未尝征发间左，调集耕亩。"① 至晚年，乾隆帝仍不忘索伦在其间所建功绩："方今国家全盛，回城、准噶尔及两金川等处……俱逼近边陲，关系紧要，且地非卑湿，满洲索伦劲旅可以展其所长，是以不惜劳费，先后底定，归入版图。"② 宗室昭梿所著《啸亭杂录》也夸赞："国家挞伐四夷，开辟新疆二万余里……唯赖索伦轻健之师，风飙电击，耐苦习劳，难撄其锐。"③

布鲁特是卫拉特蒙古和清朝对居住于今中国新疆和中亚地区、信奉伊斯兰教的柯尔克孜（吉尔吉斯）人的称呼。布鲁特长期保持部落制度，部落众多，居住分散，各自为政，无统一政权。一些部落因关系亲密而结成部落联盟，推举年长者为部落联盟长。清朝将布鲁特区分为东、西两部分。根据文献记载，东布鲁特有萨雅克、萨尔巴噶什、霍索楚、启台、萨娄等五部，西布鲁特有额德格讷、奇里克、胡什齐、诺依古特、冲巴噶什、岳瓦什、巴斯子、蒙古勒多尔、希布察克、奈曼、提依特等十余部。④ 清朝招服布鲁特，是乾隆中期清军平定准噶尔和大小和卓之乱的结果，索伦兵在其中扮演了特殊而重要的角色。相较于在平定准噶尔和大小和卓之乱时出征作战、冲锋陷阵，索伦兵在招服布鲁特过程中是以和平的方式出现，主要表现在如下几个方面：作为使者出使布鲁特各部；在出使中演习骑射武艺，宣扬清朝声威；护送布鲁特朝觐使臣和贡马等。对于这些情况，学界尚缺乏关注和研究。本文拟发微索隐，对此进行考察。另外，学界素来称道索伦兵骑射精湛，但是对于其骑射武艺的具体内容与形式却甚少涉及。本文在论述索伦兵武艺演习时借机对此进行详细考察。

---

① 《清高宗实录》卷五四三，乾隆二十二年七月丁未。
② 《清高宗实录》卷一三二三，乾隆五十四年二月壬子。
③ 昭梿：《啸亭杂录》卷九《海超勇》，中华书局，1980 年，第 281～282 页。
④ 《清朝文献通考》卷二九九《四裔考七》；松筠纂《钦定新疆识略》卷一二《外裔·布鲁特》。

一　索伦兵出使和招服布鲁特

1. 清朝招服布鲁特的背景

乾隆二十年（1755）六月，清军俘获准噶尔末代珲台吉达瓦齐，准噶尔汗国覆亡。当年八月，阿睦尔撒纳煽动一部分准噶尔部众一同反叛清朝。清廷派遣大军征讨，迁延日久，劳而无功。正值此时，喀尔喀发生"撤驿之变"，引发追随清军征讨阿睦尔撒纳的众多准噶尔台吉和宰桑于乾隆二十一年冬叛变。在清军征伐下，反叛的准噶尔台吉和宰桑纷纷逃亡和会集于沙喇伯勒。沙喇伯勒是伊犁西南门户、准噶尔汗国西部战略要地和边防重地，位于今哈萨克斯坦卡普恰盖水库以南，是伊犁河以南、特穆尔图淖尔（伊塞克湖）北岸山岭以北、车里克河以西、图尔根河以东之间的地区，西南邻近阿拉木图，西通哈萨克，南通布鲁特。[①] 当此之时，哈萨克三部集体出动，前来抢掠准噶尔逃众，准噶尔部众进一步溃散。

乾隆二十年清朝进军达瓦齐时，释放被准噶尔拘禁的大小和卓兄弟，将大和卓遣往喀什噶尔招服天山南路回众，留小和卓于伊犁照管当地回众。阿睦尔撒纳叛乱后，小和卓跟随反叛。清军征讨阿睦尔撒纳时，小和卓逃往叶尔羌。兄弟二人煽惑回众，天山南路各城纷纷沦陷。清廷派遣副都统阿敏道前往招降，小和卓竟于乾隆二十二年三月间将阿敏道及所带兵丁全部杀害。

为此，乾隆二十三年春，清廷任命兆惠为定边将军、车布登扎布为定边右副将军、富德为参赞大臣，进兵沙喇伯勒，专门办理会集于此的准噶尔台吉和宰桑；任命雅尔哈善为靖逆将军、额敏和卓为参赞大臣，进兵叶尔羌和喀什噶尔，专门办理大小和卓。[②] 与此

---

① 陈柱：《准噶尔汗国对布鲁特的征战、防守与准噶尔汗国内部的布鲁特人》，余太山、李锦绣主编《欧亚学刊》新9辑，商务印书馆，2019年，第175～180页。

② 《清高宗实录》卷五五四，乾隆二十三年正月庚寅。

同时，由于布鲁特不但与大小和卓关系密切，也牵涉到清军追捕沙喇伯勒的准噶尔台吉、宰桑，清廷遂决定招服布鲁特。[1] 乾隆帝谕令兆惠进军沙喇伯勒时，经过纳林河、特穆尔图淖尔，将平定准噶尔、收服哈萨克、进兵大小和卓的情况晓谕布鲁特部众，进行招服。[2] 乾隆二十三年二月，兆惠率领 4000 余兵从玛纳斯军营启程。定边右副将军车布登扎布与参赞大臣富德、哈宁阿带领 1800 兵先行，富德率其中 500 兵在前哨探寻踪迹；兆惠与参赞大臣巴禄带领其余兵丁在后行走和接应。[3] 清军一路扫荡前进，反叛的准噶尔台吉、宰桑四处逃散，或者病故，或者被俘，或者被杀，唯独哈萨克锡喇[4]等数人逃脱。

2. 索伦兵出使和招服东布鲁特五部

乾隆二十三年四月，兆惠、富德率兵渡过伊犁河，前往特穆尔图淖尔地方搜寻哈萨克锡喇。[5] 此地原本为布鲁特游牧地，后为准噶尔占用。准噶尔汗国覆亡后，布鲁特部众陆续迁回。此时，招服布鲁特已迫在眉睫，兆惠一方面派遣车布登扎布与巴禄率兵驻扎伊犁，继续搜剿准噶尔残余逃众；另一方面，利用临近布鲁特之便，与富德一同着手招服布鲁特。[6] 四月三十日，二人在特穆尔图淖尔东岸与布鲁特萨雅克部比（bii）[7] 图鲁起（tuluki）、萨尔巴噶什部

---

① 《清高宗实录》卷五五五，乾隆二十三年正月丙辰。

② 《定边将军兆惠等奏将库车伯克鄂对等交雅尔哈善处效力及赴沙喇伯勒剿贼折》，乾隆二十三年二月十九日，中国边疆史地研究中心、中国第一历史档案馆合编《清代新疆满文档案汇编》第 28 册，广西师范大学出版社，2012 年，第 242~243 页。

③ 《定边将军兆惠等奏散秩大臣巴图济尔噶勒已将马匹运到军营及分路进军伊犁折》，乾隆二十三年二月十二日，《清代新疆满文档案汇编》第 28 册，第 193~194 页。

④ 哈萨克锡喇原为哈萨克人，是准噶尔汗国噶勒杂特鄂托克三大宰桑之一，原本驻牧于阿尔泰山以南的额尔齐斯河上游，是准噶尔汗国后期重要的政治人物。

⑤ 《定边将军兆惠等奏审讯厄鲁特鄂哲特玛济克情形乘解京之便呈进玉碗狐皮折》，乾隆二十三年四月十六日，《清代新疆满文档案汇编》第 29 册，第 365 页。

⑥ 《定边将军兆惠等奏报古尔班呼斯坦地处何方及请招降布鲁特以绝回子退路折》，乾隆二十三年五月十五日，《清代新疆满文档案汇编》第 30 册，第 34~35 页。

⑦ 比是布鲁特首领的称号，相当于天山南路回部的伯克。

比鄂库（ūku）所率 70 余人遭遇，将其收服，初步了解到布鲁特的详细情况，并制订了招服布鲁特各部的具体计划。兆惠派遣侍卫乌勒登和蓝翎托伦泰率领 20 名兵丁，出使和招服萨雅克、萨尔巴噶什两部其他部众以及居住于塔拉斯河流域的霍索楚、启台、萨娄三部。①

　　清廷进兵准噶尔和大小和卓时，先后于乾隆二十年至二十三年陆续从各地调兵前往军前，每年调派的军队中都有大量索伦兵。乾隆二十年、二十一年两年，清廷共调派了 2000 余名索伦兵前往新疆。《清高宗实录》记载："其军营年久官兵，俱行彻回。计乾隆二十年、二十一年派出之健锐营兵二十余名、吉林兵七百余名，以爱隆阿管领；索伦兵二千余名，以瑚尔起、由屯、鄂博什、温布分领；察哈尔兵七百余名，以端济布、敏珠尔、多尔济管领……"②《清高宗实录》又载："昨派出察哈尔兵一千名，由阿济必济往乌鲁木齐。所需口粮马匹，应先送至乌鲁木齐，豫备支给。现在派出索伦兵二千名，俱由此路行走，亦应照前豫备。至派出健锐营兵一千名，则不必至巴里坤，径由哈密、吐鲁番、鲁克察克一路。"③ 乾隆二十三年，清廷又调派了 2000名索伦兵前往新疆。这些索伦兵参与了清军的各种行动，兆惠所率大军就配有大量索伦兵，是军中精锐。乌勒登和托伦泰出使布鲁特所率的 20 名兵丁中也包含众多索伦兵。

　　乾隆二十三年五月初四日，乌勒登、托伦泰一行从驻扎于索勒通萨哩④地方的兆惠军营出发，在图鲁起比和鄂库比带领下，前往招服萨雅克和萨尔巴噶什其他部众。五月十二日，他们来到图鲁起

---

① 《定边将军兆惠等奏报布鲁特吐鲁齐拜等归服并派员招抚其余布鲁特折》，乾隆二十三年五月十五日，《清代新疆满文档案汇编》第 30 册，第 36～48 页。
② 《清高宗实录》卷六〇一，乾隆二十四年十一月癸酉。
③ 《清高宗实录》卷五六八，乾隆二十三年八月甲寅。
④ 索勒通萨哩位于今吉尔吉斯斯坦境内纳林河中游北岸支流基奇纳林河流域。

比和鄂库比游牧地所在的珠木罕（jumgan）① 地方。五月十三日，图鲁起比和鄂库比召集当地布鲁特部众，霍索楚部首领迈塔克比（maitak bii）之子额什博托（esiboto）此时正在鄂库比游牧地。乌勒登和托伦泰遂宣读和颁降敕书，将这些布鲁特部众和额什博托收服，并向额什博托了解了塔拉斯地方布鲁特的情况。至此，乌勒登和托伦泰决定分头行动，约于图古斯塔老（tugus taroo）② 地方会合。五月十四日，托伦泰率领四名兵丁，携带敕书，前往塔拉斯；乌勒登率领其余兵丁在图鲁起比和鄂库比陪同下前往图古斯塔老地方。③

　　根据满文档案记载，托伦泰所率四名兵丁全部是索伦人，分别名叫颜奇保（yanciboo）、额尔色木保（ersemboo）、拜璊察（baimunca）、郭布奇鼐（gobcinai）。④ 托伦泰一行行走五六日后，来到塔拉斯地区的汗斋鲁（han jailu）地方，霍索楚部比迈塔克派人迎接，表示归顺。随后，托伦泰来到塔拉斯地区的和硕和尔阿塔（hošohor ata）地方，启台部比喀喇博托（hara boto）率领部众归顺。喀喇博托是霍索楚、启台、萨娄三部的联盟长。托伦泰宣读和颁降敕书后，喀喇博托和迈塔克率众行礼叩谢，商定派遣喀喇博托之侄哈毕奇（habiki）、迈塔克之弟舒库尔（šukur）代两位首领进京朝觐。托伦泰遂带领哈毕奇、舒库尔前往富德军营。⑤

　　乾隆二十三年五月十八日，乌勒登一行来到图古斯塔老，会见萨尔巴噶什部比车哩克齐（cerikci）。次日，乌勒登召集此地的布鲁特部众，宣读和颁降敕书，将其收服，并派纳尔松等三名兵丁护

---

① 珠木罕又作珠穆翰，即今吉尔吉斯斯坦纳林河中游北岸支流乔苗列恩河上游朱姆加尔河流域。

② 图古斯塔老即今吉尔吉斯斯坦纳林河中游的托古兹—托罗盆地，也即卡扎尔曼地区。

③ 《定边将军兆惠等奏报布鲁特恭顺情形及吐鲁奇等欲进京观见折》，乾隆二十三年六月初九日，《清代新疆满文档案汇编》第30册，第244~246页。

④ 《定边将军兆惠奏报奖赏布鲁特向导白玛木特等片》，乾隆二十三年六月二十四日，《清代新疆满文档案汇编》第30册，第431页。该奏折题名有误，实为富德所奏。

⑤ 《参赞大臣富德奏报于布鲁特牧场宣示军威并令其拿获哈萨克锡喇送交大军折》，乾隆二十三年六月十九日，《清代新疆满文档案汇编》第30册，第353~354页。

送车哩克齐、图鲁起、尼沙（niša）等五名首领前去拜见兆惠，确定进京朝觐人选。随后，乌勒登率领四名兵丁，于五月二十一日启程，前往萨尔巴噶什部比玛木特呼里（mamut hūli）和萨雅克部比舍尔伯克（šerbek）游牧地。① 当时，萨尔巴噶什部和萨雅克部结成了部落联盟，玛木特呼里是部落联盟长。一份满文档案记载了乌勒登所率四名兵丁中三人的名字和职衔，分别为委署骁骑参领（funde bošokū be araha jalan i janggin）都鲁木保（durumboo）、领催丰阿木保（funggamboo）、披甲文德（wende），② 前两人都是索伦人。五月二十九日，乌勒登一行来到玛木特呼里驻地，玛木特呼里率众迎接，乌勒登宣读敕书，玛木特呼里率众跪领，归附清朝。五月三十日，玛木特呼里设宴款待乌勒登一行，并确定派遣舍尔伯克进京朝觐，贡马一匹，由舍尔伯克呈进。③ 随后，乌勒登启程回往兆惠军营。由于托伦泰尚未回来，乌勒登选派两名索伦兵携带托伦泰一行寄存的马匹和行李前去迎接托伦泰。④

　　乾隆二十三年六月初十日，富德率兵离开兆惠军营，继续搜寻哈萨克锡喇，计划穿行布鲁特，经塔拉斯前往右部哈萨克。六月十四日，富德来到图鲁克索克⑤地方，得知乌勒登已经招服玛木特呼里、带领舍尔伯克前来兆惠军营。六月十六日，富德自图鲁克索克启程，十八日来到图呼勒巴斯罕地方，也即朱姆加尔河流域，受到当地布鲁特部众的欢迎和款待。此时，托伦泰与四名索伦兵护送布

---

① 《定边将军兆惠等奏报布鲁特恭顺情形及吐鲁奇等欲进京觐见折》，乾隆二十三年六月初九日，《清代新疆满文档案汇编》第30册，第246～247页。

② 《定边将军兆惠奏报派员护送布鲁特舍尔伯克入觐折》，乾隆二十三年六月二十日，《清代新疆满文档案汇编》第30册，第388页。

③ 《定边将军兆惠奏报派员护送布鲁特舍尔伯克入觐折》，乾隆二十三年六月二十日，《清代新疆满文档案汇编》第30册，第385～386页。

④ 《定边将军兆惠奏侍卫乌勒登招降布鲁特玛木特呼里比并遣其弟舍尔伯克入觐及侍卫额勒登额择伤折》，乾隆二十三年六月二十日，《清代新疆满文档案汇编》第30册，第378页。

⑤ 图鲁克索克位于今吉尔吉斯斯坦境内楚河上游索克河与纳林河中游北岸支流朱姆加尔河之间的分水岭一带。

鲁特朝觐使臣舒库尔、哈毕奇到来。六月十九日，富德仍派遣托伦泰一行护送舒库尔、哈毕奇加紧前往兆惠军营。① 六月二十一日，富德分兵两路，派遣 200 余兵赶赴楚河、沙喇伯勒搜寻哈萨克锡喇和准噶尔逃众，自身率领 700 余兵，经由苏萨玛尔、额得墨克岭，前往塔拉斯。七月初六日，富德到达塔拉斯，受到霍索楚和启台部众热烈欢迎，会见和宴请了两部首领。为了追拿哈萨克锡喇，富德向两部首领询问了右部哈萨克的情况，然后委派三等侍卫蒙古勒岱、委署骁骑参领赫善，挑选才技优长的索伦兵和吉林兵 30 名，遣往右部哈萨克。② 富德又向两部首领询问了萨娄部的情况。据称，萨娄部由阿克拜（akbai）、车里黑（cerihei）、叶里黑（yerihei）、爱达尔伯克（aidarbek）四名首领统管，驻牧于巴伦古特地方，与霍索楚、启台两部相距较远，有四五日路程。为此，富德派遣察哈尔蓝翎侍卫伊达木扎卜（idamjab）、索伦领催林保（limboo）带领索伦披甲和木布萨（hombusa）、哈什克（hasik）二人，前去招服萨娄部。四人来到巴伦古特地方，逐一前往萨娄部各首领游牧地，颁降敕书，宣扬清朝皇帝仁化，进行招服。萨娄部举部欢悦，各首领随即表示归顺，派遣阿克拜之子伯勒克（belek）、爱达尔伯克之弟诺奇（noki）进京朝觐。七月十二日，伊达木扎卜四人带领两名使臣回到富德军营。③ 随后，富德前往塔拉斯河中游南岸的伯什阿噶什默多（beši agasi modo）等地山谷搜寻哈萨克锡

① 《参赞大臣富德奏报于布鲁特牧场宣示军威并令其拿获哈萨克锡喇送交大军折》，乾隆二十三年六月十九日，《清代新疆满文档案汇编》第 30 册，第 352～357 页；《定边将军兆惠奏侍卫乌勒登招降布鲁特玛木特呼里比并遣其弟舍尔伯克入觐及侍卫额勒登额摔伤折》，乾隆二十三年六月二十日，《清代新疆满文档案汇编》第 30 册，第 377～379 页。

② 《参赞大臣富德奏报遣员赴哈萨克索要哈萨克锡喇折》，乾隆二十三年七月十五日，《清代新疆满文档案汇编》第 31 册，第 248～250 页。苏萨玛尔是今吉尔吉斯斯坦境内纳林河右岸支流乔苗列恩河上游苏萨梅尔河流域，又称苏萨梅尔盆地。额得墨克是今吉尔吉斯斯坦境内塔拉斯山东段岭山之名，是塔拉斯河与苏萨玛尔河（苏萨梅尔河）的分水岭。

③ 《平定准噶尔方略》正编卷六〇，乾隆二十三年八月辛巳；《参赞大臣富德奏报向布鲁特显示军威折》，乾隆二十三年七月十五日，《清代新疆满文档案汇编》第 31 册，第 258～259 页。

喇，等候蒙古勒岱、赫善。此际，霍索楚、启台、萨娄三部联盟长，启台部比喀喇博托率领家眷和游牧部众，携带土产和贡马一匹，前来拜见富德，富德备办饭食予以款待。①

3. 索伦兵出使和招服西布鲁特希布察克、额德格讷等部

乾隆二十三年秋，靖逆将军雅尔哈善率军围困库车，骄纵轻敌，致使小和卓逃脱，清军收取库车、赛里木和拜城。清廷将雅尔哈善革职治罪，责令定边将军兆惠领兵进剿。兆惠正好率军搜寻哈萨克锡喇返回伊犁，遂领兵翻越天山进入回部，追击小和卓，于八月间先后收取阿克苏和乌什。此时，大和卓据守喀什噶尔，小和卓退守叶尔羌。兆惠贸然率军直趋叶尔羌，十月初被大小和卓大军围困于黑水营。参赞大臣富德此时已搜寻哈萨克锡喇返回，清廷改授富德为定边右副将军，命其驰援兆惠。乾隆二十四年正月，富德军取得呼尔璊大捷，兆惠整军突围，两军会合，撤回阿克苏休整。

乾隆二十四年四月，小和卓将家眷、资产迁往叶尔羌以西的羌呼勒（kiyanghūl）地方，遣使联络巴达克山，向巴达克山以东的布鲁特希布察克等部馈赠礼物，为日后逃亡做准备。六月上旬，大和卓将搜刮喀什噶尔的粮食和牲畜运出，率领亲信驻守喀什噶尔。当月，兆惠军从阿克苏启程，再次南进。兆惠与参赞大臣明瑞、额敏和卓率领一半兵经乌什路沿山前进，参赞大臣阿里衮、巴禄率领另一半兵经巴尔楚克路前行，约定一同攻取喀什噶尔。大兵压境，大小和卓率众出逃。闰六月十四日，兆惠军收取喀什噶尔。兆惠进军喀什噶尔本为堵截大小和卓逃路，结果尚未抵达，大小和卓即已远遁。为此，招服周边布鲁特部落和浩罕等政权、堵截大小和卓逃路成为清军的首要任务。

由于帕米尔西通博罗尔、巴达克山，北通安集延、浩罕、玛尔

---

① 《参赞大臣富德奏报布鲁特人喀拉博托率属请求迁回其被厄鲁特所占之牧场折》，乾隆二十三年八月初四日，《清代新疆满文档案汇编》第 32 册，第 90~96 页。

噶朗、纳木干，闰六月十五日，兆惠派遣明瑞率领 2000 马兵驰赴帕米尔堵截大小和卓。① 明瑞推测大小和卓将逃奔安集延，而非巴达克山，因此率军赶往和什库珠克帕米尔的哈喇库勒地方（今塔吉克斯坦东北的喀拉湖）。此地与安集延相通，是布鲁特希布察克、奈曼等部落游牧之地。明瑞军于闰六月二十五日抵达时，大小和卓部众刚从此道经过不久，附近的布鲁特部众都已远徙。闰六月二十八日，明瑞军在霍斯库鲁克岭（即和什库珠克岭）追及大小和卓。双方激战一整日，大小和卓败逃，翻越霍斯库鲁克岭，转而投奔巴达克山。② 此即霍斯库鲁克之战。次日，明瑞军翻越霍斯库鲁克岭，尾随追踪大小和卓，途中遇到一名受伤的布鲁特人雅尔默特（yarmet）。此人是希布察克三部之一克孜勒希布察克部首领肯哲巴图鲁（kenje baturu）之弟。该部落与大小和卓有仇，数日前曾派兵截击大小和卓逃众。雅尔默特恳请明瑞遣使前往克孜勒希布察克部，召集兵丁堵截大小和卓。明瑞本计划遣使联络附近的布鲁特，于是向索伦兵巴哈木保（bahamboo）赏戴蓝翎，交给文书一封，命雅尔默特陪同，派遣出使克孜勒希布察克部，将其招服。③

由于浩罕和布鲁特额德格讷等部与大小和卓家族关系亲密，有消息称兄弟二人可能往投浩罕。闰六月十七日，兆惠选派二等侍卫达克塔纳带领四名索伦兵、两名厄鲁特兵，携带文书，出使浩罕和布鲁特额德格讷等部，责令其截拿大小和卓。④ 满文档案记载了四

---

① 《定边将军兆惠等奏报大小和卓弃喀什噶尔叶尔羌而逃速派官兵分路堵截折》，乾隆二十四年闰六月十五日，《清代新疆满文档案汇编》第 39 册，第 372～373 页。

② 《参赞大臣明瑞奏报追至霍斯库鲁克岭与敌交战未能擒获和卓折》，乾隆二十四年闰六月二十九日，《清代新疆满文档案汇编》第 40 册，第 70～72 页。

③ 《参赞大臣明瑞奏派蓝翎巴哈木保出使布鲁特令其阻截大小和卓折》，乾隆二十四年闰六月二十九日，《清代新疆满文档案汇编》第 40 册，第 73～74 页。

④ 《定边将军兆惠等奏咨照浩罕额尔德尼伯克等堵截大小和卓等片》，乾隆二十四年闰六月十五日，《清代新疆满文档案汇编》第 39 册，第 374～376 页；《定边将军兆惠等奏从喀什噶尔派员晓谕浩罕等协力堵截和卓片》，乾隆二十四年闰六月二十日，《清代新疆满文档案汇编》第 39 册，第 419～420 页。

名索伦兵中两人的名字和职衔，分别为领催委署骁骑校三济（sanji）、披甲纳布齐（nabci）。[①] 当时，浩罕汗国由浩罕、安集延、玛尔噶朗、纳木干等城组成。闰六月十八日，达克塔纳一行从喀什噶尔启程，闰六月二十九日抵达安集延附近。因听闻额德格讷部首领阿济比（aji bii）在当地地位很高，达克塔纳一行先前往诺哈特（今吉尔吉斯斯坦奥什州 Nookat）地方会见阿济比。在阿济比率领下，额德格讷部归附清朝。随后达克塔纳来到安集延、玛尔噶朗两城，然后前往浩罕城，会见浩罕汗国首领额尔德尼伯克，受到隆重接待。至此，浩罕汗国也归附清朝。其间，额尔德尼伯克不但赠给达克塔纳礼物，还赠给陪同出使的四名索伦兵衣服等礼物。最后，额尔德尼伯克遣使向清廷进贡马匹，并派遣使臣托克托玛哈默特（toktomahamet）、拜玛哈默特（baimahamet）进京朝觐。达克塔纳出使额德格讷部和浩罕时，途经布鲁特奇里克、蒙古勒多尔、巴斯子三部，遂将其一同招服。三部派遣使臣呼达呼里（hūdahūli）、约勒多拜（yoldobai）进京朝觐。十月初十日，达克塔纳率领浩罕、布鲁特等部朝觐使臣回到兆惠军营。十月二十二日，额德格讷部阿济比也派遣其弟哈匝克（hadzak）、其侄锡喇噶斯（šarhadzi）进京朝觐，来到兆惠军营。[②]

二 索伦兵出使布鲁特时演习骑射武艺

索伦兵武艺高强，精于骑射，作战时可以冲锋陷阵，杀伤敌

---

① 《定边将军兆惠等奏巴尔虎领催三济等随达克塔纳出使浩罕效力请补骁骑校折》，乾隆二十四年十月十三日，《清代新疆满文档案汇编》第 42 册，第 121 页。

② 《定边将军兆惠等奏遣使赴安集延晓谕阿济比擒献霍集占折》，乾隆二十四年八月十七日，《清代新疆满文档案汇编》第 40 册，第 438~443 页；《定边将军兆惠等奏安集延浩罕等遣派使臣修书投诚折》，乾隆二十四年十月十三日，《清代新疆满文档案汇编》第 42 册，第 101~109 页；《定边将军兆惠等奏派员护送布鲁特阿济比之弟哈匝克等进京请安折》，乾隆二十四年十一月初七日，《清代新疆满文档案汇编》第 42 册，第 367~368 页。

军；行军时可以演习武艺，耀武扬威。出使和招服布鲁特是清军在平定准噶尔和大小和卓之乱过程中执行的特殊重要任务，大量索伦兵参与了这一任务。武艺演习属于军事演习的性质，清军在出使布鲁特时通过组织索伦兵等士兵演习骑射武艺，可以对布鲁特等周边部族和政权宣扬清朝武威，达到威慑的效果。骑射是概称，实际包括马步射、鸟枪操放、马术、战阵操演等内容。其中，步射是指站地射箭中靶；马射是指策马飞驰中射箭中靶，难度尤大。满文档案记载了索伦兵出使布鲁特时先后七次向布鲁特人演习骑射武艺的情况。

第一次：乾隆二十三年四月三十日，兆惠军在特穆尔图淖尔东岸与萨雅克部比图鲁起、萨尔巴噶什部比鄂库所率 70 余名布鲁特人遭遇，将其收服。五月初一日，兆惠安排宰杀牛羊，备办饭食茶饮，款待这些布鲁特人。宴席间，兆惠安排士兵表演骑射武艺。满文档案如此描述这一场景：

（满文转写）jai inenggi ihan honin be / wafi. efen buda dagilafi. ceni geren / urse be gajifi buda cai efen / ulebufi. aigan gabtara niyamniyara be / tuwabufi. geli asu uksin be jursuleme / aigan de buheliyeme etubufi lakiyafi / gabtabure be tuwabuha. geren burut se / musei niyalmai gabtara niyamniyara be maktame / wajirakū bime. asu uksin be fondo / fondo gabtara be sabufi umesi ferguwembi. ①

（汉译）次日，宰杀牛羊，备办饼饭，将伊等众人招来，款待饭、茶、饼；然后令观看以马步箭射箭靶，又重叠悬挂网子甲蒙盖箭靶，令观看射步箭。众布鲁特不但对我等人员马步箭称赞不已，且见步箭射透网子甲，甚为惊讶。

① 《定边将军兆惠等奏报布鲁特吐鲁齐拜等归服并派员招抚其余布鲁特折》，乾隆二十三年五月十五日，《清代新疆满文档案汇编》第 30 册，第 46 页。

满文中关于骑射武艺的专门术语非常丰富，gabtambi 专指射步箭（步射），niyamniyambi 专指射马箭（马射），asu uksin 指网子甲。网子甲是铠甲的一种。将铁甲片用一环套一环的方式连缀而成的铠甲即锁子甲，又称连环锁子甲。如果不用铁甲片而用铁丝连环而成，形如铁丝网制成的衣服，即为网子甲。锁子甲和网子甲都是用于防御箭镞的铠甲。这一档案简单记载了此次清兵骑射武艺表演的内容和布鲁特人观看后的反应。记载中虽未明言表演士兵的兵种和族属，但索伦兵作为兆惠军中精锐，毫无疑问会被安排参与表演。或可推测，此次表演是由满洲兵和索伦兵共同承担。这从清军随后几次对布鲁特进行武艺表演的记载中可以得到印证。

第二次：乾隆二十三年五月十九日，乌勒登招服图古斯塔老地方的萨雅克部和萨尔巴噶什部部众，派纳尔松等人护送车哩克齐、图鲁起、尼沙等五名首领前去拜见兆惠。六月初三、四日，车哩克齐等人陆续来到兆惠军营。兆惠予以接待，确定派遣车哩克齐、图鲁起、尼沙三人进京朝觐。六月初六日，兆惠正式设宴款待五名首领，并于席间安排满洲兵和索伦兵表演骑射武艺。据满文档案记载：

> （满文转写）ice ninggun de aha be / ihan honin be wafi. efen buda / dagilafi. ceni geren urse be gajifi / sarilara de. gabtara niyamniyara jafanure be / tuwabufi. geli asu uksin be jurseleme / aigan de lakiyafi. fondo fondo gabtabume. / gala dacun silin dacungga kūwaran. girin—i / manju. solon sebe morin deleri ilanggeri / miyoocalara. hashū ici sunjanggeri niyamniyara / emgeri miyoocalafi juwenggeri niyamniyara. demungge / feksin feksiburebe tuwabuha manggi. geren / butut se gala be giogin arame / kiyakiyame ferguweme gisurerengge / + + amban gurun—i beri niru nimecuke be / ulan ulan—i gisurehe be donjiha

bicibe. / morin deleri feksime ududu mudan miyoocalambime. /
miyoocan be maktarakū. an—i meiherefi / geli ududu da
niyamniyara. morin ci / aljafi na de tuheke adali oho / bime.
dasame yalufi feksirengge yala / ferguwecuke. meni yasa de
sabuhakū sere / anggala. meni ama mafa ci ebsi / gisurere be inu
donjihakū. meni / gūnin de meni burut. hasak—i miyoocan / uthai
sain seme gūniha bihe. te / erebe sabufi. meni miyoocalara be geli
ai / dabure babi. jun gar—i ūlet se. / ere beri ninu. ere miyoocan
de / wajihangge giyan dabala sefi. emdubei hengkilembi. / cembe
sarilame wajiha manggi. ce alimbaharakū / hukšeme. urgunjefi.
meni gubci burut gemu / ＋ ＋ amba ejen i albatu oho. ereci
enteheme / irgame banjime / ＋ ＋ amba ejen i kesi be alire
inenggi mohon / akū kai sefi. musei doroi hengkilefi / geli ceni
doroi hengkilehe.[①]

（汉译）初六日，奴才等宰杀牛羊，备办饼饭，将伊等众
人招来宴请时，令观看步射、马射、摔跤。又令观看重叠悬挂
网子甲于靶上，射步箭穿透；身手敏捷之健锐营、吉林满洲、
索伦等于马上放枪三次，左右射箭五次、放枪一次后射箭两
次；并演习立马伎。众布鲁特合掌惊叹道：大国弓箭厉害，虽
曾传闻，然骑马飞奔，数次放枪，而枪不弃置，仍旧背负，又
数次射箭；似已离马着地，复行乘骑飞奔，委实神奇。不但我
等未曾眼见，即自我等父祖以来，亦未曾听闻。我等心中曾以
为我等布鲁特、哈萨克鸟枪即已甚佳。现观此，我等放枪又何
足道哉。准噶尔之厄鲁特等在此弓箭、鸟枪之下毁灭，理所当
然也等语，频频磕头。宴请伊等完毕，伊等不胜感激欢喜，言

---

① 《定边将军兆惠等奏报布鲁特恭顺情形及吐鲁奇等欲进京觐见折》，乾隆二十三年六月初九
日，《清代新疆满文档案汇编》第 30 册，第 254～256 页。

称我等全部布鲁特俱已为大皇帝阿勒巴图，自此永远安逸生活，享受大皇帝恩典之日永无穷尽矣等语，照我等之礼磕头，又照伊等之礼磕头。

这一记载更加详细，不但指明参与表演的士兵为健锐营兵、吉林满洲兵和索伦兵，交代了武艺表演的具体内容和形式，还生动描述了布鲁特人观看后的言语和表现。宴席结束后，兆惠委派三等侍卫达桑阿护送车哩克齐、图鲁起、尼沙三名使臣进京朝觐，将其他布鲁特人遣回。这些布鲁特人返回后，将观看清兵精湛武艺表演的情况传遍布鲁特，产生广泛影响。

第三次：乾隆二十三年五月二十日前后，托伦泰率领四名索伦兵在塔拉斯招服布鲁特霍索楚部和启台部。六月十八日，托伦泰带领霍索楚部使臣舒库尔、启台部使臣哈毕奇在图呼勒巴斯罕地方来到富德军营。富德会见了两名朝觐使臣，招待饮茶。两名使臣由于听闻了清军精彩武艺表演的消息，向富德表达了想要观看表演的强烈愿望。对此，满文档案记载：

（满文转写）ede cai omibufi facara de / burut se geli baime alahangge. be jakan siran / siran i amba coohai kūwaran ci. nukte de / amasi mariha. meni ursei alaha be donjici. amba / coohai dorgi hacingga mudan niyamniyara. feksire / morin deleri ilanggeri miyoocalara. asu uksin be / šuwe fondo gabtara dembei mangga sain hahasi / umesi labdu sembi. mende hūturi nekeliyen inu / bahafi sabumbio serede. aha bi esebe tuwaci. / umesi ginggun ijishūn hing seme ofi. esei / baru ere ai mangga baita. cimari meni coohai / urse be urebume suwende tuwabuki seme gisurefi / facabuha. jai inenggi ihan honin wafi. geren / burut sede buda ulebume. cooha urse be / jafunubume cai omibufi. manju solon cooha be / asu uksin gabtabufi. morin i deleri ilanggeri / miyoocalara. hashū ici niyamniyara. niowanggiyan turun i / cooha ni g'ang jergi duin niyalma be. demungge / feksire be tuwabufi. gemu kiyakiyame ferguweme wajirakū. / ishunde cocarame gisurecerengge. ere jergi mangga / hahasi erdemu mudan be. musei beyese sabuhakū / teile akū. šan de inu donjiha ba akū. / jun gar be mukiyebumbi sere anggala. yaya we / eljeci ojoro urse waka. muse dahame dosikangge / ambula jabšaha kai sefi hengkilefi facaha.①

（汉译）于是用茶后将要散去时，布鲁特等又求告道：我等听闻新近陆续从大军营返回游牧之我等人众告称：大军内射各种样式马箭、奔马上三次放枪、步箭直接射穿网子甲、着实厉害优秀之男子甚多等语。我等福薄，亦得见否等语。奴才我观伊等甚为恭顺恳切，告伊等：此何难事？明日命我士兵演习，请尔等观看等语，使散去。次日宰杀牛羊，款待众布鲁特饭食，命士兵摔跤。用茶后，令观看满洲、索伦兵步箭射网子甲，于马上三次放枪、左右射箭，绿营兵倪刚等四人演习立马伎。俱惊叹不已，彼此纷纷议论道：此等厉害男子武艺样式，我等不但未曾亲见，亦未曾耳闻。不但将准噶尔剿灭，亦非任何人可以抵抗。我等归顺，大为受益矣等语。叩头后散去。

这一记载也详细叙述了表演士兵的兵种与族属、武艺的具体内容与形式，以及布鲁特人观看后的反应。

第四次：乾隆二十三年六月十六日，乌勒登带领萨雅克和萨尔巴噶什两部联盟长玛木特呼里所派朝觐使臣舍尔伯克来到兆惠军

---

① 《参赞大臣富德奏报于布鲁特牧场宣示军威并令其拿获哈萨克锡喇送交大军折》，乾隆二十三年六月十九日，《清代新疆满文档案汇编》第 30 册，第 356～357 页。

营。六月十九日，兆惠准备饭食，按照之前宴请车哩克齐等五名首领一样宴请舍尔伯克，并安排观看士兵表演武艺。对此，满文档案简要记载如下：

（满文转写）aha bi ninggun biyai juwan uyun de ／ ihan honin wafi. buda efen dagilafi. ／ šerbek sebe gajifi. inu neneme cerikci ／ sebe sarilaha adali sarilame. gabtara ／ niyamniyara. jafanure. morin deleri ilanggeri ／ miyoocalara. hashū ici sunjanggeri niyamniyara. ／ emgeri miyoocalafi juwenggeri niyamniyara. demungge feksin feksibure. asu uksin be fondo gabtara ／ jergi hacin be tuwabuha manggi. šerbek sei ／ gisun. jakan meni niyalma amasi genere de ／ jugūn de ucarafi. amba cooha i ere ／ ferguwecuke mangga ［缺损］ alaha be. bi hono akdarakū bihe. te yasa ／ sabufi teni saha. ／ ＋ ＋ amba gurun i niyalmai niyamniyara. gabtara. ／ miyoocalarengge yargiyan i mangga ferguwecuke seme ／ emdubei ferguweme maktame gisurefi hengkilehe.①

（汉译）奴才我于六月十九日宰杀牛羊，备办饭饼，将舍尔伯克等招来，亦如从前宴请车哩克齐等人一般宴请，令观看步射、骑射、摔跤、于马上放枪三次、左右射马箭五次、放枪一次后射马箭两次、表演立马伎、步箭射穿网子甲等节目。舍尔伯克等言称：新近我等之人回去时在路上相遇，告称大军如此神奇厉害［缺损］，我尚不信。现眼见方知。大国之人马射、步射、放枪，实在厉害神奇等语。频频惊叹夸赞磕头。

这一记载没有说明表演士兵的族属和兵种，但可以推测，索伦兵必定被安排参与。

① 《定边将军兆惠奏报派员护送布鲁特舍尔伯克入觐折》，乾隆二十三年六月二十日，《清代新疆满文档案汇编》第 30 册，第 387~388 页。

　　第五次：乾隆二十三年七月初六日，富德率军来到塔拉斯，霍索楚部比迈塔克、启台部比喀喇博托之子阿萨木（asam）等首领各自率领部众来会，喀喇博托因年事已高，未能亲来。富德宰杀牛羊，准备饭食，款待两部首领。交谈时，迈塔克等不断提及清兵骑射。富德早有准备，随即安排士兵表演。对此，满文档案记载：

　　（满文转写）ihan honin wafi maitak / sede buda uleburede. maitak se gisun i / ildun de musei coohai ursei gabtara / niyamniyara be jondome gisurerede. aha bi / onggolo inenggi uthai belhebuhe ofi. maitak / sede. ere gemu meni coohai ursei hahai / erdemu urebure baita. suwe tuwaki seci. / ai mangga seme gisurefi. neneme jafanure be / tuwabufi. sirame aigan asu uksin be fondo / gabtabuha manggi. morin deleri emgeri miyoocalafi / juwenggeri niyamniyara ilanggeri miyoocalare. sunja / da niyamniyara. demungge feksire be feksibume / tuwabuha de. maitak jeyembek nasub hūli. / karamundu. asam. esumbek ceni juse deote / fejergi urse dur seme ferguweme wanjirakū / hendurengge. / ＋ ＋ amba gurun i cooha ursei ere gese mangga / miyoocalara. gabtara hacingga niyamniyara be / meni karaboto i jergi sede oho niyalma / saburakū sere anggala. donjiha be inu / akū seme gisurefi gemu giogin arame / urgunjeme niyakūrafi hengkilehe. ①

　　（汉译）宰杀牛羊，款待迈塔克等饭食，迈塔克等于交谈时，常提及我士兵步射、马射。奴才我先期即已预备，告迈塔克等：此皆我兵丁练习武艺。尔等若欲观看，有何难等语。先令观看摔跤，续而步箭射穿箭靶网子甲，然后于马上放枪一

---

①　《参赞大臣富德奏报会见布鲁特比买塔克并晓谕哈萨克锡喇若至此务必拿获呈献折》，乾隆二十三年七月十五日，《清代新疆满文档案汇编》第 31 册，第 256～257 页。

次、射马箭两次、放枪三次，射马箭五次，（又）表演立马
伎。迈塔克、哲耶木伯克、纳苏布呼里、喀喇璊都、阿萨木、
额色木伯克，伊等子弟、属下人众纷纷惊叹不已，言称：大国
兵丁如此厉害，放枪、步箭、各种马箭，不但我等喀喇博托等
年事已高之人未曾见，亦未听闻等语，俱合掌欢喜下跪磕头。

　　这一记载也没有指明表演士兵的兵种与族属，但毫无疑问索伦
兵一定参与其中。这次表演是富德在霍索楚部和启台部驻地举行的。
　　第六次：乾隆二十三年七月初六日，富德派遣察哈尔蓝翎侍卫
伊达木扎卜、索伦领催林保带领索伦披甲哈什克、和木布萨，在霍
索楚部向导沙木巴克（šambak）、托克托郭勒（toktogol）陪同下，
前去招服萨娄部。七月十二日，伊达木扎卜一行带领萨娄部朝觐使
臣伯勒克、诺奇回到富德军营。返回途中，布鲁特向导和朝觐使臣
称赞清兵骑射武艺，意图请伊达木扎卜等表演。满文档案记载如下：

　　（满文转写）membe dahame yabure burut se. gemu amba /
gurun i coohai gabtara niyamniyarangge umesi mangga / sembi.
jugūn yabure de inu niyamniyaci ombio / seme gisurere de. jugūn i
dalbade mahala / sindafi hasik. hombusa se niyamniyara deri /
mahala goire jakade. burut se simhun / saime ferguwembime. ceni
beri be gaifi / tataci etere niyalma emke akū ofi. ce / + + amba
gurun i coohai beri niru mangga sere / gusun yargiyan i holo akū
seme kiyakiyame / ferguweme ulandume alambi.[1]
　　（汉译）跟随我等行走之布鲁特等言称：俱谓大国兵丁步
射、马射甚为厉害。路上行走时亦可射马箭乎等语。于是，在

---

[1]　《参赞大臣富德奏报向布鲁特显示军威折》，乾隆二十三年七月十五日，《清代新疆满文档
　　案汇编》第 31 册，第 258~259 页。

路旁放置靶子，哈什克、和木布萨等每次射马箭皆射中靶子。布鲁特等紧咬指头惊讶，取伊等之弓，无一人能拉开。因此，伊等赞叹传颂，大国兵丁弓箭厉害之言，实在不虚。

这次表演与其他几次由清军将领在宴请布鲁特首领时安排的不同，是清军士兵在出使布鲁特路途中应布鲁特人的请求安排的，只由两名索伦兵表演，内容也较为简单，只有射马箭。

第七次：乾隆二十三年七月中下旬，富德来到塔拉斯河中游伯什阿噶什默多等地，霍索楚、启台、萨娄三部联盟长喀喇博托率领部众来见。富德备饭款待，席间喀喇博托恳请展示骑射武艺，富德安排满洲、索伦兵进行表演。满文档案记载：

（满文转写）buda yali ulebure de. / karaboto i alarangge. / + + amba gurun i coohai gabtara niyamniyara mangga. / bakcin akū be bi aifini donjiha gojime. / beye umai bahafi sabuhakū. jakan mini jui / asam se amasi jifi. maitak se amban i / jakande jifi gemu asu uksin fondo gabtara / niyamniyara be sabufi. babade ulandume ferguweme / alara be bi amtanggai donjiha. amban gosici / coohai urse be urebume tuwabuci ojoroo. bi / udu yasa saburakū bicibe. šan donjimbi. mini / hehe juse omosi. nuktei urse mimbe dahame / jifi bahafi sabuci. bi inu mekele tanggū se / funceme banjihakū seme baime gisurehe de. / aha bi uthai manju solon i cooha be / jafunubume. asu uksin gabtabume. morin deleri / miyoocalara. sunja ninggun da niyamniyara. demungge / feksire be feksibume urebume tuwabuha de. / karaboto i juse omosi nuktei urse kaicame / urgunjeme. hacin aname karaboto de alaha dari. / karaboto kiyakiyame ferguweme ceni ursei baru / hendurengge. musede gemu hūturi bisire jakande. / + + amba ejen de dosika.

suwe te amban i / bade ere gese ferguwecuke erdemu urebure be / sabuha. muse damu tumen aniya de isitala. ／ ＋ ＋ amba ejen i kesi alire ba jalbaraci ele hūturi / nonggimbikai seme gisurembi.[①]

（汉译）款待饭肉时，喀喇博托告称：大国之兵步射、马射厉害无敌，我虽早已听闻，只是未得亲见。近我子阿萨木等回来，迈塔克等来到大人近前，俱见射步箭穿透网子甲、射马箭，到处转告传颂。我闻之欣然。大人若垂怜，可使观看士兵演习乎？我虽眼失明，耳尚可听。我妻、诸子、诸孙、游牧人众跟随我而来，若得见，我亦不枉活百余岁等语求告。奴才我随即令观看满洲、索伦兵演习摔跤、步射网子甲、于马上放枪、五六次射马箭、表演立马伎。喀喇博托诸子、诸孙、游牧人众欢喜呐喊，逐项告知喀喇博托。每（告一项），喀喇博托辄赞叹，向伊等人众言称：我等俱有福，已归顺大皇帝，尔等现于大人处亲见演习如此神奇武艺。我等若皆祝祷千秋万代享受大皇帝之恩，益发增福矣等语。

这一记载也非常详细。这次表演也是富德在布鲁特游牧地安排的。

综上所述，这七次骑射武艺演习都是向东布鲁特五部展示的，目前尚未见到清军招服西布鲁特时表演武艺的记载。索伦兵是这七次武艺演习的主力，或者与满洲兵、健锐营兵共同完成，或者独自完成，第三次表演还有绿营兵参与。武艺演习的内容除了摔跤之外，都是骑射技艺，包括步射网子甲、马射、马上放枪和立马伎等。所表演的骑射武艺动作除第一次和第六次较少之外，其他几次动作都极为复杂繁难，马射和放枪连环交替进行多次，毫不间断，马射

---

① 《参赞大臣富德奏报布鲁特人喀拉博托率属请求迁回其被厄鲁特所占之牧场折》，乾隆二十三年八月初四日，《清代新疆满文档案汇编》第 32 册，第 92～93 页。

甚至左右开弓。一方面，这些高超的骑射武艺让布鲁特首领和部众惊讶赞叹不已，佩服得五体投地。他们将清军骑射武艺厉害的情况四处传布，在整个布鲁特和中亚地区塑造了清朝的强盛形象，宣扬了清朝的声威，扩大了清朝的影响。另一方面，这些高超的骑射武艺也对布鲁特首领和部众产生极大的震慑效果，是其见所未见、闻所未闻的，即使称雄一时的准噶尔也无法抵挡。这造成布鲁特对清朝的畏惧心理，巩固了布鲁特对清朝的臣服和恭顺态度。这也是清军向布鲁特演习骑射武艺的目的所在。对此，富德曾总结道：

（满文转写）te / burut se. muse de dahahangge gemu / + + ejen i horon hūturi. musei coohai etehe gebu / algin de gelefi. ginggun ijishūn i dahame / dosikabi. esei banin be tuwaci. musei coohai / horon i horolome ceni niyaman silhi be geleburakū / oci ojorakū ofi. labdu burut sebe dalaha / urse gaifi acaraha dari cende buda šangname / coohai erdemu be urebume tuwaburengge. udu tohorombume gisurecibe. cohome cembe / horolome gelebure jalin. te wargi hasak. / tasigan i hoise se dahame dosika bime. / muse ili de cooha tebuhe manggi. burut. / hasak se muse de acanjire. muse ceni / bade niyalma takūrara baita bimbime. inu / urunakū amasi julesi ishunde hūdašame yabumbi. aha i mentuhun gūnin de. tulergi aiman i / niyalma be / + + ejen i kesi fulehun be selgiyeme balume gosici / acacibe. kemuni etuhun kiyangkiyan coohai horon be / baitalame ceni banin be jafatame forgošobure / ohode. teni / + + ejen i kesi be hukšere be sambime. amala / balai dekderšere gūnin be ini cisui mayambuci / ombi seme gūnimbi. [1]

　　（汉译）现布鲁特等归顺于我者，俱赖皇上威福，畏我军得胜声名，恭顺归附。观伊等性情，因我军施威，伊等不能不心惊胆战。故每逢带领布鲁特等为首人众来见，赏赐伊等饭食，令观看士兵演习武艺，虽为抚慰，亦特为威慑伊等。现右部哈萨克、塔什干回众归顺，而我于伊犁驻军后，不但有布鲁特、哈萨克等来见、向伊等地方派人之事，亦必相互往来贸易行走。奴才愚钝以为：外藩之人，虽当传布皇上恩泽抚爱，如若尚用强壮军威约束调转伊等性情，方知感戴皇上之恩，日后妄生背叛之心亦可自消。

三　索伦兵护送布鲁特朝觐使臣与贡马

　　由于索伦兵拥有高强的武艺和优良的素养，清朝不但派遣他们出使和招服布鲁特，安排他们向布鲁特表演骑射武艺，宣扬武威，还委派其护送布鲁特朝觐使臣和贡马进京，并派遣其护送朝觐使臣返回。

1. 索伦兵护送布鲁特使臣进京朝觐

　　乾隆二十三年六月十九日，兆惠款待萨雅克和萨尔巴噶什部朝觐使臣舍尔伯克一行后，六月二十日，仍派乌勒登率领索伦兵都鲁木保、丰阿木保以及披甲文德、正红旗蒙古兵双全四人照看和护送舍尔伯克一行进京朝觐。① 乾隆二十三年六月十九日，富德委派托伦泰率领颜奇保、额尔色木保、拜璃察、郭布奇鼐四名索伦兵护送霍索楚部和启台部朝觐使臣舒库尔、哈毕奇前往兆惠军营。六月二十三日，托伦泰一行抵达兆惠军营。兆惠进行款待后，仍命托伦泰

---

① 《定边将军兆惠奏报派员护送布鲁特舍尔伯克入觐折》，乾隆二十三年六月二十日，《清代新疆满文档案汇编》第 30 册，第 388 页。

带领索伦兵颜奇保、额尔色木保、拜璊察、郭布奇萧四人照看和护
送，并增派 20 名兵丁陪同，当天派遣启程进京。根据兆惠奏折，
之所以仍旧派遣出使布鲁特的索伦兵陪同护送布鲁特使臣进京，是
因为这些索伦兵在出使时"跟随效力"（dahame faššame yabuha），
表现出色。① 仍旧派遣他们护送既是对他们的肯定和信任，也是对
他们的奖励。

乾隆二十三年七月十二日，察哈尔蓝翎侍卫伊达木扎卜、索伦
领催林保及索伦披甲和木布萨、哈什克四人带领萨娄部朝觐使臣伯
勒克、诺奇回到富德军营，富德携带二人随军行走。途中伯勒克患
病，富德将其遣回。不久，三等侍卫蒙古勒岱、委署骁骑参领赫善
率 30 名索伦兵和吉林兵招服右部哈萨克和塔什干城，带领两地朝
觐使臣于七月二十九日回到富德军营。富德遂委派蒙古勒岱、赫
善、索伦领催八格、吉林披甲额森特依、厄鲁特蓝翎车哩克齐带兵
30 名，护送右部哈萨克和塔什干城朝觐使臣，派遣索伦领催林保
护送萨娄部朝觐使臣诺奇，于八月初四日一同进京。②

2. 索伦兵护送布鲁特贡马进京

除了受命护送布鲁特朝觐使臣进京之外，索伦兵还承担了护送
布鲁特进贡马匹的任务。萨雅克和萨尔巴噶什两部联盟长玛木特呼
里向乾隆帝贡马一匹，兆惠将其交给索伦兵南提木保（nantimboo）
护送，经由巴里坤、肃州前往京城。兆惠还将自己所献布鲁特马四
匹、备用马一匹，富德所献布鲁特马二匹、备用马一匹，以及明
仁、福灵阿、乌勒登等官兵所献布鲁特马三匹、哈萨克马三匹，一

---

① 《定边将军兆惠奏报护送布鲁人等赴京觐见折》，乾隆二十三年六月二十四日，《清代新疆
满文档案汇编》第 30 册，第 430 页。该档案题名中"布鲁人"，原文如此，显系"布鲁特
人"之误。

② 《参赞大臣富德奏报遣员赴右部哈萨克塔什干寻拿哈萨克锡喇未获及护送哈萨克回子等使臣
朝觐折》，乾隆二十三年八月初四日，《清代新疆满文档案汇编》第 32 册，第 86～89 页。

并交给南提木保护送进京。①

　　霍索楚、启台、萨娄三部联盟长喀喇博托也向乾隆帝贡马一匹，富德将其交与侍卫纳兰图（narantu）、呼伦贝尔委署骁骑校策德布（cedeb）、索伦军功蓝翎奎苏保（kuisuboo）、吉林前锋珠尔萨（jursa）、披甲精格（gingge），护送进京，呈交上驷院。富德还将哈萨克进贡的马匹以及自己与其他官兵所献马匹十八匹、备用马匹七匹，都交给纳兰图五人，一并送交上驷院。② 参与护送的五人中，除了索伦兵奎苏保之外，呼伦贝尔委署骁骑校策德布也应当属于广义上的索伦人。

　　3. 索伦兵护送布鲁特朝觐使臣返回

　　布鲁特使臣在京城朝觐结束后，一些索伦兵又参与了护送布鲁特使臣返回原籍的任务。例如，布鲁特额德格讷、奇里克等部以及浩罕使臣在乾隆二十五年正月完成朝觐后，清廷委派乾清门侍卫索诺木车凌、伍岱带领这些使臣返回，八月初二日来到喀什噶尔。办事大臣舒赫德、参赞大臣阿里衮选派满洲、索伦、察哈尔官兵61名，协助牵引照看马驼行李，陪同护送额德格讷、奇里克、浩罕等部使臣返回。③

结　语

　　本文梳理了索伦兵参与乾隆二十三年、二十四年清朝招服布鲁特这一重大历史事件的详细经过，揭示出索伦兵在其中所扮演的角色和发挥的作用。清朝招服布鲁特是清军平定准噶尔和大小和卓之

---

①　《定边将军兆惠奏将大臣等及布鲁特玛木特呼里比进贡之马匹送京折》，乾隆二十三年六月二十日，《清代新疆满文档案汇编》第 30 册，第 381~382 页。

②　《□□□奏副将军富德派侍卫那兰图等将贡马送交上驷院片》，乾隆二十四年二月，《清代新疆满文档案汇编》第 36 册，第 360 页。那兰图即纳兰图。

③　《阿克苏办事大臣舒赫德等奏乾清门侍卫索诺木车凌等带领浩罕等部使臣路经喀什噶尔折》，乾隆二十五年八月十一日，《清代新疆满文档案汇编》第 47 册，第 63~64 页。

乱的结果，索伦兵作为八旗劲旅，是参与平乱的清军的精锐部队之一。为了堵截、擒拿准噶尔逃散部众和大小和卓，清廷决定招服布鲁特。乾隆二十三年，兆惠、富德率领清军抵达东布鲁特边境，派遣侍卫乌勒登、蓝翎托伦泰带领 20 名兵丁出使和招服东布鲁特萨雅克、萨尔巴噶什、霍索楚、启台四部。这 20 名兵丁中有众多索伦人。乌勒登、托伦泰分头行动时，索伦兵被分为两部分，分别跟随二人行走效力。其中，托伦泰所率四名兵丁全部为索伦人。此后，富德率领 700 余兵抵达塔拉斯，会见霍索楚、启台两部首领和部众，索伦兵是这 700 余兵的组成部分。富德又派遣侍卫伊达木扎卜、索伦领催林保率两名索伦兵出使和招服东布鲁特萨娄部。乾隆二十四年，兆惠、富德率清军进攻大小和卓，派遣侍卫达克塔纳带领六名兵丁出使和招服西布鲁特额德格讷、奇里克、蒙古勒多尔、巴斯子等部落以及浩罕汗国，这六名兵丁中有四人是索伦人。明瑞分兵在帕米尔追击大小和卓，又派遣索伦兵巴哈木保出使和招服西布鲁特克孜勒希布察克部。

在出使和招服东布鲁特的过程中，索伦兵先后七次向布鲁特部众演习骑射武艺。第一次是兆惠军在特穆尔图淖尔地方初次遭遇萨雅克、萨尔巴噶什两部首领和部众时安排的；第二、第四次分别是兆惠在索勒通萨哩军营接待萨雅克、萨尔巴噶什两部朝觐使臣时安排的；第三次是富德在图呼勒巴斯罕地方接见霍索楚、启台两部朝觐使臣时安排的；第五、第七次分别是富德在塔拉斯地方会见霍索楚、启台两部各大首领时安排的；第六次则是出使萨娄部的使者伊达木扎卜、林保在率领该部朝觐使臣返回军营途中安排的。其中，第一、第二、第四次是兆惠主动向布鲁特人安排演习的，其他几次则是应布鲁特首领的请求而安排的。这七次骑射武艺演习或者由索伦兵独立完成，或者由索伦兵与满洲兵、健锐营兵等官兵一同完成。所表演的武艺无论内容或形式都颇为复杂繁难，既展现了索伦兵的高强骑射本领和勇武体魄，也显示了清朝的强盛和清军的威武。

除此之外，索伦兵还参与了护送布鲁特朝觐使臣和贡马的任务。招服东布鲁特后，乌勒登率领护送萨尔巴噶什和萨雅克两部朝觐使臣进京的四名兵丁中有两人是索伦人；托伦泰率领护送霍索楚和启台部朝觐使臣进京的四名兵丁均是索伦人；索伦领催林保则承担了护送萨娄部朝觐使臣进京的任务。此外，索伦兵参与了护送萨雅克和萨尔巴噶什两部联盟长玛木特呼里及霍索楚、启台、萨娄三部联盟长喀喇博托所贡马匹进京的任务。额德格讷、奇里克等部朝觐使臣完成朝觐、回到喀什噶尔后，当地驻扎大臣又派遣索伦兵与满洲、察哈尔官兵一同护送朝觐使臣返回原籍。清军将领和大臣派遣索伦兵参与护送布鲁特朝觐使臣和贡马，既是对他们的肯定和信任，也是对他们的奖励。

索伦兵既参与出使和招服布鲁特各部落，又参与护送布鲁特朝觐使臣和贡马，这无疑与索伦兵具有勇武的素养和高强的武艺有关。索伦兵所具备的这种条件和形象既确保了清朝招服布鲁特任务的圆满完成，又能够以壮观瞻，树立清朝的威武形象。索伦兵还先后七次参与向布鲁特演习高超的骑射武艺，这一方面对布鲁特和整个中亚地区展示和宣扬了清朝的声威，扩大了清朝的影响；另一方面对布鲁特首领和部众造成极大的震慑效果，巩固和确保了布鲁特对清朝的臣服和恭顺态度。不过，需要指出，索伦兵能够出使布鲁特和发挥这些作用，也有赖于清朝当时的强盛国力及乾隆君臣的积极进取与宏图大略。索伦兵是作为清军的一部分执行清廷的决策和清军将帅的指令而行动的。

集体记忆的建构与延续

——以哈木尼干鄂温克人为例

朝克赛[*]

中国的鄂温克族分为索伦鄂温克人、哈木尼干人①和使鹿鄂温克人三个支系，他们有着各自的历史经历，其中哈木尼干人曾经生活在贝加尔湖以东地区，在 20 世纪初叶为了躲避战乱迁往呼伦贝尔地区，居住于今呼伦贝尔市陈巴尔虎旗和鄂温克族自治旗两地。中华人民共和国成立后三个群体统一为鄂温克族，他们有许多赫赫有名的民族英雄和历史人物。比如，鄂温克博物馆正门前伫立的清代鄂温克族将领海兰察将军以及馆内"清代名人"中罗列的博木博果尔、博尔本察、穆图善、明兴等。他们都是索伦鄂温克人，而哈木尼干人的历史人物根特木尔虽然曾成为中俄外交关系的焦点，却在民族记忆中处于边缘甚至被遗忘的位置。本文将主要探讨根特木尔在鄂温克族集体记忆中的地位和处于此地位的原因，以及哈木尼干人通过集体记忆的建构和延续来加强本族认同、民族间认同和国家认同的过程。

＊ 朝克赛，内蒙古大学民族学与社会学学院讲师。

① 又称"哈木尼干鄂温克人"或"通古斯鄂温克人"，他们最常使用的自称是"hamnigan"，本文将使用"哈木尼干人"这一族称。

一　集体记忆研究

施瓦茨分析过集体记忆研究的两种理论视角。[①]　一是现代主义视角，此视角以当前不断变化的建构性进程来说明记忆的非连续性，将当前政治、经济和意识形态环境与状况视为感知过去的基础。二是文化视角，此视角关注人们对过去的认识的延续性，集体记忆在社会变迁中的稳定性。认为对于每一代人和每一个民族来说，集体记忆是道德方向的源泉，是文化独特性的组成部分。

最早从社会学角度对记忆现象进行研究的是法国学者哈布瓦赫，他提出了早期版本的现代主义（presentism），认为集体记忆是一种社会建构的概念。集体记忆是由现在的需求塑造的，随着社会和环境的变化而改变。[②]　在现代主义视角中记忆与民族的关系是一个重要主题，霍布斯鲍姆和兰格将记忆视为民族国家合法化自身意识形态的工具，展现了一般被视为有悠久历史的传统实际上是有意识地设计来处理当前问题的"发明"。[③]　阿斯曼等也将记忆视为"当下的过去"，认为文化记忆通过重构来运作，人们总是将自己的知识与当前的情况联系起来，可以使社会群体获取关于自身的统一性和独特性认识，并固化身份。[④]　洛温塔尔认为记忆不是被动地记录过去，而是主动地重建过去，强调了"重建的过去"和"身份认同"之间的密切联系，认为人们对过去进行着刻意改变，使其符合当前的需要和期望。人们仿古，发明已失去

---

① Barry Schwartz, "Social Change and Collective Memory: The Democratization of George Washington," *American Sociological Review*, 1991, 56 (2): 221 – 236.

② 〔法〕哈布瓦赫：《论集体记忆》，毕然、郭金华译，上海人民出版社，2002 年，第 37 ~ 49 页。

③ 〔英〕霍布斯鲍姆：《传统的发明》，顾杭、庞冠群译，译林出版社，2004 年。

④ Jan Assmann, John Czaplicka, "Collective Memory and Cultural Identity," *New German Critique*, No. 65, *Cultural History/Cultural Studies*, 1995, pp. 125 – 133.

的连续性，发明祖先的特权和成就，操纵过去的遗产，强化身份认同。[①]

如果一个社会在较长时间内都保持着主要的社会相似性，那么现代主义视角就无法公正地解读过去和现在之间的复杂关系，记忆研究在关注历史变化的同时也要关注其延续性。希尔斯将通过集体记忆传递至今的知识和内容视为一种传统，可以在社会变迁中保持连续性和稳定性。他指出对过去的认识是人类自我认识的重要部分，人们将家庭、血缘、族群、部落、民族、种族或语言共同体的过去看作自己的过去，对这些过去的了解、敬重、依恋、效仿和憎恨的意识是人类精神活动的必然范畴。因此，希尔斯认为一个社会与其过去的联系永远不可能完全断裂，它是社会本性所固有的。[②]史密斯认为现代主义忽视了前现代与现代之间的连续性，他主张对社会文化身份进行长时段（Longue durée）分析，强调文化在民族的起源和发展中的关键作用，其中共同的记忆是决定集体文化身份延续的重要部分。他认为社会群体的历史以神话、仪式、习俗、关于领土、英雄和黄金时代的历史记忆等形式，对族群进行形塑，并将其转变为民族。[③]康纳顿反驳了只关注当下社会的结构和内容以及坚持历史虚构观的学者的观点，提出关于过去的记忆知识部分是由仪式操演来传达和维持的。他认为作为记忆体系的纪念仪式和身体实践都具有某种程度的保险性和持续性源泉。这便是身体记忆的历时成分，社会结构中存在的惯性。[④]

本文将通过现代主义视角和文化视角来分析哈木尼干人的集体

---

① David Lowenthal, *The Past is a Foreign Country – Revisited*, Cambridge：Cambridge University Press，2015，pp. 21，305.

② 〔美〕E. 希尔斯：《论传统》，傅铿、吕乐译，上海人民出版社，1991 年，第 45 ~ 84、437 页。

③ Anthony D. Smith, *Myths and Memories of the Nation*, Oxford：Oxford University Press，1999，pp. 3 – 29.

④ 〔美〕康纳顿：《社会如何记忆》，纳日碧力戈译，上海人民出版社，2000 年，第 117 ~ 127 页。

记忆，试图结合两种视角来更充分地呈现人们记忆过去的方式和
特点。

二　根特木尔的历史

根特木尔的历史经历较为特殊，他在清代文献中既是佐领①又
是逃人②。他是康熙口中的"清朝纳贡臣民"③，也是沙皇口中的
"接受了洗礼的公爵"④。他是俄文史料中的贵族，却在中国文献中
被描述为"过着十分困苦的生活"。鄂温克族的知识分子对他比较
了解，但普通民众对他所知甚少。这些情况足以证明他是一位具有
传奇色彩和争议的历史人物。

根特木尔是 17 世纪中叶生活在石勒喀河流域的鄂温克首领，此
时正值清朝和沙俄在黑龙江流域和贝加尔湖以东地区开始接触时期，
在此过程中根特木尔成为两国交涉的焦点。关于他的记录主要出现
在《清实录》、《朔方备乘》、莫斯科档案馆《中国事务档案》以及
18 世纪以来各国学者的研究之中。据英国学者拉文斯坦记载，1654
年俄国指挥官别克托夫带领队伍来到石勒喀河流域并在涅尔查河口
建立了一所寨堡，开始以此为基地在周边的居民中征集贡物。但根
特木尔不愿臣服，率领族人迁徙到额尔古纳河右岸，留下来的鄂温
克人也对俄国人产生抵触情绪并做出反抗，最终使后者撤离该地
区。⑤ 根特木尔迁徙到额尔古纳河右岸后被清政府封为佐领，⑥ 也

---

① 《清实录》第 5 册《圣祖仁皇帝实录》（二），中华书局，1985 年，第 466 页。
② 何秋涛：《朔方备乘》首卷一，叶 9～10。
③ 〔俄〕尼古拉·班蒂什－卡缅斯基：《俄中两国外交文献汇编（1619～1762）》，中国人民大
学俄语教研室译，商务印书馆，1982 年，第 33 页。
④ 《清实录》第 5 册《圣祖仁皇帝实录》（二），第 69 页。
⑤ 〔英〕拉文斯坦：《俄国人在黑龙江》，陈霞飞译，商务印书馆，1974 年，第 31～32 页。
⑥ 《清实录》第 5 册《圣祖仁皇帝实录》（二），第 466 页；何秋涛：《朔方备乘》首卷一五，
叶 14。

奉命参加了清军反击沙俄侵略者的呼玛尔堡战役。[①]

据莫斯科档案馆《中国事务档案》记载，1666～1667 年根特木尔带领族人返回尼布楚并归附俄罗斯，[②] 此后这一事件成为中俄外交关系的焦点，双方就他和他的族人的归属问题进行了长期争论。《朔方备乘》首卷，圣训中记载："……俄罗斯国罗刹等，无端犯我索伦边疆，扰害虞人，肆行抢掠，屡匿根特木图等逃人，过恶日甚，朕不忍即遣大兵剿灭，屡行晓谕，令其自释过愆，速归本地，送还隐匿逃去……"[③] 足见根特木尔在清朝历史上的重要意义。又据《中国事务档案》和《斯帕法里日志》记载，康熙于1670 年以后几次致信尼布楚统领阿尔申斯基和沙皇，声称他的臣民根特木尔隐匿在俄罗斯，要求俄罗斯归还根特木尔，并谴责俄国人在黑龙江流域的侵扰。[④]

关于根特木尔的争执成为中俄雅克萨之战爆发的原因之一。1684 年，康熙给雅克萨军政长官托尔布津的信中指责俄国人："……入侵朕之国土，驱逐朕之纳贡臣民，掠夺渔猎等之貂皮及粮物，且接纳根忒木尔及其同伙，尔等在朕之国境作恶多端。"[⑤] 并要求俄国人不要继续滋事、归还根特木尔、退回本土。1685 年 5 月，清朝从瑷珲起兵三千攻入雅克萨，次年清军再次围攻雅克萨几个月，俄军伤亡惨重。俄罗斯迫于压力，于 1686 年派戈洛文商谈中俄边界划分问题，最终于 1689 年，中俄两方签订了《尼布楚条约》。根据条约，中俄两国的边界明确化，双方以往的逃人不再索还，关于根特木尔及其族人归属的争论就此作罢。由此来看，根特木尔及其族人成为17 世纪中俄两国外交关系的焦点。根特木尔的重要性体现在他对石

① 《清实录》第 5 册《圣祖仁皇帝实录》（二），第 29 页。
② 〔英〕约·弗·巴德利：《俄国·蒙古·中国》，吴持哲、吴有刚译，商务印书馆，1981 年，第 1601 页。
③ 何秋涛：《朔方备乘》首卷一，叶 9～10。
④ 〔俄〕尼古拉·班蒂什 - 卡缅斯基：《俄中两国外交文献汇编（1619～1762）》，第 33 页。
⑤ 〔俄〕尼古拉·班蒂什 - 卡缅斯基：《俄中两国外交文献汇编（1619～1762）》，第 53 页。

勒喀河流域各部族的影响力，[①] 他的部族的军事力量和对边疆区域的了解程度，[②] 以及在缴纳上等貂皮方面的经济能力。[③]

三　集体记忆的建构性

中国的哈木尼干人在 20 世纪初叶从俄罗斯迁徙到呼伦贝尔地区，再到中华人民共和国成立时期，他们已经在中国生活了三十多年，这种社会环境的变迁对哈木尼干人的集体记忆（尤其是关于根特木尔的记忆）产生了重要影响。犹如哈布瓦赫所指出，集体记忆主要是由社会所构建，是依据现在的需求所塑造的，它会随着社会和环境的变化而变化。[④] 因此，这位 17 世纪末的鄂温克贵族[⑤]到了 20 世纪 50 年代在中国哈木尼干人的叙述中呈现出十分悲惨的命运："根特木尔归顺俄国之后，他们仍然在山林中过着狩猎生活。生活非常困苦，没有锅、碗，都是用桦皮制的盆、碗。煮水时把石头烧热后放进木水桶里煮水。冬夏天都穿皮衣。夏天缝衣用女人的头发当线，冬天用野兽筋为线。"[⑥]

笔者认为，哈木尼干人对于历史人物的悲惨叙事是为了衬托他们此时在中国生活的优越性，展现了他们告别艰难过去，走向光明未来的愿景。这是重塑集体记忆，建立和加强国家认同的过程。告别过去主要体现在与根特木尔之间的关系上。比如，新中国成立以来的鄂温克族研究中关于根特木尔的研究并不多见，鄂温克博物馆

---

① 〔苏〕普·季·雅科夫列娃：《1689 年第一个俄中条约》，贝璋衡译，商务印书馆，1973 年，第 31～35 页。

② 〔俄〕尼古拉·班蒂什－卡缅斯基：《俄中两国外交文献汇编（1619～1762）》，第 30 页。

③ 〔苏〕普·季·雅科夫列娃：《1689 年第一个俄中条约》，第 31～36 页。

④ 〔法〕哈布瓦赫：《论集体记忆》，第 37～49 页。

⑤ 据卡缅斯基的研究，在 1680 年以后根特木尔及其后人被俄罗斯政府奉为贵族，并世袭享受特殊待遇。

⑥ 内蒙古自治区编辑组：《鄂温克族社会历史调查》，内蒙古人民出版社，1986 年，第 255～256 页。

的历史人物陈列中没有根特木尔，他在哈木尼干人的集体记忆中也有逐渐被遗忘的趋势。笔者通过 2016～2019 年的田野调查了解到，除了一些知识分子以外，普通哈木尼干人对于他的情况基本上不怎么了解，整体上呈现出集体遗忘的趋势。

安德森曾指出，历史人物的身世和意图在不同的需求下会被重新创造，以不同的方式被记忆或遗忘。[①] 因此，如果说集体记忆是民族建构的关键因素，[②] 集体遗忘对于民族身份的确立和巩固同样重要。康纳顿在一项关于遗忘的研究中指出，一种形式的遗忘是在形成新身份的过程中发生的，此过程中一些旧的叙述可能会被搁置，遗忘成为新的共享记忆构建过程的一部分。[③] 哈木尼干人自 20 世纪初迁徙到呼伦贝尔地区至今，通过记忆和遗忘的方式重塑着自身的身份认同。笔者在田野调查中了解到哈木尼干人对于俄罗斯时期的经历和记忆并不十分熟悉和关注，相比之下，他们更愿意探讨迁徙到呼伦贝尔之后艰苦创业、建设家园的经历，尤其是在党和政府的领导和关怀下逐渐走向美好生活的历史过程。很多哈木尼干老人告诉笔者，他们的父辈在最初迁徙到呼伦贝尔之后生活十分艰辛，依靠少量牲畜经营生活，给俄罗斯或达斡尔富户当牧工。这样的情况在新中国成立后得到了迅速改善，在国家民族政策的实施过程中各民族得到了平等的地位和当家作主的权利，一些哈木尼干人向笔者诉说了他们的父辈与中央和地方的领导及专家共同参与民族识别、确立民族自治地方的往事。在人民公社时期，哈木尼干人的社会经济得到了较稳定的发展，生活水平也逐渐提高。他们对这段岁月记忆犹新，老牧民骄傲地讲述人们团结奋斗，共同发展集体经

① 〔美〕本尼迪克特·安德森：《比较的幽灵：民族主义、东南亚与世界》，甘会斌译，译林出版社，2012 年，第 57～71、303～340 页。

② John Gillis, *Commemorations: The Politics of National Identity*, Princeton, NJ: Princeton University Press, 1994, pp. 3-24.

③ Paul Connerton, *The Spirit of Mourning: History, Memory and the Body*, New York: Cambridge University Press, 2011, pp. 36-38.

济的过程。老干部自豪地回忆年轻时尽职尽责，为地方社会发展做出贡献的经历。这些历史都验证了哈木尼干人自新中国成立以来在党和国家的领导下逐渐走向幸福美好生活的重要历程，也是他们集体记忆中最为重视的内容。

哈木尼干人对于俄罗斯时期的历史记忆逐渐淡化的过程，与其说是因无法保留记忆而造成的损失，不如说是他们在身份管理过程中丢弃某些记忆并构建新身份的愿望，我们可以将集体遗忘视为身份建构的一种积极过程。珍妮·卡斯特通过马来西亚兰卡威岛某村庄的案例说明了这一现象，她认为集体遗忘有助于当前社会的吸收和融合，而不是一味地保持差异。这种遗忘在集体身份建构的过程中关注的主要不是过去，而是面向现在和未来。[①]我们了解到哈木尼干人在新中国成立以来的民族关系中，不断与其他各兄弟民族交往交流交融，他们关注的并非在俄罗斯的过去，而是作为中华民族一员的现在和未来，他们积极地通过集体遗忘来重新构建身份认同，不断增强着中华民族共同体的身份认同和对统一的多民族国家的祖国认同。

综上所述，关于根特木尔的历史和记忆主要说明了集体记忆/遗忘的现代主义特点，人们为了当前的需要重塑过去，让集体记忆符合当前的民族关系，塑造身份认同，使人们获得对于民族共同体的统一性和独特性认知。

四　集体记忆的延续性

历史人物的经历和对于后人的意义并非恒定和单一，比如根特木尔虽然有着跨国的历史，但他在呼伦贝尔地区生活过近十年时

---

① Janet Carsten, "The Politics of Forgetting: Migration, Kinship and Memory on the Periphery of the Southeast Asian State," *The Journal of the Royal Anthropological Institute*, 1995, Vol. 1, No. 2, pp. 317 – 335.

间，也曾被清政府封为佐领，并参加了清军反击沙俄侵略者的呼玛尔堡战役。这为后人的正面记忆和解读提供了一些线索。我们在集体记忆研究中，不仅需要在现代性视角中探索人们操作记忆资源为当下服务的建构性特点，也需要在文化视角中探讨记忆资源的正面、积极的持久性价值。希尔斯认为一个社会与其过去的纽带关系是其本性所固有的，人们习惯于将家庭、血缘、族群、部落、民族、种族或语言共同体的过去看作自己的过去。社会的连续性取决于身份认同跨越时间的一致性和稳定性，这些认同是建立在过去与现在之间的共识之上。① 人们习惯于以特定的习俗、规范和传统来记忆过去、追溯祖先、确定亲属并描绘系谱共同体。很多社会运用姓氏来记忆和确认身份。比如，哈木尼干人向来通过姓氏来记录系谱，而根特木尔对于哈木尼干姓氏的分布和记忆产生了较大的影响，"杜立给特"是现今最大的哈木尼干姓氏，并发展出很多分支。哈木尼干人指出："传说'杜立给特'内的各姓原来不是一个姓，而是因为'根忒木尔'是'杜立给特'，所以把每个姓后都放个'杜立给特'。"②

笔者采访过一位根特木尔·杜力嘎德姓氏的哈木尼干人，名叫阿敏，他认为根特木尔是杜力嘎德姓氏的祖先，该姓氏有很多分支，其中最大的一个分支的故乡是根河。根特木尔在 1658 年渡过额尔古纳河之后，先后到达过室韦、根河流域等地，并生活了近十年。因此对于一些哈木尼干人来说，根河是氏族先人生活过的故乡。史密斯曾指出确保民族或族群身份延续性的一个重要资源是"祖先的故乡"，特定的地理环境为共同体的历史进程提供了特殊的地点和场景，会成为该群体共同记忆的重要部分。③ 阿敏每年会到根河岸边撒祭鲜奶，向祖先祈祷生活兴旺。笔者认为，一方面，这是人们通过姓氏和故乡来延续身份认同的方式，表现了集体记忆

---

① 〔美〕E. 希尔斯：《论传统》，第 217～235 页。

② 内蒙古自治区编辑组：《鄂温克族社会历史调查》，第 340 页。

③ Anthony D. Smith, *Myths and Memories of the Nation*, pp. 269 - 271.

的延续性和稳定性。另一方面，哈木尼干人记忆祖先和故乡的过程
也充分体现了他们的现代国家认同。具体来说，根特木尔曾在额尔
古纳河右岸生活并担任过清朝的佐领，这是他历史经历的中国属
性。而哈木尼干人将祖先的故乡定位于中国的根河充分表明了他们
通过集体记忆和族群身份的延续性来表达国家认同的途径。因此，
可以认为中国各民族的历史记忆是构成中华民族共同记忆的基础，
也是各民族巩固国家认同和铸牢中华民族共同体意识的重要基础。

　　通过集体记忆表达和促进国家认同的另一个案例为 2015 年 7 月
在额尔古纳市蒙兀室韦苏木进行的"蒙古之源·蒙兀室韦文化旅游
景区"的开园仪式，该景区的主题强调了呼伦贝尔地区各民族共同
奋斗和发展的历史文化进程。其中最重要的文化主题之一是祖先敖
包祭祀仪式。参加仪式的哈木尼干人表示这里所说的祖先指的就是
根特木尔，因为该敖包的祭祀寓意参考了根特木尔在室韦地区生活
时的祭祀和信仰。负责祭祀的敖包长布迪向笔者讲述了一个传说：
"在室韦地区曾经生活着 en－yi 和 gen－yi 两个氏族，他们在狩猎的
过程中出现了纠纷并打算以武力解决。此时突然狂风大作，大雨倾
盆，双方暂停纠葛各自躲避风雨。狂风暴雨持续了一整夜，还掺杂
着各种奇怪的叫喊声。次日，战意全消的双方再次碰面，并谈论起
昨夜的现象，认定这是山水神灵在劝阻他们。于是他们决定停止纠
纷，和平相处并祭拜地方神灵。他们在合适的地方选取了两处祭祀
之地，一处取名'桦树圣地'由 en－yi 氏族祭祀，另一处取名
'太阳圣地'由 gen－yi 氏族祭祀。"① 布迪说 gen－yi 氏族的首领就
是根特木尔，他和族人曾经在这一地区生活，而两处圣地也正好在
景区周围。

　　因此，两个氏族和祭祀仪式的传说较好地表达了不同群体间互
动和认同的历史文化意涵，景区主办方将其融合到了各民族在历史

---

① 访谈对象：布迪，访谈时间：2015 年 9 月 25 日。

上交流融合、共同发展的主题中。他们邀请包括哈木尼干萨满在内的各民族萨满来共同主持敖包祭祀，并号召鄂温克族、蒙古族、汉族民众前来参加景区开园仪式。于是，呼伦贝尔地区很多哈木尼干人和其他民族的民众都来参加，促进了各民族间的交流和认同，这也让哈木尼干人围绕自身历史和记忆参与了各民族共同奋斗和发展的主题活动中。开园仪式上哈木尼干萨满和其他几位萨满共同主持了祭祀仪式，哈木尼干人则与其他民族的民众共同成为祭祀仪式和整个景区活动的主要参与者。康纳顿曾强调仪式过程对社会记忆的重要意义，人们在仪式中通过操演者、参与者与象征体系之间的稳定关系来回忆过去，仪式保证了社会群体集体记忆和认同的实践、习惯和延续。① 在这次活动中，许多哈木尼干人积极参加是为了通过仪式操演来纪念祖先，取悦神灵，祈祷风调雨顺、生活兴旺。这与传说中两个氏族选择圣地、祭拜神灵的行为在身体实践和象征意义上有着明显的延续性。在祭祀仪式重演过程中，萨满和民众以传统的形式主持和参加仪式。

笔者认为，这次活动的意义体现在两个方面。首先，哈木尼干人在祖先的故乡进行的祭祀仪式中重塑了对于先人在额尔古纳河右岸生活过的集体记忆，延续了过去与现在之间的联系，促进和巩固了他们的集体情感和认同。其次，他们也基于自己的历史人物和集体记忆参与到地方政府所倡导的挖掘各族交流融合、共同发展的历史文化，促进各民族间交流与团结的活动之中。麻国庆认为中华民族共同体记忆的形成是以各民族集体记忆的接触、碰撞和杂糅为前提。② 因此，这样的活动对于当地各民族巩固中华民族认同和国家认同有着十分积极的意义。

---

① 〔美〕康纳顿：《社会如何记忆》，第 54 ~ 82 页。
② 麻国庆：《记忆的多层性与中华民族共同体认同》，《民族研究》2017 年第 6 期，第 47 ~ 57 页。

结　语

本文从两种研究视角探讨了哈木尼干人的集体记忆和国家认同。现代主义视角主要关注集体记忆的建构性意义，认为人们为了当前的需要重塑过去，目的是让集体记忆符合当前的关系和话语。我们说明了哈木尼干人在新中国成立以来积极地用集体记忆/遗忘来重新构建身份认同，他们主要关注的并非在俄罗斯时期的过去，而是作为中华民族一员的现在和未来。犹如纳日碧力戈指出，处理民族问题的中国道路要体现历史积淀，反映民族记忆。就像河流要和它流经的地势地貌"协商"，弯弯曲曲地奔向前方。此过程中，民族之间要协商，现状和历史也要协商，少数民族对于历史过程的主体参与，深深地影响他们的国家认同。[①] 哈木尼干人通过集体记忆和集体遗忘不断地增强中华民族共同体的身份认同和对统一的多民族国家的祖国认同。

文化视角主要关注人们对过去的认识的延续性和持久性，认为人们通过系谱关系、情感依恋、纪念仪式等途径确保集体记忆和身份认同的延续。我们说明了哈木尼干人以姓氏继承、追忆故乡和仪式活动等方式延续历史和记忆，巩固了他们的集体情感和身份认同。哈木尼干人也通过这些实践促进了与其他民族互动和认同。最终，他们通过这些过程不断表达和加强国家认同和中华民族认同。麻国庆在"记忆的多层性"视角中指出，记忆在个体、群体、民族、国家之间的接触、碰撞、交流、交融，形成了民族意识、区域意识、国家意识的递进关系，不同层次的记忆通过整合形成中华民族共同体记忆。记忆的多层性讨论对构筑现代中国多层次的共同记忆以及铸牢中华民族共同体意识具有重要的

---

① 纳日碧力戈：《中国各民族的国家认同研究》，中国社会科学出版社，2020年，第22页。

理论意义。① 我们在哈木尼干人的案例中看到了记忆的多层性特点，他们基于本民族的记忆和认同，将其扩展到各民族交往交流交融的记忆和认同，最终延伸到中华民族共同体记忆和认同。

　　笔者认为，需要将现代主义视角和文化视角结合起来，才能更充分地理解集体记忆现象和国家认同建立和巩固的过程。正如施瓦茨指出，过去总是由持久性和变化、延续性和新颖性构成。一个社会当前的需求可能会促使它重新塑造过去，但在这种当代修订中，延续性仍然通过共同的代码和共同的象征标准得以保存，现在保留了过去也重建了过去。② 哈木尼干人的案例一方面可以说明人们在建构集体记忆时需要在当前的民族关系中不断地加强国家认同；另一方面也说明各民族延续的历史和记忆是中华民族共同体记忆的重要来源。

---

① 麻国庆：《记忆的多层性与中华民族共同体认同》，《民族研究》2017 年第 6 期，第 47～57 页。
② Barry Schwartz, "The Social Context of Commemoration: A Study in Collective Memory," *Social Forces*, 1982, 61（2）：374－402.

从清宫旧藏文物看索伦部的历史贡献[*]

多丽梅[**]

有清一代，索伦人编入满洲八旗之后，索伦八旗官兵平时肩负着维持地方、交纳贡貂、驻守卡伦、定期巡边等任务，长期维护国防安全。在抵御沙俄入侵和维护国家统一的战争中，索伦官兵更是发挥着极其重要的历史作用，涌现出海兰察、穆图善、莽喀察、博尔本察、明兴等著名将领。乾隆皇帝说："若论我国家用兵自开创以来，暨近日平准夷荡回部，皆我满洲及索伦勇将健卒折冲万里藏成大功。"[①] 当时有很多周边部族以"索伦"名号为荣，"黑龙江人不问部族，概称索伦……谓索伦骁勇闻天下，假其名号，足以自壮"。[②] 清廷自顺治起就任用索伦人充当宫廷侍卫，称为"sain haha"（三音哈哈），"好汉"之意。在战场上，索伦兵可谓"有名有实，一可当百"。清宫旧藏多件以"索伦"命名的相关文物，是研究清代政治、军事、典章制度、民族关系及宫廷生活的重要实物佐证，为复原索伦历史提供了新视角。

关于索伦文物研究，中国第一历史档案馆吴元丰研究员主编了《清宫珍藏海兰察满汉文奏折汇编》，共辑录奏折、奏片286件（包括

---

* 本文系2022年国家社科基金重大项目"清代宫藏民族交往交流交融文物与史料整理研究"（22&ZD230）阶段性成果。
** 多丽梅，故宫博物院副研究馆员。
① 《清代历朝起居注合集·清高宗》卷一九，乾隆二十五年十月。
② 西清：《黑龙江外记》卷三，光绪二十年刊本，第1页。

附件38件、上谕1件），其中用满文书写者88件、用汉文书写者198件。起自乾隆三十七年（1772）五月十九日，止于乾隆五十八年三月二十九日，时间长达二十一年。其内容主要反映海兰察出征金川、甘肃、台湾、西藏期间的活动，以及乾隆皇帝对海兰察的赏赐犒劳、嘉奖授官、晋封爵位等情况。[1] 这批朱批奏折具有重要的史料价值，是研究索伦历史最原始、最直接的第一手资料，是其他任何一种文献资料无法替代的，朱批奏折本身还有很高的文物价值。这些奏折藏于中国第一历史档案馆，属于清宫旧藏。除此以外，故宫博物院曹连明研究员在《紫禁城》上发表的文章《索伦钚箭与索伦部》，对索伦部的起源进行了文献梳理，同时通过清宫旧藏索伦钚箭论述了索伦在清朝的历史贡献。另外，故宫博物院王子林研究员写过《清代弓矢》，对弓箭分类、用途、制作、给发和点验稽查以及性能方面有详细分析研究，并述及索伦钚箭和索伦哨箭。除此以外，甚少有人关注清宫旧藏与索伦相关的文物。本文通过文献文物遗存试图探讨索伦部在历史上的杰出贡献

一　索伦钚箭和索伦哨箭

箭为清代军事及狩猎的必备之物，是重要的武器之一。清宫武备兵器专门由总管内务府下辖的武备院统一管理，分为冷兵器、火器及装备，冷兵器、火器如箭弩、刀枪、火铳、火炮、火枪等，装备如盔甲、马具、鹿哨、鼓、旗纛等。清宫旧藏箭数量较大，现存5万余支。箭的种类、名目繁多。如梅针箭，乾隆朝时箭作就遵旨造梅针箭10万支。[2] 而索伦钚箭和索伦哨箭，因索伦部而得名，留存至今。

《飞龙阁恭贮器物清册》中列有皂雕翎索伦长披箭二十枝（有

---

① 中国第一历史档案馆、鄂温克族自治旗民族古籍整理办公室编《清宫珍藏海兰察满汉文奏折汇编》，辽宁民族出版社，2008年，第5页。

② 光绪朝《钦定总管内务府现行则例》卷四《武备院》，清咸丰内府抄本。

虫蛀锈），乾隆十九年恭贮，高宗纯皇帝御用，白档索伦长披箭十枝（有虫蛀锈）。① 清宫旧藏索伦铍箭尚存 99 支，其中铁镞白档索伦长铍箭 10 支，长 99 厘米，宽 1.5 厘米，是武备仪仗类，为乾隆帝御用，定为二级文物。这 10 支铍箭附黄条签："高宗纯皇帝御用白档索伦长披箭十支，呈览一支。"（图 1）另外还有 89 支为铁镞索伦铍箭，长宽分别为长 105 厘米，宽 2.5 厘米；长 92 厘米，宽 3 厘米；长 100 厘米，宽 3 厘米。由于这类铍箭并非御用，故长短宽窄不一，而皇帝御用则标准统一。

嘉庆朝《清会典》载："索伦铍箭，镞长二寸八分，阔五分，形如铍箭而微狭，花雕羽。"②（图 2）光绪朝又做了补充："索伦铍箭，铁镞长二寸八分，阔五分，形如铍箭而微狭，笴首饰黑桃皮，花雕羽，括髹朱。军事用之，亦可射熊及野豕。"③ 也就是说，索伦铍箭箭头为铁质，箭杆是杨木材质，饰金黑桃皮，尾部饰雕羽。此外，文献还有索伦箭有毒的说法，"领侍卫内大臣等曰，落叶之松往往有毒，索伦国人常以此木接近箭镞，故令折损用以射兽，中则其毒如鸩，慎勿折用，恐受其毒，着遍谕扈从人役等知悉"。清朝铍箭用途广泛，主要用于皇帝大阅、皇帝大礼随侍、皇帝吉礼随侍、皇帝随侍、皇帝行围、皇帝射靶、王公用、职官兵丁用、军事狩猎等。其中索伦铍箭用于军事狩猎最为常见。

哨箭主要用于皇帝吉礼随侍、皇帝随侍、皇帝行围、军事狩猎等。清宫旧藏没有发现索伦哨箭，仅见于文献。光绪朝《清会典》中有索伦哨箭的具体描述："哨箭之制十，皆杨木为笴，皂雕羽，括髹朱，骹衔铁镞。一曰索伦哨箭，笴长二尺八寸，骨骹，微扁，长一寸五分……音利而清，以射诸兽。"《清会典》中有配图，可见其大致形态（图 3）。

---

①　铁源、李国荣主编《清宫瓷器档案全集》卷四七，中国画报出版社，2008 年，第 91 页。

②　嘉庆朝《钦定大清会典》卷六四《武备四·义铍箭》。

③　光绪朝《钦定大清会典》卷九七《武备七·弓箭四　弩附》。

　　清代中期，面对国语骑射的衰微，康雍乾三代帝王在加强满族国语骑射能力的同时，亦大力倡导索伦部对满语的学习和骑射能力的训练，以保持尚武精神。乾隆皇帝登基之时，满洲军事精英的开国精神已经开始懈怠，八旗勇士也不再辉煌。乾隆对此异常关注，常以金史为鉴，认为金朝毁于"忘其骑射"，故"屡谕毋忘祖宗旧制"。在当政期间，乾隆帝多次发布谕令告诫旗人，骑射乃"满洲根本"，实乃"家法"，任其荒废是对祖宗之背叛。乾隆皇帝自己身体力行，据统计，其统治期间共围猎 50 余次，最后一次围猎时他已 84 岁高龄。此外，为保持索伦兵的战斗意志，乾隆十五年，曾禁止索伦兵使用鸟枪。乾隆帝说：

　　　　我满洲本业，原以马步骑射为主，凡围猎不需鸟枪，惟用弓箭。即索伦等围猎，从前并不用鸟枪，今闻伊等不以弓箭为事，惟图利便，多习鸟枪。夫围猎用弓箭，乃从前旧规，理宜勤习，况索伦等皆猎兽之人，自应精于弓箭，故向来于精锐兵丁内，尤称手快。伊等如但求易于得兽，久则弓箭旧业，必致废弛。[1]

　　乾隆帝令傅尔丹收回索伦兵鸟枪，"严禁偷买自造，查出即行治罪"，索伦"此后行围，务循旧规，用弓箭猎兽"，并鼓励"超列优等，而善马步射者，可被恩升用侍卫等官"。[2]

　　由此看出乾隆对索伦使用弓箭和鸟枪的态度，一为满洲以尚武得天下，承平日久，担心士兵懈怠不会骑射；二为狩猎行围，索伦本为猎人，不应废弛弓箭，使用鸟枪。

　　此外，"索伦等进贡开弓角决，令内库估价给赏"。[3] 据鄂温克人说，这是用于增加弓硬度和弹性的动物的角片。

---

[1] 《清高宗实录》卷三七四，乾隆十五年十月丁丑。
[2] 《清高宗实录》卷三七四，乾隆十五年十月丁丑。
[3] 雍正朝《钦定大清会典》卷二三三《内务府·武备院》。

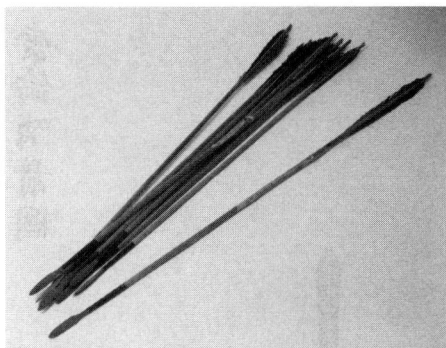

图 1　乾隆帝御用索伦长铋箭

图 2　索伦铋箭图

资料来源：嘉庆朝《钦定大清会典》
卷六四《武备四·义铋箭》。

索倫哨箭圖

图 3　索伦哨箭

资料来源：光绪朝《钦定大清会典》
卷九七《武备七·弓箭四　弩附》。

二　索伦黄貂皮印

"布特哈，无问官兵散户，身足五尺者，岁纳貂皮一张，定制
也。"① 布特哈指的是索伦，内务府造办处有记载：

> 十二月二十五日，奉旨照忠祠列传内布特哈字样即是索伦
> 之名，查书内如有此布特哈字样，俱着改为索伦二字，钦此。②

———————————

① 西清：《黑龙江外记》卷五，第 53 页。
② 《清宫内务府造办处档案总汇》第 43 册，人民出版社，2007 年，第 435 页。

　　清政府对貂皮垄断制度的确立为内务府提供了充足的貂皮来源，使大量貂皮源源不断地贡入宫廷。① 清朝对索伦贡貂人员、时间、数量、品质等级、赏赐、处罚等，都有具体的规定：

> 　　索伦人以捕貂为恒业，岁有贡额，第其等，以行赏，冬时供御用裘冠，王公大臣亦服之，以昭章采。②

　　进贡的貂皮根据种类、毛色分为不同等级。在清宫旧藏的官印中，有专门用于区分貂皮等第的印。其中有 4 枚印是以"索伦"名字命名的，叫檀香木"索伦黄貂皮"印（图 4-1）。印面是满文，拉丁转写为"solun suwayan ehe seke"，译为"索伦劣等黄貂皮"（图 4-2）。该印是专门用于区分索伦贡貂等第的，不合格的貂皮要盖上此印加以区分。然而仔细观察可以发现，"索伦"通常译为"solon"，在这几枚印上却统一出现了 solun，这是非常罕见的。

　　关于遴选索伦贡貂，文献记载：

> 　　交纳貂皮，楚勒罕第一事也。选入格者充贡。余听布特哈自售，谓之"玛克塔哈色克"，译言"掷还之貂"也。在因沁屯时入格者，故为掷还，阴以贱值逼买，无问大小，概银九钱，布特哈怒不敢言，而减价之议未已。后闻奇三入诉，朝使将临，亟瘗所买貂于墟墓闲（间？），多为樵牧拾去。今则将军至，贵买貂，亦索重价，余可知。选貂之制，将军、副都统坐堂上，协领与布特哈总管分东西席地坐，中陈貂皮，详视而去取之。甲乙既定，钤小印于皮背，封贮备进，然后印掷还之皮，而皆削其一爪，如皮背无印，而四爪全者，私货也。事干

---

① 滕德永：《清代内务府贡貂变价制度探析》，《黑龙江社会科学》2013 年第 6 期。
② 阿桂《满洲源流考》卷一九《国俗》，文渊阁《四库全书》本。

例禁，人不敢买。贡貂有一等、二等、好三等、寻常三等之分。嘉庆十五年，选定一等四十二张，二等一百四十张，好三等二百八十张，寻常三等四千九百四十三张，岁大略如是，而列一等者，皆雅发罕俄伦春及毕喇尔物。布特哈，无问官兵散户，身足五尺者，岁纳貂皮一张，定制也。如甲皮不入选，多选乙皮一张，甲出银三两偿乙，此类甚多。事皆主于总管，故每岁俸饷，皆选貂后支放。乘除损益之数，至此始明也。若雅发罕俄伦春则不然，其所纳皮张，较胜别部。故一等足额。入其余于二等；二等所余，入于好三等，而皆按照定价，由库给银，以酬其所余之数。盖雅发罕俄伦春散处山野，非索伦达呼尔及摩凌阿俄伦春可比，故定制如是。而毕喇尔一部亦然，布特哈交纳貂皮，先已自定等第，寻常三等之外，皆以绫签标记。红签者，索伦达呼尔物；绿签者，摩凌阿俄伦春物；黄签者，雅发罕俄伦春、毕喇尔物也。岁贡貂皮，先将等第、数目六月内奏闻，然后派齐齐哈尔官偕同布特哈总管一员，解送木兰，咨报行在户部、理藩院、内务府，其甄别收贮，则内务府事。楚勒罕时，城西北穹庐遍野，男女杂沓，布特哈之所屯也。稍东为买卖街，列肆陈货，皆席棚。牛马市于日中，羊群散于原野。有来自呼伦贝尔者，有来自蒙古诸部者，通谓之营子。①

　　凡索伦处每年所交貂皮，由户部转送，暂贮银库，俟内务府总管，同户部堂官验看，选定等次具奏，钤押图记交库。②

　　黄貂皮存到一定数量时，会变价卖出。乾隆十九年，内务府奏称："向来库存黄貂皮，如数至一二万张时，恐其虫蛀变色，即将减退者查明，奏请变价。"③

---

① 西清：《黑龙江外记》卷五。
② 雍正朝《钦定大清会典》卷二二七《内务府·广储司》。
③ 中国第一历史档案馆藏内务府奏案与奏销档，奏案05-0138-015。

关于索伦贡貂不及等第，文献有如下记载。

又户部题：索伦地方进贡貂皮不堪，应将索伦副都统品级扎木苏等停其赏赐，交与该部分别议处。上曰："索伦达胡里在黑龙江军前设立驿站奔走效力，未暇猎取貂鼠，姑免议，这一次仍照例给赏。"① 又理藩院题：覆总索伦马布代等奏索伦达胡里等生计穷乏已极事。上曰："此年用兵时索伦达胡里曾经效力，免其今年采取貂皮大鹿。"② 又户部题：因索伦等所进一等二等貂皮俱不及格，将总管贝勒尔等一并交与理藩院议处。上曰："索伦打虎里等比年于雅克萨尼布楚行走坐站，因其效力兵间勤苦，已免今年采捕貂皮驼鹿，着从宽免其议处，仍照例给赏。"③ 又覆请户部议：因进贡貂皮不足等次，应将索伦等免其议罪停给赏赐一疏。上曰："今年送来貂皮既已足数，索伦等着照常赏赐。"④

可见，索伦贡貂不及等第是由于多次参加战争，索伦人牺牲不少，影响了其捕貂，也正说明了索伦在清代戍边战争中的卓越贡献。索伦平时驻卡巡边，战时奉调出征，为保卫祖国边疆安全和维护清代国家的统一，做出了巨大的贡献。从上述文献能看出康熙、雍正皇帝对此都采取了宽容态度，对索伦的出征效力是非常肯定的。对有些索伦老兵，皇帝还予以关照，退休后食俸养老。

　　是日兵部议，黑龙江将军印务副都统奏，正黄旗索伦骁骑校巴尔喀图、正白旗索伦骁骑校墨林、正红旗索伦骁骑校体布克讷依、镶红旗索伦骁骑校车克依、正蓝旗巴尔虎骁骑校毕里根，俱称年老患病应准休致。查巴尔喀图等曾经出兵打仗，杀贼得功牌，可否给俸一疏。奉谕旨：巴尔喀图等曾经出兵打仗

① 《清代历朝起居注合集·清圣祖》卷一九，康熙二十四年十月。
② 《清代历朝起居注合集·清圣祖》卷二五，康熙二十八年五月。
③ 《清代历朝起居注合集·清圣祖》卷二五，康熙二十八年十月。
④ 《清代历朝起居注合集·清世宗》卷一，雍正三年十月。

杀贼得功牌，体布克讷依曾经出兵打仗杀贼俱着以原品休致，给与现食半俸以养余年。[①]

4－1

4－2

图4　檀香木"索伦黄貂皮"印

三　海兰察和清宫绘画

海兰察，多拉尔氏，满洲镶黄旗人，世居黑龙江。乾隆二十

---

①　《清代历朝起居注合集·清高宗》卷三五，乾隆五十年五月。

年，以索伦马甲从征准噶尔。[①] 论曰：海兰察勇而有智略。每战，微服策马观敌，察其瑕，集兵攻之，辄胜。[②] 海兰察一生战功卓著，晋封一等超勇公，四次绘像"紫光阁"。其一生先后参与平定准噶尔部叛乱、平定大小和卓叛乱、出征缅甸、平定大小金川、征讨苏四十三、讨伐甘肃逆回、平定台湾林爽文、出征廓尔喀等。被誉为乾隆朝"武臣之冠"。除吴元丰研究员整理的《清宫珍藏海兰察满汉文奏折汇编》外，清宫旧藏与海兰察相关文物仍有不少，清宫绘画中可见海兰察的英勇事迹。

清宫旧藏《平定台湾战图》册之《清音阁凯宴将士》，画幅上部乾隆皇帝御题诗，款识："赐凯旋将军福康安、参赞海兰察等宴，即席成什。乾隆戊申孟秋御笔。"

"戊申"为乾隆五十三年（1788），乾隆皇帝时年 78 岁。图绘乾隆皇帝在河北承德避暑山庄的清音阁款待平台有功的福康安、海兰察等将领，君臣一道观吉祥戏的庆贺场景。上有弘历行书：

去年此际未登程，葳绩今朝凯宴迎。来往算仍失一月，驱驰真是赖群英。国威海峤扬维烈，祖德山庄佑实明。回忆旰宵斯擘画，不徒劳耳慰犹诚。慰中岂不自怀惭，何致愚民蹈法甘？论武遥防乃就弛，曰文诸吏率为贪。愤辕方悉诚吾过，伏踬奚辞信彼堪！善后虽云大端定，犹余厪念望东南。善后详陈十六条，用斯两月驻成遥。纾猷山海安万姓，赐宴君臣会一朝。念汝父当恓怀永，视如子合受恩饶。受恩饶处人知否？不嗜杀徼天惠昭。西域金川宴紫光，台湾凯席值山庄。敢称七德七功就，又报一归一事偿。戒满持盈增惕永，安民和众系怀长。养年归政应非远，益此孜孜励自强。

---

① 赵尔巽等：《清史稿》卷三三一，中华书局，1977 年，第 10935 页。

② 赵尔巽等：《清史稿》卷三三一，第 10953 页。

另外一幅《平定台湾得胜图》，描绘了乾隆五十一年至五十三年平定台湾战役的战争场面。乾隆帝派协办大学士、陕甘总督福康安为统帅，一等超勇侯海兰察为参赞大臣，调兵 6 万进攻，于乾隆五十三年初战胜了义军，捕获林爽文等首领，同时颁布《清查台湾积弊酌筹善后事宜》章程 16 条，以严明台湾吏治，加强管理，从此，清廷对台湾的统治进入了一个新的阶段。

以上两幅绘画都与海兰察有关，他在战争中的重要作用可见一斑。也正因为屡次参加战争，身先士卒，海兰察多次负伤，受到乾隆皇帝的"频降慈谕垂询"，在乾隆四十年正月寄给定边将军阿桂的上谕中提到"朕甚牵挂，着将此寄信阿桂，海兰察所受之伤，诊治情形如何，现在是否痊愈，即行奏闻，以释朕怀。钦此"。① 后再次垂询。但是阿桂两次并未具奏，乾隆皇帝再发上谕催促，"朕甚轸念。着将此寄信阿桂等，查明海兰察肘伤，此间痊愈与否，乘便奏闻"。② 对于乾隆皇帝格外所施隆恩，海兰察先后上《参赞大臣海兰察奏为奉旨垂询伤情恭谢皇恩折》（乾隆四十年正月十一日）和《参赞大臣海兰察奏报枪伤稍愈尚可带兵及恭谢皇恩情形折》（乾隆四十年正月二十七日）两道谢恩折。

海兰察之子安禄为国宣力致被戕害，乾隆皇帝有旨："奉御旨安禄系海兰察之子，兹闻其临阵捐躯，已降旨加恩矣。但思海兰察之子只有安成一人，即挑在御前行走，安成迎接安禄灵亲槎，着成服前往迎接到京，时派散秩大臣侍卫等往祭茶酒外，并于广储司银库内赏银一千两办理丧务。安禄着入昭忠祠随伊父牌位，一体享祀以示朕表彰行阵世仆之至意。"③

---

① 中国第一历史档案馆、鄂温克族自治旗民族古籍整理办公室编《清宫珍藏海兰察满汉文奏折汇编》，第 237 ~ 239 页。

② 中国第一历史档案馆、鄂温克族自治旗民族古籍整理办公室编《清宫珍藏海兰察满汉文奏折汇编》，第 249 ~ 251 页。

③ 《清代历朝起居注合集·清仁宗》卷四，嘉庆四年十一月。

　　此外，海兰察将军碑尚存，高 1.62 米，宽 0.56 米，厚 0.15 米。碑身平面边缘四周以 5 厘米的宽度雕刻雷纹。碑体正面上部书"万古流芳"四个汉字，其左下方竖刻"芝田"两个汉字。碑体背面上部横书"百世遗后"四个汉字。碑体前后文为满文。碑文大意：清乾隆五十八年立。海兰察，索伦杜拉尔氏，隶呼伦贝尔正黄旗。生有殊力，善射，积功擢正黄旗蒙古都统，内大臣，晋一等超勇公。四次画像紫光阁。慰而莫灵，绥兹吉兆。①

---

① 　中国第一历史档案馆、鄂温克族自治旗民族古籍整理办公室编《清宫珍藏海兰察满汉文奏折汇编》，第 5 页。

调适与融入：戍边呼伦贝尔索伦鄂温克族的文化适应[*]

于学斌[**]

文化适应"是指一个文化元素（element）对于另外一些文化元素或一个文化丛（culture complex）所生的调适作用（adjustment）"。[①] 两种文化类型的族群相互接触必然涉及相互的适应，双方各自对文化进行调适，进而形成一种既有别于自身文化也有别于他文化的一种新型的文化。雍正年间，索伦鄂温克族从雅鲁河流域迁徙到呼伦贝尔草原以后，不仅所处的地理环境发生了变化，民族环境、文化环境也迥别于原来的雅鲁河流域山林文化，他们在清政府的强力干预下，经过本民族自我调适，逐渐融入草原游牧文化圈，通过文化适应实现了文化转型。这是索伦鄂温克族历史上的重要事件，对鄂温克族的发展和文化特点的形成具有非常重要的历史意义，本文利用历史人类学的理论和方法对这一文化转型的过程、形态、机理、成因等做一微观史学研究。

---

[*] 本文为国家社科基金冷门"绝学"和国别史等研究专项"黑龙江流域渔猎文化的调查与研究"（19VJX146）阶段性成果。

[**] 于学斌，黑龙江大学历史文化旅游学院教授。

[①] 芮逸夫主编《云五社会科学大辞典》第 10 册《人类学》，台北：台湾商务印书馆，1975 年，第 281 页。

一　索伦鄂温克族移民驻防呼伦贝尔的性质

　　鄂温克族在清代共有两次移驻呼伦贝尔，一次是在雍正十年（1732），一次是在乾隆七年（1742）。

　　雍正十年对于鄂温克族来说是不平凡的一年，1636 名鄂温克族人响应清政府的号召来到呼伦贝尔草原执行戍边卫国的任务，一同迁来的还有达斡尔族 730 人、巴尔虎蒙古族 275 人、鄂伦春族 359 人，共计 3000 名牲丁，清朝将其编为八旗，分左、右两翼，"左翼，自修城处至鄂罗斯交界处游牧。右翼，在喀尔喀河游牧。共编为五十佐领，各添佐领一员，骁骑校一员，每旗各添副总管一员，并铸给总管关防。设笔帖式二员"。① 巴尔虎人达巴哈管理左翼，索伦人博尔本察管理右翼。② 驻防官兵享受俸禄，"凡驻防官兵等，各给马匹牛羊，以立产业。官员，每年给与半俸。兵丁，每月给银一两"。③ 选择驻防地点为济拉嘛泰河口（今扎拉木台河）处，之所以选择这一地点有两个原因：一是这里"地方辽阔，水草甚佳，树木茂盛，可以种地筑城"；④ 二是这一地域战略地位重要，北依额尔古纳河与俄罗斯相邻，西面、西北与漠西、漠北蒙古相接。此次抽调布特哈牲丁驻防呼伦贝尔草原有三个基本目的：一是监守喀尔喀蒙古；二是防御漠西蒙古；三是防御沙俄。在此以前长达 100 年，呼伦贝尔草原无人居住，而 17 世纪 40 年代以后呼伦贝尔地区战略地位骤然提高，一方面，中俄《尼布楚条约》签订以后额尔古纳河成为中俄界河，于是这里成为边防的前线；另一方

---

① 《清世宗实录》卷一一七，雍正十年四月戊申，《清实录》第 8 册，中华书局，2012 年，第 7550 ~ 7551 页。

② "管辖呼伦贝尔四方居住索伦达呼尔兵丁之波尔本察、达巴哈并不和衷办事。"（《清世宗实录》卷一二六，《清实录》第 8 册，第 7647 页）

③ 《清世宗实录》卷一一七，雍正十年四月戊申，《清实录》第 8 册，第 7551 页。

④ 《清世宗实录》卷一一七，雍正十年四月戊申，《清实录》第 8 册，第 7550 页。

面，漠西蒙古和漠北蒙古力量强大起来，成为一股分裂力量，对统一国家构成威胁。在呼伦贝尔驻军便于军力调集，既可监视漠西、漠北蒙古，也能防御沙俄。在所有的兵丁中，清廷最为信任的是索伦人，而认为"巴尔虎等性多狡猾，难保必无猜忌"。① 达斡尔族人恋家，返家心切，所以消极种地，出现了把种子煮熟后加以种植的现象，② 所以在乾隆七年遣返了一部分达斡尔族人。

此次民族大迁徙就性质而言有三种属性：一是清朝政府的军屯；二是清朝徙民实边；三是八旗制度的一部分。屯田的历史非常久远，汉以后历代政府为取得军队给养或税粮，利用士兵和无地农民垦种荒地，有军屯、民屯和商屯三种，清朝延续了这一传统。随同兵丁前来的还有 796 名索伦、巴尔虎家眷，"达呼尔向来习于住房耕种生活，迁居之地仅限壮丁前往，俟盖房耕种立业后，将彼等妻子家属移住"。③ 家属一同迁来，全家人团聚，不仅稳定了军心，而且增加了劳动力，提高了屯田的成功概率。戍边屯兵按照八旗制度建制，统称为索伦八旗，每旗的最高长官为副总管。在迁移到呼伦贝尔草原的四个民族中，索伦、巴尔虎、达斡尔族都单独设旗，"就其索伦、巴尔虎、额鲁特土著之种族，分设总管，自为钤束"，④ 而鄂伦春族没有单独设旗，对于鄂伦春族的安置问题，包梅花认为可能被分别编入其他三个民族的旗之中了，理由是，在镶黄旗、正白旗、正蓝旗、镶蓝旗内皆配有一名鄂伦春佐领。⑤ 乾隆七年以后戍边呼伦贝尔官兵之中官方档案中已不见鄂伦春族人之名，359 名鄂伦春族人及其后人不见了踪迹。对此，学术界有不同

---

① 《清高宗实录》卷一七七，乾隆七年十月甲辰，《清实录》第 11 册，第 10463 页。
② 内蒙古自治区编辑组：《达斡尔族社会历史调查》，内蒙古人民出版社，1985 年，第 23 页。
③ 内蒙古自治区编辑组：《达斡尔族社会历史调查》，第 23 页。
④ 徐世昌等：《东三省政略》卷一《边务·呼伦贝尔篇》，吉林文史出版社，1989 年，第 337 页。
⑤ 包梅花：《雍正乾隆时期呼伦贝尔八旗历史研究》，博士学位论文，内蒙古大学，2012 年，第 35 页。

的判断。日本学者柳泽明认为：　"鄂伦春人已被融合于索伦人中。"① 包梅花在其博士学位论文中认为，鄂伦春族分别融入索伦、巴尔虎、达斡尔等民族中。② 笔者赞同柳泽明的观点，理由有四：一是索伦和鄂伦春族二者源流相同，同宗同源，均源自北魏时期的钵室韦人；二是语言相通，二者语言没有明显的区别，交流无障碍；三是文化相同，都是兴安岭的游猎民族；四是来往密切，即便将二者划为一个民族也是没有问题的，所以鄂伦春族融入索伦之中没有任何障碍。

乾隆七年末又有 3000 余布特哈人移民实边到呼伦贝尔草原，是应黑龙江将军博第、呼伦贝尔副都统玛尔拜的奏请调拨而来的，3000 名兵丁均选自打牲处的索伦人和达斡尔人，这 3000 名兵丁归到喀尔喀贝子彦楚卜多尔济属下。③

鄂温克族的生活中不乏迁徙，迁徙对鄂温克族来说是常态，但是如此远距离迁徙还是非常少见的，他们从大兴安岭东南麓的雅鲁河一带启程到济拉嘛泰河口，路途遥远，其间有七百余里，"中间无人烟村屯"，他们于雍正十年闰五月初七日辰时启程，长途跋涉，五月二十三日到达，足足走了半个月的时间。我们进入历史现场，这一行走线路跨越莽莽兴安岭山林，荆棘丛生，道路难行，鄂温克族在迁徙途中要翻山越岭、跋山涉水、披荆斩棘，一路的艰辛程度可想而知，移驻呼伦贝尔可谓鄂温克族历史上的一次壮举。

扬之水先生说过："有幸生在'读图时代'，问学之途多了一束光照。"除了"读图"，还能在宫中"赏物"，何等幸运。随着冷兵器时代的结束，清宫旧藏的文物无疑为今天研究索伦历史提供了资料，填补文献之不足。特别是珍贵的图像学和实物资料，为索伦

---

① 〔日〕柳泽明：《清代黑龙江地区八旗制的施行和民族的再编》，陶玉坤译，《蒙古学信息》1999 年第 2 期。

② 包梅花：《雍正乾隆时期呼伦贝尔八旗历史研究》，第 35 页。

③ 《清高宗实录》卷一七七，乾隆七年十月甲辰，《清实录》第 11 册，第 10463 页。

在狩猎、贡貂、战争、戍边等方面做出的贡献提供了直接物证，这对索伦后代的民族认同，特别是在增强民族自信心方面尤为重要。值得一提的是，索伦部在其满洲化的同时没有失去自身的语言文化和风俗习惯，在文化上始终保留着自己的特色。

二 戍边鄂温克族的生计问题

生计对于戍边官兵来说是个大问题，所谓兵马未动粮草先行，生计是戍边官兵的物质保证，其优劣是戍边能否成功的关键，对此清朝既做了实地调查，对呼伦贝尔草原的自然环境进行了综合评估，也对戍边布特哈牲丁做了研究，考察了四个民族的传统生计方式。综合分析两方面因素以后清朝确定了总体设想并做了实践，为四个民族确定的生计方式有两种。第一种是发展农业，这是清朝确定的首选生计方式。雍正十年初进行了种地实践，"济拉嘛泰、布克图、特尼克、伊奔、齐油克、威特克等处试种大麦、小麦、燕麦（油麦）、黍子（大黄米）、荞麦等五种粮食（谷）"；[1] 雍正十年九月，于齐齐哈尔、爱辉、摩尔根三处台丁以及水手屯丁中选派500名给予盘缠前往呼伦贝尔，为其置办犁具籽种，令其次年春天"及时耕种"；[2] 雍正十年十二月"于水手壮丁内遣一百有四名往伊敏河，二百人往各尼河"耕种地亩；[3] 鉴于"地无可耕，又道通俄罗斯，所关紧要"，于是在乾隆二年"以三千兵丁之妻子尽移鄂木博齐等处居住耕种"，[4] 因为鄂木博齐位于兴安岭以南，"地势宽平，水草肥美，既可屯驻，兼宜耕种"，而且又能兼顾驻防，"若

---

① 中国第一历史档案馆藏满文录副奏折，档号：（5）597-6。转引自包梅花《雍正乾隆时期呼伦贝尔八旗历史研究》，第41页。

② 《清世宗实录》卷一二三，雍正十年九月乙巳，《清实录》第8册，第7616页。

③ 《清世宗实录》卷一二六，雍正十年十二月丁丑，《清实录》第8册，第7654页。

④ 《清高宗实录》卷四五，乾隆二年六月甲戌，《清实录》第9册，第8741页。

移居其地，每年往呼伦贝尔更番驻防甚便"；[1] 乾隆二十五年，清廷抽调新降的原隶属于准噶尔部的"塔哩雅沁回人"（即维吾尔人）百余名擅长灌溉田地者遣往呼伦贝尔，指导索伦、巴尔虎兵丁引水灌田，指导种田，官给籽种耕牛，"通力耕作"。[2] 通过以上这些实践活动我们能看出，清廷一直在不断地探索发展农业之路，用力很大，使用了很多方法和策略。农业的发展在达斡尔族中成绩较为显著，黑龙江将军博第在乾隆七年的一份报告中说，达斡尔族"靠种地为生者多"[3]。但总体而言，农业的探索和实践成效并不十分理想，发展农业失败的原因有四个方面：一是无霜期短，档案多处记载，因为霜降早而作物颗粒无收；二是技术差，从清朝不断从其他地方调集人员助力发展农业的史实看，农业技术是制约戍边官兵发展农业的主要因素；三是可能有消极怠工现象，如达斡尔族便是经常种煮熟的种子；四是天灾所致，文献记载，雍正十年"今岁所种地亩因旱歉收"。[4]

　　第二种生计方式是牧业，清朝的总体判断是，四个民族均是游牧民族，此次军屯总体而言主要实行牧业屯田，靠牧业维持戍边驻防兵的生存。清政府给牧业发展注入了足够的牲畜，"总管每员给马十匹、乳牛十条、羊八十只；副总管每员给马八匹、乳牛八条、羊六十只；佐领等每员给马七匹、乳牛七条、羊五十只；骁骑校等每员给马六匹、乳牛六条、羊四十只；笔帖式与骁骑校同；兵丁每名给骒马五匹、乳牛三条、羊三十只"。[5] 总计 124100 头（匹、只）的牲畜是从达里岗爱（今锡林郭勒盟境内）、布特哈等地畜群

---

① 《清高宗实录》卷四五，乾隆二年六月甲戌，《清实录》第 9 册，第 8741 页。

② 《清高宗实录》卷六一九，乾隆二十五年八月壬辰，《清实录》第 16 册，第 16656 页。

③ 《黑龙江将军博第等为请裁减呼伦贝尔、博尔德处之索伦达斡尔官兵事奏》，乾隆七年（日期不详），中国第一历史档案馆藏军机处满文录副奏折，第 15 盒，卷 610，第 5 号。转引自金鑫《清代前期达斡尔、鄂温克两族农业发展考述》，《中国边疆史地研究》2014 年第 3 期。

④ 《清世宗实录》卷一二三，雍正十年九月乙巳，《清实录》第 8 册，第 7616 页。

⑤ 张伯英：《黑龙江志稿》卷二六，黑龙江人民出版社，1992 年，第 1170 页。

中拨给。达里岗爱是清朝三大御马场之一（另两个分别在盛京大凌河、察哈尔商都达布逊诺尔）。清廷认为"饲养牲畜年景好坏难测，故仅以此业料难为生"，所以，给予兵丁半俸的待遇，以此俸禄兵丁可以"购买换季衣物，并修理兵器"。①从清代档案资料看，清朝为索伦鄂温克族确立的生计方式飘忽不定，时而重视牧业，时而重视农业。但总的来看，清政府发展驻防兵丁牧业较为成功。

鄂温克族驻防呼伦贝尔以后，他们的任务发生了转变，在雅鲁河时期鄂温克族每年定期向清政府贡纳貂皮，牲丁每年定期操练一次，有事则来，无事则行于深山捕猎为生。到呼伦贝尔以后，清政府设定了两项任务：一是立业养畜，学习种地；二是"每日操演技艺"。②从雍正十一年的兵丁调动能够看出，养畜主要由家眷负责，这一年十一月清朝调拨2000名兵丁前往察罕叟尔军营，其余1000名兵丁由博第、达巴哈统领，"照管伊等游牧妻子产业"，③由此可见，在游牧生产过程中，妇女是家中主要劳动力。乾隆二十八年清朝停止了鄂温克族发展农业的计划，恢复其打猎生产，保持打牲本色，乾隆认为，"索伦原以打牲为业，若使伊等专习耕种，恐日久本业俱忘，于边境无益，请将遣去回子撤回，仍令伊等肄习打牲"。④

三　文化选择与采借

在解答鄂温克族的文化适应问题之前，必须先知道鄂温克族进入草原以前的生计方式是什么，如此才能回答索伦鄂温克族进入草

---

① 呼伦贝尔副都统衙门：《呼伦贝尔副都统衙门册报志稿》，边长顺、徐占江译注，呼伦贝尔盟历史研究会印制，1986年，第33页。
② 《清世宗实录》卷一二六，雍正十年十二月丁丑，《清实录》第8册，第7654页。
③ 《清世宗实录》卷一三〇，雍正十一年四月丙子，《清实录》第8册，第7689页。
④ 《清高宗实录》卷六九三，乾隆二十八年八月戊申，《清实录》第17册，第17517页。

原以后从事牧业生产是延续传统还是文化转型。而对于这个问题无论是当时清政府官员还是后来的学界都有分歧。清朝的总体判断是，索伦鄂温克族是游牧民族。雍正十年，清廷就是以游牧民族的身份将索伦鄂温克族遣往呼伦贝尔的，认为"索伦、巴尔虎族向惯游牧"。[①] 但是清朝也有将其划为渔猎民族的，如乾隆皇帝就认为索伦人是游猎民族，在乾隆二十八年的谕旨中即说，索伦鄂温克族传统上属于打牲部落。[②] 学界对此问题没有关注，亦无对这一问题进行专论，但是在索伦鄂温克族相关的论文和论著中有所涉及。尽管没有专论，但是在判断和认定上存在不同的表述，有人认为是游牧民族，有人认为是渔猎民族。这个问题对于索伦鄂温克族的研究非常重要，只有准确判断其文化性质，对于清政府而言才能有针对性地安排其生产活动，对于学界而言才能够正确认识索伦鄂温克族迁徙到呼伦贝尔草原以后的发展历史，可以说它是探索索伦鄂温克族文化适应性的关键所在。

　　索伦鄂温克族和鄂伦春族是典型的游猎民族，17 世纪 40 年代以前在黑龙江以北时他们居于深山之中以游猎为生。17 世纪 40 年代迫于沙俄侵略，在清政府的组织安排下索伦鄂温克族、达斡尔族进入黑龙江以南，清政府将索伦鄂温克族安排在嫩江右岸诺敏河、雅鲁河、阿伦河、济沁河、托欣河等流域，这一地区是兴安岭东南麓山区，自然条件的特点加之有历史传统，到这里后他们依然以渔猎生产为生。清政府将南迁的达斡尔族分为三个扎兰、鄂温克族分为五个阿巴进行管理，后来在三个扎兰和五个阿巴的基础上设立八旗。清政府给予鄂温克族、达斡尔族以不同的组织名称，就因为二者的文化特点不同，"阿巴"是鄂温克语"猎围""围场"的意思，由这一组织名称我们就能看出鄂温克族的猎民性质。乾隆三十

---

① 内蒙古自治区编辑组：《达斡尔族社会历史调查》，第 23 页。
② 《清高宗实录》卷六九三，乾隆二十八年八月戊申，《清实录》第 17 册，第 17517 页。

年鄂温克族归新设立的布特哈总管衙门管辖，布特哈是打牲的意思，这个机构与其他行政单位没有固定的边界，凡牲丁游猎之地都是其管辖范围，所辖之民均是打猎民族。由此断定，索伦鄂温克族到呼伦贝尔草原以后面临的主要问题是生计方式的改变。

当两种文化相遇的时候碰撞是不可避免的，双方都面临着文化选择，一般而言，无论本民族文化还是他民族文化都会有所扬弃、取舍。鄂温克族离开故土进入一个新的环境，他们需要调适和适应。首先，自然环境发生了变化，迁来之前身处大兴安岭山区，迁来之后进入高原草原地区。其次，社会环境也发生了巨大的变化，周边主要是蒙古族，与额鲁特蒙古族、巴尔虎蒙古族、布里亚特蒙古族为邻。最后，文化环境发生了改变，由渔猎文化带进入游牧文化带。鄂温克族面对新的自然环境、社会环境和文化环境，无论多么困难，都只能全面采借蒙古族的游牧文化。鄂温克族全面采借蒙古族的游牧文化有两大促进因素，一是清政府的强力推行，二是生活所迫。改变生计方式是形势使然，也是形势必然。离开森林进入草原只能采用游牧生产方式，这种文化的传播和采借是有计划的、人为的。清政府为鄂温克族提供了足够的物质生产资料牛、马、羊，这为其从事牧业生产奠定了物质基础。另外戍边选址在济拉嘛泰河口也有利于放牧，这里不仅水草丰美，适合牲畜生存，而且同游牧民族接近，"与乌勒辉河地方游牧之兵丁相接"，[①] 便于鄂温克族向游牧民族学习。

相互接触、互动，带来的结果是相互适应，适应的基础是认同。鄂温克族对蒙古族的游牧文化高度认同，并开始逐渐学习和掌握，当地的蒙古族也吸收鄂温克族文化。但是在鄂温克族的文化变迁过程中，采借多于发明和自身的文化传承，由采借而改变文化内

---

① 中国第一历史档案馆藏满文录副奏折，档号：318 - 8。转引自包梅花《雍正乾隆时期呼伦贝尔八旗历史研究》，第 21 页。

核，这是对环境有意识地适应，也是他们的生存策略。在生产方面，"由于鄂温克人从事放牧的时间不长，在技术上较差，而蒙古族在放牧技术上，则有其独到之处，因此，鄂温克人在与蒙古人一道放牧的过程中，不断地学得了新的技术与经验"。① 鄂温克人向蒙古人学习放牧、转场、选种、去势、幼畜饲养、挤奶子、打草等技术。在物质生活方面，鄂温克人在饮食文化、服饰文化、居住文化等方面与蒙古人基本相同，这些都是文化涵化的结果。

鄂温克族在吸收蒙古族物质文化的时候，也加入了自己的民族特色。他们依然坚持打猎的传统，因为有打猎的自然条件。除了草原上有野生动物之外，鄂温克族居住地靠近大兴安岭，这是他们世世代代渔猎的地方，渔猎生产是他们自古传承的文化。鄂温克族进入草原以后也开始住蒙古包，鄂温克族的蒙古包同蒙古族蒙古包虽然外形上大致一样，但细节差别非常明显。田野调查显示，鄂温克族的蒙古包是柳条子包和苇子包，"柳条子包和苇子包等棚顶都是用苇帘子覆盖，不同点在于，柳条子包的壁体围以柳条帘子，苇子包的壁体围以芦苇帘子"。"冬天的柳条子包在罕和柳条子笆之间夹以毛毡。"② 这体现的是索伦鄂温克族的创造性转化的能力和水平，既是对蒙古族蒙古包文化的效仿，同时也是对辉河流域盛产芦苇和柳树的适应和有效利用。而当地的布里亚特蒙古族无论冬夏都围以毛毡，额鲁特蒙古族虽然有柳条子包，但是没有苇子包。鄂温克族的包内铺皮子、柜子多、西北角供佛，而蒙古族的包内铺毡子、供奉经卷（佛像多放在庙里）。蒙古族的库车多。双方都祭祀"敖包"，但鄂温克人的"敖包"种类多，鄂温克族的敖包有哈拉（氏族）敖包、毛哄（哈拉之下的家族）敖包、萨满敖包、风水敖包、山神敖包、河神敖包（祭祀河神敖包不能用酒，而必须用牛

---

① 内蒙古自治区编辑组：《鄂温克族社会历史调查》，内蒙古人民出版社，1986 年，第 363 页。

② 于学斌：《草原鄂温克族毡帐文化》，《满语研究》2010 年第 1 期。

奶），还有嘎查敖包、苏木敖包、旗敖包、盟敖包。鄂温克族的靴子也不同于其他民族，[①] 鄂温克族依然穿皮靴，鄂温克语为"温特"。在鄂温克族自治旗鄂温克博物馆所藏的索伦鄂温克族皮靴都是用毛皮制作的，有的靴子通体都是用毛皮制作的，毛朝里。有的鞋底、鞋面用皮子制作，而靴勒有的用帆布做，有的是用毛毡做的，从形制到加工技艺同阿荣旗查巴奇乡鄂温克族的靴子基本相同，可以说是渔猎时代的遗存。不同的是，索伦鄂温克族所有的皮子为牛、马、羊皮，一般以牛皮为底，羊皮、马皮为勒。[②]

两个民族、两种文化碰撞的时候，强势文化、主流文化占据主导地位，处于文化输出的地位，而弱势文化、非主流文化处于被输入、涵化的地位，甚者处于被融合、同化的境地。在呼伦贝尔草原，蒙古族文化属于强势文化、主流文化，所以鄂温克族在文化吸收方面是接收、吸收蒙古族文化。不过索伦鄂温克族在文化交流中也有输出，在渔猎生产时代鄂温克人掌握了非常高超的鞣制毛皮技术，这些技艺对蒙古族影响很大。一方面，鄂温克族向蒙古族输出熟皮技术；另一方面，鄂温克族经常用自己制作的马笼头、靴子、马绊子等皮制品同蒙古族交换，换取蒙古族的皮张和肉乳之类的东西。[③] 但总体而言，鄂温克族采借大于输出，鄂温克族是文化传播的受传者。

这次戍边迁徙对鄂温克族影响至深，他们由此实现了从渔猎生产过渡到游牧生产。"在昔经制之初，寓兵于牧"[④]，到清朝末年呼伦贝尔已经"游牧成风"[⑤]。大约光绪年间的一份档案资料中记载："本地索伦、巴尔虎、额鲁特三部之民幸蒙圣上生养与抚育之德政，近

---

① 内蒙古自治区编辑组：《鄂温克族社会历史调查》，第363页。
② 内蒙古自治区编辑组：《鄂温克族社会历史调查》，第464页。
③ 内蒙古自治区编辑组：《鄂温克族社会历史调查》，第363页。
④ 程廷恒、张家璠：《呼伦贝尔志略·边务》，上海太平洋印刷公司，约民国13年（1924），第71页。
⑤ 程廷恒、张家璠：《呼伦贝尔志略·边务》，第72页。

二百年来以繁殖家畜为业，除放牧牲畜，又服兵役，家家过着丰衣足食的安定、快乐、富裕生活。这些人习惯于长年的野外游牧生活。"①

民族志资料以及人类学研究显示，渔猎生产不可能直接过渡到牧业经济，二者无论在技术方面还是情感方面都相左。在技术方面，"动物的驯化是一个艰难的过程，培养家畜品种，需要经过世代坚韧不拔的劳动，狩猎者在毫无保障的迁徙生活中对此是无能为力的，只有稳定的农人才能使动物驯化"。在对动物的态度方面，"猎人喜欢捕杀年龄不大的动物，牧人则尽力满足动物的这种需求；猎人缺乏饲养动物的技术和情感，而牧人则对动物充满怜爱之心"。"总之，猎人是很难转变成为牧人的。"② 学界一直坚持的生产力发展将剩余的动物驯化为家畜产生牧业的判断是不成立的，渔猎与牧业没有前后的递进关系。较之渔猎经济，牧业经济的产生是一大进步，由攫取经济过渡到食物生产经济对鄂温克族来说是一次跨越式发展。

在戍边的四个民族中，只有鄂伦春族和鄂温克族是完全文化转型，无论从事农业还是从事牧业都是陌生的生产活动。巴尔虎蒙古族作为传统的游牧民族，到呼伦贝尔草原之后如同回家一样迅速适应当地的环境，从事他们传统的牧业生产，达斡尔族虽然是农耕民族，但是也兼营牧业，到呼伦贝尔草原从事牧业也没有困难，只是同其他牧业不同的是，达斡尔族的牧业是定居放牧。到达呼伦贝尔草原以后，鄂温克族和鄂伦春族面临的挑战最大、困难也最多。

四　交往交流是实现文化交融的条件

调适是否能够成功取决于民族自身的文化属性尤其是心态如

---

① 呼伦贝尔副都统衙门：《呼伦贝尔副都统衙门册报志稿》，第36页。
② 马广海：《文化人类学》，山东大学出版社，2003年，第164页。

何。狩猎文化和游牧文化是两种截然不同的文化，二者尽管有相同之处，比如都是同动物打交道，但是一个是同驯服的动物打交道，一个是同野生动物打交道。两种文化几乎没有交集，尽管狩猎中有骑乘工具马匹和驯鹿的饲养，游牧中有狩猎活动，但是主导文化中存在的其他文化类型都非常粗放。鄂温克族能够从渔猎生产直接过渡到游牧生产同他们在渔猎时代的结构性特征密切相关。

法国年鉴学派代表人物之一布罗代尔在《历史与社会科学：长时段》一文中将时间分为地理时间、社会时间和个人时间，分别对应的是长时段、中时段和短时段，并提出与这三种时段相适应的概念，分别是"结构"（structures）、"局势"（conjunctures）和"事件"（evenements）。[1] 长时段是隐藏在历史中的基本结构，对历史的发展起着决定性的影响，从长时段角度考察戍边鄂温克族，决定鄂温克族文化成功采借的决定因素是心态，山林渔猎塑造了鄂温克族两个基本的品质，一个是推崇与人为善的道德观，一个是乐于接收新文化、新事物的文化观。民族志资料显示，这两个品质在世界渔猎民族社会中具有共性。渔猎生产一直是鄂温克族及其先人的传统，北魏时期的北室韦、钵室韦以及唐朝的鞠部是文献能够追溯到的最早的祖先，史载，他们"射猎为务，食肉衣皮，凿冰没水中而网取鱼鳖……皆捕貂为业"[2]，元代的"林木中百姓"、明代的"北山野人"都是包含鄂温克族在内的山林狩猎民，及至清代，鄂温克族同鄂伦春族、达斡尔族散处山野，是典型的深山狩猎民，在1732年迁入呼伦贝尔草原之前属于布特哈打牲部落，常年游猎在大兴安岭的密林深处，以游猎为生，过着居无定址、逐野兽而迁徙的生活。在游猎生产过程中，鄂温克族依然停留在原始社会末期的社会发展阶段；到呼伦贝尔草原以后，原始社会残余形态依然非常

---

① 张芝联：《费尔南·布罗代尔的史学方法》，《历史研究》1986年第2期。
② 《北史》卷94《室韦传》，中华书局，1974年，第1954页。

浓厚；直到中华人民共和国成立初期，索伦鄂温克族"还保留着一些氏族公社的残余。如辉索木一带还保有'杜拉尔''涂格冬''西格登''哈哈尔'等四个父系氏族残余"。[①] 人和人之间平等，没有高低贵贱之分，共同劳动，平均分配生产劳动成果，人和人之间友善、和谐、互助，他们性情淳朴，热情好客。这些优良品质使鄂温克族能够顺畅实现同其他民族交往交流。尽管鄂温克族戍边呼伦贝尔草原是"短时段"事件，打断了历史的延续性，但是长时段期间形成的传统依然对鄂温克族的生活有着延续的影响。在呼伦贝尔草原索伦鄂温克族的周围绝大部分是蒙古族，能够同蒙古族顺畅交往交流对鄂温克族适应草原生态环境、发展牧业生产至关重要。尽管这些蒙古族和鄂温克族一样也是移民到这里的，有的蒙古族来的时间甚至比鄂温克族还要晚，巴尔虎蒙古族是同鄂温克族一同前来的，额鲁特蒙古族是雍正十年二月、乾隆二十二年来到呼伦贝尔草原（分别叫陈额鲁特、新额鲁特）的，布里亚特蒙古族是在俄国十月革命以后于1918年迁到呼伦贝尔草原的，但是呼伦贝尔草原的生态环境同这些蒙古族来源地的生态环境区别不大，所以到呼伦贝尔以后他们依然从事熟悉的牧业生产。鄂温克族同各个支系的蒙古族均友好相处，交往交流频繁，这里的鄂温克人几乎都会讲蒙古语，[②] 语言的无障碍交流是民族文化互相吸收的前提和保证。鄂温克族同蒙古族通婚非常普遍，只有民族关系特别融洽才能达到通婚的程度，而通婚对民族文化的进一步交融具有极大的促进作用。受蒙古族影响，索伦鄂温克族也信奉藏传佛教，每年阴历六月十五日海拉尔的安本寺院盛大的庙会，两个民族都共同参加，共同分担祭祀所需的各种费用，这更加促进了两个民族的感情。"有不少人代放蒙古人的牲畜，或是给蒙古人当放牧工人"[③]，更加直

---

① 吕光天：《论鄂温克族"尼莫尔"公社性质》，《新建设》1961年第9期。
② 内蒙古自治区编辑组：《鄂温克族社会历史调查》，第363页。
③ 内蒙古自治区编辑组：《鄂温克族社会历史调查》，第363页。

接地向蒙古族学习。由于民族关系融洽、语言相通、民族间通婚普遍、共同参与生产和宗教活动，鄂温克族同蒙古族深度融合，很快实现了社会融入。

鄂温克族在渔猎时代还形成了另一个品质，即对他族文化兼收并蓄，这也是鄂温克族具有的结构性特征。尽管鄂温克族居住在森林这一较为密闭的环境之中，但是他们并不保守，而是不断地吸纳其他民族的先进文化，每当有新的生产工具输入的时候，鄂温克族都乐于接收，并很快应用到渔猎生产过程中，这使他们的狩猎文化不断进步。这种品质使鄂温克族来到草原面对他族文化的时候抱着宽容理解的态度，采借蒙古族的游牧文化为己所用，这是鄂温克族文化转型成功的关键。

结　语

文化的变迁是民族发展的常态，只不过戍边鄂温克族的变迁不是内部自然产生的，而是外部环境作用的结果。因为迁移而带来环境的改变，由于环境改变而引起文化间的互动，由接触互动而引起与其他文化系统的碰撞，在碰撞过程中经过文化的选择，鄂温克族最终选择了游牧文化，不断采借游牧文化，从而导致文化涵化，发生转型，无论是文化特质还是文化丛结都发生了改变，形成了一种迥异于传统文化的新型文化，也使呼伦贝尔草原上的索伦鄂温克族文化迥别于其他鄂温克族支系文化。

鄂温克族支系繁多，包括索伦部、通古斯部、雅库特部三部分，各部分支系文化各有特色，而且即便在每个支系中不同地域的鄂温克族文化也有很大不同，如索伦鄂温克族分布于呼伦贝尔草原、兴安岭、嫩江平原、新疆伊犁等不同区域，每个区域的鄂温克族由于自然环境、社会环境等的不同，文化亦不同。鄂温克族还是一个跨国民族，除我国外，俄罗斯也有鄂温克族，俄罗斯的鄂温克族称为埃文基。自改革开放以来，我国鄂温克族同俄罗斯同胞兄弟埃文基人联系密切起来，但是埃文基人同我国鄂温克族文化差异较大，不能混谈。由此要求我们在研究鄂温克族过程中要注重各个支系之间的差异，如果笼统地贴一个"鄂温克族"族属标签，看起来没错，实际是错误的。实事求是、求真务实是历史和民族文化研究所应坚持的基本原则，深入挖掘研究每一个支系的文化内涵和文化特点并进行比较性研究应该是未来鄂温克族研究的学术增长点。

"元站"民族的口述历史与记忆[*]

包英华[**]

2003 年 8 月 10 日，正当敖鲁古雅鄂温克族猎民以"我国最后一个狩猎部落走出大山迁新居"的姿态通过中央电视台新闻传播到整个中国乃至全世界时，笔者参与的调查组[①]在鄂温克族自治旗巴彦托海镇大街上出人意料地偶遇男性穿长款坎肩兽皮袄、女性头裹着围巾身着鲜艳独特的民族服装的猎民，眼前的场景非常真实。询问后得知他们与敖鲁古雅鄂温克族不同，但也是放下猎枪不久成为游牧社区一员的鄂温克猎民。听着他们用气场强大的鄂温克语交流，笔者第一次震撼地感到我们之间相隔的不仅仅是语言的鸿沟而是文化的鸿沟，并开始试着去了解语言差异背后的猎民们实实在在的生活。

时隔 11 年之后，即 2014 年 8 月初，[②] 笔者有机会了解到 21 世纪初被称为"森林深处的猎民"的生活状况。

作为游牧社区内承载狩猎文化单位的村庄，笔者调查的该猎民村坐落于大兴安岭北端，林、牧交界点，北与红花尔基嘎查、东与锡尼

* 本文为国家社科基金一般项目"中国北方鄂温克族口述史研究"（16BMZ039）阶段性成果之一。
** 包英华，内蒙古大学民族学与社会学学院教授。
① 2003 年 7～8 月，参与内蒙古大学蒙古学研究中心与云南大学合作完成的国家重大课题之子课题"鄂温克族村寨调查"组，在呼伦贝尔鄂温克族自治旗乌兰宝力格嘎查进行田野调查，后期成果见孛·吉尔格勒、罗淳、谭昕主编《鄂温克族——内蒙古鄂温克族旗乌兰宝力格嘎查调查》，云南大学出版社，2004 年。
② 首先笔者得到"内蒙古民族文化建设研究工程"项目资助，后续又获得国家社科基金一般项目的资金支持，完成了 2014 年至 2019 年对该猎民村的田野调查。

河东苏木相邻，西与红花尔基林业局、南与兴安盟相接，是鄂温克族自治旗行政辖区内 44 个牧业嘎查中唯一一个由猎转牧的村落。如今虽已成为牧业社区中的一员，但考虑到该族群的自我归属感，笔者在本文中使用"元站"民族称谓来展开猎民口述史与记忆议题。

"元站"这一称谓，最初来自鄂温克族"圣雄"沙驼在其"我的童年，关于我的家世"中的记述，"我的籍贯是内蒙古呼伦贝尔……属于鄂温克族武力斯哈拉，是当地的元站居民"。[①] 这个"元"字在《现代汉语大词典》中解释为：①为首的；②开始的；③大；④原来的。而"站"字，除了字面的"直立、直着身体，两脚着地或踏在物体上"的意义之外，还有"在行进中停下来；停留"之义。因此，"元站"应理解为"一开始的或最初的停留之地"。这样的表述与鄂温克族跌宕起伏的历史很贴切，也与猎民祖辈最初的停留之地以及后续猎民"宣称我们是谁"的个体感受、情感认同有着千丝万缕的联系。

本文通过对"活生生的猎民"的采访，围绕"元站"民族口述历史，记述作为社会记忆的猎民往事，或许与史学界惯性强调的历史——"可靠性""客观性"实证资料有所出入，但这也正是没有自己民族文字而用记忆承载的鄂温克猎民心中的"真实的过去"。

一　"元站"民族的口述历史

记得第一次走进此村，有一位总是强调自己文化程度不高，小学三年级就辍学的猎民后裔，从调查认识的当天就开始以急切的心情把祖辈留下的口述历史"完好"地传送到笔者的大脑里。他表示：柯勒塔基尔（Heltegor）和巴雅基尔（Baigar）两个氏族是成立该"猎民队"的核心成员（通过村民们也了解到柯勒塔基尔氏

---

① 沙驼：《追忆往事》，乌热而图编著《述说鄂温克》，远方出版社，2009 年，第 4 页。

和巴雅基尔氏是历来有通婚关系的两个氏族）。他给调查组口述："我们柯勒塔基尔、巴雅基尔氏族自古就是拿着枪防守边疆的猎民，因战功卓绝而被清朝任命的官员也不少。直到'挖肃'结束（1969），两个氏族的后代还拥有13支枪，是日本殖民时期的三八式步枪。从1969年到70年代中晚期，有些老猎民相继去世，猎枪当作财产（遗产）留给子孙后代。这时除了柯勒塔基尔氏·奥格桑的儿子敖恩包岱（猎民队成立之前已去世，不知谁承接了他的枪）、巴雅基尔氏·桑凯的儿子巴图玛、巴雅基尔氏·曾列的大儿子包依然拿着祖传的枪之外，其余人员如（小）桑布桑（鄂伦春柯勒塔基尔氏）、海宝（巴雅基尔氏，猎民队成立时已故）、水星（雅鲁哈哇呢）、淖尔特格（萨玛基尔·贺音）、色仁布（杜拉尔氏）、诺尔布（杜拉尔氏）、额尔德尼（杜拉尔氏）、宝金苏荣（杜拉尔氏）和巴图敖其尔（巴雅基尔氏）等都是后增的新猎民。遗憾的是，接下来我只知道包的猎枪传给巴图格日乐（巴雅基尔氏）、巴图玛的枪给巴图德力格尔（杜拉尔氏）、海宝的枪由巴图吉日嘎拉（姓吴，达翰尔）承接之外，其余人员如何拿上枪就不清楚了。也就在这个时间段红花尔基生产队在统一分配抗美援朝时苏联捐助的连珠枪，因此，直到1980年为止猎民一直拥有自己的猎枪。"①

与以上这番回忆相对应，以往文献记载中有如下记述：该猎民村是"清代索伦右翼镶蓝旗辖地。新中国成立后属红花尔基巴嘎、红花尔基生产队（20世纪50年代成立）。1981年游牧一组留在红花尔基，狩猎一组从红花尔基生产队分离出25户，南迁乌勒额德勒格渡口附

---

① 猎民后裔，现居吉登嘎查的德力格尔扎布详细说出了拿这13支枪的猎民的名字。柯勒塔基尔氏·泰孙的儿子兴凯、柯勒塔基尔氏·奥格桑的儿子敖恩包岱、柯勒塔基尔氏·索米桑的儿子钢盖、柯勒塔基尔氏·索巴的儿子丹巴、柯勒塔基尔氏·包敖弥的大儿子明颤和二儿子高木苏荣、柯勒塔基尔氏·呼热依的儿子呼热耶图、柯勒塔基尔氏·晶桑的大儿子金宝和二儿子新宝、巴雅基尔氏·桑凯的儿子巴图玛、巴雅基尔氏·曾列的大儿子包和二儿子包德、巴雅基尔氏·（大）桑布桑等13名。此信息来自2017年7月1日德力格尔扎布的口述记录。

近，在原索伦右翼镶蓝旗乌勒额德勒格村遗址南 1 公里处，伊敏河左岸复建了乌勒额德勒格屯"。① 《鄂温克地名考》中记载，乌勒额德勒格（OLEDELGE）是鄂温克语，乌勒是杨树，乌勒额德勒格是杨树渡口之意，因伊敏河该渡口段有很多杨树而得名。早在 19 世纪初叶，柯勒塔基尔、巴雅基尔二氏鄂温克人首先在乌勒额德勒格处建屯（遗址尚存，在吉登嘎查北侧约 1 公里处），后因发生震惊整个呼伦贝尔地区的道兴佳事件②，乌勒额德勒格屯猎民先后往北迁至正红旗管辖地区，有一部分往西迁至镶红旗和正黄旗南部地区居住。新中国成立时，此处只有六七户人家，属红花尔基巴嘎。③ 1981 年伊敏苏木红花尔基嘎查（那时叫生产队）分为两个队，留在红花尔基生产队继续经营牧业的成为牧民，因持有祖辈留下的猎枪而自愿分离出来以捕猎为主的一部分成为猎民，组建"猎民队"。

这样的文献记载，虽然印证最初柯勒塔基尔和巴雅基尔两个氏族成员在乌勒额德勒格这个地域初建和复建该"猎民队"的历史主线，但是亲历者讲述的具体过程——活的文献，呈现了以往书写遗漏的该村落移动及变迁的图景。

据俄罗斯血统后裔口述：1981 年虽然成立了独立的行政村，但并不是马上举迁到此处——OLIYASON GATOLGA④。第一年先盖房子（木头房），到第二年（1982）、第三年（1983）在房屋设施建设初步完成的基础上才陆续来此地定居。⑤ 当时旗政府发放猎枪、猎民证和护林证（肩负着打猎与护林的双重任务和责任），共17 名猎民获得了猎枪和证件。⑥ 那时猎民们觉得边打猎还能护林防

---

① 来自吉登嘎查成立 30 周年（2011）的简介。
② 有关道兴佳事件，详见内蒙古自治区鄂温克族研究会、黑龙江省鄂温克族研究会编《鄂温克地名考》（民族出版社，2007 年）第 152～158 页注解内容。
③ 内蒙古自治区鄂温克族研究会、黑龙江省鄂温克族研究会编《鄂温克地名考》，第 155 页。
④ 即乌勒额德勒格。如今这个地方虽被村里、村外人习惯称为"头道桥"，但老猎民记忆里仍把它称为 OLIYASON GATOLGA。
⑤ 来自 2017 年 6 月 30 日吉登嘎查村民扎木苏荣的口述记录。
⑥ 此信息来自 2016 年 2 月 3 日吉登嘎查（大）乌云其其格的口述记录。

火是件很荣耀的事情。老猎民还一同回忆，当时红花尔基的土地面积包括从现在头道桥（原本叫乌勒额德勒格，即 OLIYASON GATOLGA）、维纳河直到梨子山为止的广阔地域，那时不存在头道桥林场，70 年代在那个位置有几个汉人养马，被称为"马场"。

这位最初给笔者传达猎民村历史信息的猎民后裔——德力格尔扎布记忆犹新地回忆："1981 年 4 月中旬，为了建这个村子，赶着十几辆牛车的我们从红花尔基出发，随着车轮缓慢的节奏，淌过大渡口、穿过红花尔基林场和红义桥（'文革'时的名称），来到目的地——乌勒额德勒格南边的 OLIYASON GATOLGA。因路途险峻，50 里的路程竟然走了 5 个多小时。我们停留在小溪旁把原有的两间木屋作为初步的工作坊，开始分工协作。当时旗政府分派来的两位领导，一位是纳木吉勒书记，一位是贡绰克队长，指导我们的工作。成员都是当年风华正茂的猎民后裔，由我（德力格尔扎布）、斯仁、京嘎、布顾、何义勒德尔、乌力吉宝鲁、乌尔根布和（蒙高勒代）、图们巴雅尔、嘎玛苏荣等青年砍下 4 米长的木头摞成小山，准备盖木房子并于 5 月初开始动工。其中，我、斯仁、京嘎、布顾、乌力吉宝鲁、图们巴雅尔等人先打好 15 米长、7 米宽的地基，从 7 月末到 8 月初建好整洁宽敞的村委会办公室。接着，我、斯仁、图们巴雅尔（现已故）、京嘎（现已故）、布顾（现已故）、额热依、莫胡尔（现已故）等人又被指派去打草，我们顺着大渡口在村子南头开始割草。当时我和图们巴雅尔各自坐到牛拉的割草机上，斯仁在后面收草，布顾和额热依捆草，莫胡尔当厨师。（见图 1）在通力合作的基础上我们打完南边的草又转移到石渡口的红柳条（OLARIN HOS）地方，直到秋天为止共割草 66000 斤。这一年（1981）的冬天，雪下得没过膝盖，使猎民队遭遇雪灾。于是，猎民队雇用了大型拖拉机运输冬天的草，而司机就是后来成为嘎查第一任党支部书记（小）桑布桑的他族女婿（汉族）。"（后续采访中这位女婿也认可自己是本嘎查多民族大家庭组建过程中最早来此地的他族）。

图 1　1981 年建猎民队木屋歇息时的合照

说明：此照片摄于 1981 年 6 月，从红花尔基生产队分离，最初
建猎民队木屋时风华正茂的年轻人（除了宝音图老人之外）歇息期间
纪念性地拍摄了这张照片。2015 年 8 月 1 日由德力格尔扎布提供。上
排左起：敖锐、苏荣毕力格、德力格尔扎布、何义勒德尔、斯仁；中
排左起：蒙高勒代、马场（后成为头道桥林场）人、马场人、乌力吉
宝鲁、那木斯来；下排左起：京嘎、吉贝、宝音图老人、图们巴
雅尔。

　　"1982 年旗政府派来的纳木吉勒书记卸任，猎民（小）桑布桑
成为该村第一任党支部书记，经过人民选举，选出猎民沙格都尔苏
荣当选第一任嘎查达（村主任）。在村干部的带动下，准备养鹿。
这之前实则我的父亲额如代从 1958 年开始已在红花尔基生产队驯
养了驯鹿、梅花鹿和犴达罕（驼鹿）共 10 多头。到了 1975 年，我
把父亲驯养的这些鹿用汽车运到现在的头道桥，即 OLIYASON
GATOLGA，让我的伯父敖恩博岱继续饲养。'猎民队'成立后的
第二年村干部带领我们把原有的驯养场地扩建长 100 米、宽 50 米
的木栅栏。但是因选错地形，来年（1983）春雪融化、激流成河，

湍急的水势凶猛地压倒木栅栏，刚刚养起的鹿多一半都跑掉了，更可惜的是我的伯父敖恩博岱艰难驯养的鹿，随着 1979 年伯父去世，因接班人的经营不善，最终导致三四十头鹿跑得无影无踪。"① （见图 2）

图 2　额如代及其驯养犴达罕的照片

说明：左为德力格尔扎布的父亲额如代；右为额如代与 1962 年驯养的犴达罕（驼鹿）。2016 年 7 月 26 日，德力格尔扎布在接受本调查组采访时在其家中提供。据德力格尔扎布口述，照片上的这两头犴达罕是他父亲 1959 年抓来的已三岁的驼鹿。

与文献中一笔带过的复建猎民队的时间、地点以及有些文字资料② 把有名有姓的猎民浓缩进无名者的历史相框相比，当事人的口述使张冠李戴的现象得到纠正，含糊其词的时间、经历得到更清晰、立体的呈现。

特别是组建这个行政村的过程中，猎民后裔德力格尔扎布口述记录了"猎民队"成立的第二年（1982）在此定居下来的猎户及

---

① 来自 2016 年 7 月 26 日德力格尔扎布的口述记录。

② 本文展示的图 1，《吉登嘎查志——森林之子吉登》中被解释为"吉登嘎查初建时的猎民（30 年代）"。实则其在时空和内容上都与 20 世纪 30 年代没有关系，而是 1981 年建立"猎民队"时拍摄的照片。那时风华正茂的猎民后裔（多数）参与到这一行动当中，其中，还有马场和林场人员。然而，这一图片在"鄂温克历史文化"微信公众平台（2020 年 3 月）《物宝天华——吉登嘎查》（吉登嘎查宣传篇）中再次以"20 世纪 30 年代的（吉登嘎查）猎民"来展现。

户主姓名：

（1）老猎民柯勒塔基尔氏·晶桑的大儿子金宝——金宝之子巴图扎布家 4 口人；

（2）老猎民柯勒塔基尔氏·呼热依的儿子呼热耶图——呼热耶图之子呼德日布和家 4 口人；

（3）老猎民柯勒塔基尔氏·泰孙的儿子兴凯家 4 口人；

（4）老猎民柯勒塔基尔氏·索巴的儿子丹巴——丹巴之子浩特勒家 4 口人；

（5）老猎民巴雅基尔氏·曾列的二儿子包德——包德之子巴图敖其尔家 5 口人；

（6）巴雅基尔氏·沙格都尔苏荣家 7 口人；

（7）巴雅基尔氏·桑凯的儿子巴图玛——巴图玛之子吉贝家 5 口人；

（8）鄂伦春柯勒塔基尔氏·（小）桑布桑家 4 口人；

（9）杜拉尔氏·乌吉拉（后成为猎民队队长苏荣毕力格的父亲）家 5 口人；

（10）杜拉尔氏·诺尔布家 4 口人；

（11）杜拉尔氏·乌尔根布和家 3 口人；

（12）杜拉尔氏·额仁格家 5 口人；

（13）杜拉尔氏·巴图德力格尔家 6 口人；

（14）杜拉尔氏·玛吉格苏荣家 3 口人；

（15）带有俄罗斯血统的哈赫尔氏·（大）扎木苏荣家 6 口人；

（16）哈赫尔氏·格日勒巴图家 4 口人；

（17）宝音图家 4 口人（不久儿子因有了工作而离开了猎民队）。

共 17 户和当时还未成家的德力格尔扎布、斯仁、京嘎、布顾、乌力吉宝鲁、图们巴雅尔、海音都、巴图达来等单身户加起来总共

25 户 84 人是复建乌勒额德勒格屯——猎民队最初的居民。①

把最初的"猎民队"命名为"吉登"嘎查,是在初步建设完该村子的 1983 年②或 1984 年。而有关"吉登"这一词义的来源,《鄂汉词典》中解释:"JIDUNG 为①山巅、山顶。②〈转〉顶,顶峰、顶点。"③ "大兴安岭,亦称内兴安岭,鄂温克、鄂伦春语称'吉登'或'额格登',即兴安岭之意。"④ 或兴安岭就是吉登岭。⑤对于"吉登嘎查"的来历,大多数村民认同"吉登"就是山顶之意的看法。然而,就是这位强调自己只有"小学三年级水平"的猎民后裔德力格尔扎布却解释:"老人们曾经讲过,这个'吉登'名称的来历,不是某个人命名的,而是 300 多年前我们柯勒塔基尔氏族叫吉萨巴特尔(英雄)的将领带着索伦部,长途跋涉,穿过茂密森林,来到高耸的山岭,眺望不远处祖辈们已定居的呼伦贝尔草原,兴奋之余就把自己的利剑插到山岗上,生生世世生活在呼伦贝尔草原。我们索伦部为了纪念吉萨将军,把立剑的这个山岗叫作'吉萨将军的 GIDAN DABA',后人再改称为'吉登岭'。"⑥

吉登嘎查猎民自行委任的这位口述者,以急不可待的心情用柯勒塔基尔、巴雅基尔二氏首先在兴安岭北端地域——乌勒额德勒格建屯以及复建的猎民村、祖辈吉萨将军、吉萨将军立剑的吉登岭等具体的人物、事件及清晰的地理边界来表达"他们是这一地域最初的居民——'元站'民族"的"事实"时,不仅受到记忆里没有储存这些信息的村民的冷嘲热讽,也难免受到学术界提出的质疑。面对质疑,猎民后裔坚持"真就是真,假不能成为真"的理

---

① 来自 2016 年 7 月 27 日德力格尔扎布的口述记录。
② 据猎民回忆,"猎民队"正式命名"吉登嘎查"是在 1983 年。然而,在猎民村成立 30 周年(2011 年)简介上记述为 1984 年。
③ 杜·道尔基编著《鄂汉词典》,内蒙古文化出版社,1998 年,第 370 页。
④ 乌热尔图主编《鄂温克风情》,内蒙古文化出版社,1993 年,第 85 页。
⑤ 乌热尔图主编《鄂温克风情》,第 95 页。
⑥ 来自 2016 年 7 月 27 日德力格尔扎布的口述记录。

念，为口述事件的"真实性"辩护。

有关口述史的"真实性"、"可靠性"和"客观性"，一直是史学界争论的核心议题。然而，口述历史作为一种记录历史的方法，被学界认为是用传统的笔录和现代录音、录影等技术手段，记录历史事件当事人或者目击者的回忆而保存的口述凭证。它与早期由专业历史学家制作纸质的档案"如实地揭示历史"的客观要求有所不同。口述历史提倡记录那些没有被记录的历史，包括那些没有被记入史册的人的主观感受、经历和判断。其中，"活生生的人"的记忆是所有口述历史工作的基础和核心，口述历史学家寻找的并不是记忆中的具体数字，而是讲述本身的意义。① 因此，对于没有自己民族文字而未能（用文字）保存自己历史的猎民来说，他们认为的真实的历史有可能在历史的宏大叙述中被当作"细枝末节"而遗漏、遗忘或抹掉、消失。口述历史作为那个时代与事件的"证据"，② 也许不一定是过去发生的事实，但它却反映了个人的感受经历和认同、行为判断与社会结构之间的关系。这样的遗存也许还可以延续猎民所认为的"只要活着的人还活着，死去的人就不会死去"的历史。

二　族谱的记忆

"大约在300年前的一天，索伦部的一位佐领被朝廷派遣到西北边防，其带领随从途经一座险峻的高山时，突然发现有九只鹿在山顶上注视着他们，随从们立即策马疾驰到鹿前，这些鹿没有惊慌

---

① 这是国际口述历史协会时任主席英迪拉·乔杜里（Indira Chowdhury）结合意大利著名口述历史学家亚历桑德罗·波切利（Alessandro Portelli）的表述提出的观点。见英迪拉·乔杜里《让记忆弥补缺失的历史》，"口述历史在中国"丛书《口述历史在中国（第一辑）：多元化视角与应用》，广西师范大学出版社，2016年，序一。

② 王明珂：《谁的历史：自传、传记与口述历史的社会记忆本质》，定宜庄、汪润主编《口述史读本》，北京大学出版社，2011年，第65页。

反而以友好的姿态继续注视着他们。佐领环视四周秀丽的风景，领略到大自然的深邃浩茫，随即叫住随从，不由自主地感叹道'这真是 Goyohuljin（鄂温克语，美丽之意）山啊！'第二年，专请高僧喇嘛看风水，发现此山赋有白那查山神（即赐予猎物之神）。于是带领柯勒塔基尔氏族及索伦部，在喇嘛诵经主持下于九只鹿站立的山峰上设立敖包，并命名为'Goyohuljin 敖包'。设立并祭祀此敖包的那位佐领就是我们柯勒塔基尔氏族兴凯爷爷的祖先。"①

与此同时，与既定的文本，即记录清廷派遣 3000 名索伦兵丁驻防呼伦贝尔的文献相比较，猎民村柯勒塔基尔氏和巴雅基尔氏后裔记忆中的族谱又是如何呢？

依据柯勒塔基尔氏后裔德力格尔扎布的口述：大约在 1710 年前后，索伦部有个著名的将军叫吉萨，带领索伦部 200 多名兵丁长途跋涉，穿过茂密的森林，走到高耸的山岭，眺望着不远处洪阔尔 Aiil——德力格尔扎布解释，把鄂温克人称为洪阔尔 Aiil 是指有其亲属关系的意义——自己的祖辈定居的呼伦贝尔草原，兴奋之余就把自己的利剑插到山岗上，随即下山后就生活在呼伦贝尔草原。我们洪阔尔索伦部为了纪念吉萨将军，把立剑的这个山岗叫作"吉萨将军的 GIDEN DABA"，后改称"吉登岭"。当时跟随吉萨将军迁来呼伦贝尔的索伦兵卒，过了两年之后又得朝廷军令，抽调索伦兵 200 名、达斡尔 200 名、鄂伦春 100 名，共 500 名兵卒，离开呼伦贝尔准备穿越蒙古边境到达新疆与清军会合。这次 500 名兵卒中的 200 名索伦（鄂温克）兵丁由吉萨将军带领、200 名达斡尔兵丁由苏和巴特尔将军带领、100 名鄂伦春兵丁由嘎夏将军带领（见图3），是年 9 月出发向西进军。到了 11 月在蒙古境内的大峡谷中安营扎寨过冬，第二年春雪融化、青草发芽时索伦兵直达新疆，与清军共同镇压叛乱，维护了祖国的统一。

---

① 此内容来自 2015 年 7 月 31 日德力格尔扎布的口述记录。

图3　吉萨将军、苏和巴特尔将军和嘎夏将军征战图

说明：2017年8月，德力格尔扎布口述，他的二姐夫敖嫩依据口述画出的索伦吉萨将军、达斡尔苏和巴特尔将军、鄂伦春嘎夏将军征战的画像。图右上盖有用蒙古文刻的"德力格尔扎布"印章。2017年8月27日由德力格尔扎布赠送，包英华珍藏。

有关索伦兵何时入驻呼伦贝尔的讨论中，英国剑桥大学学者埃塞尔·林格伦[①]，鄂温克族学者吴守贵和安娜、索龙格[②]都认为是雍正十年（1732）；而鄂温克族学者杜·道尔基在其论文《索伦八旗述略》[③]中认为是雍正十二年（1734）；日本学者井上纮一在《序说割草的呼伦贝尔——以中国东北部的鄂温克调查为例》一文

---

① 林德润（林格伦）：《满洲西北部及使鹿通古斯族》《满洲北部的驯鹿通古斯人》，李城九译，转载于《鄂温克族历史资料集》第3辑，1998年。林格伦在其论文中记述"一七三二年（清世宗雍正十年）清帝令索伦齐卜金及达瑚尔数百，携眷移居巴尔噶（呼伦贝尔）南部，世卫边圉"（第18页）。

② 安娜、索龙格：《鄂温克族妇女发展现状与保护民族文化调研探析》，《鄂温克研究》2012年第1期。

③ 杜·道尔基：《索伦八旗述略》，《鄂温克研究》2007年第1期。

中记述为雍正十四年（1736）。但无论是 1732 年还是 1734 年或 1736 年，文本皆记载为"根据雍正皇帝的批旨，受黑龙江将军卓日海之令，达巴哈（达斡尔族、布特哈佐领）、博尔本察（鄂温克族、布特哈佐领）……从布特哈地区筛选鄂温克甲丁 1636 名、达斡尔甲丁 730 名、鄂伦春甲丁 359 名、巴尔虎甲丁 275 名。……将他们编为索伦八旗，左翼四旗驻牧于沿俄罗斯边界一带，右翼四旗驻牧于喀尔喀边界哈尔哈河一带"① 这样的既定内容。

与此相比，柯勒塔基尔氏后裔的记忆中索伦部吉萨将军带领的氏族兵丁及达斡尔、鄂伦春迁来驻防呼伦贝尔的时间，比文献记载的时间更早，能凸显柯勒塔基尔氏和巴雅基尔氏是迁来这一区域"元站"居民的"真实性"。虽然其中难免掺杂一些其他内容，但吉萨将军事迹恰恰体现出"索伦部柯勒塔基尔氏族"后裔从他们的历史经验中选择出的一种社会记忆。正如拉威和斯威登堡针对这一现象所说："一个选择过程，许多人要从他们的历史经验中选择出可能组合在一起的情况，以便纵向地以故事形式将情况讲述出来，使其成为'真实话语'。"②

调查中不难发现，猎民后裔的记忆被"战争"、"骚乱"和"迁徙"等内容填满并特别强调柯勒塔基尔氏和巴雅基尔氏祖辈们在战乱中机智英勇的事迹。如平定新疆的叛乱之后，当地人对吉萨将军及将士们宁可玉碎、不为瓦全的精神赞不绝口，流传至今。此后清军又往西藏进军，与清军一同前往的吉萨将军及达斡尔苏和巴特尔将军各领 200 名兵丁、鄂伦春嘎夏将军领 100 名兵丁百折不挠、勇往直前、所向披靡。与之相反，清军则往往具有胆怯溃败、狡诈多变、不劳而获的习性。完成任务之后，索伦兵从拉萨撤军，围着的群众拥护"索伦兵！吉萨将军！"之声响彻天空。

---

① 颜连柱：《索伦部驻防呼伦贝尔》，见乌热尔图主编《鄂温克风情》，第 11～12 页。
② 〔美〕路易莎：《少数的法则》，校真译，贵州大学出版社，2009 年，第 189 页。

而朝廷论功赐赏时，往往出现程式化情节：朝廷官员谎报战绩，使索伦将领受到不公的待遇，而此时正是旁人出来作证，索伦将军吉萨的功劳才能获得"真实性"和"合法性"。最终吉萨将军带领军队进京叩拜皇帝，但未被朝廷的高官厚禄所吸引，而是提出继续驻防边境的请求。于是皇帝不仅授予吉萨将军呼伦贝尔副都统职位及玉玺印，还为协助吉萨将军驻防而调来小部分巴尔虎兵驻扎呼伦贝尔。

每当口述到这个情节，德力格尔扎布总是不由自主地陈述：我们吉萨将军回到呼伦贝尔之后，与苏和巴特尔和嘎夏将军一起坚守中俄边境。有一天接到指令又要迁来一批巴尔虎人驻防呼伦贝尔。不多久，吉萨将军迎来巴尔登巴特尔率领的差不多一个旗人数的巴尔虎人，这就是现在的陈巴尔虎旗人的先祖，是吉萨将军时期迁来的。

自从巴尔虎大部队迁来呼伦贝尔之后，吉萨将军带领索伦达斡尔、鄂伦春与巴尔虎，共同守护着边疆。有一次，吉萨将军与苏和巴特尔、嘎夏在兴安岭打猎间隙，嘎夏将军看到满山的野韭菜——鄂温克语叫 Halier，吉萨将军与苏和巴特尔突发奇想，既然这个地方生长着这么多 Halier，我们就把这一地区称作 Halier 吧。这边的河也称作 Halier 河如何？于是，三个人齐声喊出：Halier、Halier，后来用汉语发音 Halier 成为现在的写法"海拉尔"。这也是猎民后裔认为的"海拉尔"名称的来历与他们的祖先事迹有关。

于是，沿着海拉尔河附近，达斡尔盖起木刻楞房、修建院子、种植蔬菜并定居下来；索伦鄂温克、鄂伦春边狩猎边经营着牧业，居住在地窖中。后来吉萨将军从外地请来瓦匠修缮副都统衙门，还让从外地流亡到海拉尔的汉人农民开垦种植小麦和黍子，填补粮仓，供应粮食。另外吉萨将军从俄罗斯商人那里购买火枪（鄂温克语称为 Linchamisen），把这些 Linchamisen 的 30 支分派给自己的柯勒塔基尔氏和巴雅基尔氏老猎民，另外 30 支分派给嘎夏将军手下的鄂伦春猎民，让他们在大兴安岭中狩猎，用达斡尔、鄂伦春近200名兵丁来守护大兴安岭地区的安全。

依据各部族移居情况，吉萨将军把一部分索伦兵安置在伊敏河旁，而自己的柯勒塔基尔氏和巴雅基尔氏以及其他哈拉（氏族）随从人员居住在伊敏河往南——从黑龙江迁来时途中遇到九只鹿聚集的 Goyohuljin 圣山北麓，每年阴历五月五日吉萨将军亲自带领柯勒塔基尔氏和巴雅基尔氏及其他已居住在伊敏河南边的索伦一起，祭拜 Goyohuljin 圣山。嘎夏将军带领的鄂伦春也在延续着狩猎生活。在过了十几年后，从黑龙江那边又迁来一部分索伦，吉萨副都统一边把这些索伦安置在辉河一带，一边从巴尔虎地区购买牛羊，帮助这些索伦经营牧业。这也是后续形成"伊敏河鄂温克"和"辉河鄂温克"两个部族不同称谓之来历。

经过这些调整之后，吉萨副都统从与自己同甘共苦的索伦兵中挑选出功臣，分别任命为 Galda（相当于旗长）和 Jianggi（佐领），在各自划分的地域内行使不同级别的管理权。有一次在醉酒的状态下，吉萨兴奋之余把皇帝赐给的印章扔到河里使其部下惊慌。有位达斡尔青年捞起印章交给吉萨时，吉萨想了一阵子，叫过来达斡尔苏和巴特尔，诉说自己想回 Goyohuljin 圣山，与柯勒塔基尔氏和巴雅基尔氏家族一起尽享狩猎生活的想法，希望苏和巴特尔继承副都统职位，与吉萨副都统亲自任命的 Galda 与 Jianggi 商量着管理决定呼伦贝尔事务，并亲手把印章交给他。与此同时，又嘱托巴尔虎巴尔登巴特尔定要守护好边疆，只有边防安全才能保障猎、牧民生活的安定。启程回乡的那一天，鄂伦春的嘎夏将军也跟随吉萨回到伊敏河边的鄂伦春氏族部落。

最后，德力格尔扎布口述有关吉萨副都统垂暮之年的事：首先，吉萨召见达斡尔苏和巴特尔，正式将副都统职位转给他，希望他管理好呼伦贝尔、海拉尔地区一切事务并关照民众之事，同时告诫为了防备俄罗斯趁机入侵呼伦贝尔地区，自己去世之后先不要告诉巴尔虎的巴尔登巴特尔这个消息，以防引起边境的不安；其次，转交给儿子呼日勒巴特尔皇帝赐予的诏书，并叮嘱其今后一定要把家谱记下来，让下一代子孙铭记柯勒塔基尔氏族所走过的历程。托付完这些事，吉萨副都统与世长辞。从家族之人到挚友苏和巴特尔、嘎夏将军以及当年跟随吉萨将军的索伦兵丁听到这一消息，无比悲痛。进行安葬仪式之后，巴尔虎的巴尔登巴特尔也赶来表示其沉重的哀悼之情，怀念吉萨副都统当年在巴尔虎部迁至呼伦贝尔时给予的帮助及恩惠。离别时，吉萨副都统的夫人斯仁花儿及儿子呼日勒巴特尔也隆重举行欢送仪式。

至此，吉萨副都统的柯勒塔基尔氏哈拉、莫昆（氏族）子孙后代，受命任佐领职位，直到清朝灭亡为止。①

三 作为社会记忆的猎民历史

集体记忆研究之鼻祖——哈布瓦赫告诉我们，记忆是一种集体社会行为，人们从社会中得到记忆也在社会中拾回、重组这些记忆；② 而以彼得·伯克为首的反思历史学家站在相对主义立场做出解释："那样的社会记忆是具有选择性的，我们就必须对选择的原则加以认可，并去关注这些记忆是如何在不同地点、不同集团之间发生变化的，而随着时间的推移，它们又会发生怎样的改变。记忆是具有可塑性的，因此我们就有必要了解它们是怎样被型塑起来的，又是被谁型塑起来的。"③

柯勒塔基尔氏后裔的历史记忆，就像每个社会群体都有一些

---

① 这些内容来自 2016 年 7 月 27 日德力格尔扎布的口述记录。

② 王明柯：《华夏边缘——历史记忆与族群认同》，台北：允晨文化实业股份有限公司，1997 年，第 50 页。

③ 〔英〕彼得·伯克：《作为社会记忆的历史》（节选），袁剑译，北京大学人文社会科学研究院官方网站，http：//www. ihss. pku. edu. cn/templates/zs_ lw/index. aspx？nodeid＝232&page ＝ContentPage&categoryid＝0&contentid＝3697，2020 年 4 月 4 日。

特别的心理倾向，或是心灵的社会历史结构一样，他们的记忆基于清政府派遣的索伦部吉萨将军带领的氏族兵卒以及达斡尔、鄂伦春及巴尔虎迁来驻防呼伦贝尔的历史事件，证明洪阔尔索伦后裔柯勒塔基尔和巴雅基尔氏族是迁来这一区域的"元站"民族，既维护了猎民在这一地域的合法性，又从他们的记忆中删除了关于与索伦兵同步或分批入驻呼伦贝尔的厄鲁特部和稍后迁入该地区的布里亚特部的事实，并以纳入清朝政权及与清朝建立臣属关系作为强有力的历史后盾，强调以吉萨为首的世系成员是朝廷的功臣，彰显其官员身份。围绕吉萨将军立剑的"吉登岭"，针对兴安岭这一片地域的山川河流和广阔大地，猎民后裔画出了心中的地图。（见图4）

这种彰显不只是自然的凝聚，更是与猎民放下猎枪，参与到现代社会的实践感有密切的联系。

从新中国成立到20世纪80年代为止，在政府和猎民的互动关系上政府想尽办法通过"政策上优惠、经济上扶持"让猎民过上富裕生活，也使猎民以合法的身份承担了"既是猎民又是护林员"的权利和义务。对于这一时间段猎民"直接过渡"到社会主义大家庭的社会效应，有学者从鄂伦春猎民经验来肯定这一过渡"是比较成功的"，也是被猎民接受的事实。[1] 此时的猎民早已摆脱了新中国成立前的"原始社会形态"，只是"解放以后，他们的猎产品已由国家按牌价来收购，他们对交换的物缺乏价值观念和只要求满足生活需要，仍旧活生生地表现在和供销社的关系上"，[2] 对于市场、资本等概念还一无所知时，20世纪80年代末90年代初迎来市场经济。

---

① 唐戈：《鄂伦春和鄂温克：从狩猎民到农民的困境》，《满语研究》2008年第1期。
② 秋浦等：《鄂温克人的原始社会形态》，中华书局，1962年，第42页。

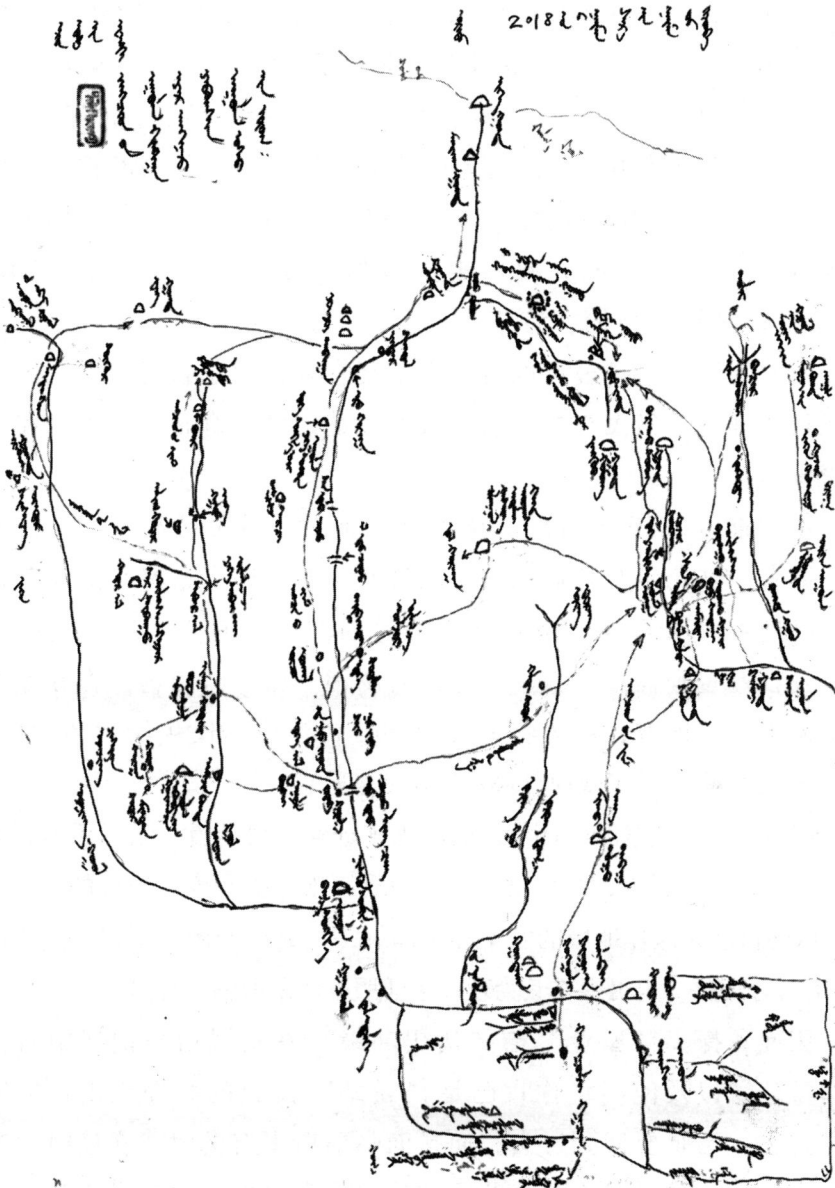

图 4　猎民打猎之山水路线图

说明：此为柯勒塔基尔氏后裔德力格尔扎布亲手画的猎民（打猎时）所走的山水路线图；左上角的印章是用蒙古文刻的"德力格尔扎布"。2019 年 8 月 14 日德力格尔扎布赠送给本调查组。

　　麦地老板——农场主陆续来到这片土地，开发水利资源丰富的草、牧场。全嘎查30多万亩土地，通过招商引资等不同渠道（直到2004年为止）开发了20多个农场种植亚麻、小麦、油菜20多万亩，留给嘎查猎民的土地有10万亩，其中，打草场面积有6万亩。[1] 与此同时，随着国家"天然林保护工程"的启动，林业的管理权限也出现从地方政府上升到国家统筹等一系列的变革。1998年猎民放下猎枪，狩猎生活戛然而止。

　　当放下猎枪，护林员的身份也不复存在，由于缺乏转产之后的现代技能训练。猎民与之前所走过的连绵山脉、森林甚至天空和水草等分离。

　　本调查组2019年再次造访吉登嘎查时，猎民后裔意味深长地告诉笔者：红花尔基林业局属下的红花尔基水库考虑将来的业务扩展，已把吉登嘎查列为未来迁移的对象，打算把"元站"民族猎民迁到吉登嘎查往西一百里地远的辉腾河一带。理由为：吉登嘎查是水源丰富的地方，可为将来鄂温克族自治旗居民供给生活用水，以"林大牧小"为规划原则安排猎民搬迁。

　　身临现代社会复杂的环境，面向未来迁移的可能性，猎民后裔强调自己是"元站"民族，并从祖谱记忆中凝练出守护兴安岭边境的历史功绩，认同自己为这片地域的安宁和祖国统一所做的贡献，不仅使过去的"事实"合理化，也可视作其为现在生活服务所采取的一种策略。

　　因此，探究"猎业"与"历史功绩"在猎民后裔记忆中所占的厚重位置以及他们宣称自己是"元站"民族的心理缘由：猎民回忆过去，不是要回到过去，而是面临前所未有的时代变迁时，凝聚共存意识，寻求中华民族共同体稳定、和谐发展的社会空间，以及实现共享现代化成果的愿望。

----

[1]　详见鄂温克族自治旗伊敏苏木成立66周年（1948～2014）宣传册上的"鄂温克猎民特色村寨——吉登嘎查"内容。

关于索伦鄂温克语和布里亚特蒙古语共有词

乌日其木格*

  根据现有资料，中国境内的鄂温克族主要分布在内蒙古自治区的七个旗和黑龙江省的讷河市，人口少而分布广，多与汉、蒙古、达斡尔、鄂伦春等民族杂居。鄂温克族语言属阿尔泰语系满－通古斯语族北语支，有三种方言，但没有文字。新中国成立前，鄂温克族中的知识分子多通晓满、汉、蒙文，如今牧区通用蒙汉双语言和文字，农区基本上都通用汉语言文字。在史书中，对鄂温克人曾称"索伦"① 或"打牲索伦"②。当时，还按照鄂温克族生活地域和生产方式的不同，将其分别称为"索伦部""索伦别部""使马部""使犬部""使鹿部"③ 等。对与布里亚特蒙古族为邻的鄂温克人称为"通古斯"④，

---

* 乌日其木格，西北民族大学中国语言文学学部。

① 中国社会科学院朝克研究员在《鄂温克母语是我们宝贵的财富》（《述说鄂温克》，远方出版社，1995 年，第 381~404 页）一文中提出"'索伦'一词是满语，表示'顶梁柱'之意。由于在清代被称为'索伦鄂温克'的鄂温克族为保卫边疆发挥了'顶梁柱'作用，所以就称他们为'索伦人'或'索伦鄂温克人'"。

② "打牲索伦"意为打猎的鄂温克人。不过，也有把"'索伦鄂温克人'和'索伦别部的鄂温克人'都叫作'打牲索伦'的现象"。

③ 这里所说的"索伦部"基本上指在清代被划入八旗索伦部的鄂温克人，"索伦别部"指在清代被划入八旗索伦部的牧区和林区的鄂温克人，"使马部"指牧区鄂温克人，"使犬部"指林区狩猎的鄂温克人，"使鹿部"指林区牧养驯鹿的鄂温克人。

④ "'通古斯鄂温克'的'通古斯'在鄂温克语里表示'清澈'之意。'通古斯鄂温克'的意思就是'生活在清澈的河边的鄂温克人'"（朝克：《鄂温克母语是我们宝贵的财富》，《述说鄂温克》，第 384 页）。很有意思的是，也有将"通古斯鄂温克"称作"索伦别部"或"喀木尼堪鄂温克人"的情况。

对居住在额尔古纳河沿岸的鄂温克人称为"雅库特"①。称为"索伦"和"打牲索伦"的这部分人数最多，占总人数的85%以上，现多居住于内蒙古呼伦贝尔鄂温克族自治旗和黑龙江省的嫩江流域，少数居住在新疆。称为"通古斯"的人数较少，居住于鄂温克族自治旗锡尼河流域和陈巴尔虎旗莫日格勒河一带。称为"雅库特"的鄂温克人自称为"敖荣浅"②。被叫作"雅库特"、牧养驯鹿的鄂温克族人数最少，只有300多人，居住于额尔古纳河左岸，现绝大多数移居敖鲁古雅鄂温克民族乡。鄂温克族人虽然称谓上有所不同，但他们都属于鄂温克族这一个民族，他们在语言、风俗习惯、宗教习俗等方面都基本相同，只存在地域性方言差别及居住地区、生活环境、生产方式等方面的一些差异。也就是说，这些不同方言区的鄂温克族，由于历史上的不同时期和不同线路的迁徙，造成聚居地区分散、生活地域不同、经营的生产方式不同，经济社会的发展从而也出现一定程度的不平衡。其中，有的从事草原畜牧业或林区畜牧业，也有的从事农业，还有的从事半农半牧业。《蒙古源流》一书记载：由珠尔奇特、额里克特、达奇鄂尔三部落取其贡额。俾大众安戢。有的学者认为这里提到的珠尔奇特，即为当时的女真族；额里克特，便是鄂温克；达奇鄂尔，则是达斡尔。清朝初期的史料中，出现了"索伦"这个称呼，当时所称的索伦部除鄂温克族之外还包括达斡尔、锡伯、鄂伦春等北方民族。不过，这里所说的"打牲索伦""索伦别部""使犬部"等，主要是指早期从事畜牧业、农业及采集业和狩猎业生产活动的鄂温克族。然而，其中的"索伦"这一称呼几乎沿用到今天，鄂温克族内部

---

① "这部分鄂温克人原住地在俄罗斯西伯利亚的雅库特河两岸，所以根据这条河名称其为'雅库特人'或'雅库特鄂温克人'"（朝克：《鄂温克母语是我们宝贵的财富》，《述说鄂温克》，第384~385页）。

② "敖荣浅"是指"牧养驯鹿的人"。不过，也有人解释为"山林里牧养驯鹿的人"或"山林人"等。

习惯于将从事畜牧业和农业生产的鄂温克人叫作索伦鄂温克族，同时鄂温克语在传统意义上分为索伦、通古斯、雅库特三大方言。①

根据笔者所掌握的第一手资料，索伦鄂温克语是鄂温克语中最重要和最具代表性的方言，也是使用人口最多的方言。尤其是，在内蒙古呼伦贝尔市鄂温克族自治旗有相当高的使用率，当地的鄂温克族青少年也都不同程度地掌握母语。

布里亚特蒙古语是属于蒙古语的一种方言，甚至被认为是独具风格的地方话。依据历史文献资料，布里亚特蒙古人是十月革命以后从俄罗斯贝加尔一带迁徙到了中国呼伦贝尔地区鄂温克族自治旗锡尼河流域。也就是说，他们从俄罗斯贝加尔一带，到现中国境内的居住地已有近百年历史了。② 不过，无论他们生活在俄罗斯西伯利亚区域还是迁移到中国境内的内蒙古呼伦贝尔鄂温克族自治旗，都有着同鄂温克族接触与来往的漫长历史岁月，双方的交往与交流从未间断过。毫无疑问，鄂温克族和布里亚特蒙古人都是跨境民族，他们所使用的语言同属阿尔泰语系，分属该语系的满 - 通古斯语族和蒙古语族。1906 年，С. П. 巴勒达耶夫（С. П. Багтаев）在额吉里特布里亚特人生活区发现过古代布里亚特萨满教的颂词。讲述了布里亚特人和鄂温克人之间的接触与往来，其中写道："我们离开阿尔泰山，因那里的丰美的水草已被吃光，我们来到勒拿河，它的右岸已有人居住。他们是鄂温克人，我们和鄂温克人友好相处……"③ 除此之外。许多语言学、历史学、考古民族学的史料也真实记载了布里亚特人和鄂温克人的先民和谐共存、共同生活的生动场景。所有这些，又无可否定地体现在他们口耳相传的日常用语和语言世界里。19 世纪中叶，远在欧洲的马克思在《资本论》第

---

① 《鄂温克族自治旗概况》，内蒙古人民出版社，1987 年，第 13 页。

② 宝敦古德·阿毕德：《布里亚特蒙古简史》，内蒙古文化出版社，1983 年，第 8 页。

③ С. П. 巴勒达耶夫：《布里亚特祖源传说》，乌兰乌德，1970 年，第 294 页，转引自 И. Д. 布拉耶夫《布里亚特语的形成》，范丽君译，《蒙古学信息》2001 年第 4 期，第 49 页。

2 卷《资本的流通过程》中，详尽描述过一条中国古商道，这条商道从塞外名城张家口始，至蒙古库伦①终，民间俗称"张库大道"。后来，由于商贸发展需要，向北延伸至恰克图、伊尔库茨克、莫斯科、圣彼得堡，并最终扩展至整个欧洲大陆。向南经天津、上海、武汉，直至中国南方茶商区，最终形成一条以茶叶生产、运输和贸易为主的"草原茶叶之路"，又称"草原丝绸之路"，也被称为连接中俄乃至中欧的"世纪动脉"。②所有这些，进一步促进了在俄罗斯西伯利亚伊尔库茨克一带生活的布里亚特人和鄂温克人的相互交流与交往。我们对索伦鄂温克语与布里亚特蒙古语基本词汇进行整理时，发现这两种语言的早期词汇里存在不少共有成分，而且不仅涉及实词范畴，甚至在虚词类词里也有不少。这些共有词涉及他们传统意义上的物质生活及精神生活等方方面面。当然，比较而言，基本名词和动词较为突出，且跟他们共同而特定的自然条件、历史背景、生活环境、生产方式、生活内容均有千丝万缕的深层关系。

众所周知，人类使用的语言中，最稳定的部分应该是基本词汇。索伦鄂温克语与布里亚特蒙古语间的共有词，绝大多数出现在它们的基本词汇范畴里。本文选定了语音与语义结构方面相当一致的名词、动词、代词、形容词、量词、拟声词、语气词及感叹词等一部分共有词进行分析和讨论。文中使用的索伦鄂温克语例词来自中国社会科学院朝克研究员主持的国家社科基金重大委托项目"鄂温克族濒危语言文化抢救性研究"成果之一《索伦鄂温克语基本词汇》③，布里亚特蒙古语例词来自笔者在内蒙古呼伦贝尔市鄂温克族自治旗锡尼河苏木搜集整理的布里亚特蒙古语词汇资料④。

---

① 蒙古的"库伦"指的是现在蒙古国首都乌兰巴托市。

② 郑恩兵：《北方"草原丝绸之路"——张库大道》，《河北日报》2018 年 11 月 30 日，第 9 版。

③ 朝克：《索伦鄂温克语基本词汇》，社会科学文献出版社，2016 年。

④ 乌日其木格：《锡尼河布里亚特蒙古语词汇》（手稿），2015~2017 年。

一　索伦鄂温克语与布里亚特蒙古语的共有名词

　　主要涉及自然界和自然现象、自然物、动植物、畜牧业、人体结构，以及政治、社会、生活、生产等方面的早期基本词汇。

　　（1）索伦鄂温克语与布里亚特蒙古语中与自然现象及与水、土、空气、山脉、河流、原野等自然物相关的共有名词。例如：

词义	索伦鄂温克语	布里亚特蒙古语
闪电	gilowun	gilbun
野外	həər	həər
平原	tal	tal
岩山	had	had
丘陵	dow	dow
山坡	dawa	dawa
山缝	dʒalgaŋ	dʒalgaŋ
山梁	hir	hir
戈壁	gowi	gobi
磨石	bilʉ	bilu ~ bʉilʉ
尘埃	toos	tooh
泥	ʃiwar	ʃawar
泥泞	baltʃig	baltʃig
水沟	go	goo ~ go
冰片	hayir	hayir ~ hair
金子	altan	altan ~ alta
银子	mʉgʉŋ	mʉŋgəŋ
铜	gooli	gooli
铅	todʒi	todʒi
玉	has	has
珍珠	hana	hana

　　众所周知，自然物和自然现象都属于自然界的产物。那么，在索伦鄂温克语与布里亚特蒙古语中同自然现象和山、水、土、空

气、河流、矿石、原野等自然物有关的共有名词确实有不少。其中，跟山、水、土、矿石等自然物相关的共有词居多。另外，自然现象共有词要少于刚才提到的自然物共有词。

（2）索伦鄂温克语与布里亚特蒙古语中与野生动物相关的共有名词。例如：

词义	索伦鄂温克语	布里亚特蒙古语
鹿	bog	bug
黄羊羔	indʒihiŋ	dʒihaŋ
野马	tahi	tahi
野骆驼	boor	buur
兽类乳房	dələŋ	dələŋ
兽蹄	taha	tah
貂皮	bolga	bolga
白兔	tʃindahaŋ	tʃindahaŋ
跳鼠	alakdaha	alakdaha
壁虎	gurbəl	gurbil
喜鹊	saadʒige	saadʒigai
海青	ʃoŋhor	ʃoŋhor
鹦鹉	todi	todi
狗鹫	yolo	yolə
黄鸭	aŋgir	aaŋgir
贝	hisug	hisug

这里所说的索伦鄂温克语与布里亚特蒙古语中与野生动物相关的共有名词，也应该属于自然物和自然界的产物。在他们的语言里此类名词也有不少，且更多的是跟他们生活有关的温寒带地区的野生动物名称。

（3）索伦鄂温克语与布里亚特蒙古语中与家畜相关的共有名词。例如：

词义	索伦鄂温克语	布里亚特蒙古语
牛	ʉhʉr	ʉhər
牤牛	boh	buh
无角牛	mohor	mohər
羊	honiŋ	honi
山羊	imagaŋ	iama
红马	dʒəərdəmoriŋ	dʒəərdəmoriŋ
红沙马	boorolmoriŋ	buurolmoriŋ
栗色马	huriŋ moriŋ	huriŋ moriŋ
铁青马	bormoriŋ	bormoriŋ
淡黄毛马	hoŋgor moriŋ	hoŋgər moriŋ
米黄毛马	ʃirga	ʃarga
黑鬃黄马	hulamoriŋ	hulmoriŋ
干草黄马	huwamoriŋ	huamoriŋ
海骝毛马	haylunmoriŋ	haliunmoriŋ
菊花青马	tolbotu	tolbotu
豹花马	sohormoriŋ	soohər moriŋ
马膝骨	tahim	tahim
马鬃	dəl ~ dələn	dəl ~ dələn
马鼻梁	haŋʃar	haŋʃar
马脚后跟	borbi	borbi
马小腿	ʃilbi	ʃilbi
马肚带	oloŋ	oloŋ
肚带铲子	gorhi	gorhi
鞍鞴	tohom	tohəm
鞍子吊带	dʒirim	dʒirim
马镫子	dʉre	dʉre
缰绳	dʒolo	dʒolo
马铁掌	tah	tah
狗崽	gʉlgʉ	gʉləg
哈巴狗	baal	baal
猫	həhə	həhəə

从上例可以看得出来，索伦鄂温克语与布里亚特蒙古语中与家畜相关的共有名词里，与马及其相关的共有名词占绝大多数，这跟他们很早便进入畜牧业生产生活，以及从此开始的马背生活和游牧生产活动密切相关。其实，有关牛和羊的共有词也有不少，在这里没有一一列举。当然，也有不少同马身或马体结构以及用于马身上的物件相关的共有词。

（4）索伦鄂温克语与布里亚特蒙古语中与植物及蔬菜相关的共有名词。例如：

词义	索伦鄂温克语	布里亚特蒙古语
种子	ʉr	ʉr
树杈	asa	asa
偏缰	ʃilbur	ʃilbur
棉花	hɵwɵŋ	hʉbɵŋ
青草	nogo	nogoo
荒草	hagda	hagda
紫草	dʒamur	dʒamur
野艾草	agi	agi
鬼针	hilgana	hialgahaŋ
山丁子	ʉlir	ʉlir
糠	aaga	aaga
石榴	anar	anar
茄子	haʃi	haʃi
蒜	dʒagikta	dʒagi

我们掌握的田野调查资料充分表明，索伦鄂温克语与布里亚特蒙古语中与植物及蔬菜相关的共有名词中有关野生植物的共有名词要多于蔬菜类共有名词。除此之外，还有不少树木叶枝花草方面的共有名词，在这里没有一一列举。

（5）索伦鄂温克语与布里亚特蒙古语中与社会用语相关的共有名词。例如：

词义	索伦鄂温克语	布里亚特蒙古语
甲	həhə	hʉhə
乙	həhəktʃiŋ	hʉhəkʃiŋ
丁	ulaktʃiŋ	ulakʃiŋ
天王	bogda	bogda
国	gʉtʉŋ	gʉtʉŋ
办事部门	algaŋ	algaŋ
党	nam	nam
阶级	aŋgi	aŋgi
旗帜	tug	tug
旌	dalwa	dalwa
官	noyoŋ	noyoŋ
军号	bʉre	bʉrəə
英雄	baatur	baatar
称号	sol	sol
姓	hal	hal
志气	ata	ata
和平	teewaŋ	taiwaŋ
巷	godoŋdʒi	gudomdʒi
幼儿园	səsərlig	səsərlig
乡长	somoda	somoda
村长	gatʃada	gaʃada
马夫	moriʃeŋ	moriʃiŋ
牧马人	aduʃeŋ	aduʃiŋ
牵马人	hətləʃi	hətləʃiŋ
牛倌	ʉhʉrʃeŋ	ʉhʉrʃiŋ
羊倌	huniʃeŋ	huniʃiŋ
更夫	manaʃeŋ	manaʃʊŋ
工资	saliŋ	saliŋ
围墙	hərəm	hərəm
馆/所	saŋ	saŋ
牧场	otor	otor
本子	dəbtər	dəbtər

词义	索伦鄂温克语	布里亚特蒙古语
铅笔	haranda	haranda
黑板	sambar	sambar
章	həsəg	həsəg
节	badag	badag
好兆	bəlgə	bəlgə
天神	bogda	bogda
庙	sʉm	sʉm
敖包节	obo	obo
戒／忌	səər	səər
火灾	tʉymʉr	tʉymʉr
裂口	yar	yar
锈	dʒiwʉ	dʒiwʉ

可以看得出来，索伦鄂温克语与布里亚特蒙古语中与社会用语相关的共有名词里，同早期社会相关的内容比较多，尤其是跟草原畜牧业生产生活相关的共有名词，以及与传统意义上的社会组织、政府部门、军事术语、文化教育、天干地支及宗教信仰等方面相关的共有名词占有一定比例。当然，也有一些后期出现的新的社会用语共有名词。

（6）索伦鄂温克语与布里亚特蒙古语中与人体结构及衣食住行方面相关的共有名词。例如：

词义	索伦鄂温克语	布里亚特蒙古语
身体	bəy	bəy
后脑勺	tʉntʉ	tʉntʉ
脚底	ula	ula
手足汗	ʃiwər	ʃiwər
单上衣	hʉrʉm	hʉrʉm
雨衣	sow	sow

续表

词义	索伦鄂温克语	布里亚特蒙古语
衣领	dʒah	dʒah
帽缨	sorso	sorso
鞋底铁掌	tah	tah
奶子	hʉŋ	hʉŋ
奶嘴	ogdʒi	ogdʒi
奶皮	ʉrʉm	ʉrʉm
蜂蜜	bal	bal
毒	hor	hor
架子	tag	tag
大厅	taŋkim	taŋkim
墙角	gulaŋ	gulaŋ
炕	laha	laha
床	or	or
铁榔头	alha	alha
叉子	asa	asa
剪刀	hayʃi	hayʃi
桌子	ʃirə	ʃirə
箱/卧柜	addar	abdar
旧式木锁子	ʃiwhə	ʃiwhə
木筏	sal	sal
绳结	dʒaŋgi	dʒaŋgi
鱼饵	məhə	məh
火药	dari	dari

其实，同人体结构及衣食住行有关的共有名词，在索伦鄂温克语与布里亚特蒙古语中使用的实例也有不少。在这里，我们只是列举了在语音结构方面保持高度一致，以及区别性特征较小的一部分共有名词。而且，这些共有名词除了涉及人体或人体代谢物名词之外，数量上占优势的还是属于同人们日常生活密切相关的寒温带或温寒带地区的服饰、饮食、住房及家用品、生活用品等方面的共有

名词。

通过以上分析和讨论，我们可以初步认识到索伦鄂温克语与布里亚特蒙古语的共有名词涉及的范围十分广泛，涵盖的内容也十分丰富，几乎涉及方方面面的名词术语。其中，同山、水、土、空气、河流、矿石、原野，以及与寒温带或温寒带地区的植物、野生动物、家畜、蔬菜及生产生活密切相关的共有名词占据绝对数量。另外，也有不少跟早期草原畜牧业生产活动，以及与传统意义上的社会组织、政府部门、军事术语、文化教育、天干地支及宗教信仰等方面相关的共有名词。当然，也有相当数量的同人体结构及衣食住行有关的共有名词。就如前面所说，在这里我们只是列举了在词义和语音结构方面保持高度一致，以及区别性特征相当小的一部分共有名词。在语音和词义上，存在较大的区别性特征或曲折关系的共有词，没有纳入本文进行讨论。在这里，还应该指出的是，索伦鄂温克语和布里亚特蒙古语中除了上面列举并讨论的共有名词之外，还有一些同上述共有名词有关而各自具有的不属于共有关系的其他说法。比如说，索伦鄂温克语里把"磨石""壁虎""种子"等从共有名词角度称作 bilʉ、gʉrbəl、ʉr 的同时还有 ləkə、ʃiri、amira 等说法，布里亚特蒙古语中把"山梁""珍珠""姓""衣领""糠""卧柜""牧场"从共有名词角度称作 hir、hana、hal、ʤah、aaga、abdar、otor 的同时还有 hʉtəl、sobdə、omog～obog、ʤaam、halihaŋ、haŋʤi、bəlʧəər 等称谓。还有一种现象是，索伦鄂温克语和布里亚特蒙古语中，共同使用的现代名词术语变得越来越多，其中也有一定数量的共有借词。比如说，像"大象""骡""玛瑙""工厂""打草机""推草机""大草垛""电视剧""电冰箱""电脑"等在他们的语言里叫作 ʤaan、løøs、mano、ʤawuud、maʃin、maʃiŋ、balhuuʤi、deʃiʤi、debiŋʃiaŋ、dennau 等。

二 索伦鄂温克语与布里亚特蒙古语的共有动词

我们掌握的第一手田野调研资料充分证实，索伦鄂温克语和布
里亚特蒙古语的共有词里，有不少使用面较广的有关人的动作行
为、动物的动作行为以及反映动态或运动的自然现象及自然物的共
有动词。例如：

词义	索伦鄂温克语	布里亚特蒙古语
起暴风雪	ʃuug –	ʃuugrə –
星光闪烁	gilba –	gilbə –
心跳	tukʃi –	tukʃi –
歇	amra –	amra –
踏	dəwhə –	dəwhə –
大步行走	ʤorolo –	ʤorolo –
钻来钻去	guldugna –	guldugna – ~ huldugna –
跛行	doholo –	doholo –
败逃	burula –	burula –
追寻	nəhə –	nəhə –
跟踪	gətə –	gətə –
派出	tomola –	tomila –
狩猎	awala –	awala –
翻越	dawa –	dawa –
搜山	beesa – /nəŋʤi –	baisa – /nəŋʤi –
绕弯子	təhəəri –	təhəəri –
用脚勾	taʃi –	taʃi –
靠	tʉʃi –	tʉʃi –
珍惜	narila –	narila –
喜欢	taala –	taala –
款待	hundʉlʉ –	hundʉlʉ –
抱怨/伤感	gasla –	gasla –
埋怨	gəŋʧə	gəŋʃi –

词义	索伦鄂温克语	布里亚特蒙古语
勉励	hʉhihə –	hʉhihə –
掏/挖井	malta –	malta –
舀	soho –	soho –
泼水	sasu –	sasu –
种	tari –	tari –
插	ʃiʃi –	ʃiʃi –
埋	bula –	bula –
缠	ərə –	ərə –
钩	goholo –	goholo –
钉铁掌	tahla –	tahla –
昏迷	manara –	manara –
救	awra –	awra –
尝试	amtala –	amtala –
发疯	galʤura –	galʤura –
撒野	aaʃila –	aaʃila –
撒娇	əkkələ – / huŋaʃi –	ərkələ –
掠夺/抢	duri –	duri –
撕开	ʃida – / uri –	ʃida – / uri –
阻碍	haʃi –	haʃi –
装订	dəbtərlə –	dəbtərlə –
织	nəhə –	nəhə –
扣扣子	tobtʃila –	tobtʃila –
打盹	toggo –	toggo –
打饱嗝	həhərə –	həhərə –
打嗝	ʤokdo –	ʤokdo –
打哈欠	əwəʃi –	əbʃəə –
打赌	məlʤə –	məlʤə –
牛叫	məərə –	məərə –
乌鸦叫	gaagla –	gaagla –
祈祷	ʤalbari –	ʤalbari –
忌讳	səərlə –	səərlə –
干	tʃiktən	tʃiktəi

由于索伦鄂温克语和布里亚特蒙古语的共有动词不像共有名词那么多，而且内部分类界限不是十分清楚，所以没有进行分类。在这里我们列举的基本上是使用面较广且具有一定代表性的共有动词。可以看出，这些共有动词，在索伦鄂温克语和布里亚特蒙古语

中，表现出的发音形式完全相同或基本一致。另外，词义方面也表现出高度的一致性。当然，也有不少语音方面差异较大、词义方面也存在曲折性共有关系的动词。这些共有动词所表达的往往是同索伦鄂温克人和布里亚特蒙古人的早期生产生活密切相关的动作行为，以及他们接触最多的反映动态或运动的自然现象、自然物。比较而言，表示人的动作行为或动物的动作行为的共有动词，比反映动态或运动的自然现象及自然物的共有动词要多。随着人类社会的不断发展和进步，他们越来越多地接触和经营农业生产以及逐渐迈入以科学技术为核心的新时代，索伦鄂温克语和布里亚特蒙古语里也有了不少像 tari "种"、hadi/ ~ hadi "割"、sudla/ ~ ʃudla "研究" 等源自农业生产及现代文化生活及科学技术方面的共有动词。

三 索伦鄂温克语与布里亚特蒙古语的共有代词和共有形容词

我们搜集整理的第一手资料里，除了以上谈到的共有名词和共有动词之外，在索伦鄂温克语和布里亚特蒙古语中还有一些共有代词和共有形容词。

（1）索伦鄂温克语与布里亚特蒙古语的共有代词，例如：

词义	索伦鄂温克语	布里亚特蒙古语
我	bi	bi
你	ʃi	ʃi
他/她/它	tari	tər
我们	miti	bid
他们	talar	tanus
这	əri	ən

（2）索伦鄂温克语和布里亚特蒙古语的共有形容词，例如：

词义	索伦鄂温克语	布里亚特蒙古语
富	bayin	bayin
麻子	soohor	soohor
歪脖子	halʤig	halʤig
穷	yadar	yadar
斜眼	hilaŋ	hilaŋ

　　相比之下，索伦鄂温克语和布里亚特蒙古语中的共有代词要比共有形容词少得多。尽管如此，这些共有代词有着相当高的使用率。毫无疑问，这6个代词均属于相当重要且使用面最广的代词。其中，前面的三个人称代词及最后的指物代词都是表示单数概念的代词，只有第四个和第五个例词是表示复数概念的人称代词。从这个实例可以看出，索伦鄂温克语和布里亚特蒙古语中使用的共有代词，表示单数概念的单数类共有代词居多，表示复数概念的复数类共有代词显得少一些。无论是索伦鄂温克语的 tari，还是布里亚特蒙古语里的 tər，都不仅可以表示单数第三人称代词"他"和"她"，同时也能够表达单数指物代词"它"之概念。从这个意义上讲，共有代词 tari 和 tər 在这两种语言里有其相当广泛的使用面。另外，犹如前面所说，索伦鄂温克语和布里亚特蒙古语里使用的共有形容词要比共有代词多得多，在这里我们只是列举了音义方面差异较小或基本保持一致的实例。

　　总而言之，索伦鄂温克语和布里亚特蒙古语里使用的共有词确实有不少。这跟他们的先民历史上都生活在俄罗斯西伯利亚地区密切相关。再者，索伦鄂温克语是属于满－通古斯语族通古斯语支语言，布里亚特蒙古语则属于蒙古语族东部语支语言，毋庸置疑，这两种语言均属于阿尔泰语系，且在语音、词汇、语法方面均存在相当深远、相当复杂的共有关系或历史来源。但是，对于这些学术问题，至今还未有全面、系统、完整的科学讨论。有些学者认为，这些所谓同源关系，或许是相互接触、相互影响、相互借用的结果。当然，更多的专家学者从阿尔泰语系语言论角度坚定地认为，所有这些共有成分均属于同源关系。由于阿尔泰语言学界在此方面还没有做出最终结论，所以本文中使用了共有词这一概念。从我们搜集整理的共有词资料，以及上面的分析讨论中可以看出来，在索伦鄂温克语和布里亚特蒙古语的共有词中，数量最多的是共有名词，约占整个共有词总数的70%，其次是占20%左右的动词，而共有形容词和代词各占5%和2%。此外还有在这里没有展开讨论的约占3%的共有副词和虚词类词等。比如，索伦鄂温克语和布里亚特蒙古语里使用的 dʒ ore "故意"、gənt ~ gəntə "突然" 等共有副词和 owo "堆"、tal "面" 之类的共有量词，以及 ma "给"、ooŋ "嗨"、ee "嘻"、hor hor "呼噜呼噜"、tuk tuk "嘣嘣" 等虚词类词等。也就是说，索伦鄂温克语和布里亚特蒙古语里出现的共有词，涉及自然界、自然现象、自然物、生产生活、人体结构、经济社会、政治军事、思想意识、伦理道德、文化教育、宗教信仰以及人或动物的基本动作行为、性质特征等十分广泛的领域。其中，与自然界和畜牧业生产生活方面相关的共有词最为突出。无论如何，这些共有词强有力地说明，索伦鄂温克族和布里亚特蒙古族在诸多领域有着相当深刻且广泛的历史渊源关系。从另一个角度来讲，索伦鄂温克族及布里亚特蒙古族特定的地理位置、地域特征、历史背景、生存环境，使他们不可避免且自然而然地在语言文化等诸多方面具有了极其丰富的共性，所以说对于他们历史文化的讨论显示出极其重要的学术价值。对于这些没有本民族文字，或者说使用本民族文字历史不是很长的民族或族群而言，他们口耳相传的语言显得十分珍贵和重要，因为其中包含着他们远古的历史文化，是人们探索其物质文化与精神文化最为重要的历史资料及理论依据。与此同时，这两种语言中出现或使用的这些共有词，也充分证实了习近平总书记所说的"我中有你、你中有我"的命运共同体，以及中华民族多元一体思想理论和科学原理。特别是在当下，对于这些跨境语言共有关系的讨论，更加显示出它所具有的现实意义和深远的学术价值。语言是人类的交际手段和交流工具，是人们沟通思想的重要途径和渠道，是人类历史文化与文明的重要载体，也是人类历史文化与文明活的化石。对于这些人口很少，没有本民族文字或使用文字历史不长的民族或族群而言，语言更加体现出其在历史文化与文明研究方面的学术价值和意义。同时，该领域的学术讨论刚刚起步，还有许多研究的内容和课题，在未来的学术探索之路上，笔者还会不断展开学术研究，在深度和广度上推动索伦鄂温克族及布里亚特蒙古族历史文化及语言方面的科研工作。

索伦鄂温克语和赫哲语共有形容词研究

温琪琪*

中国境内的鄂温克族主要分布于内蒙古自治区和黑龙江省讷河市，在辉河流域、莫日格勒河流域、额尔古纳河流域等地休养生息。由于居住地域、生产生活方式以及习俗等方面的不同，鄂温克族又分为索伦、通古斯、雅库特三个分支。因此，他们各自使用的语言同样可称为"索伦鄂温克语""通古斯鄂温克语""雅库特鄂温克语"。从以上三种语言使用的地域来看，索伦鄂温克语又称为"辉河方言"，在鄂温克族中该语言使用范围最广；通古斯鄂温克语又可称为"莫日格勒鄂温克语"或"莫日格勒方言"，该民族使用该种语言的人数较少；雅库特鄂温克语亦称为"敖鲁古雅方言"，该语言的使用者在鄂温克族中所占的比例最少。本文主要论述的是索伦鄂温克语，使用该语言的人主要聚居在内蒙古自治区呼伦贝尔市鄂温克族自治旗、莫力达瓦达斡尔族自治旗、鄂伦春自治旗、阿荣旗、扎兰屯市，黑龙江省的讷河市等地。因索伦鄂温克语和赫哲语同出一源，有着共同的历史渊源，因此两者之间存在着一定数量的共有词。这些所谓的共有词，就是在索伦鄂温克语和赫哲语中共同使用的词语。本文主要根据笔者掌握的资料，对索伦鄂温克语和赫哲语中存在的共有形容词展开整理、列举和分析，从而论

* 温琪琪，唐山师范学院外国语学院博士研究生。

证这些共有形容词在语音和语义结构等方面存在的共有关系。形容词是说明人或事物的属性、状态或特征的词，涉及范围比较广泛，因此数量也较丰富。不过，索伦鄂温克语和赫哲语中实际存在的共有形容词远比我们在此列举的要多很多。本文只是列举了过去有关专家学者在实践过程中搜集整理的相关共有形容词。由于篇幅有限，下文只罗列了在语音或语义方面存在较强共性且有代表性、基础性的实例。

在这里首先需要说明的是，索伦鄂温克语有 a、e、i、ə、o、ɵ、u、ʉ 8 个元音音素，它们分别由 a、e、i、ë、o、ö、u、ü 8 个元音字母代替。赫哲语有 a、e、i、ə、o、œ、u、y 8 个元音音素，分别由 a、e、i、ë、o、ö、u、ÿ 8 个元音字母代替。用元音字母代替元音音素的发音形式，是因为元音音素的写法较独特而复杂，并且人们对国际音标中的某些元音符号熟知度较低，同时对于教学和学习也不太有利。所以，本文用印欧语系有关语言中使用的元音字母取代了元音音素的拼写法。其次，索伦鄂温克语有 b、p、m、d、t、n、l、r、s、g、k、h、ŋ、ʤ、ʧ、ʃ、w、j 18 个辅音音素，它们分别由 b、p、m、d、t、n、l、r、s、g、k、h、ng/ň、j、q、x、w、y 18 个辅音字母来代替。赫哲语有 b、p、m、f、d、t、n、ŋ、l、r、s、g、k、h、ŋ、ʤ、ʧ、ʃ、w、j 20 个辅音音素，它们分别由 b、p、m、f、d、t、n、ň、l、r、s、g、k、h、ng、j、q、x、w、y 20 个辅音字母来代替。

本文中所列举的索伦鄂温克语和赫哲语实例，基本上都使用了宽式记音法。在下文排列中，第一行属于索伦鄂温克语和赫哲语共有词假定形式或早期拟定的语音结构类型；第二行是索伦鄂温克语例词；第三行是赫哲语例词。同时，我们在整理索伦鄂温克语和赫哲语共有形容词时发现，与人或事物的特征和状态等有关的实例出现频率较高，而同人或事物的性质、属性等相关的实例出现的相对少一些。但是无论怎样，这些共有词无疑给人们的语言交流带来了一定的便利。在下面的例子中，我们从索伦鄂温克语和赫哲语词汇中，挑选了语音结构和语义关系相一致或比较一致，且具有代表性和基础性的部分实例。

（1）"黄" ⇨*suwayan

索伦鄂温克语：suyang

赫哲语：suyan

与此同时，索伦鄂温克语和赫哲语将"橘黄"称为 sohong（索伦鄂温克语）、sohon（赫哲语）；把"蛋黄"叫 yohohong（索伦鄂温克语）、yohokën（赫哲语）；称"焦黄"为 sohohor（索伦鄂温克语）、sohokër（赫哲语）；还将"黄黄的"称为 sohoggang（索伦鄂温克语）、soholgan（赫哲语）等，以上词语在语音和语义结构上都具有共有关系。

（2）"青" ⇨*yaqin

索伦鄂温克语：yaqiŋ

赫哲语：yaqin

除了上述提到的 yaqin 之外，在索伦鄂温克语和赫哲语中还有 kuku < kükü 等说法。

（3）"深色" ⇨*pagdir

索伦鄂温克语：pagdir

赫哲语：pagdir

除此之外，在索伦鄂温克语和赫哲语中 pagdir 还可以表示"深蓝"之意。

（4）"钝的" ⇨*mohur

索伦鄂温克语：mohor

赫哲语：mohur

另外，索伦鄂温克语中还有 mampa 之说，赫哲语有 moktur ～ ëtëwurqen 等叫法。

(5)"宽"⇨*ëngëgë

索伦鄂温克语：ëngngë

赫哲语：ënggë

与"宽"有关，在索伦鄂温克语和赫哲语中，还有表示"心宽"之意的 ëlëhüng（索伦鄂温克语）、ëlëhun（赫哲语）之说法。该词主要表示人们的心胸、思想"宽广"等概念。

(6)"软"⇨*dëyë

索伦鄂温克语：dëyë > dëyi

赫哲语：dëyë

根据我们掌握的词汇资料，两种语言中还有用 ibgën（索伦鄂温克语）、uyan（赫哲语）等表示"软的"之词义的实例。

(7)"粗"⇨*barugun

索伦鄂温克语：barugun > bargung > baggong

赫哲语：barugun

同"粗的"相关，索伦鄂温克语和赫哲语中还将"粗壮的"分别称为 ëtënggir（索伦鄂温克语）、ëtun（赫哲语）。

(8)"整个的"⇨*gurhun

索伦鄂温克语：gurhung

赫哲语：gurhun

另外，在索伦鄂温克语和赫哲语中还有 gërëng（索伦鄂温克语）、gërë（赫哲语）之说。

（9）"陡的" ⇨ *hakqin

索伦鄂温克语：hakqi

赫哲语：hakqin

除此之外，在这两种语言中还有 qiqor（索伦鄂温克语）、ëgëqin ＞ ëkqin（赫哲语）等说法。

（10）"湿" ⇨ *olobkon

索伦鄂温克语：olokkong

赫哲语：olobkon

与此相关，两种语言将"潮湿的"称为 dërbëhüng ~ xiiqqi（索伦鄂温克语）、dërbëhun（赫哲语）等。

（11）"结实" ⇨ *agdun

索伦鄂温克语：addung

赫哲语：agdun

与此相关，索伦鄂温克语和赫哲语将"坚定的"称为 batu ＞ bat（索伦鄂温克语）、batë（赫哲语）等；还把"坚决的"叫作 pita（索伦鄂温克语）、fita（赫哲语）。

（12）"轻浮的" ⇨ *olibin

索伦鄂温克语：olbing

赫哲语：olbin

我们掌握的词汇资料表明，与索伦鄂温克语和赫哲语的olbiŋ ＞ olbin 之说相关的同源词还有一些。比如说，*obdon "轻薄的" ⇨ obdong（索伦鄂温克语）、obdon（赫哲语）；*diyamha "不稳重的" ⇨ dimha（索伦鄂温克语及赫哲语）；*dudiyadiyaku "不踏实的" ⇨ daddahu（索伦鄂温克语及赫哲语）等。

（13）"笨" ⇨ *mondu

索伦鄂温克语：mondu

赫哲语：mondu

同时，在索伦鄂温克语和赫哲语中还用 jünggü～jünür（索伦鄂温克语）、bëngü（赫哲语）等词语表示"笨"之意。

（14）"糊涂" ⇨ *hulkin

索伦鄂温克语：hülking

赫哲语：hulkin

两种语言中还用 jëhi～oybon（索伦鄂温克语）、jëki～oybo（赫哲语）等说法表示该词义。

（15）"稀" ⇨ *uyan

索伦鄂温克语：uyan

赫哲语：uyan

与 uyan "稀"相关的，他们将"稀疏的"称为 sarging（索伦鄂温克语）、sargin（赫哲语）等。

（16）"空闲的" ⇨ *bayidi

索伦鄂温克语：baydi

赫哲语：baidi

必须强调的是，索伦鄂温克语和赫哲语中还用 sölö（索伦鄂温克语）、xolo（赫哲语）等表达"空闲的"之意。并且，有一定使用率。

（17）"脏的" ⇨ *bujar

索伦鄂温克语：bujir

赫哲语：bujir

这两种语言还用 leebur（索伦鄂温克语）、atakoli（赫哲语）等说法表示"脏的"之意。

（18）"明亮的" ⇨*gilatari

索伦鄂温克语：giltar

赫哲语：giltari

索伦鄂温克语中也用 giltagar，赫哲语也会出现 gënggin 等表述形式。

（19）"秀美的" ⇨*giltugan

索伦鄂温克语：giltuhang

赫哲语：giltukan

索伦鄂温克语和赫哲语将"英俊的"称为 giltungga（索伦鄂温克语及赫哲语）等。

（20）"危险的" ⇨*tuksin

索伦鄂温克语：tukxing

赫哲语：tukxin

两种语言中还有 nëëlimü（索伦鄂温克语）、abqukun（赫哲语）等表述形式。

（21）"奇怪的" ⇨*kaqin

索伦鄂温克语：haqiŋ

赫哲语：kaqin

索伦鄂温克语和赫哲语还用 yëënüxi（索伦鄂温克语）、fërgun（赫哲语）来表示"奇怪的"之意。

（22）"嫩的" ⇨*nëmëri

索伦鄂温克语：nëmër

赫哲语：nëmëri

除 nëmër > nëmëri 之说外，索伦鄂温克语和赫哲语还有 nekka（索伦鄂温克语）、niarkin（赫哲语）等说法。

（23）"吝啬的" ⇨ *himki

索伦鄂温克语：himki

赫哲语：himki

与此相关，他们还将"抠门儿"之意用 hajir（索伦鄂温克语）、gajir（赫哲语）等说法来表示。

（24）"正" ⇨ *tob

索伦鄂温克语：tow

赫哲语：tob

索伦鄂温克语和赫哲语还有 tondo 之说来表示形容词"正"之意。

（25）"广阔的" ⇨ *nëlin

索伦鄂温克语：nëling > nëli

赫哲语：nëlin

综上所述，笔者主要整理、列举、分析了索伦鄂温克语和赫哲语共 25 个共有形容词，是在语音或语义上相互一致或基本一致的形容词实例。然而，在这里只是列举了索伦鄂温克语和赫哲语共有形容词的一部分，还有诸多共有形容词没有搜集整理出来。因为有的共有形容词在不同的自然环境、社会文化、生产生活方式等的影响下，各自产生了不同程度的演变，致使在语音或语义结构方面产生了较大的差异性，进而给共有形容词的比较研究带来了诸多麻烦。例如，"红的" ⇨ uliring（索伦鄂温克语）、fulgijan（赫哲语）；

"坏"⇨ërü（索伦鄂温克语）、ëhë（赫哲语）；"假"⇨ölööhö（索伦鄂温克语）、holo（赫哲语）；"空"⇨ottung（索伦鄂温克语）、unthun（赫哲语）；"旧的"⇨irëëttë（索伦鄂温克语）、fuwë（赫哲语）；"高的"⇨goddo（索伦鄂温克语）、gugdu（赫哲语）；"固执的"⇨doronggir（索伦鄂温克语）、mëmërku（赫哲语）；"难"⇨mani（索伦鄂温克语）、manggë（赫哲语）；"平整的"⇨tëqqi（索伦鄂温克语）、tëksin（赫哲语）；"美的"⇨nanda（索伦鄂温克语）、gojo（赫哲语）；等等。对于这类共有形容词，本文并没有涉及，等以后条件允许的情况下，再对其进行学术研究。

通过以上比较研究发现，这些共有形容词无论是在语音还是在语义方面均表现出很强的共有特征，一定程度上使我们更加直观清晰地看到索伦鄂温克语和赫哲语建立的共有关系，同时也让我们了解到索伦鄂温克语和赫哲语之间存在的共有形容词的多面性特征。正因为如此，笔者在列举索伦鄂温克语和赫哲语共有形容词时，才会在各方面都有所涉及。既有形容人或事物形态、状态的共有词，又有形容人或事物性质的共有词。如果缺少了对某一方面的说明，也会在一定程度上影响对索伦鄂温克语和赫哲语共有形容词全面系统的分析研究。况且，索伦鄂温克语和赫哲语均属于无文字的语言，用其他文字或特定转写符号记录这两种语言的时间又比较短。在这一现实面前，如果对索伦鄂温克语和赫哲语现有资料或者语言状况没有一个全面系统的了解，很难透过单一的语言表层，去认知和探讨语言底层结构中存在的诸多共有关系等学术问题。但是不管怎么说，对索伦鄂温克语和赫哲语共有形容词的搜集、整理，并列举它们之间在语音和语义方面存在的共有词，对于索伦鄂温克语和赫哲语底层结构的认知，以及历史来源层面上的相关学术问题的科学论证均有十分重要的学术意义，同时对于濒危语言的抢救性保护也能发挥推动作用。

论东北边疆索伦鄂温克族
手工制作产业及旅游产业的崛起

塔　林[*]

改革开放以来，尤其是 2012 年之后我国实施的文化强国战略，使内蒙古民族文化强区建设不断向更深程度推进，并取得鼓舞人心的阶段性成绩，进而很大程度上推动了内蒙古以民族文化为内容、为主导、为品牌的民族产业的发展。这一地方性、本土化的民族文化产业的崛起，给内蒙古经济社会的发展注入了强大活力，使内蒙古地区经济发展找到了新的转折点和增长点。鄂温克族作为内蒙古地区的三少民族[①]之一，受惠于我国改革开放的大好局面，以及经济社会快速发展的千载难逢的机遇。在建设文化强国和文化强区[②]

* 塔林，日本城西大学经营学部研究生。

① 内蒙古自治区有鄂温克族、达斡尔族、鄂伦春族三少民族，简称为内蒙古"三少民族"。这三少民族都有自治旗，分别称为鄂温克族自治旗、莫力达瓦达斡尔族自治旗和鄂伦春自治旗。其中，鄂伦春自治旗成立于 1951 年，是我国最早成立的少数民族自治旗，总人口 28 万人，鄂伦春族约有 2800 人。过了 7 年，也就是 1958 年，成立了鄂温克族自治旗和莫力达瓦达斡尔族自治旗。鄂温克族自治旗总人口 15 万余人，鄂温克族有 12000 余人；莫力达瓦达斡尔族自治旗总人口 33 万余人，达斡尔族有 30500 余人。另外，这三个人口较少民族的自治旗都属于呼伦贝尔市辖区。改革开放之后，这三个少数民族自治旗充分挖掘自身民族文化优势，不断优化本地区经济结构，与时俱进地不断调整经济社会发展方式，以本民族优秀传统文化为依托的产业经济取得可持续的长足发展。

② 2012 年初，为深入贯彻落实国务院《关于进一步促进内蒙古经济社会又好又快发展的若干意见》精神，加快推进本地区民族文化强区建设，自治区政府与文化部在北京签署《关于加快内蒙古文化建设合作协议》。根据协议，双方同心协力共同推动内蒙古民族文化建设。

战略思想的强有力感召下、鼓舞下、影响下，处于我国东北部草原边疆地区的鄂温克族同胞被广泛动员，富有成效地开展了本民族优秀传统的抢救性保护工作。内蒙古呼伦贝尔市鄂温克族自治旗是以索伦鄂温克族为主的少数民族生活区域，该地区至今保存有十分独特而富美的本民族优秀传统文化，其中包括丰富多样的物质文化和精神文化。所有这些在索伦鄂温克族历史文化遗产的挖掘整理和抢救保护、本民族文化建设和打造本民族文化品牌、强有力推动本民族优秀传统文化"走出去"等方面，发挥了无可否认而极其重要的作用；同时，为本地区经济社会的繁荣发展，同样做出了无可怀疑而鼓舞人心的重要贡献。毫无疑问，这使其民族优秀传统文化潜在的经济价值，毫无掩饰而淋漓尽致地得到发挥。特别是，索伦鄂温克族生活的那片边疆地区是地域辽阔、牧草丰美、青山绿水、风景如画、资源丰厚的美丽草原。这自然而然地提升了索伦鄂温克族与环境融为一体的优秀传统文化具有的独特经济价值。他们紧紧抓住文化强国战略及文化强区建设，以及经济社会快速发展和全面建成小康社会的大好势头，齐心协力、团结一心、攻坚克难，不断从深度和广度上加速推进文化建设。尤其是以优秀传统文化为依托，强有力推动的手工文化产业和旅游文化产业，在本地区的经济社会建设中发挥了极其重要的作用，进而取得相当显著的经济成效。下面，本文从手工制作艺术商品产业、手工制作生活用品产业以及旅游文化产业繁荣发展的角度，分析和讨论边疆索伦鄂温克族文化产业崛起的基本原理。

一　索伦鄂温克族手工制作艺术商品产业的繁荣发展

根据我们掌握的第一手调研资料，索伦鄂温克族有极其丰富的手工艺文化遗产，且涉及衣食住行等各种各样的物质生活和艺术及娱乐等精神生活领域。伴随着改革开放，特别是文化强国战略的提出，内蒙古地区实施共建"一带一路"和本地区特色民族文化大区建设，使边疆索伦鄂温克族生活区域的经济社会获得快速发展。在这一新时代的特定历史发展时期，那些具有独到民族文化特点和特色的优秀传统文化，得到充分的挖掘整理、抢救保护、发扬光大，获得了强盛的活力、生命力和影响力。更加可贵的是，索伦鄂温克族优秀传统文化拥有了特定特殊的文化市场价值，以及特有的文化商品价值，进而体现出了从未有过的经济价值和经济效益。这些具有历史、传统，优秀、独特、环保、艺术且独具匠心的鄂温克族文化艺术商品进入市场之后，以其独具风韵、风格独特的民族文化艺术的市场价值不断被市场所认可所接受，这使它们的市场变得越来越广，甚至一些手工制作的文化艺术商品进入内地的大市场，其市场价格也不断得到提高。

根据市场的需求、市场的条件、市场的标准，边疆索伦鄂温克族以优秀传统文化为依托的艺术品的手工制作技术也不断得到提升。也就是说，伴随市场化改造、市场化变革、市场化运营，手工制作文化艺术产业的市场化程度变得越来越高，手工制作文化艺术商品的质量不断得到完善，变得越来越完美。手工制作文化艺术产品根据市场和消费者需要，其样式不断翻新，变得丰富多彩、琳琅满目。特别要强调的是，由边疆地区索伦鄂温克族优秀且具有很强代表性的文化传承人牵头的各种各样的文化艺术产业、产业链、产业基地、产业家族，包括文化创意产业园区及以互联网为依托的个人网商，如同雨后春笋般地涌现出来。索伦鄂温克族这些手工制作艺术产品产业的兴起，不仅使他们优秀的传统文化艺术产品的手工制作进入千家万户，更为重要的是，解决了许许多多中青年人的就业问题，使他们找到了自己喜爱的和心甘情愿做贡献的工作，并很快获得相当丰厚的经济收入，在此基础上改善了生活质量，提高了生活水平。

索伦鄂温克族在经济社会发展过程中与时俱进的不断探索和实

实在在的经济效益，使他们更加清楚地认识到，自力更生、奋发有为、勇敢进取、创新发展、改变命运的深刻原理。由此，他们义无反顾地选择了用勤劳的双手、智慧的头脑、美好的心灵，去发扬光大本民族优秀传统文化中包含的艺术之美，用艺术的构思、艺术的想象、艺术的技巧不断改造、升级、优化和展现本民族优秀传统文化的发展道路。那就是，要紧紧抓住文化强国战略，以及在内蒙古地区强有力实施的文化强区中长期发展规划，充分发挥本民族、本地区独特文化中具有的独特地域性艺术特征、资源性艺术特征、制作性艺术特征，不断挖掘开发其产业性艺术价值、经济性艺术价值和市场性艺术价值，富有成效地对它们进行艺术化的市场化改造，不断提升其琳琅满目的艺术商品的市场适应力、市场影响力、市场生命力和市场竞争力。我们的调研资料也充分说明，边疆地区索伦鄂温克族这些名目繁多、规模不一的艺术产品的商业行为、商业活动、商品交易的重要支撑是他们用生命和信仰代代相传的本民族优秀传统文化。其中，最具代表性的且最为重要的艺术类、欣赏类商品，就是她们用巧夺天工的双手和精益求精的匠心，一针一线缝制而成的"太阳花"系列艺术品。

索伦鄂温克族手工制作艺术品"太阳花"是她们最拿手、最喜爱、最骄傲且最具个性化、典型化的极具民族性、地域性的系列艺术产品。该产品的开发，源自鄂温克族对太阳的崇拜。也就是说，生活在寒温带或温寒带地区的鄂温克族先民，从远古时期起最为信仰的就是太阳。这跟他们生活的自然环境有必然的内在联系，他们的先民早先生活在北极圈附近的严寒地带，那里的冬天除了冰天雪地，还有零下三十到零下四十摄氏度的严寒，到了冬至前后的那几天几乎见不到阳光，除了极度的寒冷和冰雪，没有太多生活和生命的依靠。所以，他们渴望太阳和获得太阳的温暖，由此在他们远古的精神世界里产生了对太阳的崇拜和信仰。特别是，在他们自然超脱、充满爱心与想象力的精神世界里，把太阳神化为一位温暖、热情、善良、可爱、美丽的姑娘。所以，他们用各种美丽、柔软、暖和的皮毛，用手工精心制作大小不一、颜色鲜艳、美丽如花的圆形太阳花佩戴在胸前，以示对太阳的崇拜与信仰，也表达对于阳光与光明的追求和对美好生活的无限向往。正因为如此，索伦鄂温克族手工制作的太阳花艺术商品深受人们的喜爱，太阳花艺术产品进入市场后很快获得十分可观的经济收益。甚至成为该民族的一个最具竞争力、最有代表性和生命力的商品符号。

索伦鄂温克族手工制作的艺术类商品里，除了"太阳花"系列艺术产品之外，还有不少手工制作的独具匠心、各具特色、妙趣横生、精妙绝伦的源自他们生存的富饶美丽的自然环境的艺术珍品。它们进入市场，获得商品化运作后，同样给索伦鄂温克族带来了相当丰厚的经济收益。比如说，有用桦树皮手工制作的各种各样的艺术商品，有用松树木料、樟子松木料、柏树木料、桦树木料雕刻成各种动植物的艺术产品，也有用各种动物骨头或鹿角刻成各种各样的动物、花木的艺术产品。另外，还有用各种动物皮毛手工制作的风格不一、花样繁多的艺术产品等。特别是索伦鄂温克族手工制作的那些有很高艺术欣赏价值和艺术珍藏价值，且具有浓厚的远古文明与文化生活价值的桦树皮艺术类系列产品，很快赢得了广泛的市场美誉和良好的口碑，因此在艺术商品市场里同"太阳花"系列产品一样脱颖而出，也给索伦鄂温克族带来了十分可观的经济收入。在他们手工制作的艺术类商品中，还有用精心加工的桦树皮手工精妙制作的不同形状、不同规格、携带方便、轻便好使、自然环保的桦树皮桶、桦树皮碗、桦树皮盆、桦树皮碟子、桦树皮女式包、桦树皮帽子等艺术类生活用品。在这里，我们所说的艺术类生活用品是指消费者完全可以将这些模仿生活用品手工制作的桦树皮艺术类商品，作为艺术品或欣赏品摆放在屋里，供人们欣赏或用作房屋装饰，同时也可以把这些桦树皮系列艺术商品作为精美的生活用品来使用。

　　另外，在他们的艺术类商品里，也有很多风格各异、别具特色、自然美观、环保舒适的木桶、木碗、木盆及木筷子、木水缸、木槌子等木雕艺术类生活用品，还有骨制筷子、骨制小勺、骨制酒杯、骨制小碗等用手工精致雕刻而成的骨雕艺术类生活用品，也有用各种动物皮毛手工制作的褥子、坐垫、包等有很强的艺术欣赏价值的艺术类生活用品。所有这些，同样可以作为优美精致的艺术类生活用品来使用。还有用桦树皮、各种木料、动物骨头或犄角及毛皮模仿本民族各种传统生活用品精雕细磨的，手工制作艺术更加精细，具有独特而鲜明的欣赏价值、审美价值、装饰价值、文化价值、文物价值、收藏价值和经济价值的陈设类艺术商品，以及设计精美、形式多样、内涵丰富、生动逼真的实木雕刻壁挂艺术品等。有用天然奇石和奇形怪状的树根和美丽的花草手工制作的，妙趣横生的展现各种自然物、植物、动物及自然景观的艺术类商品。在这些艺术类商品中，最具代表性的是充分展示他们远古自然崇拜精神世界的日、月、星、彩虹、山岭、森林、江河等自然物和自然现象的产品。像展现他们经常接触的动植物，如白桦树、松树、鸢尾花、杜鹃花、山梅花、百合花、芍药花，以及牛、马、羊、骆驼、驯鹿、犴达罕、狍子、雪兔、熊、狼、狐狸、狗、老鹰、喜鹊、燕子、布谷鸟、鸽子、蝴蝶等的美丽的艺术形象的手工精心制作的艺术精品。特别是在他们精雕细琢的木雕艺术精品中的各种动物形象逼真、活灵活现、趣味盎然、各具匠心，是他们最具代表性的木雕艺术瑰宝，具有很高的艺术价值和商品价值。

　　总之，以上提到的索伦鄂温克族具有很强的本民族优秀传统文化特色、地域特色和地方特色的手工制作艺术产品进入市场之后，很快取得了相当理想的市场反响和经济效益，使他们得到相当可观的经济收入，自然成为他们自主就业、自我创业的理想途径，也成为他们保护和传承本民族优秀传统文化，发展和弘扬本民族手工制作技艺、技巧、技术的必要手段,以及与时俱进地不断发扬光大本民族手工制作艺术产品的重要举措。

二 索伦鄂温克族手工制作生活用品产业的繁荣发展

根据调研资料,索伦鄂温克族手工制作商品,同他们传统意义上的衣食住行密切相关,是他们用巧夺天工的双手和精益求精的匠心,一针一线、一点一滴精心制作的劳动产品。而且这些产品已经发展成有一定规模、一定市场、一定经济效益的,具有很强的民族性、独特性、代表性和影响力的手工制作优秀传统文化系列商品。对此,我们可以从以下三个方面进行分析和讨论。

第一,索伦鄂温克族手工制作的布料靓丽、设计精美、款式多样、缝制精细、风格新潮并具有极强民族特色的各种服饰,包括不同年龄段的人在不同季节穿的各式各样的长袍、长靿靴子和帽子等。这些一针一线用手工精心制作的索伦鄂温克族服饰产品,为了更好地适应当今社会及市场服饰文化潮流,在设计、款式、面料、缝制等方面进行了诸多创新性改造和加工。比如说,本来上下一体的女士传统长袍被创新性地设计为上下分开的长袍,上下连体的男士长袍也被改成半长长袍或上衣式短袍,长长的绸缎传统腰带变成可以根据腰围调整的灵活方便的宽式彩色新式腰带,长袍的传统布条纽扣或皮条纽扣也改为银铜制品或各种颜色的玛瑙制成的十分漂亮的纽扣,厚重笨拙的传统长靿靴子也被设计为款式新潮的薄皮、细靿、带拉锁的靴靿上镶有各种美丽花纹的现代式长靿靴子,手套也几乎都改为手工精细加工的染有各种颜色和绣有各种动植物图案的薄皮革五指手套,毛皮手工制作的帽子的款式和颜色也有了很多变化,等等。甚至市场上已经有了在索伦鄂温克族传统服饰基础上根据春夏秋冬季节性更换服饰商品的需求,以消费者所青睐的新布料、新款式、新风格、新功能和作用为条件,手工精心缝制的系列服饰商品。

第二，索伦鄂温克族极具民族特点、地域特征、地方特色的饮食文化得到空前的开发利用，其产品很快成为受市场欢迎的民族特色商品。在人们日益讲求健康食品，追求健康饮食和绿色饮食的今天，索伦鄂温克族以纯真纯绿色的牛奶、牛羊肉、野生果蔬等食物原料，手工制作的各种各样的饮食产品，得到了想象不到的发展空间，获得了意想不到的市场效益和经济收入。其中，有无加工纯天然的各种瓶装鲜牛奶，手工精心制作的酸牛奶、奶皮子、奶油、奶昔①、黄油、奶酪、奶豆腐、牛奶冰棍、牛奶冰糕、奶茶、奶油面包等。起初，索伦鄂温克族手工制作的奶食品里没有奶豆腐、牛奶冰棍、牛奶冰糕等产品，就是其他奶食品也属于手工粗加工而自我供应的饮食内容。改革开放以后，尤其是文化强国战略的实施和民族优秀文化产品的不断挖掘、开发、传承、弘扬和不断走入市场，索伦鄂温克族紧紧抓住这一千载难逢的自我发展机遇，全面开展振兴本民族优秀传统文化产业的生产活动，包括被称为纯绿色奶食品产业的开发利用及市场化运营。可贺可喜的是，从粗加工到卫生安全的市场化细加工及市场化包装，他们纯天然纯绿色、原汁原味、柔和香美、营养丰富、口味众多的纯手工制作的奶食品很快赢得了广泛的市场，自然而然成为奶食品市场的抢手货。他们手工制作的奶食品甚至在市场上常常出现供不应求的现象。除此之外，还有手工制作的纯天然纯绿色密封包装的羊肉卷、牛肉卷、骨头肉、肉馅、风干肉、烤干肉、烤肉串等肉食品。伴随市场需求量的不断增长，参与这些手工制作饮食品产业的索伦鄂温克族的人数也不断增多，对于本地区就业难、收入低、生活困难等问题的解决发挥了积

---

① 奶昔也叫西米丹，索伦鄂温克族妇女把新鲜纯牛奶进行脱水处理后，将剩下的奶脂成分丰富的牛乳拿出来抹在面包、馒头或烙饼上食用。她们手工制作的纯牛奶奶昔，吃起来不仅口感特别好，而且有丰富的营养价值。如今，索伦鄂温克族妇女根据市场的需求，还手工制作出山丁子（野果）奶昔、臭李子（野果）奶昔、山草莓奶昔、雪花奶昔等系列产品。

极的作用。

第三，索伦鄂温克族过去居住的是用木料等制作的传统游牧包和圆木屋，游牧或出行时乘坐的是传统大轱辘牛车或小轱辘马车及大小不同的雪橇。这些手工制作的具有浓厚民族文化与地方文化特色的木制房屋和木制交通工具，在挖掘整理和发扬光大本民族优秀传统文化的实践中，获得了意想不到的强大的新生命力，发挥了各自独有的市场作用和经济价值。众所周知，索伦鄂温克族的传统意义上的游牧包是以直径 5 厘米长约 3 米的木椽子、网状木架、细柳树围帘、芦苇盖帘、羊毛绑绳、皮条捆绳等手工制作材料搭建而成，是他们夏季或游牧时居住的最为理想的房屋。他们的游牧包还有搭建、拆卸、运输方便，透风性能良好以及卫生和环保功能强等优点。另外，他们居住的圆木屋是由直径 50～60 厘米的粗壮笔直的松树圆木以层层头尾镶嵌叠放构造手工搭建而成。为加强防风和防雨功能，在叠放的松树圆木间还要垫上晒干的苔藓和松脂胶。圆木屋冬暖夏凉，尤其适合在冬天居住。索伦鄂温克族一年四季居住的，无论是传统游牧包还是传统圆木屋，由于制作原理十分古朴、构造独特，且冬暖夏凉、卫生环保，加上市场化、商品化的改造升级和精美精致手工加工，更加显示出它们独特的民族文化和地域特征。所以，牧区游牧民十分喜爱，也自然成为索伦鄂温克族旅游文化的标志性居住符号。与此密切相关的还有我们在前面提到的用纯木手工制作的大轱辘牛车、小轱辘马车及冬天的雪橇和滑雪板等独具风格的温寒带地区索伦鄂温克族爱不释手的交通工具。这些传统交通工具，经过市场化商品化改造和加工，造型自然、独特、别致、新颖、美观、艺术，加上具有实用、简单、方便、舒心、环保等特点，同样很快赢得市场广泛的赞誉和欢迎，获得了理想的经济收益。当然，也受到旅游爱好者的青睐，很大程度上增加了他们的消费积极性，客观上也增加了牧民们的经济收入。

三　索伦鄂温克族旅游文化产业的繁荣发展和崛起

改革开放以后，尤其是伴随文化强区建设不断深入推进，美丽富饶的鄂温克大草原独特的民族文化旅游很快成为该地区新的经济增长点，进而为边疆地区索伦鄂温克族经济社会发展增添了新的活力和生命力。据统计，索伦鄂温克族约70%的人生活在辽阔富饶、风景如画、四季鲜明的边疆大草原上。他们一年四季随季节的更替和牧草的变化赶着牛、羊、马、骆驼等牲畜游牧于冬夏春秋的牧场。然而，他们这一寂寞单一的游牧生活，却意想不到地迎来了热热闹闹的一批又一批的游客。起初他们只是在自己放牧的牧场，自己生活的传统、简陋而没有任何装修加工的游牧包或圆木屋内，用他们的奶茶、手抓肉、手擀面、山丁子和臭李子等自己喜爱的食物热情接待来自四方的游客。那时，游客给接待费时，他们还不好意思收，觉得没有必要这么客气。时间一长，他们深深感到旅游是一个产业，接待来自四方的游客是一个服务性产业，他们是属于草原旅游产业的劳动者和经营者，旅游者支付给他们的是劳动报酬。思想意识的转变，加上政府部门强有力推动的草原旅游产业，使他们纷纷自觉主动、积极踊跃地参与到草原旅游文化建设中，成为边疆索伦鄂温克族文化旅游产业的开发者、建设者、经营者、创造者和受益者。由此，生活在草原深处的游牧民，获得了十分可观的经济收入。

他们在开发独具特色的本民族文化旅游产业时，根据草原文化旅游市场的需求，以及旅游者的不同兴趣爱好，不断挖掘、开发、升级和包装本民族优秀传统文化，以便获得更大的市场和经济效益。也就是说，他们十分重视本民族文化旅游产业资源的实质性、实用性、市场性开发，以及高质量、高品位、高效益地更好满足人们日益增长的文化旅游消费需求，进而不断提高人们对民族文化旅游的兴趣、热情和活动的质量。索伦鄂温克族在精心经营文化旅游产业的过程中，深刻感悟到本民族文化旅游产业的核心是创意，尤其强烈地认识到创造民族文化旅游产业链符号系统的重要性。这些文化符号就是其文化旅游的品牌，是他们民族文化旅游产业的中心内容，也是他们民族文化旅游产业具有的特定生活形态，以及在原有的优秀传统民族文化基础上创新性开发出来的文化创意产业。同时，他们还以辽阔、富饶、美丽的大草原为依托，以不同地域、不同民族文化的相互接触、相互吸引、相互学习及互动为过程，以不同文化的相互碰撞、相互影响、相互作用、相互融洽为结果，不断彰显本民族文化具有的地域性、民族性、艺术性、神秘性、多样性、互动性功能特征。在我国东北边疆地区生活的索伦鄂温克族的文化旅游产业，就是要让旅游者深入体验、深刻感受、深度享受民族文化旅游的自然资源、人文资源、文化资源。当然，所有这些，必须以美丽富饶的鄂温克大草原的旅游景点以及丰富多彩的优秀传统文化为载体，从而深度激发旅游者的美好精神享受和审美情趣。

当千里迢迢来到具有索伦鄂温克族独特民族文化特色的草原旅游点的旅游者，迈入带有浓厚的草原盛情，洋溢着纯洁、质朴、真诚、博爱的索伦鄂温克族情感，经过全新改造、精心布置、自然舒适、别具风情的游牧包或圆木屋的时候；当他们用索伦鄂温克人精心制作的精美绝伦的桦树皮和木制餐具享用香味四溢、丰富多样的纯绿色的奶食品、肉食品、野果、野菜的时候；当他们接受洁白的哈达，双手接过醇香的奶酒，享受美丽醉心的歌声和靓丽夺目、婀娜多姿的优美舞蹈的时候；当他们在宁静广阔、星光璀璨的篝火晚会上，喝着醇厚清香的奶茶，品尝美味可口的手把肉和烤全羊，和索伦鄂温克族一起唱歌跳舞，陶醉于自然舒适、轻松欢快、幸福美好的草原夜色的时候；当他们穿上索伦鄂温克族手工制作的美丽长袍、帽子、靴子，骑上骏马奔驰在辽阔草原的时候；当他们参加索伦鄂温克族在旅游胜地举办的各种文化旅游活动，以及参加以

"敖包"为主的抢苏、赛马、射箭、摔跤等各种传统文化娱乐活动，观看各种文艺演出和服饰表演，欣赏各种市场化的传统文化商品、手工制作的艺术商品、手工制作的非遗商品、手工制作的民族服饰商品、手工制作的各具特色及有独特艺术风格的生活用品的时候，他们无可保留而完全彻底地融入索伦鄂温克族绚丽夺目的民族文化里。毫无疑问，作为新兴产业草原旅游业的繁荣发展和崛起，使索伦鄂温克族大草原上众多的旅游点，更加充满了独特的文化魅力及文化生命力，具有了更大的发展前景和市场。同时，在很大程度上解决了草原深处过纯游牧生活的索伦鄂温克族牧户子女的就业问题，使他们在畜牧业生产进程中遇到的一系列困难和问题迎刃而解。由此，他们走出了自我发展的又一条新路，那就是发展以弘扬本民族优秀的传统游牧文化为依托的典型的文化旅游产业。

根据我们的调研，索伦鄂温克族充分利用文化强国战略和文化强区规划的实施，不失时机、与时俱进、乘势而上强力推动的草原旅游产业是以本民族优秀传统文化为依托，融入全新意义的市场为导向的发展理念，将传统游牧文化同现代旅游文化、市场文化融为一体的综合性质的新型产业。而且草原旅游这一新兴产业，几乎涉及边疆地区索伦鄂温克族衣食住行等传统文化的方方面面。比如说，其旅游项目和活动中，有浓厚的本民族、本地区文化特色及具有鲜明代表性的四季美丽服饰、香味扑鼻的奶食品和肉食品、自然环保敞亮舒适的牛马车和雪橇、建构独特的游牧包和圆木屋、隆重热闹的"敖包"盛会及民族特色体育运动、丰富多样的民族风格风味商品展销、充满激情热情奔放的歌舞表演、月色明净和星光闪烁的原野上举办的篝火晚会、祭祀自然界万物生灵的民间信仰活动等名目繁多的内容。正因为如此，索伦鄂温克族草原文化旅游产业，自然成为21世纪该地区经济社会发展中最具活力的新兴产业之一。此外，还带动了其他相关文化产业，对其他传统文化产业的发展产生了积极的推动作用。同时，也向国内其他地区、向全世界强有力地展示、宣传了本民族优秀传统文化及其产品。更为重要的是，强有力地宣传了我国边疆人口较少民族地区经济社会快速发展的美好场景和现实。

归根到底，索伦鄂温克族的文化旅游产业，就是鄂温克大草原传统文化守护者和旅游经营者共同创造的，以观赏和享受该民族草原传统文化及草原休闲娱乐活动为消费内容的，发扬光大优秀传统民族文化的重要举措。同时，这也是通过亲身参与和体验该民族独特风光、独特风采、独特风味、独特思想、独特文化，使旅游者能够心满意足、如愿以偿地品尝该民族人民用勤劳的双手无私奉献的丰盛而独特的文化大餐。索伦鄂温克族深深懂得，本民族的优秀传统文化是他们精心经营的草原旅游产业的灵魂。反过来讲，草原旅游产业同样是传承、传播、弘扬、繁荣发展该民族优秀传统文化产业最为直接和最为重要的途径之一。也就是说，该民族的文化旅游产业，在他们生活的边疆地区的经济社会发展中占有重要地位，对本地区经济结构的全面合理科学的调整、本地区独有的草原经济建设的全范围协调发展，尤其是对不断加强优秀传统文化的挖掘整理、抢救保护、发扬光大都具有极其重要的现实意义。当然，也是满足索伦鄂温克族草原人民日益增长的文化需要，不断提高他们的生活质量和生活水平，扎实稳妥地构建和谐文明、团结友爱、和平安宁的社会生活环境的重要途径。随着索伦鄂温克族经济社会的快速发展，生活水平的不断快速提高，他们独具风格的本民族旅游产业得到更高质量、更加全面、更加理想的发展。这使原先安于现状、寂寞单调的草原游牧生活，变得丰富多彩、有滋有味、热闹非凡，洋溢着与时俱进、开拓进取、日新月异、欣欣向荣的新时代浓浓的欢乐生活气氛。

如前所述，旅游产业是一个综合性服务产业，旅游产业的发展自然带动与其相关的其他产业发展。那么，索伦鄂温克族的旅游产业融入浓厚的本民族优秀的传统文化特色之后，自然而然地成为宣传本民族优秀文化，发扬光大本民族优秀文化的重要举措，也成为本民族文化振兴的重要内容。因为，人们通过到索伦鄂温克大草原旅游，特别是春夏秋冬不同季节的旅游观光，充分领略了该民族所处的温寒带边疆草原地区具有的不同风格、不同内涵、不同形式和四季分明的旅游文化。来自全国各地的旅游者，包括来自世界各地的旅行者，可以充分领略温寒带边疆草原地区索伦鄂温克族，在千百年的人类文明进程中，用智慧和勤劳的双手创造的物质文化和精神文化。毫无疑问，所有这些很大程度上刺激和带动了其他相关产业发展，一定程度上解决了牧区索伦鄂温克族游牧民中青年人的就业问题，也给他们带来了相当丰厚的经济利益，使他们的畜牧业生产获得更快、更好、更理想的发展。

总而言之，在内蒙古东部边疆地区生活的索伦鄂温克族，紧紧抓住当今我国经济社会快速发展的战略机遇期，紧紧抓住文化强国建设和文化振兴战略，以及内蒙古文化大区建设的理想发展时期，以本民族独特、丰富而优秀的传统文化为依托，不断发展本民族手工制作产业。特别是牢牢抓住本民族文化艺术产品和生活用品产品的手工制作产业以及本民族特色旅游文化产业的发展。如前所说，他们在振兴和发展本民族手工文化产业和旅游产业的实践中，凝聚集体的智慧和力量，群策群力，共同努力，不断挖掘、整理、保护、传承、弘扬本民族优秀传统文化，并将这些本民族优秀传统文化与时俱进地进行商品化和市场化设计、改造、革新、包装，使它们焕发出了新时代全新意义的强大活力，使其具有新时代新的色彩、新的品位、新的特征、新的内涵、新的强大的生命力。更为重要的是，这成为富民强旗建设、小康社会建设和富裕文明和谐美好的鄂温克草原建设的重要举措和必经之路。

经过这些年的努力奋斗，尤其是文化强国战略和文化强区建设规划强有力的实施，索伦鄂温克族文化产业作为本地区的一个新兴产业，甚至可以说作为本地区经济社会发展的支柱性产业之一，与其他支柱性文化产业相互影响、相互刺激、相互作用、相互拉动、相互渗透、相互融合，共同繁荣发展，进而发挥着越来越重要的作用。经过这些年的探索，以及现已取得的相当理想的发展和进步，加之日益改善和提高的现实生活，索伦鄂温克族更加切身感觉、感悟、感受到解放思想、实事求是、开拓创新、继往开来、与时俱进的深刻内涵，更加切身地认识到温故知新、吐故纳新、推陈出新、古为今用的深刻原理。所有这些，使他们的优秀传统文化充满了新文化、新思想，深受消费者和市场的欢迎。不断调整、革新、升级、市场化运营的手工制作的生活用品和艺术类产品，以及本地区本民族色彩浓厚且不断深度开发的旅游文化产品、旅游文化项目等，在个体化、家庭化、家族化、小型集团化、规模化、产业化、市场化运营过程中，出现了相互学习、相互模仿、密切协作、优势互补并合理竞争的良性互动。特别是，充分利用示范带动、典型引领、以点带面，深入实施的本民族优秀传统文化振兴工程，在本地区不同规模、不同形式、不同内容的市场化运营过程中，孕育出一批本民族具有代表性的文化产业示范点和排头兵，并通过强有力的带动效应不断提高优秀传统文化的产业效率和经济效益。不同文化要素、不同结构类型、不同经济效益，以及有极强互补性产业链的形成，出现了手工制作产业及文化旅游市场的合理化分工，进而科学有效地避免了新产品开发、原材料使用、手工制作、市场化营销以及流通等各个环节不必要付出的交易成本和市场代价。边疆地区的索伦鄂温克族，以优秀传统文化为依托兴建的产业园区为中心，更加有效地发挥了那些具有灵活性、多样性、特色性、民族性和生命力的个体化、家庭化、家族化、小型化产业各自拥有的不可忽视的潜能和作用，这使他们本民族优秀传统文化的产业链更加具备健康、安全、稳固和可持续发展功效。

　　中国边疆地区生活的索伦鄂温克族的手工制作文化产业和艺术品产业以及文化旅游产业的有效经营和不断在深度和广度上的推

进，不仅有效挖掘整理、抢救保护、发扬光大了本民族优秀传统文化，更可贵的是充分发挥了本民族文化的传帮带作用，在此实践中培养出了一大批本民族优秀传统文化的热爱者、保护者和传承人及创意型人才。同时，也培养了一批优秀的非遗传承人、本民族优秀传统文化产品经营人才及中青年牧民企业家。他们应邀到南方和沿海的发达地区、到北京介绍本民族优秀传统文化产品，进而得到更加广泛的经济效益，像"太阳花"系列文化艺术产品、纯绿色奶食品产品和肉食类产品等，很快成为国内少数民族旅游业热销产品。毫无疑问，这使他们最具特色的本民族物质文化和精神文化产品市场不断繁荣发展，其社会影响力也变得越来越大，现已成为边疆索伦鄂温克族地区经济社会快速发展的主要经济指标。尤其是，地方政府本着求真务实的精神，狠抓落实文化振兴战略，在经济社会发展的中长期科学化布局和相关项目的安排及资金支持等方面，提供了强有力的支持、支撑、关照和服务，切实有效地推动了边疆索伦鄂温克族地区文化建设，强有力地推动了优秀传统文化产品手工制作产业和旅游产业的发展。所有这些，使边疆索伦鄂温克族文化富民、文化强民、文化振兴取得丰硕成果，牧民们住进了现代化设备齐全、冬暖夏凉、舒适温馨的砖瓦房，拥有了一整套现代化的畜牧业生产设备，开起草原铁骑摩托车和轻便快捷的小汽车，用他们勤劳的双手和智慧的头脑，为更加美好的未来努力工作。众所周知，内蒙古索伦鄂温克族生活的边疆地区是一个极其美丽富饶的大草原，迈入经济社会发展的新时代以来，这里的人民不断加快自身发展，不断加快实现小康社会的步伐的同时，将本民族优秀传统文化产业的发展同优秀传统文化遗产的保护、生态环境的保护、生活环境的优化紧密联系在一起。在此基础上，紧紧把握人与自然和谐相处、和谐发展的基本要义，以及坚守人与自然是生命共同体的基本理念，在文化产业的建设进程中严格遵循尊重自然、顺应自然、保护自然的基本原理，循序渐进、科学有效、可持续发展民族优秀传统文化产业。这使他们的优秀传统文化产业建设取得长足发展，也使他们用生命和信仰传承的优秀传统文化产业焕发出勃勃生机，这使他们骄傲与自豪地站在新时代新的历史起点上，不断健康、文明、有效、强力推动文化产业建设。这也是边疆地区索伦鄂温克族经济社会能够按部就班地理想发展的重要条件，也是他们能够全力推进文化产业大发展大繁荣的根本前提，更是他们能够努力实现民族优秀传统文化手工制作产品和旅游文化产品走向全国、走向世界，迈向民族文化产品强旗的新跨越发展的根本保障。

经济人类学视角下的鄂伦春民族经济变迁

伊丽娜*

清朝官方档案和官修史志中，关于布特哈最初的记载见于《清实录》《黑龙江外记》，《朔方备乘》中的《索伦诸部内属述略》是对其市贸情况进行梳理的较早期的重要文献。到民国时期，孟定恭《布特哈志略》、赵尔巽《清史稿》、徐世昌《东三省政略》、张伯英《黑龙江志稿》等均有关于布特哈历史文化、政治经济等方面的材料。20 世纪 50 年代之后，《鄂伦春族简史》、郑东日《鄂伦春族社会变迁》、李瑛《鄂伦春族教育史稿》、白兰《鄂伦春族》、赵复兴《鄂伦春族研究》、韩有峰《黑龙江鄂伦春族》、《鄂伦春族历史、文化与发展》等为研究鄂伦春族社会变迁提供了重要资料。以布特哈研究为内容的著述也颇多，其中经济发展方面的有赵云田的《清代黑龙江流域的经济发展》，民族关系方面的有昌光天等的《贝加尔湖地区和黑龙江流域各族与中原的关系史》、方衍的《黑龙江古代民族关系史》等。除此之外，以布特哈八旗的社会组织结构、文化、法律与宗教、经济贸易等为研究内容发表的论文中，笔者注意到有些学者已对楚勒罕、贡貂制度、谙达贸易等有所论述。① 陈壮的《鄂伦春族经济史》通过经济

---

* 伊丽娜，内蒙古农业大学人文社会科学学院讲师。

① 如于学斌《楚勒罕述略》、乌力吉图《论清代"楚勒罕"制的发展》、任嘉禾《清初东北边境各族貂贡考略》、敖乐奇《楚勒罕与齐三告状》、白兰《试论"谙达"的历史作用》、陆万昌《清代达斡尔族贸易初探》、宋伟《东北地区历史上的贡貂》、巧书仁《论清朝对东北边疆各族的管理体制》、李凤飞《贡貂制度与清代东北治策》等。

学视角从纵向上对鄂伦春族历史发展进行了一定的梳理研究,以上古蒙昧时期为开端,止于20世纪末。补充了大量中华人民共和国成立之前的鄂伦春族社会历史研究成果。

崇德年间,将鄂伦春人划入索伦部的八个佐领,康熙初年设布特哈八旗,统辖包括鄂伦春在内的打牲民族部落。1732年,由布特哈选拔出索伦、达斡尔、鄂伦春及巴尔虎3000多壮丁携带家属驻防呼伦贝尔,拣选的鄂伦春兵丁为359名,属摩凌阿鄂伦春,在戍边的同时,雅发罕鄂伦春向清政府贡纳貂皮,这两部分鄂伦春人,均受布特哈总管衙门的统治。鄂伦春族为维护边疆的和平安宁、遏制沙俄的侵略等作出应有贡献,在保卫祖国的战斗中涌现出一些著名人物,如乾隆时期的阿穆勒塔等。

有学者讨论过关于乾隆七年以后戍边呼伦贝尔官方档案中已不见鄂伦春族之名之事,索伦八旗中镶黄旗、正白旗、正蓝旗、镶蓝旗内皆配有一名鄂伦春佐领。日本学者柳泽明认为,鄂伦春族已融入索伦人之中。中国学者包梅花在其博士学位论文《雍正乾隆时期呼伦贝尔八旗历史研究》中利用多种史料档案,较全面、系统地研究了雍正、乾隆时期呼伦贝尔八旗的历史,厘清了一些史实。作者认为,"鄂伦春与索伦因久居在一起,长时间的'混居'状况使这部分鄂伦春人在生活习惯、生产方式等诸多方面已如同'索伦人',逐渐与索伦人融合,也许外界都视他们为'索伦人'"。[1]在此之前,鄂伦春人被编入布特哈八旗(1683),驻防呼伦贝尔之前就曾屡次参战,如雅克萨战役等。[2]

历史上,鄂伦春为维护边疆的和平安宁、遏制沙俄的侵略作出了不可磨灭的贡献。呼伦贝尔是多民族共同生活的地区,戍边与边疆稳定是经济发展的基础,鄂伦春族与其他民族积极交往交流交

① 包梅花:《雍正乾隆时期呼伦贝尔八旗历史研究》,博士学位论文,内蒙古大学,2012年,第21页。
② 内蒙古自治区编辑组:《鄂伦春族社会历史调查》第1卷,民族出版社,2009年,第8页。

融。本文试图从经济人类学的视角探讨鄂伦春族的经济行为，时间跨度自 17 世纪至 20 世纪末。

鄂伦春族作为中国的狩猎采集民族，近几个世纪经历了大致以采集为主、狩猎为辅，以狩猎为主、采集为辅，定居及弃猎归农，放下猎枪、多种经营等四种生产生计方式。自 16 世纪起，从宏观方面来讲，猎民村的鄂伦春族创造财产的生产空间从大兴安岭猎场变为农耕田地。从财产所有制方面来讲，从公有制变为私有制；财产的内容由野生动植物转变为家畜、谷物等；获得财产的方式则由"上天恩赐"变为"下地劳动"。1996 年真正意义上结束了游猎打猎的生产生计方式。

一　17世纪以前的互惠经济时期

1. 以采集为主、狩猎为辅

鄂伦春最初的家庭形态是血缘家庭。此血缘家庭禁止兄弟姐妹之间婚配，实行族外婚，产生了"阿娇儒穆昆"，[1] 这种习俗表明，鄂伦春族曾经盛行过男子到女方家庭生活的婚姻制度，女方处于主动地位。舅父对于外甥的权力，超过其他亲属，某些方面甚至超过了父母的权力。[2]

"血缘家庭是第一个社会组织形式。"[3] 血缘家庭内部的组织在不同的历史时期以及部族、区域间有不同的表现，"舅父与外甥间的特别密切的联系，起源于母权制时代，这是在好多民族中间都可以看到的"。[4] 此阶段鄂伦春人狩猎经济交易形态主要是彩礼及猎

---

① 穆昆，鄂伦春语，氏族的意思。阿娇儒指氏族之神，鄂伦春人对于母系亲族以及祖先的总称，意为"根"。《鄂伦春族简史》编写组、《鄂伦春族简史》修订本编写组：《鄂伦春族简史》，民族出版社，2008 年，第 19 页。

② 郑东日：《东北通古斯诸民族起源及社会状况》，延边大学出版社，1991 年，第 105 ~ 107 页。

③ 马克思：《摩尔根〈古代社会〉一书摘要》，人民出版社，1965 年，第 20 页。

④ 恩格斯：《家庭、私有制和国家的起源》，人民出版社，1954 年，第 132 页。

物的分配，对生产生计方式的认知，甚至是对自然神的崇拜等内容都呈现出非市场经济社会的鄂伦春氏族社会的特点。鄂伦春人社会内部对女性地位有一定的认可，氏族长由妇女担任，管理族内事务，主持祭祀、宗教仪式等。女性社会地位的确认受当时生产方式的影响，狩猎往往猎而无获，而采集则是采而有获的较为稳定的生存所需的食物来源。妇女抚养孩子，从事氏族的公共事务，成为管理氏族内部经济事务的社会角色。[①]

2. 以狩猎为主、采集为辅

弓箭作为生产工具的广泛使用，再加上对驯鹿、马匹的饲养，以采集为主、狩猎为辅的生计方式转变为以狩猎为主、采集为辅的生计方式。动物饲养业没有促进畜牧业的发展，而是成为从属于狩猎经济的一部分。狩猎经济成为养家糊口的主要方式时，男子在家庭及社会中的地位发生了变化。此外，从婚姻形态也可看出，母权制社会已成为过去，不过历史的残存还在以某种习俗或遗俗的形式或多或少地保留着。婚姻缔结时，不仅男方要给彩礼，作为失去一名劳动力的补偿，女方还要准备嫁妆。[②] 弓箭作为彩礼与嫁妆的内容随着社会的变化而变化。此时鄂伦春族社会内部的物物交换关系，可以理解为共同体的内部性。

前文中提到的穆昆，除了指氏族外，也有兄弟内部和同姓人之义。穆昆制度的基本单位是乌力楞，意为子孙们，是由一个父系祖先的若干代子孙所组成的血缘家族公社，一个乌力楞一般有几个到十几个斜仁柱，斜仁柱[③]也称撮罗子，是北方少数民族鄂伦春族、鄂温克族等近北极民族的居住屋——圆锥形的传统居所。穆昆制度

---

① 郑东日：《东北通古斯诸民族起源及社会状况》，第 107 页。
② 《鄂伦春族简史》编写组、《鄂伦春族简史》修订本编写组：《鄂伦春族简史》，第 21 页。
③ "斜仁"是"木杆"的意思，"柱"是"家""房屋"，因为较为轻便，适于猎人游猎时携带。英语为 tepee 或者 wigwam，俄语里称之为 чум（音译自埃文基语 Джуу，意为家、家庭）。

或穆昆组织由穆昆大会和穆昆达组成。

3. 鄂伦春原初社会的互惠

非商品经济下的鄂伦春经济，不仅有内部的物物交换，而且显现出财物有多与少差异的萌芽，私有制在鄂伦春族中产生虽无特定时间可以追踪，但是马匹拥有量的多少说明贫富差距已现端倪。达里尔·福特与玛丽·道格拉斯将原初社会的经济特点总结为以下四点：（1）专注于日常和季节性的食物供应；（2）运输的限制；（3）储存的困境；（4）过度依赖一种或两种主要资源。群体规模小的社会组织生产与交流降低了专业化形成的概率。在这种群体内，生产活动众所周知是由性别与年龄来决定的。特定种类的劳动区分为男性劳动与女性劳动，但是全职专业是相当稀少的。制陶工、制船工、铁匠等所做的皆为自愿性的工作。[1] 鄂伦春氏族社会的生产生活，在 17 世纪甚至更早之前基本符合以上所说的原初社会的特质。狩猎生产的主要目的是供给生活资料，兽肉是主要的食品，人们过着自给自足的自然经济生活。鄂伦春有句谚语：有肉匀着吃，有皮分着穿。体现了平均分配制度。[2]

早期的非商品经济中，互惠不仅存在于对猎物的共同消费与平均分配的经济活动中，婚姻制度中对女人的交换，甚至可以发生在人与超自然力量之间。在经济人类学正式成为一门独立的学科的70 多年中，给经济人类学带来思想上根本变革的，是犹太血统的匈牙利学者卡尔·波兰尼，他认为经济是被嵌合在社会之中的，"经济"这一术语，是一个具有不同起源的双重含义的复合概念。第一个含义是它的"形式"含义，来自以"经济性""经济化"等术语表示的"手段－目的"关系的逻辑特质。第二个含义是它

---

[1] Daryll Forde and Mary Douglas, "Primitive Economics," In *Man*, *Culture and Society*, Oxford University Press, 1956, pp. 334 – 335.

[2] 《鄂伦春族简史》编写组、《鄂伦春族简史》修订本编写组：《鄂伦春族简史》，第 33 页。

的"实在"含义，它来自人为了生活而对自然和对他人的依赖关系。在这种场合下，"经济"是指人与自然环境、社会环境之间的变换或交换。波兰尼指出，要研究古往今来的一切经验性经济，只能运用"经济"的这一基于实在性含义的概念。财产，作为经济活动的前提与结果之一，与经济行为中的几乎一切价值冲突相关。[①]作为分析社会变迁中的经济如何运转的内容之一，财产与经济的联系是密不可分的。

在鄂伦春族猎民的回忆中，猎物的分类大致有以下几种：（1）作为共同体生存的食物（吃）与用品（穿）保障；（2）作为献祭仪式中沟通人与神的媒介；（3）在商品与非商品之间游离的礼物等。猎物作为财产与家庭、亲属关系联系紧密，由此，随着生产工具的变化、铁器的引进，鄂伦春社会进入了与外界交流较为密切的阶段。

二　混合经济模式

严格来说，直至鄂伦春自治旗成立之前，鄂伦春经济都处于互惠经济与商品经济共存时期，只是两者所占比重不同。由于从这一时期开始，鄂伦春族与外界、周边民族接触愈加频繁，经济行为已显露出活跃的苗头，贸易形式多样化的势头也已出现。

1. 狩猎生产工具的转变

17 世纪中叶起，鄂伦春以谙达贸易、贡赐贸易并存的商品经济模式，进入了波兰尼所指的"再分配"阶段。[②] 生产工具从弓箭

---

① 晏辉：《经济行为的人文向度——经济分析的人类学范式》，江西教育出版社，2005 年，第56 页。

② 互惠（reciprocity）在波兰尼的观念中与再分配（redistribution）、市场交换（exchange）三者组成了三种社会整合模式。波兰尼认为"互惠的交换"指的是以社会义务作为物品和劳力交换的基础，其交换目的是非物质性、非营利性的，这种交换制度在原始社会中最常见。

变为火枪。最初鄂伦春人不能常常保证火镰和炮子的供应，而且枪声会吓跑野兽，所以他们认为弓箭更实用。直到 18 世纪中叶，才"不以弓箭为事"，而"多习鸟枪"。不过弓箭并没有完全退出历史舞台。19 世纪末，一种叫作别拉弹克的俄式单响枪传入鄂伦春地区。与此同时，各种铁制的猎刀、斧子以及铁锅等生产、生活资料通过交换进入鄂伦春地区。[①]

2. 贡赏制度与贡赐贸易

鄂伦春等族主要分布在西起额尔古纳河，东至黑龙江北岸精奇里江，北起外兴安岭，南到大小兴安岭之间的广大地区。后来才逐步迁徙到嫩江流域和大兴安岭地区。有史料证明从 1640 年起，其与其他几个民族共同构成八个牛录。[②] 之后"顺治六年十月，在一份贡貂名单中又出现了十六牛录：莫腾格牛录、阿齐布牛录、布克特牛录、冲诺依牛录、金特牛录、坎泰牛录等"。[③]

随着沙俄的侵略，清政府下诏，令更多索伦打牲部南迁，设置了更多牛录，这些牛录原则上并不承担兵役，只缴纳貂皮和承担各种杂贡、劳役，这些牛录被官方称作布特哈牛录，即打牲牛录。每个索伦达斡尔牛录，均设佐领一员、骁骑校一员。这些佐领和骁骑校通常由氏族、家族头目充任，而且通常是世袭的，他们不仅不领取俸禄，而且还与本牛录部众一样，每年缴纳貂皮一张。在牛录之上，布特哈打牲部落还有更高一级的社会组织与行政单位。索伦牛录之上设立的叫作"阿巴"，阿巴为满语（指狩猎中的"围"），阿巴是清廷给索伦部众划定的游猎和生活的区域，每个阿巴的名称都得自于他们活动区域内主要河流的名称。在清代早期的文献中，

---

① 《鄂伦春族简史》编写组、《鄂伦春族简史》修订本编写组：《鄂伦春族简史》，第 50 页。

② 王学勤：《晚清民初布特哈八旗研究》，博士学位论文，中央民族大学，2013 年，第 15 页。

③ 中国第一历史档案馆编《清初内国史院满文档案译编》下册，光明日报出版社，1989 年，第 45 页。

对索伦达斡尔各阿巴和扎兰的主官，通常都称为副总管，有时副总管又被称作扎兰章京（参领）。①

贡貂，是指东北地区少数民族向中央王朝进贡一种特产——貂皮。②贡貂实为向朝廷缴纳的一种特殊的赋税。③贡貂制度形成于清朝初期，起初亦无明确定制，自从编入八旗之后，贡貂成为定制，即规定了贡品的品质、数量和上供周期。贡貂于每年五月举行的"楚勒罕"④大会上进行。清朝初年，盟会的地点在齐齐哈尔城西北40公里的因沁屯，乾隆六年改为在齐齐哈尔城。每年的楚勒罕大会上貂皮交易数量是相当大的，据《黑龙江外记》记载："嘉庆十五年，选定一等四十二张，二等一百四十张，好三等二百八十张，寻常三等四千九百四十三张，岁大略如是，而列一等者，皆雅发罕俄伦春及毕喇尔物。"⑤由此可以看出，战乱的时候，鄂伦春人作为战士出征，同时还有一部分鄂伦春人是要一直贡貂的，狩猎采集经济仍是主要的生产生活方式。鄂伦春人所贡的貂皮质量是最好的。后来，在选貂过程中，清廷官吏从中舞弊，趁机敲诈，使鄂伦春人对贡貂越发不满。1894年，根据黑龙江将军依克唐阿的奏请，取消了贡貂制度。⑥

3. 谙达贸易

谙达⑦，是鄂伦春人与外界进行交换的重要媒介，有官方谙达、民间谙达、阿娇儒谙达及斡贝谙达。官方谙达（又称"阿拉木诸达"，鄂伦春语），最初是清政府派到下面去征收貂皮的税吏，

---

① 王学勤：《晚清民初布特哈八旗研究》，第19页。
② 《鄂伦春族简史》编写组、《鄂伦春族简史》修订本编写组：《鄂伦春族简史》，第55页。
③ 内蒙古自治区编辑组：《鄂伦春族社会历史调查》第1卷，第7页。
④ 楚勒罕，蒙古语词，汉译为集会，在楚勒罕大会上首要事项是清朝官员向鄂伦春等各族人民征收貂皮。选貂之后，便开始进行互市贸易。
⑤ 西清：《黑龙江外记》卷五，清光绪二十六年广雅书局刻本。
⑥ 《鄂伦春族简史》编写组、《鄂伦春族简史》修订本编写组：《鄂伦春族简史》，第57页。
⑦ 谙达，是蒙古语词，意为"兄弟""朋友"。

这些税吏几乎垄断了鄂伦春与外界的贸易，并把鄂伦春的狩猎生产纳入他们的掌控之中，官方谙达每年到鄂伦春地区，在各自的集合地点进行"伊萨贝"。① 征收貂皮之后，返还"阿贴"。② 直至1882年，才撤销了官方谙达对鄂伦春人的管辖。民间谙达的出现几乎与官方谙达同时或稍后，他们根据鄂伦春人的狩猎季节和生产生活的需要而定期进山，每年两次。鄂伦春猎民除将自己生活必需的如兽肉和做衣服用的狍皮等留下以外，将其余如鹿茸、鹿胎、鹿尾、鹿鞭和熊胆等药材，灰鼠、猞猁、水獭、狐狸皮等细毛皮张都交给谙达。谙达则向鄂伦春人供应粮食、弹药、烟、酒、盐、布等生产和生活资料。互不计价，互不记账。有的民间谙达与鄂伦春人建立固定的联系，往往延续几代人，对于这种世代相沿的谙达，鄂伦春人称之为阿娇儒谙达。计价谙达，便是斡贝谙达，是根据商品的价值计价贸易。

4. 其他贸易形式

除此之外还有定期的集市和坐商。《黑龙江外记》记载："商贩旧与鄂伦春互市地名齐凌，转为麒麟，因有麒麟营子之号。"③ 像麒麟营子这样专门与鄂伦春人互市的地方不止一处，额尔古纳河和黑龙江沿岸还有不少与俄商互市的地点。④

清政府对鄂伦春族实行的布特哈八旗制度的统治政策，主要功能是进行军事征调和社会生产。贡赏制度与贡赐贸易促成了楚勒罕集会的形成，待完成贡貂事宜之后，便有各民族之间的贸易活动，民族间的交往交流愈加密切。谙达贸易在未退出历史舞台之前依旧是鄂伦春族与内地政治经济交往的重要媒介。这一时期，经济行为

---

① 伊萨贝，鄂伦春语，训导之意。
② 阿贴，鄂伦春语，意为马驮，主要是粮食、烟和弹药等。
③ 西清：《黑龙江外记》卷五。
④ 《鄂伦春族简史》编写组、《鄂伦春族简史》修订本编写组：《鄂伦春族简史》，第59页。

在某种意义上呈现出活跃状态。

　　在鄂伦春人与外界没有接触之前，猎产品是可以达到自给自足的，他们只需要兽肉和制作衣服的兽皮。在与外界接触之后，对鄂伦春人来说并没有太大使用价值的鹿茸、鹿胎、熊胆等这些隐藏着巨大商品价值的猎产品成为其主要猎取对象。因此，在猎产品获得商品价值时，来自商品经济的消费观念同样逐渐深入鄂伦春社会，贫富差距开始出现，私有制也随即产生。分配制度发生了改变，除了兽肉这样的生活必需品保留较多的平均分配之外，剩余的则按照猎手平均分配。这时的乌力楞是由若干个体家庭组成，由于社会生产力的提高和私有制的发展，乌力楞不断分化、不断重组，从血缘组织转变为地域性组织，开始具有农村公社的性质。清朝对鄂伦春族实行的路佐制度①是与穆昆制度并行的统治方法。

　　社会发展的进程不是静止的，在鄂伦春族正式全部定居之前，农业早在 100 年前就已慢慢渗入。

三　经济产业的变迁

　　1851～1861 年，由于清政府解除对东北的封禁，大批移民来到鄂伦春地区，开始大面积开垦。据史料记载，曾有少量的鄂伦春人尝试农业种植。"同治八年在墨尔根城附近有十余鄂伦春人耕种农田。"② 光绪八年设置兴安城，在兴安城附近的喀尔通地方就出现了鄂伦春人聚居的屯子，住着二三十家鄂伦春人，少则几垧，多则百余垧。③ "19 世纪末叶，鄂化春族周围地区，如瑷珲、逊克、嫩

---

① 路佐制度，佐是个基层行政机构，佐领掌握佐内的行政、司法权力，执行上令下达、下情上达的使命，每年一次到路的首领——协领那里去报告工作情况。
② 吴雅芝：《最后的传说——鄂伦春族文化研究》，中央民族大学出版社，2006 年，第 66 页。
③ 垧，当地的农亩单位，一垧等于 15 标准亩，一亩等于 666.67 平方米。一垧等于一公顷。

江、西布特哈等地荒地被进一步大量开垦……"①推行弃猎归农政策后，鄂伦春人为了生计主动开始学习农业耕种，但缺乏生产知识和必要援助，甚至一度尝试过半农业半定居半游猎的生活。统治阶级在这一时期实行了"弃猎归农"的政策，鼓励鄂伦春猎民定居，分配和开垦土地。但是由于狩猎是他们的强项，"在经营农业过程中，也从未放弃狩猎业……往往用出卖猎品的钱，换回一年足够用的粮食"，②加上大兴安岭的自然生态原因等，农业生产暂告段落。

可以从下述事实看出，鄂伦春族在经营农业后，阶级分化与剥削的产生："库玛尔路镶黄旗头佐佐领吴音吉善，他家1914年在宏户图定居时，只有三匹马，在他人帮助下开了两垧荒地。1915～1916年全家三人出猎，将打到的猎品出售，先后买进八匹马，用其中的几匹换了他人的熟套马，又将政府拨给各家的耕牛代为饲养和使用，开始自套犁杖种地。土地面积几年后达到十几垧。到1918年时，已有三十余匹马，熟地七八十垧，并购置了俄式双轮单铧犁、收割机等较为先进的大型农具。到1935年，他家已拥有九十多匹马，其中二十余匹用于农具，十余匹骑用，其余为散畜；二十多头牛；二百多垧土地；俄式犁三台；收割机二台；木犁数副。每年可打粮十几万斤。起初是采用换工形式雇工，即没有牛马犁具的人家，由吴音吉善家帮助翻地耙地，这些人家的劳动力则给吴音吉善家春耕、夏锄、秋收和打场等……随着土地面积的增加，开始雇工……雇工除从事农业以外，还有牛倌、马倌、猪倌以及磨面、碾米工，并且雇有专门为他家打猎的长工。吴音吉善不但成为有名的大地主，而且在政治上也很有势力……依仗势力……拖欠雇工工资。"③像吴音吉善这样的鄂伦春族官员在开垦土地之时，利用权势方便自己，成为大地主，已显现出明显的贫富分化。17世

---

① 《鄂伦春族简史》编写组、《鄂伦春族简史》修订本编写组：《鄂伦春族简史》，第84页。
② 《鄂伦春族简史》编写组、《鄂伦春族简史》修订本编写组：《鄂伦春族简史》，第89页。
③ 《鄂伦春族简史》编写组、《鄂伦春族简史》修订本编写组：《鄂伦春族简史》，第90～91页。

纪以后，以乌力楞为单位的集体劳动和共同消费逐渐被以安嘎①为单位的集体狩猎所替代，这时的主要生产资料如猎场、河流、森林仍是公有的，但是枪支、马匹等已经成为各个家庭的私有财产。②19 世纪末期，国内外对细毛皮张和动物身上的药材的需求大增，促进了猎品进一步商品化。进入 20 世纪初，鄂伦春人的狩猎组织形式随着生产资料私有制的形成发生了变化，乌力楞血缘组织转变成以安嘎为集体单位狩猎和个人狩猎相结合。狩猎工具不再是弓箭和鸟枪，而是别拉弹克枪与连珠枪，同时马匹的数量也增加了。这一时期以安嘎为单位进行的狩猎，只是一起前往猎场，出猎时是个人单独活动，不再采取全安嘎的人出动把一个山头包围起来的围猎方法了，单独出猎的人越来越多了。③ 单独打猎的行为导致贫富分化不断加剧。狩猎经济由自给自足、平均分配变成不是为了自己消费，而是为了出售，那么安嘎所获得的猎品出售后分发货币。至于兽肉，一般还是将驮回来的部分在乌力楞中平均分配。在每年秋季晒肉干的季节，仍习惯以乌力楞为单位出猎，分配是以户为单位。④ 分配方面发生的变化还表现在，个人单独狩猎所获猎品，从前是只要猎到即归集体所有，而在这一时期，单独出猎所获都归个人所有了，不过兽肉还是要分给各家一小块，但已不是平均分配了；尼玛都伦⑤的分配制度和照顾鳏寡孤独的传统没有多大改变。

1. 新谙达贸易

疾病、毒品（鸦片）和烈性酒的毒害，加之连年战争，鄂伦春人在日伪统治的 14 年之间死亡率远远高于出生率，整个民族濒

---

① 安嘎，鄂伦春语，意为狩猎小组。一个乌力楞往往分成几个狩猎小组，小的乌力楞也可以只组成一个安嘎。一个安嘎，由三四个或五六个猎手组成。

② 《鄂伦春族简史》编写组、《鄂伦春族简史》修订本编写组：《鄂伦春族简史》，第 90～91 页。

③ 《鄂伦春族简史》编写组、《鄂伦春族简史》修订本编写组：《鄂伦春族简史》，第 99 页。

④ 《鄂伦春族简史》编写组、《鄂伦春族简史》修订本编写组：《鄂伦春族简史》，第 100 页。

⑤ 尼玛都伦，鄂伦春语，是赠送的意思。

于灭绝的境地。[①] 经过多年的抗日战争，在中国共产党的领导下，鄂伦春人终于走出困境，恢复了狩猎，建立了供销社，供应生产和生活资料，并以合理的价格收购猎产品。供销社，后来在鄂伦春地区普遍建立，被鄂伦春人称为新的谙达。

2. 其他——畜牧业、捕鱼、手工业、放排木

鄂伦春族经营畜牧业主要是饲养牛和马，饲养马匹要比养牛更早一些，这是由于马匹在狩猎中，常作为搬运的工具。畜牧业与鄂伦春人的定居有一定的关系，在 1936 年有一部分鄂伦春人定居在小二沟[②]后屯，有的人家开始饲养一些牛。[③]"畜牧是女人的活，根河以南只养马，但绰尔河支流达拉哈依河以及苏格河一带也有养牛的鄂伦春人。他们不善于养牛，养牛可算作罕见的例外。"[④]

捕鱼同狩猎采集一样，历史久远，鱼肉与兽肉和采集来的野果野菜一样，都是鄂伦春人的食物，属于副食品。不过"鄂伦春人一般不愿吃鱼，尤其不愿意吃鲇鱼一类的鱼。偶尔吃一顿还感到新鲜好吃，他们认为鱼肉不如兽肉好吃"。[⑤] 这也直接导致捕鱼在他们的经济生活中所占比重较小。

鄂伦春的手工业是家庭手工业，包括制革、皮制品、木制品和桦皮制品等。制革，即鞣皮，鄂伦春人自己用的皮张有狍、犴、鹿、狐狸、熊皮等。用这些皮张来制作各种衣服和铺盖，狍子皮的使用率高达80%，用处也最广。用鞣好的皮张可以做皮袍、皮裤、皮袜、皮靴、袍头皮帽等，冬季用于铺盖在仙人柱位子的也是兽皮制作的。桦皮制品是将桦树皮扒下来，制作成各种生活用品，小到

① 《鄂伦春族简史》编写组、《鄂伦春族简史》修订本编写组：《鄂伦春族简史》，第 110 页。
② 小二沟，又称诺敏镇，1951 年鄂伦春自治旗建旗，旗政府所在地。
③ 内蒙古自治区编辑组：《鄂伦春族社会历史调查》第 1 卷，第 27 页。
④ 泉靖一：《大兴安岭东南部鄂伦春调查报告》，李东源译，《黑龙江民族丛刊》1986 年第 4 期。
⑤ 内蒙古自治区编辑组：《鄂伦春族社会历史调查》第 1 卷，第 23 页。

器皿，大到桦皮船。木制品的种类不多，有枪架、刀鞘、鹿哨、摇篮等，主要是制作斧子和猎刀。

在鄂伦春自治旗成立（1951）之前，部分鄂伦春人在小二沟后屯定居后，受达斡尔族的影响，开始放排木。放排木，是在春、夏、秋三季进行，砍伐落叶松，把木材两头凿眼，用细木穿成串，也有用柳条捆成的，一般一个排木是 20～30 立方米。流放排木时，在河水平稳的地方一个人站在排木上掌舵，在水流急的地方，掌舵的人会多几个。① 简单来讲，就是将上游山岭上的树木通过河流运到下游。在鄂伦春族中放排木的人不多。

在鄂伦春自治旗成立之前，从清末的弃猎归农到民国末的弃农归猎的经济转变，说明狩猎经济依旧是鄂伦春族的主要生产生计方式。农业、畜牧业等经济产业带来了贫富差距、阶层分化，这种现象虽然不多，但确有发生。与谙达、商人的贸易活动，使猎产品逐渐商品化。物物交换的性质发生了变化，从氏族经济内部转变为与外界互市，并与各产业联系越加紧密。

四 国家治理与民族经济变迁（1949～1996）

1. 鄂伦春自治旗成立及实现全面定居（1951～1958）

1951 年，经过座谈会议商讨决定，在交通便利的小二沟（诺敏镇）成立了鄂伦春旗，次年更名为鄂伦春自治旗。当时，全旗鄂伦春族人口为 774 人，旗总面积为 59880 平方公里，全部是山林地区。"1953 年夏，上级政府给鄂伦春自治旗政府拨发了 300 多支临'七九'步枪，口径都很好，子弹也充足，将猎民的旧枪全部更换了新枪。枪支更新，狩猎收入大大提高了。"② 鄂伦春猎民定

---

① 内蒙古自治区编辑组：《鄂伦春族社会历史调查》第 1 卷，第 27 页。
② 孟和、何文柱、关红英：《鄂伦春自治旗的变迁与发展》，内蒙古文化出版社，2016 年，第 41 页。

居的住处是国家投资，雇外地劳动力建造的。1954～1958年，历经5年时间，7个高鲁126户猎民全部实现定居。国家共拨款9.4万元，建筑土木结构房屋231间，之后国家陆续又投入122.9万元，改建成5421平方米砖瓦结构房屋，使全部定居猎民迁入新居。

2. 定居之后，经济由多种向多元发展（1958～1996）

全面定居之后，旗政府制定了新的生产方针：护养猎并举，开展多种经营。定居初期，森林还没有被大面积采伐，野生动物也算充足，狩猎方式发生了一些变化，例如：猎大不猎小，猎公不猎母，交配期与繁殖期不猎，鹿、犴等大型猎物有计划猎取。定居初期，狩猎生产不仅能满足自身的肉食与皮张的需要，还可以以狩猎商品经济的形式增加收入。20世纪50年代末60年代初，鄂伦春自治旗林区被大面积开发，经过几十年的采伐，加上运材铁路、公路的修建，大兴安岭狩猎场受到很大影响，猎物数量锐减，直接导致狩猎生计的没落。

在护养猎的生产方针下，开展了捕鹿养鹿的生计方式，3个努图克建立了3处养鹿场，鹿的饲养繁殖量一度达到了246头，累计锯茸出售5万多两，猎民的收入增加，不过在"文革"之后，养鹿产业夭折了。[1]

20世纪60年代在定居之后鄂伦春人开始通过增加耕地面积、学习和提高农业生产技术等方式发展农业。耕地面积由几十亩（1956）增加到3.5万亩（1996）。[2] 当狩猎经济的收入不足以支撑家庭所需之时，一些鄂伦春人的生产生计观念发生了转变，出现了一些猎民带头人。

畜牧业的发展包括饲养马匹和奶牛、养羊及家庭养猪、养鸡

① 孟和、何文柱、关红英：《鄂伦春自治旗的变迁与发展》，第65页。
② 孟和、何文柱、关红英：《鄂伦春自治旗的变迁与发展》，第85页。

等。定居对发展畜牧业产生了好的影响，但因自然环境所限及 60 年代的政治原因未能得到更好的发展。"1976 年之后，随着经济方针的转变，旗农业、科技部门深入猎区进行培训，通过扶持与引导……先后创办集体、个体、联户家庭农场 70 多个，7 个猎民村播种面积达 5.4 万亩，粮食产量高达 6000 多吨……此外，庭院经济和民族工艺品加工等多种经营也成为猎民的收入来源。"①

3. 封枪禁猎（1996年至今）

1996 年 1 月 23 日，鄂伦春自治旗全面实施禁猎，颁布实施了《关于禁止猎捕野生动物的布告》，自此，以狩猎经济为主要生产生计方式的鄂伦春族彻底告别猎枪。禁猎后，自治旗从生产、生活上给予猎民优厚的扶持政策，每年拿出一部分资金作为猎民损失补助费，猎民每人每月分得 70 元生活补贴。秉持"农林为主，工贸并举，多元多业，全面发展"的生产建设方针进行发展。何文柱在《鄂伦春族发展问题研究》中对物质方面的发展做出分析，他认为"根源在于精神方面的变化，观念的更新进步及'软件'建设发展，即鄂伦春人文化素质提高，价值观念、私有观念和积累观念增强以及认识到钱财是个好东西，形成了金钱需要、土地需要、农业机械需要等"。

自鄂伦春自治旗成立至 1996 年，社会形态、生活方式、生产方式经历了三次历史性跨越：1951～1958 年实现全面定居；1958～1996 年大办农业与多种经营；1996 年告别狩猎业。② 几十年间，鄂伦春族猎民从以狩猎为主的生产生计方式彻底转向多元化经济发展的模式。在国家政策的指导下，鄂伦春族农牧业等产业蓬勃发展，鄂伦春人充满信心地跨入 21 世纪。

---

① 孟和、何文柱、关红英：《鄂伦春自治旗的变迁与发展》，第 85 页。
② 孟和、何文柱、关红英：《鄂伦春自治旗的变迁与发展》，第 290～292 页。

结　语

　　综上所述，自清政府对鄂伦春族的统治起，在狩猎经济、谙达贸易、贡貂制度等一步步变迁中，可见活跃的经济行为为私有制的产生、农牧业的发展、猎产品的商品化提供了巨大的发展空间。在全球现代化经济的背景中，在全球气候变暖的事实面前，以及保护野生动物与自然环境的要求下，鄂伦春狩猎生产生计方式的改变是历史的必然。驻防呼伦贝尔的几个世纪以来，鄂伦春族与周边民族积极交往交流交融，主动融合于社会，活跃的经济贸易行为背后体现着鄂伦春持有的关于环境、社会、文化的理念。在长期的交流过程中，鄂伦春族以极强的适应能力，逐渐形成多民族文化要素构成的多样性文化。

俄罗斯埃文基人的宗教信仰

刘晓春[*]

一 俄罗斯埃文基人的族源与人口分布

俄罗斯的埃文基人与中国的鄂温克族在语言、文化、风俗习惯、宗教信仰等方面都有相同或相似之处，被称为跨界民族。所谓跨界民族，是指由于长期的历史发展而形成的，分别在两个或多个现代国家中居住的同一民族。[①] 关于鄂温克族（埃文基人）的民族起源问题，中外学者的说法既有分歧，也有相同之处。俄国著名民族学家、人类学家史禄国（C. M. 希罗科戈罗夫，1889～1939）认为，鄂温克族（埃文基人）发源于黄河流域；在公元前 3000 年，也可能更早些时候，河南、陕西的汉人迫使"原通古斯人"放弃他们的土地，往北和东北迁移。[②] 中国学者吕光天指出，8 世纪，鄂温克族（埃文基人）的祖先，分布在今贝加尔湖东北和黑龙江中上游地区，被称为"鞠"和"北山室韦"。"鞠"部落后来成为元朝的"兀良哈"、明朝的"北山野人"，清代称之为使鹿的"索伦别部"，而"北山室韦"的几个部落则成为"索伦部"。明末清初之际，这

---

[*] 刘晓春，中国社会科学院民族学与人类学研究所研究员。

[①] 金春子、王建民编著《中国跨界民族》，民族出版社，1994 年，第 1 页。

[②] 〔俄〕史禄国：《北方通古斯的社会组织》，吴有刚、赵复兴、孟克译，内蒙古人民出版社，1985 年，第 224 页。

些民族被清朝统一。17世纪中叶后，沙俄入侵贝加尔湖地区和黑龙江流域。1689年，中俄《尼布楚条约》签订，鄂温克族（埃文基人）最终成为中俄跨界民族。[①] 此外，俄罗斯学者 Д. П. 鲍罗金的观点与中国学者乌云达赉的见解基本一致，认为鄂温克族（埃文基人）的祖先是靺鞨人，他们从中国的松花江、乌苏里江、黑龙江以东的广大地区迁徙到西伯利亚。此外，大部分中国学者认为，俄罗斯的埃文基人与中国的鄂温克族、鄂伦春族是同源民族。[②]

1931年，苏联进行民族识别期间，生活在西伯利亚和远东地区的鄂温克族（包括鄂伦春族）被官方认定为埃文基人（эвенки）。作为俄罗斯的少数民族，埃文基人的语言文化、宗教信仰和经济生活颇具民族特色。

2010年，俄罗斯的埃文基总人口为37843人。1926年至2010年，埃文基人口增长缓慢，变动情况如表1所示，具体分布情况如表2所示。

表1　1926年至2010年埃文基人口变动情况

单位：人

年份	人口数	年份	人口数
1926	37547	1989	30233
1937	32913	2002	35527
1959	24710	2010	37843
1979	27294		

埃文基人的经济活动具有地域特点，北部地区以渔猎、驯鹿、毛皮和养殖业为主，并有石墨、煤炭等采矿业，南部以加工业和制造业为主。埃文基自治区成立于1930年12月10日，隶属于克拉

---

① 吕光天：《北方民族原始社会形态研究》，宁夏人民出版社，1981年，第428页。
② 乌力吉图：《鄂伦春族源考略》，《内蒙古社会科学》1984年第5期。

表2　2010年埃文基人口主要分布情况

单位：人

分布	人口数	分布	人口数
萨哈(雅库特)共和国	18232	布里亚特共和国	2334
哈巴罗夫斯克边疆区	4533	后贝加尔边疆区	1492
阿穆尔州	1501	伊尔库茨克州	1431
萨哈林州	243	托木斯克州	103
滨海边疆区	103	堪察加边疆区	981
犹太自治州	72	圣彼得堡	140
克拉斯诺亚尔斯克边疆区	4632	莫斯科	74

斯诺亚尔斯克边疆区，土地面积为76.76平方公里。自治区中心为图拉镇，距莫斯科5738公里。目前，3万多埃文基人，仅有1/5的人能讲本民族语言。

从人口分布来看，萨哈（雅库特）共和国是埃文基人的主要聚居区之一，2010年埃文基人口为18232人，是埃文基传统文化保留较为完好的地区。在俄罗斯斯塔诺夫山脉（中国称外兴安岭）壮美的群山中，有一座非常富有诗意的山，被当地人称为"睡美人"。在这条山脉的脚下，坐落着一个不大的村落，它的名字叫"英格拉"。如今，英格拉小村已被萨哈共和国乃至俄罗斯之外的很多人所熟知。英格拉是埃文基人的聚居地，在这个独特的小村里，人们可以探寻到在俄罗斯北部生活了数个世纪的埃文基人的独特文化和语言。

此外，哈巴罗夫斯克边疆区和克拉斯诺亚尔斯克边疆区也是埃文基人分布的主要聚居区，两个区的埃文基人口总数均在4000人以上。

二　俄罗斯与中国学界有关埃文基
萨满教研究情况

俄罗斯学界研究埃文基萨满教的时间，从文献记载来看，是从

17 世纪俄国人进入西伯利亚开始的。在俄罗斯学界，尤其是民族学界，对萨满教的研究非常全面和深入，与萨满教有关的内容基本都会涉猎。

20 世纪初，对萨满教研究最为引人注目的学者是史禄国，他一生都在研究通古斯人。在中国期间，史禄国用英文先后出版了几部重要著作——《通古斯萨满教的基本理论》《满族的社会组织》《北方通古斯的社会组织》等。这些著作是他在 20 世纪初对中国东北少数民族社会历史进行调查后的研究成果，具有重要的文献价值。据 1932 年的一份资料统计，当时俄国学者出版的有关萨满教的著作达 650 多种。[①]

到了 20 世纪中叶，萨满教研究进入了一个新的时期，有关西伯利亚萨满教的研究著作也陆续出版。其中，《西伯利亚突厥民族的早期宗教形式》《西伯利亚民族的萨满服饰》《阿尔泰和西伯利亚民族的民族学》《西伯利亚和北方诸民族宗教观念中的自然和人》《布里亚特萨满教术语书册》《萨满教史论》《十九至二十世纪初雅库特人的传统宗教信仰》《西伯利亚和北方诸民族的文化遗迹》等都是这一时期的主要著作。[②]

1969 年，Г. М. 瓦西列维奇（Василевич）出版了《埃文基人》一书，对埃文基人的生产、生活及宗教信仰进行了系统、全面、科学地描述和阐释，并重点探讨了萨满教的形式与功能。

1984 年，新西伯利亚科学出版社出版了由 А. И. 马津（Мазин）撰写的《埃文基人的传统宗教信仰和仪式（19 世纪末至 20 世纪初）》一书。这本书深入实地调研，全面介绍了埃文基人的各种宗教仪式及萨满教活动，详细描述了埃文基人关于周围世界、宇宙、灵魂、精灵、保护神、偶像、护身符等方面的认知和观念，

---

① 侯儒：《俄罗斯埃文基人萨满教研究——兼与中国鄂温克族萨满教比较》，硕士学位论文，中央民族大学，2012 年，第 3 页。

② 赵志忠：《萨满教研究评述》，《满族研究》2001 年第 3 期。

包括对牲畜、人、疾病、生育等方面的态度。

1991 年，俄罗斯科学院民族学与人类学研究所编著出版了《萨满：其人、功能、世界观》一书，该书系统研究了黑龙江下游乌尔奇人、尼夫赫人、奥罗奇人和涅吉达尔人等的起源。作者概括出萨满的活动是古代渔猎民族信仰的独特反映，他们的巫术、法器、世界观特点有助于复原这些远古民族的精神世界。①

苏联解体以后，俄罗斯萨满教重新复活，在俄罗斯部分地区，萨满教得到了政府的认可，并且成为社会政治生活的重要组成部分。2003 年，B. A. 杜拉耶夫（Тураев）出版了《阿穆尔州埃文基人》一书，以民族志的形式展示了阿穆尔河流域埃文基人的生活与宗教，尤其是有关萨满教的描述非常详细。

2011 年，中央民族大学俄罗斯留学生 M. C. 马克思的硕士学位论文《中俄当代萨满教发展的比较研究——以中国内蒙古布里亚特蒙古族和俄罗斯的布里亚特人为例》，以翔实的第一手资料阐释了萨满教产生的社会背景及发展脉络，对萨满教的社会作用及学术价值进行了有益探索。

目前，就中国学界而言，有关萨满教研究的成果非常多，但有关俄罗斯埃文基人宗教信仰的研究比较缺乏。1995 年，张嘉宾在《黑龙江民族丛刊》第 2 期发表了《埃文基人的亲属制度》。同年，他在《黑龙江民族丛刊》第 4 期发表了《埃文基人的民间知识》。1996 年，他在《黑龙江民族丛刊》第 1 期发表了《埃文基人的"尼姆嘎堪"与赫哲人的"伊玛堪"》。这几篇论文，大大拓宽了中国学界研究埃文基人的视野，包括埃文基人的宗教文化。1998 年，张嘉宾在《黑龙江民族丛刊》第 3 期发表了《赫哲人与埃文基人的原始宗教信仰》一文。作者通过对埃文基人与赫哲人在原始宗教信仰方面的比较，发现二者在很多方面具有相同或相

---

① 侯儒：《俄罗斯埃文基人萨满教研究——兼与中国鄂温克族萨满教比较》，第 5 页。

似之处。①

　　2010 年，李红娟在《环球人文地理》第 20 期发表文章《俄罗斯埃文基人的生活状况》，简要概括了埃文基人的分布与生产生活方式。2012 年，中央民族大学硕士研究生侯儒的硕士学位论文《俄罗斯埃文基人萨满教研究——兼与中国鄂温克族萨满教比较》，重点论述了俄罗斯埃文基人的传统宗教和现代萨满教，梳理了埃文基和鄂温克萨满教的发展过程，分析了埃文基人萨满教变迁的原因以及中俄当代萨满教的异同和特点。2013 年，《满语研究》第 2 期，发表了谢春河、杨立华撰写的论文《俄罗斯埃文基人聚居区社会调查》，中国学者开始关注埃文基人的社区文化。2015 年，黑龙江大学硕士研究生李娟的硕士学位论文《俄罗斯学者的埃文基人研究》，进一步拓宽了中国学者的研究视野。2016 年，中央民族大学王雪梅的硕士学位论文《俄罗斯埃文基民族文化及保护研究》、唐楠的硕士学位论文《小民族大生态——俄罗斯远东埃文基村落文化振兴考察》等，对埃文基人的宗教信仰问题或多或少都有涉及。

　　此外，对俄罗斯埃文基宗教信仰的研究，除了俄罗斯和中国的学者以外，欧美地区也不乏其人。如剑桥大学的尼古拉·索伦·柴科夫的论文《当前苏联埃文基萨满教的实践和民族志》，非常具有代表性。作者通过揭示 20 世纪 20 年代至 90 年代埃文基猎人和牧民的宗教认同和习俗的转变，探讨了苏联时期宗教政策对西伯利亚土著民族的文化影响，重点探讨了埃文基人关于 buhadyl（"布哈迪"）即"神灵"的内涵与意义。20 世纪 20 年代至 30 年代，埃文基"神灵"主要栖息在诸如岩层、急流和"远处"的森林等外部空间，在 80 年代和 90 年代，它们主要居于"内部"空间，如帐篷、食物、亲属和墓地等内部范围。论文详细阐述了这

---

　　① 张嘉宾：《赫哲人与埃文基人的原始宗教信仰》，《黑龙江民族丛刊》1998 年第 3 期。

一对比和变化。[①]

在这篇论文中，引用的文献资料主要来自两个方面：一是 20 世纪 80 年代至 90 年代，作者在西伯利亚中部地区的实地调研成果；二是当时公布的最新的苏联档案材料。

三 埃文基人的宗教信仰

（一）萨满

说到埃文基人的日常生活和世界观，就不得不提到他们的宗教——萨满教。千百年来，埃文基人在与大自然的相处过程中，形成了系统的行为规范，并制定了各种戒律和禁忌，他们认为，生活在原始森林中的每一个人，都应该遵守这些自然法则。

作为人与神之间沟通的媒介是萨满教的核心，只有被称为"萨满"的人，才可以担当人与神之间沟通的使者。萨满教不仅是埃文基人对超自然力量的一种信仰，也是他们理性看待人与自然、动物、世界和社会的一种特殊形式。那么，什么样的人才能配得上萨满的称谓呢？埃文基人认为，只有多才多艺、智慧超群且具有远见卓识的人，才可以成为萨满。萨满不仅是他们精神文化的传人，也是掌握古老风俗的行家，还是出色的歌手和民间故事的讲述者，是具有旺盛精力和特异功能的人，熟知祭祀仪式隐藏的秘密，掌握传统民族医学的奥秘和经验。

萨满是人与天上力量——诸神之间沟通的使者。在古代埃文基人的观念中，世界上不存在等级制度，人类不是大自然的主宰，永远也不可能征服自然。大自然对埃文基人来说，不是无生命的

---

① Nikolai Ssorin-Chaikov, "Evenki Shamanistic Practices in Soviet Present and Ethnographic Present Perfect," *Anthropology of Consciousness* 12（1）：1. 2001.

"僵尸"，而是鲜活的"生命体"，当埃文基人接近大自然的时候，他们能够感受到大自然给予的微妙回应。

埃文基萨满的主要任务是关怀族人的心灵和保佑他们的平安，这也是萨满教仪式和跳神作法的主要内容。萨满教仪式分为三种类型。第一种仪式是关于对族人的心灵关怀，倾听族人的疾苦和诉求。这个仪式反映的是，对从人体"分离"或者"脱离"的心灵进行寻找和安置，"捕获"孩子的魂魄，以及将逝者的灵魂送往另一个世界。第二种仪式反映的是对氏族物质欲望的期盼，赋予猎人护身符"神"的力量，以及各种算卦和占卜仪式。第三种仪式则与萨满的成长、萨满教精神和萨满教法器的制作过程有关。①

民间医生是萨满在埃文基社会扮演的主要角色和最有价值的角色之一。埃文基萨满会用各种植物、矿物、昆虫和小动物制作特殊的"民族药物"，长达几个世纪的医学经验，帮助他们研制出数百种草药，而且这些草药的成分从来都不重复。这些不寻常的医疗方法只有他们知道，从而使他们与普通的巫师截然不同。

例如，在雅库特英格拉小村，有两位著名的萨满。马特廖娜·彼得罗夫娜·库里巴尔金诺娃，是纽儿玛干家族一位具有传奇色彩的女萨满。她出生在俄罗斯西伯利亚奥廖克明斯克兀鲁思村一个孩子众多的贫苦家庭。她在家中14个孩子里排行老大，从小就帮助父母操持家务，教育自己的弟弟妹妹们，没有时间上学。后来她们全家搬到了英格拉小村。

马特廖娜·彼得罗夫娜知晓很多故事和神话传说，在漫长的夏夜里，孩子们聚集在她的周围，听她讲述关于人类、动物和小鸟的精彩故事。她在50周岁的时候，正式成为萨满。当跳神作法、吟唱、治疗病人、占卜未来的时候，她会穿戴自己的萨满服，击打萨

---

① Вкраюоленьих – Эвенкийскому селу ИЕНГРА 80 лет ТРОП, Хабаровск: Издательский дом Приамурские ведомсти. 2007：26.

满鼓。马特廖娜·彼得罗夫娜深信，萨满的使命即治病救人，帮助人们减轻痛苦，并获得快乐。马特廖娜 彼得罗夫娜是药用植物方面的行家，她通常使用草药医治那些找她看病的人。她能够预知天气，预测狩猎人是否能打到猎物，救人于危难之中。当她跳神作法的时候，她会用有节奏的击鼓声，为自己的歌声伴奏，同时轻轻地跳跃和舞动，创造出一种与外部世界相连接的特别氛围。马特廖娜·彼得罗夫娜度过了漫长、艰难但同时充满幸福的人生。她养育了 9个孩子、7 个孙子、25 个重孙和 14 个玄孙，在其生命的第 112 年去世。[①] 这位伟大的女萨满不仅闻名于整个雅库特共和国，而且也为域外人士所熟知。

在英格拉小村，还有一位萨满——色明·斯杰潘纳维奇·瓦西里耶夫。1936 年 1 月 10 日，色明·斯杰潘纳维奇出生在纽克扎镇一个埃文基世袭萨满家族中，属于伊尼阿拉斯（伊内特）家族。这个家族的名称直译过来就是"夜间飞行的小猫头鹰"。色明·斯杰潘纳维奇是一位老兵，退役后养鹿、狩猎和赶雪橇。1973 年，在巴塔卡氏族元老会上，通过了关于选举色明·斯杰潘纳维奇为萨满的决定。1975 年春天，他在阿累拉克河边举行仪式，正式成为萨满，开始主持各种宗教活动，开展萨满医疗救治。许多患有肾病、软骨病、癫痫、心血管疾病和内分泌疾病的人，前来向他寻求帮助。[②]

尽管在现代人眼里，尤其是在其他民族的眼里，萨满活动充满了很多神秘的色彩，但萨满所做的一切，都是在长期积累的民族智慧、民族传统以及民族医学奥秘和精神文化价值的基础上开展的。

英格拉小村的埃文基人，大部分信仰萨满教，受俄罗斯人的影

① Вкраюоленьих－Эвенкийскому селу ИЕНГРА 80 лет ТРОП，Хабаровск：Издательский дом Приамурские ведомсти. 2007：26.

② Вкраюоленьих－Эвенкийскому селу ИЕНГРА 80 лет ТРОП，Хабаровск：Издательский дом Приамурские ведомсти. 2007：25.

响，个别的也有信仰东正教和其他宗教的，但相对来说，本土宗教保留得比较好，这与中国有所不同。"在各种外来宗教先后传入之前，萨满教在我国北方各民族的信仰世界中占据非常重要的地位。满族、蒙古族、锡伯族、赫哲族、鄂伦春族、鄂温克族、达斡尔族、维吾尔族、哈萨克族、柯尔克孜族、朝鲜族等民族的民俗生活中至今还在不同程度上存在着萨满教信仰活动。改革开放后，各地萨满活动和祭祀仪式明显增多。萨满文化对当代人了解少数民族的传统文化和表现中华各民族文化的多样性，对于少数民族文化在传统基础上的继续发展，对于发展民族文化事业和旅游经济，都具有重要的开发价值。"[①] 但在中俄边境城市——黑河市，萨满教的衰落比较突出。在新生鄂伦春族乡和坤河达斡尔族满族乡，已无本民族萨满。在黑河市，信仰萨满教的鄂伦春族人数，仅占本地本民族人口的 30%。满族、达斡尔族、朝鲜族信仰萨满教的人数尚未统计。[②]

（二）动物崇拜：埃文基人生活中的熊

埃文基人历来十分崇拜大森林的主人，包括一切动植物。每一代人都崇拜，过去崇拜，现在也崇拜。由于他们长期在森林里生活，所以，很多野生动物便成为他们图腾崇拜的对象。埃文基人把熊尊为最早的人类，对熊的图腾崇拜尤为明显。正如中国鄂伦春族女作家金吉玛所描写的那样："匍匐在大地的怀里，祈福神灵的保佑，是鄂伦春人生活中不可或缺的一部分。尤其是对熊的崇拜和诉说，仿佛无法用世间的语言来表达心中的敬畏、依赖、慈悲和相互的接纳。在鄂伦春人的心目中，他们与熊第一次目光交流的瞬间，人与熊的灵魂就已融为一体，无法分离。作为丛林霸主的森林熊，

---

① 色音：《中国萨满教现状与发展态势》，《西部民族研究》2015 年第 1 期。
② 刘晓春：《中俄边境城市宗教问题发展态势——以黑河市为个案》，《世界宗教文化》2017 年第 3 期。

天赐神力，鄂伦春人尊称它为'阿玛哈'（鄂伦春语'大爷'之意）。在过去原始的狩猎过程中，鄂伦春猎人用古老的狩猎工具很难捕猎到它，不仅如此，熊可以像人一样直立行走，雄性拥有人类一样的生殖器。被剥皮后的雄性肢体，仿佛是一个沉睡的拳王，冥冥之中，那无畏一切的人型兽，以它不可动摇的威力牵引着森林人的心灵，仿佛另一个我，以另一个目光审视着这个世界的过去、现在和未来。"① 总之，俄罗斯的埃文基人和中国的鄂温克、鄂伦春人，作为同源民族，对大自然的认知和理念是十分相似的。

在很久以前，埃文基人是不准猎熊的。随着狩猎工具的不断进步，以及人们宗教观念的变化，禁止猎熊的禁忌也逐渐淡漠。但是，埃文基人对熊依然充满敬畏，图腾崇拜的文化遗存延续至今。

埃文基人猎熊的方法与猎取其他偶蹄类动物没什么两样。一般来说，熊很少被逮住，除非是受伤或者不冬眠的熊。当熊追逐鹿群的时候，只要在被咬死的鹿旁边设伏，或者安放带有诱饵的捕兽器，就可以将熊捕获。出于本能，埃文基人不会放过任何猎取熊的机会。当熊被射杀后，所有的旁观者和参与狩猎的人都向它奔去，杀死熊的埃文基人对熊说："杀你的人不是我，是某某人或者别的什么人。"所有在场的人都跟着杀死熊的猎人反复说着类似的话。然后，人们把熊的身体翻过来，背朝下，在地上铺上一些树枝或者青苔，就开始剥皮。杀死熊的猎人第一个走过来，用刀在熊的肚子上划一道口子，然后，在场的人按照长幼顺序依次重复这个动作。任何一个参加狩猎的人都可以参与剥熊皮的过程，但必须从一个方向进行，因为在猎熊的时候不可以一开始就从两边围捕。在大家剥熊皮的时候，一些参与狩猎的猎人会用落叶松的树皮制作一些平面"乌鸦"塑像，在"乌鸦"嘴上蘸上熊的血，再在上面放上一小块儿肉。然后他们把"乌鸦"挂在附近的树桩上，或者挂在守候野

---

① 参见张林刚《兴安猎神》，中央民族大学出版社，2013年，第97页。

兽的台子上。埃文基人想以此证明：杀死熊的凶手不是人类，而是这些"乌鸦"，铁证如山！除了熊掌，熊皮被完整地剥下来。然后，划开熊的胸腔，每一个参与狩猎的人都切下一小块儿熊心，生吞下肚。按照熊的骨节对熊肉进行分割，尽量不要把肉弄碎。分割过程中，每次遇到骨节的时候，猎人都要对熊说："老爷爷，小心，这儿有根木头！"如果是母熊，他们则称熊为"奶奶"或"伯母"。待熊肉冷却后就分给大家，髋骨以下的肉，以及四只熊掌、内脏、腹内油脂、臀部油脂、熊头和熊皮归杀死熊的猎人，剩下的部分由猎人们平均分配。[①]

在对猎获的熊进行分割的时候，不能折断熊的骨头，不能将骨头和毛发四处乱扔，不能辱骂熊，不能挖出熊的眼睛，不能炫耀自己杀死了熊，不能说自己喝了熊肉汤，也不能从被熊踩伤的人手里抢夺武器。埃文基人认为，被熊踩伤且活下来的人能够长命百岁。熊骨和熊头必须放置在树上守候野兽的台子上。埃文基人认为，熊不仅是人类的朋友，更是森林之王，所以对熊很崇敬。但这种观念在年轻人当中开始逐渐淡化。

（三）"万物有灵"观念

埃文基人相信万物有灵，特别崇拜祖先神"玛鲁"，同时崇拜其他各种神灵，比如"舍利神"，他们深信，惹怒"舍利神"会使人生病。"阿隆神"是保护驯鹿的神，埃文基人对其充满敬畏。驯鹿是埃文基人不可或缺的交通工具和生产工具，具有半驯养和半野生特性，需要特别的照顾和保护。埃文基人认为，"阿隆神"是生长在白桦树上的一种细细的枝条，具有辟邪的作用。驯鹿突发疾病，就得把那种枝条挂在健康的驯鹿脖子上，避免疾病传染。由于

---

① Вкраюоленьих－Эвенкийскому селу ИЕНГРА 80 лет ТРОП, Хабаровск: Издательский дом Приамурские ведомсти. 2007：35.

这种枝条不易获得，所以只能挂在驮着氏族神灵"玛鲁神"的驯鹿的脖子上，以保护整个鹿群。"鸟麦神"是保护婴儿生命安全的神灵，埃文基人认为，孩子生病是因为灵魂离开了身体，所以要请萨满把他们的灵魂招回。埃文基人的信仰体现在方方面面，如占卜、梦兆、神话传说等。梦境、幻觉、预测等现象在埃文基人的生活中司空见惯。他们把做的梦分为吉凶两种，好梦三天之内不能告诉他人，凶梦必须尽快说出来，并用一些法器和咒语破解，以免灾难发生。梦到捕鱼和见到大鱼，预示能打到猎物；梦见太阳升起，预示有好事发生；梦到渡河，预示全家平安；梦见掉牙或剪头发，预示家人生病或驯鹿将要死亡。①

此外，埃文基人对"火"充满无限敬畏，祭火仪式涵盖了埃文基人生活的所有领域。例如，埃文基人的"巴噶腾"节（欢庆节），是生活在黑龙江（阿穆尔河）流域和雅库特地区的埃文基人的传统节日，每年夏季举行。这个节日的主要目的是使生活在不同地区的埃文基人有机会经常交流，建立广泛联系，在节日期间，教授孩子学习传统文化，以活跃和复兴埃文基语言。通过传统技艺比赛，增强埃文基人的文化自信，不让埃文基的文明之火熄灭。在教育孩子熟悉自己家园的过程中，让他们爱上自己的文化。

节日庆典开始以后，首先进行祭火仪式，伴随着赞美歌声，参加庆典的人穿越"天门"，驱邪净化，祈祷幸福平安。埃文基人在所有的场合都要祭火，因为人类生活始终与火为伴。埃文基人认为，火神魔力巨大，可以祈求给予自己一切，可以祈求得到野兽，火神能够让你过上温饱的生活，可以保佑你的父母健康，保佑你和家人远离不幸和疾病。

节日当天，要举行各种娱乐活动，如服饰展演、埃文基礼仪比

① 唐楠：《小民族大生态——俄罗斯远东埃文基村落文化振兴考察》，硕士学位论文，中央民族大学，2016年，第17页。

赛、歌舞比赛、传统体育竞技比赛、民族工艺品展示、学术研讨等。舞蹈《埃文基人的土地》《冻土苏醒》《森林的色彩》《小鹿的生日》，歌曲《雅库特姑娘》《鹿——你是我的朋友》《北方的夜》《春天来到驯鹿的故乡》等，自上演以来，经久不衰，影响深远。埃文基人在歌声中唱道："我们是埃文基人，我们有皮袄，为了好好地活着，为了不挨饿，请热爱大自然，请亲吻我们脚下的土地！大地孕育了一切，人类只是她的一粒尘埃。天神，请赐予我们食物，请赐予我们幸福！"[①]

四　埃文基人与中国鄂温克族当代萨满教异同

（一）鄂温克族萨满文化现状

一般来说，鄂温克族萨满还是按照传统萨满教的规矩来办事。少数鄂温克人在感到心里不适或出现其他一些个人问题时，还是会求助于萨满。但在鄂温克地区，萨满只是个体存在，没有形成一个职业或群体团队，他们与自己的族人生活在一起，为他们的利益服务，或做一些公益活动。但他们没有把这个义务变成生存的来源。萨满没有什么社会职能，也不会主动宣传自己的理念，不愿意抛头露面，也不想成为民族文化的标签。萨满一般不公开身份，虽会参加一些祭祀活动，但大部分时间只是在亲属内部进行宗教活动。当今萨满，已经不再是民族核心的因素，也不过多参与政治生活和意识形态活动。萨满仅仅是一种文化遗存，社会地位并不高，社会影响力也很有限。这不仅因为他们没有足够的职权范围、组织资源和得到更多东西的目的，还因为社会并不需要他们的服务，也不想承

---

① 刘晓春：《俄罗斯埃文基人的"巴噶腾"节》，2017 年 7 月 13 日，中国社会科学院民族学与人类学研究所网站，http：//iea. cssn. cn/rzty/201707/t20170713_ 3972821. shtml。

认萨满是社会结构的一个组成部分，忽略并且隔绝萨满。① 中国的社会制度有足够的能力独立解决人部分的社会问题，不需要萨满来解决。另外，萨满的状况取决于人们对待这些社会问题的态度。当遇到无法治愈的疾病时，人们很希望得到萨满的安慰和帮助。但在中国，人们却羞于承认这些问题。如果人们带着各种关于自己未来的问题来咨询萨满，这些都会被看成软弱和不自信的体现。在中国，人们大多不愿意让他人知道自己向萨满寻求过帮助。②

在鄂温克聚居区，平时能看到的萨满仪式也就是治病仪式，偶尔也有一些祈祷祭祀仪式，但形式与以往有所不同。以前治病主要是跳神，现在主要是默默祈祷。尽管如此，对萨满的信仰及崇拜依然留存于鄂温克人的思想观念中。

（二）埃文基人与中国鄂温克族当代萨满教异同

俄罗斯的埃文基人与中国的鄂温克族、鄂伦春族过去拥有共同的历史和文化，传统萨满教在他们的经济、政治、社会生活中都发挥着重要的作用。17 世纪中期以后，鄂温克族、鄂伦春族（埃文基人）政治归属发生了重大变化，成为隶属于中俄两国的跨界民族。此后，俄罗斯的埃文基人与中国的鄂温克族、鄂伦春族踏上了不同的民族发展之路，其所信奉的萨满教也开始呈现出差异。

在俄罗斯，当代萨满教是消费社会的产物。人们拜访萨满不会引起不良反应，大家都认为这是一个很正常的事情。而在中国，鄂温克萨满一般都生活在农村或牧区，社会地位不高，"有组织的萨满教"这个理念无法在现有的社会环境中形成，更多的是传统萨满教的残存。鄂温克萨满没有形成一种规范的职业，他们不是为了氏族或者社会的利益而工作，只专注于自己的事情，在私人范围内解决

---

① M. C. 马克思：《中俄当代萨满教发展的比较研究——以中国内蒙古布里亚特蒙古族和俄罗斯的布里亚特人为例》，硕士学位论文，中央民族大学，2011 年，第 13 页。
② 侯儒：《俄罗斯埃文基人萨满教研究——兼与中国鄂温克族萨满教比较》，第 55 页。

人们的个人问题，作为一名医生和心理专家来为人们解决问题。他们没有自己的组织和机构，人们拜访萨满被认为是一种"迷信"活动。人们尽可能地减少萨满对他们生活的参与，不公开求助于萨满。因此，中国鄂温克萨满的活动十分分散，经常是内部的。

　　俄罗斯埃文基萨满和中国鄂温克萨满在现代社会需要完成的任务也不相同。相同的是，两个不同国家的人还是会请求萨满治疗一些无法治愈的疾病。不同的是，俄罗斯的萨满可以运用自己的权威解决社会问题。他们可以促进民族文化的传播，组织传统集会并且从事教育和知识普及工作。因此，俄罗斯社会欢迎萨满，并且尊敬他们，承认他们的社会地位。而在中国情况则不一样，萨满的任务仅仅局限于解决一些私人问题。萨满教在中国仅被看作文化遗存现象，学术界对萨满教的研究也仅限于"遗失"的传统文化之列，而萨满本身好像也接受了这种定位，不再为自己去争取什么。

　　此外，萨满教在俄罗斯埃文基人和中国鄂温克人生活中的作用也不同。在俄罗斯，萨满和埃文基人一起度过生活的周期。从出生开始，埃文基人就请求萨满保护自己的孩子，长大以后及结婚都要向其求助。人死以后，埃文基萨满还会送死去的人去往另一个世界。埃文基萨满始终保持与祖先的联系。而在中国，鄂温克人一般在生活出现问题时才会求助于萨满，向其倾诉所有内心的压力，化解焦虑，并祈祷避免挫折和疾病。而萨满也只起到了医生和心理专家的作用。萨满在社会成员中，并没有起到真正重要的作用。[①]

结论与启示

　　对俄罗斯埃文基人和中国鄂温克族当代萨满教的状态进行分析，可以得出以下结论：尽管俄罗斯埃文基人和中国鄂温克族、鄂

① 侯儒：《俄罗斯埃文基人萨满教研究——兼与中国鄂温克族萨满教比较》，第56页。

伦春族拥有共同的历史和文化,但是二者的现代萨满教发展进程和特点有很人差别。而真正的差别不在于发展的速度和新萨满的数量,而是两种萨满教在特征、使命及在人类生活和社会中的作用等方面存在着差异,并且在社会结构中的地位也不相同。①

在俄罗斯,萨满教作为社会制度的重要因素之一,其在埃文基人的社会生活中占据着重要的地位,调节着社会内部的关系。在俄罗斯,无论是从社会制度的角度来讲,还是在其生活中占据的地位来看,萨满都受到尊重和认可,也能很好地融入社会,并且为社会的利益而工作。而中国萨满目前处于社会结构之外,不被社会需要并且被边缘化,社会舆论忽视它的存在。鄂温克、鄂伦春萨满没有社会功能,他们的活动主要局限在私人空间,处于社会结构的边缘。萨满教在此基础上,保持了所有边缘性特征的标志,并且处于无组织状态。② 萨满的文化价值在理论上不断被认可,但在现实中,其文化功能却依然停留在社会的边缘。如今,萨满跳神治病的时代已经过去,但历史的惯性,文化之永恒,决定着萨满文化的价值和精髓没有也不可能终结。因此,对萨满文化进行深入探讨和适当扶持,不仅有助于人类非物质文化遗产之保护,也有助于推动社会的和谐与发展。

埃文基人的萨满文化传承和展示形式多样,比如家族传承、传承人传承、社会传承、博物馆展示等。特别值得学习的是,埃文基人的博物馆建设得非常完善,无论是展品还是活态传承,都达到了较高的水准,为中国树立了一面镜子。

一直以来,世界对东北亚关注的焦点主要是"政治、经济和军事",其实最应该关注的是那里的文化和民族。东北亚地区生活着众多的人口较少民族,他们的存在不仅为我们提供了一个人与自

---

① 侯儒:《俄罗斯埃文基人萨满教研究——兼与中国鄂温克族萨满教比较》,第 56 页。
② 侯儒:《俄罗斯埃文基人萨满教研究——兼与中国鄂温克族萨满教比较》,第 56 页。

然和谐共生的典范，也为东北亚地区文化共同体的构建提供了新的机遇。埃文基人（鄂温克族、鄂伦春族）作为跨界民族，是东北亚各国不可忽略的文化纽带。在全球化背景下，他们的价值和意义不言而喻。如是，建议中国高校和研究机构，在俄罗斯远东建立埃文基文化研究基地，对东北亚满－通古斯诸族进行全面了解，学习他们成功的经验，互通有无，互利共赢，关注东北亚地区的历史、文化、生态与环境，以中俄两国人口较少民族为议题，阐述东北亚人文社会科学研究的重要性，为共建"一带一路"提供理论支撑和实证参考。

索伦鄂温克研究的两个方向

——有关索伦鄂温克历史研究英文资料述评

戴宏沅[*]

一 关于索伦鄂温克在历史大方向上的民族变迁的研究

在 20 世纪中后期，以何炳棣为首的西方汉学家提出了清朝的汉化理论（Sinicization Theory），其中的一个重要观点认为：清朝，一个非汉人统治的王朝，能维持 300 年之久的重要原因是吸收儒家思想和采取汉化政策。为了证明这种论点，很多西方学者以此理论进行了大量的研究，其中对清代边疆的研究即是明证。而这些研究也涉及东北边疆的少数民族，其中就包括索伦鄂温克。例如，在 1970 年出版的 *Manchurian Frontier in Ch'ing History* 是关于清代东北边疆治理的早期研究模本。作者 Robert H. G. Lee，是比较早期推崇汉化理论的汉学家。在该书中，他认为尽管 19 世纪清朝东北边疆带的政治变迁源于中央地区的内部政治发展、经济增长等诸多变化的整合，但是导致政治变迁的最基本原因来自其边疆内部的文化秩序变迁，汉人移民在其中起到关键作用。在内容上，该书围绕着清朝对满洲"龙兴之地"（Manchu preserve）的保护和封禁与被迫或

* 戴宏沅，中国社会科学院大学近代史系博士研究生。

主动开发这两大议题的互动展开论述。由此引出清朝的军府制度、八旗驻防、盛京五部，以及边疆当局在对边疆部落进行控制时所利用的朝贡制度，与内地形成制度性反差；随着汉人来到边陲，满洲边疆少数民族逐渐被汉化，清末边疆危机加剧，边地汉化的历史进程终于不可逆转。

其中，他在书中第三章和第四章重点论述了东北边疆地区的少数民族。第三章作者初步介绍了清朝前期对东北边疆，尤其是黑龙江和沙俄接壤地区的朝贡政策，并指出了东北少数民族如索伦部对清朝中央有参军服役的义务。在朝贡政策中，作者还将吉林地区和黑龙江地区的少数民族朝贡进行了对比。他认为黑龙江地区的朝贡比吉林地区更为复杂和模糊，其中有力的一点是他指出在吉林只有不入旗的部落（原文是 non－incorporated）需要朝贡，但是在黑龙江，不仅不入旗的部落需要定期朝贡，新建的布特哈八旗也需要朝贡。[1] 另外，作者认为清政府在黑龙江的政策很大程度是因为沙俄的影响，所以造成大量的部落被编成了八旗的新满洲，并且那些来自部落征兵的所谓“新满洲”人由于驻防兵营的环境和政府的训练使其生活习惯发生了很大的变化，而且和中原文化的接触还使其与原本部落的同族人也产生了较大差异。[2]

值得注意的是，作者也有效辨识出了鄂温克族、达斡尔族以及鄂伦春族的区别。譬如在第一章，作者就对当地的民族做了简单的介绍，如索伦鄂温克人就是“原本居住在黑龙江北部，在精奇里江流域，但是因为俄罗斯哥萨克的入侵而迁徙到嫩江河谷附近”。[3]而对比较出名的人物，作者有一定认识，比如名将海兰察，作者就

[1] Robert H. G. Lee, *Manchurian Frontier in Ch'ing History*, Cambridge: Harvard University Press, 1970, p. 49.

[2] Lee, p. 50.

[3] Lee, p. 15.

识别其为布特哈索伦人。① 不仅如此，作者还能熟练运用汉文材料，譬如在书中第 52 页，作者写道："在《尼布楚条约》签订后，清政府决定在边境增加防御力量。第一步就是在 1732 年，把 1636 名索伦人、730 名达斡尔人、359 名鄂伦春人以及 275 名陈巴尔虎人从布特哈地区送到呼伦贝尔。"② 作者也参考了很多外国资料以及 19 世纪末期的探险家笔记，譬如在第三章他大量引用了间宫林藏的《东鞑纪行》中对清政府在黑龙江下游和库页岛的夏季行署和贸易市场的描写，间接证明了清政府在当地的有效统治。

纵观全书，作者主要在论述其汉化理论，及随着时间的推移，虽然清政府致力于保持当地居民以及布特哈八旗的"野性"，来用于获得毛皮利润以及保护尚武的兵源地，但是随着政府管控能力的减弱以及内地人口的滋生和移民，清政府对边地生态的影响力大不如前，而黑龙江地区的少数民族的汉化程度也越来越高，到最后不可逆转，其彻底融入了中华民族的大家庭。虽然这本书并未就清代索伦部以及鄂温克族大做文章，但是依然详细介绍了有清一代东北地区的边疆情况，为后来的西方学者提供了丰富的资料库，也激发了后续优秀作品的诞生。

二 关于索伦鄂温克在历史大方向前提下的 "汉化"性和非"汉化"性研究

进入 21 世纪，有两位海外华人学者专门对索伦鄂温克族进行了研究。他们是单富良（Patrick Fuliang Shan）和贾宁（Ning Chia）。其中，单氏在其 2006 年在 *Asian Ethnicity* 发表的论文 "Ethnicity，Nationalism and Race Relations：The Chinese Treatment of

---

① Lee, p. 51.

② Lee, p. 52.

the Solon Tribes in Heilongjiang Frontier Society，1900 – 1931”中专
门探讨了在现在中国东北边疆的索伦三部，即鄂温克人、达斡尔人
以及鄂伦春人，在 1900 年至 1931 年这 30 余年政府对其的政策以
及产生的变化。单富良是一位居住在美国的华人学者，1978 年开
始在河南大学读本科，研究生毕业于辽宁大学，之后在加拿大的麦
克马斯特大学拿到了博士学位。现在在美国大峡谷州立大学任职终
身教授。在这期间，他致力于研究中华民国史，其中对袁世凯以及
东北地区有着较深入的研究。

　　在这篇文章中，单氏指出黑龙江地区少数民族汉化的关键之一
在于这些民族的人口稀少，很容易被移民的汉民族同化并且在短短
30 年间适应农耕生活。在 20 世纪前 30 年，清政府、国民政府也
投入了大量资源对东北边疆地区进行整合。在文章开头，单氏简单
介绍了索伦三部在被汉化之前的生活习惯以及民俗特点。作者总结
出在 1900 年之前索伦三部的生活很原生态，过着居无定所的游牧
生活。索伦人在汉族人和满族人看来是野蛮的，其部族母亲分娩时
会被隔离，而索伦男性很多时候被贴上酒鬼的标签。索伦人的文化
在满汉人看来是野蛮的，比如索伦人的葬礼看起来很不讲究，而且
没有自己的语言文字。[1] 索伦人生活习惯的逐渐改变是从 1860 年起
沙俄对清朝边界的不断蚕食开始的，这是索伦人转为定居农耕生活
的重要原因。沙俄的影响使索伦人的狩猎范围大大缩小，索伦人自
身的生存空间逐渐变小。而随着汉民涌入，索伦人被迫接受了从狩
猎到农耕的转变。[2]

　　作者指出在这个过程中，移民中的赤贫汉民起到了很大的作
用，而农耕的收获让索伦人从嫉妒很快转变为羡慕，并且积极学习
农耕的生活方式。在这其中，政府也在索伦人的农耕化过程中起到

---

[1]　Patrick Fuliang Shan，“Ethnicity，Nationalism and Race Relations：The Chinese Treatment of the Solon Tribes in Heilongjiang Frontier Society，1900 – 1931，”*Asian Ethnicity*，June 2006：182.

[2]　Shan，“Ethnicity，” p. 185.

相当大的作用。单氏认为，从 1905 年开始清政府就在致力于使索伦人农耕化，让他们过上定居的生活，并且雇用了有经验的汉人农夫对他们进行指导。即使 1911 年清政府灭亡，后续的政府依然延续了清朝的政策。单氏总结 20 世纪前 30 年清政府、国民政府采取了四项政策最终在短时间内完成了索伦人的农耕化，除了雇用农夫，还有对索伦人进行村庄定居化并分田分地、奖励主动农耕的索伦人以及设立专项资金并拨款资助。①

最后，单氏分析了俄国方面对索伦三部的影响。在他看来，俄罗斯对黑龙江索伦人渗透是长期存在而且是多方面的，其中就包括利用毛皮贸易、进行宗教影响、建设学校影响语言习惯等方面。而中国方面的应对也是十分有效的。中国政府一方面尽最大可能削弱俄罗斯在黑龙江的影响力，另一方面也在稳步提升自身对索伦人的掌控能力。除了前文所说的迁徙索伦人使其生活方式从游牧变为农耕，这一时期的中国政府还兴建学校，让当地的索伦人逐渐掌握汉语，并鼓励汉人和索伦人通婚。②

但是这篇文章因为篇幅所限，并未完全说明 20 世纪前 30 年黑龙江地区少数民族的社会变迁。所以在这之后，单氏在 2014 年出版了专著 *Taming China's Wilderness: Immigration, Settlement and the Shaping of the Heilongjiang Frontier, 1900 – 1931*，在其 2006 年文章的基础上，从移民涌入、土地利用情况变迁、族群生活习惯变迁、社会秩序变化以及外国影响五个方面更为详细地阐述了在 20 世纪前 30 年黑龙江地区少数民族的变化。他把索伦人在 20 世纪前 30 年的汉化过程更加详细地分为了三个章节，即从大量汉人移民涌入造成社会变迁、土地使用方式的改变以及族群的生活习惯变迁三个方面更为生动地论证了索伦人的急速汉化过程。

① Shan, "Ethnicity," p. 187.
② Shan, "Ethnicity," p. 190.

单氏在这部专著的核心主旨——在秉承索伦在 20 世纪 30 年代因为政府引导、汉人移民以及外部压力快速完成汉化的思路下，添加了很多之前文章没有注意到的细节。比如第四章关于安全（盗贼）以及社会秩序（Insecurity, Banditry and Social Order）的内容，在之前文章中单氏只是大略说明了黑龙江地区盗贼的存在以及一部分不习惯耕种的索伦人因为农耕范围扩大、狩猎领地缩小变成了打家劫舍的盗贼。[①] 在这本专著中，他专门追溯了盗贼的起源。认为黑龙江地区的盗贼问题有其特殊性，并总结出盗贼产生的两大原因——人口过剩以及贫困，并不适用于索伦人居住的黑龙江地区。[②]

单氏认为首先黑龙江地区群山环绕的环境是一个理想的"法外之地"。其次农耕文化收获的季节性也使盗贼有生存的空间，让盗贼有一个季节性和长期性的收获点。最后是黑龙江地区索伦人因为历史原因形成的军事聚集传统，使他们在面对外来移民时更加有组织以及更有进行劫掠的武力基础。所以从某种意义上，20 世纪前 30 年黑龙江地区盗贼密布亦是清朝百年以上地区政策的副产品。[③]

在这 30 年，因为沙俄的入侵以及军阀混战，中央政府对地方的管控能力明显大不如前，所以政府无暇顾及在黑龙江地区的盗贼问题。最后形成了由地方移民以及愿意从事耕种的索伦人整合而成的地方自卫武装，配合少量的地方政府支援，维持了地区治安。这一特点使得单氏在第五章阐述了沙俄以及苏联在 20 世纪前 30 年对黑龙江地区的入侵活动（如收买代理人、控制铁路、经济 – 商贸

[①] Shan, "Ethnicity," p. 188.

[②] Patrick Fuliang Shan, *Taming China's Wilderness: Immigration, Settlement and the Shaping of the Heilongjiang Frontier, 1900 – 1931*, New York: Taylor & Francis Ltd, 2014, p. 120.

[③] Shan, *Taming*, p. 121.

渗透等）都并未使黑龙江地区出现长期的独立政权。① 这一观点相对来说比较新颖，值得学者们去探索、研究以及论证。

另一位学者贾宁也是华人。她出生于北京，1981 年毕业于北京师范大学世界史系，1985 在美国伊利诺伊州立大学获得硕士学位。之后于 1991 年在约翰斯·霍普金斯大学获得博士学位并在美国中央学院历史系任教。现在她是美国中央学院历史系的终身教授。她主要研究中国和东亚地区历史，主要研究领域是清代在边疆的政治制度（东北、蒙古、新疆以及西藏）。此外，她的研究领域也涉及中国少数民族史以及女性与边疆的关系史。

2015 年她在 *Athens Journal of History* 上发表了一篇文章 "The Qing Lifanyuan and the Solon People of the 17th – 18th Centuries"，专门讲述了 17~18 世纪清代理藩院与索伦部落的关系。在这篇文章中，她对索伦三部和理藩院的研究基于《清朝前期理藩院满蒙文题本》里面的满蒙文档案，并且强调了索伦研究在清史研究中的重要性。

在本书中，作者对索伦三部的划分有比较清楚的认识。她认为索伦部在清太宗到乾隆（清高宗）年间主要被分配到六个分部，即在盛京和北京的满八旗、分散于各汉地的驻防八旗、在黑龙江前线的八旗营、在嫩江流域的布特哈八旗、在呼伦贝尔的八旗营以及远戍新疆的八旗营。作者认为在 1683 年设立的黑龙江将军在理藩院与索伦部的关系中起到了承上启下的巨大作用。② 因为黑龙江将军正好管辖在黑龙江边疆的驻防八旗、在嫩江流域以打猎为生的布特哈八旗以及呼伦贝尔的八旗。而这三个八旗中索伦人数量很多，尤其是布特哈八旗绝大部分是由索伦人组成。而在布特哈八旗中索伦鄂温克人占有五旗，且大多数保持着索伦人狩猎的传统。作者通

---

① Shan, *Taming*, pp. 125, 189, 190.

② Ning Chia, "The Qing Lifanyuan and the Solon People of the 17th – 18th Centuries," *Athens Journal of History*, Volume 1, Issue 4 (2015): 256 – 257.

过整理《清朝前期理藩院满蒙文题本》资料，推导出理藩院是通过黑龙江将军更加直接地管辖布特哈八旗，然后通过黑龙江将军的汇报整理再上报给皇帝。其中她举例关于索伦的题本中屡次出现皇帝朱批"让理藩院处理此事"，说明黑龙江将军所辖地区皆由理藩院管理。[①]

在档案中，有三个题本讲述的是布特哈索伦人官职职位继承之事。在清朝，职位继承是一项大事，而清朝皇帝及其内阁在这三个题本中均让理藩院处理此事。作者认为人事任免权说明了一个政府对地区的有效控制，而理藩院对索伦头人的任免就是清政府有力控制如黑龙江地区的有力证明。另外，作者提到其中有数量不少的题本是关于索伦人越界捕猎事件以及别地蒙古部落盗窃索伦牲畜案件的裁决。这些事件也是作者论证理藩院是中央乃至皇帝管辖布特哈八旗索伦人的唯一机构，以及理藩院不仅管辖索伦人，而且也对在黑龙江将军辖区涉及索伦人的蒙古部落有调节权力的有力论据。[②]

通过对满蒙文题本的整理，贾宁认为索伦研究在清代边疆史研究中占有相当重要的地位，尤其是对于了解清早期政治制度和国家形成很重要。在进入八旗系统之后，索伦人在边疆各个地方都有显著的位置，表现得十分活跃，是清朝底定边疆的重要组成部分。此外，索伦人被编入不同的八旗系统也说明了八旗是一个复杂的系统，而不仅仅是一个统一的核心组织。理藩院在控制索伦毛皮贸易中起到了重要的作用，而这些毛皮贸易是否对索伦人爵位继承有影响，作者认为需要继续研究。此外，作者还提出毛皮贸易的政治和清中央政府的关系，以及中国传统的"礼"和索伦人狩猎所处的群山环境在中央政府的取舍也都是值得思考的。[③]

---

① Chia, p. 258.

② Chia, p. 261.

③ Chia, p. 264.

二 关于索伦鄂温克文化、语言的研究

在 20 世纪后半叶，西方已经开始对东北的女真诸族进行比较完善的语言学研究。最有代表性的就是专长于乌拉尔语系与蒙古语族研究的芬兰语言学家杨胡宁（Juha Janhunen）对索伦人所作的研究。其在 1996 年出版的 *Manchuria：An Ethnic History* 中对中国东北部以及外东北的民族做了较为详细的分类。譬如在对索伦人进行分类时，非常详细地把索伦人分为三部，即索伦鄂温克、达斡尔以及鄂伦春。现在蒙古国境内的哈米尼干人，即原本在尼布楚的鄂温克人，因为受蒙古化影响，杨氏并未把他们划入中国鄂温克族一类。[1]

同年，他在期刊 *Atlas of Languages of Intercultural Communication in the Pacific, Asia, and the Americas* 上发表了文章 "Mongolic Languages as Idioms of Intercultural Communication in Northern Manchuria"，专门讨论了蒙古语系作为惯用语在中国黑龙江地区对文化交流的影响。在这篇文章中，杨氏分析了达斡尔人、汗尼干人、布里亚特人、卫拉特人以及其他在黑龙江地区的蒙古人。虽然这篇文章主要分析广义上和蒙古更相近的族群，但是其中很多人使用的语言也受到了来自通古斯语系的索伦鄂温克语的影响，其中达斡尔语言以及汗尼干语言最为明显。

例如，杨氏发现达斡尔族作为契丹后裔，其语言在蒙古语系中是很反常的。杨氏认为造成这种现象的主要原因是达斡尔族生长在蒙古语系的东北部边缘，且与通古斯语系的索伦人生活在一起，所以在语言上不仅保留了很多现在蒙古语系语言已经丢失的古语，而

---

[1]　Juha Janhunen, *Manchuria：An Ethnic History*, Helsinki：Finno – Ugrian Society, 1996, pp. 70 – 72.

且还有很多词语被通古斯语系中的鄂温克语影响。① 即使到了现在，经过杨氏的田野调查，虽然在嫩江河谷以及齐齐哈尔等一些地区因为汉族移民的涌入掌握达斡尔语言的人越来越少，但是在一些区域比如呼伦贝尔还有大量使用达斡尔语言的达斡尔人，而且他们也会说流利的汉语以及鄂温克语。②

汗尼干人和达斡尔人一样，也是生活在蒙古语系东北部边缘的部族。而和达斡尔在 18 世纪清朝与沙皇俄国冲突中的选择不同，汗尼干人接受了沙俄的统治，不过也有部分汗尼干人选择归附清朝。杨氏发现现在的汗尼干人在政治上已经不是一个独立民族，比如在俄罗斯他们被划成布里亚特蒙古人的一个支族，而在中国则被划为索伦鄂温克的一族。杨氏发现，汗尼干语在俄罗斯的使用日渐减少，而在中国尤其是在陈巴尔虎旗，汗尼干蒙古语和鄂温克语的双语系统则蓬勃发展。③ 在语言上，杨氏认为汗尼干蒙古语是最保守的蒙古语，和中古蒙古语差别很小，但元音和谐的系统被彻底打乱了，而且汗尼干蒙古语受到鄂温克语的影响很小：比如鄂温克语有复数，而汗尼干蒙古语没有。④ 总之，杨氏是对索伦鄂温克以及周边民族语言学研究的先行者，他从蒙古语系入手，探索了中国东北以及俄罗斯远东地区的少数民族，为后来西方学者对索伦鄂温克族语言文化进行田野调查打下了基础。

进入 21 世纪，对索伦以及东北边疆少数民族萨满文化的研究

---

① Juha Janhunen, "Mongolic Languages as Idioms of Intercultural Communication in Northern Manchuria," in Wurm, Stephen Adolphe, Mühlhäusler, Peter, Tryon, Darrell T., eds., *Atlas of Languages of Intercultural Communication in the Pacific, Asia, and the Americas*, Walter de Gruyter, 1996, pp. 827 – 828.

② Juha Janhunen, "Mongolic Languages," p. 829.

③ Juha Janhunen, "Mongolic Languages," p. 829.

④ Juha Janhunen, "Mongolic Languages," p. 830.

日渐增多。譬如在 2007 年出版的刊物《萨满》(Shaman)[1] 中就有对索伦鄂温克老牧民萨满装束的田野调查。这篇田野调查标题为"A Solon Ewenki Shaman and Her Abagaldai Shaman Mask",作者是 Richard Noll 和史昆(Kun Shi)。Richard Noll 是迪西尔斯大学(DeSales University)的心理学副教授,除了对古代萨满教进行田野调查以外,还是精神病学史的专家。史昆是旅美华人学者,是在俄亥俄州立大学工作的萨满文化研究专家。这篇田野调查主要是记录他们 1994 年在内蒙古呼伦贝尔市鄂温克族自治旗下的村庄采访最后的索伦鄂温克萨满。他们希望通过这次调查提供关于萨满文化的线索和追寻新中国成立之后萨满文化的遗存。

在调查中,两位作者认为这名鄂温克萨满因为已经 75 岁高龄,而且因为长期饮酒造成的后遗症并不能做很好的交流,但是她展示的萨满仪式面具非常有价值。[2] 作者记录了老人讲述的经历:她生于 1920 年,在 20 岁时生了场大病,被一个蒙古萨满救治之后,就成为萨满学徒。在这之后她跟随一个索伦鄂温克萨满学习了更多知识,开始是学习跳舞以及其他礼仪,直到 25 岁或者 26 岁的时候她开始了自己的萨满治疗仪式,而她的萨满守护神是她的祖先,一只狗、一条蛇以及一匹狼。[3] 令人遗憾的是,在"文革"之后,除了那个萨满面具,她的其他萨满仪式工具已经在之前的种种意外中被毁了。后来,她基本上再也不用萨满仪式治疗病人,即使有很多年轻人慕名而来,她也建议直接去找医生而不是找萨满。[4]

---

[1] 此刊物是由国际萨满教学术研究学会(International Society for Academic Research on Shamanism)主办的年刊。主要内容即为和萨满教有关的中外历史研究资料,现在依然在发行,是西方关于萨满教研究的汇编,对总结西方萨满教研究有着不可替代的作用,希望将来学者予以重视。

[2] Richard Noll and Kun Shi, "A Solon Ewenki Shaman and Her Abagaldai Shaman Mask," *Shaman* (2007): 170.

[3] Richard Noll and Kun Shi, p. 171.

[4] Richard Noll and Kun Shi, p. 172.

"清代索伦鄂温克戍边卫国历史文化学术研讨会"综述

为贯彻落实习近平总书记关于内蒙古经济社会发展、生态文明建设和民族团结进步发表的一系列重要讲话精神，深化索伦鄂温克戍边卫国历史文化研究，弘扬索伦鄂温克戍边卫国精神，挖掘和发扬索伦鄂温克传统生态文化。2020 年 8 月 15～16 日，由中国社会科学院中国历史研究院中国边疆研究所北部边疆研究室、内蒙古自治区鄂温克族研究会主办，内蒙古自治区鄂温克族自治旗鄂温克族研究会承办的"清代索伦鄂温克戍边卫国历史文化学术研讨会"，在内蒙古自治区鄂温克族自治旗举行，来自北京、新疆等省区市及内蒙古呼和浩特市、呼伦贝尔市等地专家学者 50 余人参加会议，共收到学术论文 25 篇。本次会议除大会主旨发言环节外，分历史和文化两个分会场，与会学者围绕清代索伦鄂温克驻防呼伦贝尔历史文化，索伦鄂温克西迁和驻防新疆伊犁历史文化，清代和近代索伦鄂温克参加"保家卫国"战争以及索伦鄂温克传统生态文化，"生态戍边卫国"和经济社会发展等议题展开交流研讨。现将本次会议的研讨情况简述如下。

---

* 塔米尔，中国社会科学院中国边疆研究所助理研究员。

一　挖掘索伦鄂温克历史，弘扬戍边卫国精神

鄂温克族是中华民族大家庭的一员，有着悠久的历史和灿烂的文化。有清一代，索伦鄂温克人驻防呼伦贝尔和新疆伊犁，戍守祖国北部和西部边疆，多次参加维护国家统一、领土完整和边疆安定的战争，为我国统一多民族国家的形成、巩固和发展做出了突出贡献，对我国边疆地区的开发建设、长治久安和繁荣发展发挥了重要作用。挖掘清代索伦鄂温克历史，深化索伦鄂温克戍边卫国历史文化研究，弘扬索伦鄂温克戍边卫国精神，正是本次会议的重要议题之一，共有 15 位学者围绕这一主题展开了有益的探索。

中国边疆研究所副所长万建武在致辞中表示，举办这次研讨会的目的，就是要充分发挥历史"知古鉴今、资政育人"的作用，通过宣传和弘扬索伦鄂温克戍边卫国精神，挖掘和发扬鄂温克族传统文化，进一步铸牢中华民族共同体意识，凝聚起边疆稳定发展的强大动力，为深入学习贯彻习近平总书记关于内蒙古工作重要讲话精神，特别是关于加强北部边疆治理、推进兴边富民的重要论述精神提供强有力学术支撑，为进一步推进中国边疆研究尤其是北部边疆研究提供学术动力和源泉。内蒙古自治区鄂温克族研究会会长达喜扎布也在致辞中强调，在挖掘整理优秀的民族传统文化时，应深入挖掘清代索伦鄂温克建设边疆、保卫边疆、维护国家领土完整的爱国主义精神，以史为鉴、激励今人，牢固树立"四个意识"，坚定"四个自信"，坚决做到"两个维护"。加强爱国主义教育，夯实中华文化认同，全力构建中华民族共有精神家园，促进民族历史文化传承。内蒙古自治区鄂温克族自治旗鄂温克族研究会会长阿拉腾巴图认为，作为鄂温克人继承和发扬先辈忠于国家的爱国主义精神，研究和深化索伦鄂温克族戍边卫国的历史文化，弘扬索伦鄂温克族保家卫国、征战边陲、开拓草原以及在边疆的巩固、民族的融

合、祖国的统一等方面的历史功绩，在今天具有重要现实意义。呼伦贝尔市莫力达瓦达斡尔族自治旗鄂温克族研究会会长杜恩军的《索伦铁血精神铸就爱国主义丰碑》，强调了以史为鉴、以史励志的重要作用，认为深入挖掘和探索并弘扬鄂温克族戍边卫国的光荣历史，具有重要的现实意义。

关于鄂温克族族源，以往学界有不同的说法，观点并不一致。黑龙江省社会科学院历史研究所孙文政研究员在前人研究的基础上，结合本人多年的考察和文献记载，基本肯定"鄂温克族祖先是室韦和鞠部"的说法，但他认为，鄂温克人是嫩江流域的世居民族，不是从乌苏里江、绥芬河、图们江迁来的。另外，孙文正研究员还根据鄂温克族蛇图腾崇拜的特点，结合鄂温克族古老的神话《樵夫和蟒蛇》，认定今黑龙江省齐齐哈尔市碾子山区蛇洞山很有可能就是鄂温克族起源地的观点，引起了与会学者的热议。

17世纪以后，俄国势力的不断向东扩张和对黑龙江流域的不断侵扰，对清朝统治者的边防、边界意识与观念产生了重要影响。学界普遍认为，在清代，中国传统的"天下"观念有了很大的变化，在朝贡体系之外，又出现了新的条约关系，而与俄国的接触，尤其是清康熙年间发生的"根特木尔事件"以及围绕"根特木尔事件"的中俄交涉是造成这种改变的首要原因。中国人民大学清史研究所孙喆、陈雅瑶《从根特木尔事件看清前期的边界观念》，在梳理清康熙六年（1667）发生的"根特木尔事件"以及中俄围绕"根特木尔事件"的交涉始末的基础上，考察了"根特木尔事件"对清前期边界意识的影响，认为清朝统治者对待这一事件的态度反映了对人口的管控在推动清代定边过程中发挥的主导作用，从更深层次来说，它与中国传统的天下观、版图观、大一统观念等有着密切的关系。而李大龙、铁颜颜的《"有疆无界"到"有疆有界"——中国疆域话语体系建构》是一篇从更加宏观的视野，全面梳理和探讨中国疆域形成与发展的文章，认为在涉及早期中俄关系时，17 世纪中叶沙俄的向东扩张和与清朝在黑龙江地区发生的碰撞，刺激了清朝边界意识的转变，"自康熙朝起，原本笼统模糊的王朝边界开始明晰，近代国家边界观念在中华大地萌芽并开始具体实践"。作者指出，中国疆域由传统王朝时期的"有疆无界"向近代国家疆域的"有疆有界"转变是清朝统治者主动推动的结果，这是清朝对中国疆域形成与发展的最大贡献。

雍正十年（1732），清朝从黑龙江将军管辖的布特哈地区抽调 1600 多名索伦（鄂温克族）兵丁，携带家眷迁至呼伦贝尔草原地区，驻守边防。今日内蒙古自治区呼伦贝尔市鄂温克族自治旗的鄂温克族正是这部分索伦人（鄂温克族）的后裔。杜·道尔基的《索伦八旗述略》，全面梳理了从雍正十年索伦部驻防呼伦贝尔到 1958 年鄂温克族自治旗成立的 226 年间鄂温克族的历史变迁和新中国成立以来的鄂温克族在开发呼伦贝尔草原、建设边疆，尤其是发展畜牧业经济方面做出的巨大贡献。安娜研究员的《试说索伦部的历史贡献》，也对鄂温克族的先民在近 300 年前移驻呼伦贝尔草原，驻牧戍边的历史进行了探讨，肯定了鄂温克族的先民驻守卡伦，为守卫边疆做出的历史贡献。文章还用一定的篇幅对清乾隆年间西迁新疆的鄂温克族先民在伊犁等地为戍边卫国做出的贡献做了论述。

18 世纪中叶清朝完成了对新疆天山南北的统一，这对今日中国统一多民族国家疆域版图的最终奠定和统一多民族国家格局的形成具有深远的历史意义。鄂温克族的先民也参加了清朝统一新疆的历史进程并为此付出了巨大的牺牲，做出了重大的贡献。中央民族大学历史文化学院赵令志教授的《驰驿征程——乾隆朝初次平准之索伦官兵赴疆参战满文档案简介》，从《清代新疆满文档案汇编》（共 283 册，广西师范大学出版社，2012 年）中，选出有关索伦官兵自黑龙江前往新疆伊犁的档案 16 件，进行汉译、解读。这些档案反映了清朝如何安排调兵远征及索伦官兵不远万里驰驿远征的情形，同时，也从一个侧面反映了索伦官兵参与清朝统一新疆的进程和为中国统一多民族国家的形成做出的历史性贡献。

乾隆二十四年（1759），底定新疆后，清廷从内地抽调八旗和绿营官兵到伊犁驻防屯田，修筑城池。乾隆二十七年设立总统伊犁等处将军以后，清廷为了彻底解决伊犁地区驻防官兵的非永久性问题，开始对全国驻防八旗兵进行调整，抽调一部分八旗满洲、蒙古、锡伯官兵携眷移驻，同时决定裁汰京口、杭州等地驻防汉军旗官兵，并入绿营兵额，其空出八旗兵缺，拨给布特哈索伦、达斡尔和张家口外察哈尔等人，而后令其携眷移驻伊犁，这就是清代伊犁索伦营的来历。吴元丰、郭美兰的《清代伊犁索伦营述论》，依据中国第一历史档案馆藏满文档案，对清廷从黑龙江布特哈索伦、达斡尔人内抽调官兵分两批携眷移驻伊犁的始末，伊犁索伦营设立、建制、官员设置以及索伦营驻守卡伦、巡查边防、牧放牲畜、开垦种田、维持生计等诸多方面进行了全面论述，同时指出，伊犁索伦营的构成是多元的，由鄂温克族、达斡尔族、锡伯族兵丁共同组成，在军政合一的八旗组织下和睦共处、共同生活，担负着戍边屯垦的使命，为巩固新疆的统一、保持当地社会的稳定、增强西北边界的防务力量以及发展当地的农牧业生产发挥了积极作用，做出了重要贡献。需要指出的是，参加本次会议的还有两位当年西迁新疆伊犁戍边卫国的索伦鄂温克人的后代——柳华和娜琳。她们都出生在新疆塔城，柳华于1990年移居鄂温克族自治旗，现为内蒙古自治区鄂温克族研究会副会长，娜琳现为西北民族大学中国民族信息技术研究院研究生，两人共同撰写的《简论清代新疆伊犁索伦营鄂温克戍边史》，对乾隆二十八年索伦鄂温克携眷移驻伊犁的始末，从黑龙江嫩江流域启程，经过今蒙古国境内到达新疆伊犁的行进路线以及在新疆屯垦戍边的史实做了全面考察和研究。提出先辈们为维护祖国统一和边疆的稳定付出了巨大的牺牲，用鲜血和生命担当了西迁新疆戍边卫国的历史使命，为新疆今天的稳定和发展做出了不可磨灭的贡献。

关于索伦鄂温克知名历史人物的研究，也是本次会议的重点之一。鄂温克族自治旗达斡尔学会阿力《弘扬民族精神与传承文化传统》，在详述海兰察生平及他多次参加清朝对内对外战争的事迹的基础上认为，海兰察作为一个历史人物，虽然身上不可避免地存在历史的局限性，但从其行动的结果来看，客观上起到了有利于民族团结和祖国统一的作用，因此，海兰察的历史功绩应予以肯定。在历史和现实中的英雄人物（典型人物）的精神内核是民族文化特质最集中的体现，是一个民族传统文化的核心文化内容之一，也是民族精神的灵魂，是传统文化中的主旋律，更是这个民族赖以生存和发展的重要精神支柱。

吴守贵，鄂温克族，阿本千氏，1930 年出生于内蒙古布特哈旗（今扎兰屯市）海列铁村一猎民家庭。1946 年参加革命，1948年加入中国共产党，参加过解放战争辽沈战役。新中国成立后，吴守贵同志先后担任喜桂图旗、扎赉特旗、鄂伦春自治旗等旗武装部副部长、部长，呼盟军分区司令部科长、鄂温克族自治旗旗委书记兼旗政协主席、呼盟行政公署副盟长等职，并编撰有《森林之子——吴守贵回忆录》（内蒙古文化出版社，1996 年）、《鄂温克人》（内蒙古文化出版社，2001 年）、《鄂温克族社会历史》（民族出版社，2008 年）、《鄂温克历史文化发展史》（中国社会科学出版社，2015 年）等著作。呼伦贝尔市政协干部阿日昆为吴守贵的女儿，其《我的父亲吴守贵与鄂温克民族历史文化研究》追忆了父亲吴守贵的生平，重点介绍了吴守贵在鄂温克族历史文化研究方面的主要成就和一些主要观点，认为吴守贵的一生是奉献边疆民族地区和鄂温克民族历史文化研究的一生。高度评价了父亲吴守贵服务边疆民族地区建设和为鄂温克民族历史文化研究奋斗的一生。

故宫博物院副研究馆员多丽梅题为《从清宫旧藏索伦文物看鄂温克族的历史贡献》的报告，展示了多幅故宫博物院珍藏的精美文物图片，引起与会学者的极大兴趣。据多丽梅介绍，清宫旧藏以"索伦"命名的文物有 103 件，如"索伦黄貂皮"印以及"索伦钑箭""铁镞白档索伦长钑箭""索伦哨箭""索伦杆"等，是清廷在纳貂、战争、狩猎、祭祀时遗存的重要文物。她认为，通过对索伦文物的挖掘、整理，可以复原历史上索伦（今鄂温克、鄂伦春和达斡尔族）在狩猎、戍边、战争、建设边疆等方面做出的卓越贡献，为索伦鄂温克历史研究提供形象、实物参考，这对提升人口较少民族的文化认同、文化自信有重要意义。

二　挖掘鄂温克族传统文化，铸牢中华民族共同体意识

鄂温克族是一个具有悠久历史和传统文化的森林狩猎民族，在漫长的历史发展过程中，鄂温克族形成自己独具特色的民族特点、生产特点、风俗习惯和文化遗产以及民间文学艺术。共有 10 位专家学者围绕鄂温克族传统文化这一主题，从中华民族共同体意识实践、民族精神、文化适应、分布格局、跨境民族研究等视角出发展开了多学科维度的学术交流。

中华民族丰富的历史积淀和充裕的集体记忆，为中华民族共同体的形成和认同奠定了坚实的历史与文化基础，而集体记忆的多层性对理解并促进中华民族共同体的认同又有着重要意义。对此，朝克赛发表的《铸牢中华民族共同体意识的实践：集体记忆中的重叠共识》，结合现代主义视角和文化视角，以鄂温克族历史人物根特木尔为例，阐述现代民族国家背景下集体记忆所展现的特点，提出中华民族、鄂温克族、鄂温克族三分支这三个层级之间需要在历史解读和评价方面达成某种共识；实现中华民族共同体重叠共识的关系，需要认可和重视每一个层级的身份认同、集体记忆、情感归属和社会现实。白兰的《民族学的视域：索伦部与民族精神》，对

索伦鄂温克的民族精神，也就是这一群体普遍认可的一套价值取向、道德规范、精神气质进行了概述，总结了索伦鄂温克以国家和民族集体为根本的国家观、以大义和奉献为精神力量的文化观与捍卫家园的历史观，指出索伦部走过的时间见证了中国近现代各民族共同团结奋斗、共同繁荣发展的历史。

清代，各民族"大杂居，小聚居"的分布形态已经渐趋固定。在这一过程中，迁徙民族是影响民族分布格局形成、发展和演变的重要因素。历史上各民族的迁徙既是分析我国多民族格局形成发展的关键，也是解读我国民族关系发展的重要因素。唐戈教授等的《达斡尔族与索伦鄂温克的分布格局》，梳理了历史上不同阶段迁徙数次的达斡尔族与索伦鄂温克之间较为稳定的分布格局，即：达斡尔族主要居住在靠近交通要道和城市的地区，而索伦鄂温克居住在远离交通要道和城市的地区。他进而提出，在某种意义和程度上，这种分布格局也体现出垂直分布的特点。于学斌教授的《调适和融入：戍边索伦鄂温克的文化适应》，就戍边索伦鄂温克因族际互动、跨文化交往而实现的原有文化发生改变的文化适应现象展开了论述，阐明戍边索伦鄂温克的文化适应是在与蒙古族、达斡尔族等民族碰撞过程中经过文化的选择而实现的文化转型，提出这一文化转型使他们发展出与其他支系不同的特质，成为独具特色的鄂温克族支系之一。

目前，跨境民族研究的重要意义逐渐为大家所认可。鄂温克族作为跨境民族，如今主要分布在中国、俄罗斯以及蒙古国境内。曲枫教授与刘晓春研究员分别对中国近北极民族研究的重要性，以及跨境鄂温克族的萨满教信仰异同展开了论述。曲枫教授的《作为文化地理概念的北极与中国近北极民族》，认为北极的概念包含地缘、环境和民族文化三个层次，将中国近北极民族研究纳入北极文化研究的大框架中，可以使我们在国际视角中考察中国近北极文化，同时指出对北极民族研究中世界性热点理论问题（民族生态学、民族志景观、边疆范式、灵性本体论）的聚焦与关注构成了中国近北极民族研究与世界对话的学理基础。刘晓春研究员的《俄罗斯埃文基人的宗教信仰》，对比分析了拥有共同历史文化、有着共同萨满教信仰的中国鄂温克族与俄罗斯埃文基人现代萨满教发展进程和特点的异同，指出东北亚地区的众多人口较少民族，为东北亚地区文化共同体的构建提供了新的机遇，而作为跨界民族的埃文基人（鄂温克族）又是东北亚各国间不可忽略的文化纽带，在全球化背景下，对东北亚满－通古斯诸族进行包括萨满教在内的全面研究，有助于提升未来中国在东北亚地区文化阵地上的话语权。

乌日娜教授的《从鄂温克民歌视角探究鄂温克族历史变迁与文化变迁》，从音乐学的角度对鄂温克民歌曲调变迁与鄂温克戍边历史的关联展开了阐述，认为鄂温克族每个时期的民歌都与历史文化的变迁有着不可分割的历史渊源，是鄂温克族社会历史发展和鄂温克人民生活的真实写照；戍边索伦鄂温克民歌曲调，体现了鄂温克族的历史、文化变迁乃至与兄弟民族文化交融的诸多方面。

呼伦贝尔学院斯仁巴图教授、内蒙古师范大学马克思主义学院赵图雅教授分别对索伦鄂温克物质文化中的居住文化、服饰文化与索伦鄂温克生态观念的关联展开了阐述。斯仁巴图教授的《牧业索伦鄂温克传统生态住房——额格住》，围绕索伦鄂温克传统住居额格住的构造、历史，探讨了这一传统住居所体现的索伦鄂温克生态观念。赵图雅教授《鄂温克族服饰文化的生态观演变》，认为鄂温克族民族服饰文化蕴含了鄂温克族独特的生态观，在这一独特的生态观中贯穿着保护生态环境的原则。她提出，抢救和保护反映我国古老的狩猎和游牧文化的鄂温克传统服饰文化不仅是国家和民族发展的需要，也是人类社会可持续发展的必然要求。

最后，本次会议的主办方之一，中国社会科学院中国历史研究院中国边疆研究所北部边疆研究室主任阿拉腾奥其尔研究员在做会议总结发言时表示，此次会议专家学者聚焦清代索伦鄂温克戍边卫国历史文化主题，观照历史与现实两个维度，展开了深入、有意义的探讨。此次会议参会学者的热情高、层次高，提交会议的论文质量高，是一次高水平的学术论坛。同时，期待相关专家学者积极开展学术交流与合作，为边疆历史研究、现实研究贡献更多优秀成果，为我国边疆治理体系和治理能力现代化提供学理依据。

结　语

通过上述整理，可以将此次会议的特点与意义归纳如下。

首先，此次学术研讨会进一步充实了我国边疆研究中戍边民族历史方面的研究。边疆史地研究一直是中国边疆学研究的基础与重要组成部分，而边疆地区民族史尤其是关于清代少数民族戍边历史研究也一直是边疆史地研究中不可或缺的关键主题。本次收到的索伦鄂温克戍边历史相关研究论文数量占所有论文总数的60%，因此可以说边疆史地研究仍是本次研讨会的主要焦点。此类文章关注地区覆盖了呼伦贝尔与新疆伊犁地区，关注内容也囊括了边界意识、疆域发展、戍边迁移进程、八旗设置、历史贡献等诸多方面。可谓，研究地域跨度大、研究主题广泛。

其次，本次学术研讨会也进一步推动了边疆历史研究与现实研究的结合。此次收到的历史文化研究相关论文数量占所有论文总数的40%，主题覆盖了共同体意识实践、生态文明、文化适应、宗教研究等领域，涉及部分海外人类学研究。此外，也提出诸如民族共同体构建与集体记忆的关系、中国近北极民族等新颖概念，并从音乐学这一新颖视角对民歌与戍边历史关系展开了研究。可以说，本次会议很好地结合了传统边疆史地研究与民族学、人类学、文物学、音乐学等诸多学科的方法与理论，丰富和充实了中国边疆研究的研究内容和分析视角。

最后，本次学术研讨会为边疆治理体系与治理能力现代化提供了坚实的学理依据。自 17 世纪 80 年代初至 18 世纪 50 年代末，清朝实现了全国的统一，完成了疆域奠定的历史使命，在加强国家统一、反对分裂势力、反对外来侵略、加强边疆治理与开发等方面留下了大量宝贵经验。清代康熙朝至乾隆朝时期，祖国的统一得以进一步推进，幅员辽阔的多民族国家得以进一步巩固，这是由索伦鄂温克与其他民族人民一同缔造的结果。此次关于清代索伦鄂温克戍边卫国历史文化的研讨会，对于充实清代边疆治理研究有着特殊的重要意义，对于边疆治理体系与治理能力现代化方面提供了清代边疆实践的历史借鉴。

图书在版编目（CIP）数据

索伦鄂温克历史文化研究论集／阿拉腾奥其尔，阿
拉腾巴图主编. -- 北京：社会科学文献出版社，2025.3
ISBN 970 - 7 - 5220 - 2407 - 9

Ⅰ.①索… Ⅱ.①阿… ②阿… Ⅲ.①鄂温克族 - 民
族历史 - 中国 - 文集 ②鄂温克族 - 民族文化 - 中国 - 文集
Ⅳ.①K282.3 - 53

中国国家版本馆 CIP 数据核字（2023）第 165421 号

索伦鄂温克历史文化研究论集

主　　编／阿拉腾奥其尔　阿拉腾巴图

出 版 人／冀祥德
责任编辑／赵　晨
责任印制／岳　阳

出　　版／社会科学文献出版社·历史学分社（010）59367256
　　　　　地址：北京市北三环中路甲 29 号院华龙大厦　邮编：100029
　　　　　网址：www. ssap. com. cn
发　　行／社会科学文献出版社（010）59367028
印　　装／唐山玺诚印务有限公司

规　　格／开本：787mm×1092mm　1/16
　　　　　印 张：22.5　字 数：303 千字
版　　次／2025 年 3 月第 1 版　2025 年 3 月第 1 次印刷
书　　号／ISBN 978 - 7 - 5228 - 2407 - 9
定　　价／158.00 元

读者服务电话：4008918866

▲ 版权所有 翻印必究